Bauen + Wirtschaft
Architektur der Region im Spiegel

RHEIN-RUHR
2006

 Wirtschafts- und
Verlagsgesellschaft
mbH

ISBN 3-933927-92-7

Inhalt

Hafenquartier „Marina Essen", Rhein-Herne-Kanal
Konzeptentwurf: Thomas Pape, WFD DERWALD — **18**

Bildnachweise siehe Redaktionsbeiträge

„3do" Hauptbahnhof Dortmund
Public-Private-Partnership: Sonae Sierra, Deutsche Bahn, Stadt Dortmund — **26**

Staatsanwaltschaft, Essen — **44**
Bauherr: Bau- und Liegenschaftsbetrieb NRW, Niederlassung Duisburg

Städtische Kindertageseinrichtung, Duisburg-Rheinhausen — **46**
Bauherr: Immobilien-Management Duisburg (IMD)

▶ Standpunkte

8 Dortmunds Architektur ist Spiegel der Zeit
Von Dr. Gerhard Langemeyer,
Oberbürgermeister der Stadt Dortmund

9 Essen im Aufbruch
Von Dr. Wolfgang Reiniger,
Oberbürgermeister der Stadt Essen

10 Duisburg, Stadt am Wasser mit hohen Standortqualitäten
Von Adolf Sauerland,
Oberbürgermeister der Stadt Duisburg

11 Rahmenbedingungen schaffen für gute Zukunftsaussichten
Von Frank Baranowski,
Oberbürgermeister der Stadt Gelsenkirchen

12 Über „neue Zukunft" nachdenken
Von Prof. Eckhard Gerber,
Gerber Architekten, Dortmund

13 Attraktive, identifikationsstiftende Gebäude
Von Dipl.-Ing. Robert Dorff,
Beratender Ingenieur BDB,
Landesvorsitzender NRW des Bundes Deutscher
Baumeister, Architekten und Ingenieure

14 Innovative Ideen für die Zukunft – Ingenieure realisieren Visionen
Von Dipl.-Ing. Bernhard Spitthöver,
Vorsitzender des VBI-Landesverbandes Nordrhein-Westfalen

▶ Im Blickpunkt

16 Essen im Wandel: Prozesse der Stadtentwicklung
Von Hans-Jürgen Best,
Geschäftsbereichsvorstand Planen der Stadt Essen

18 Ruhrgebiet glänzt mit Standorten am Wasser
Die Wirtschaftsförderer verschiedener Ruhrgebiets-Städte und der Regionalverband Ruhr haben die Chance des gemeinsamen Marketings für ihre „Wasserlagen"-Immobilien erkannt

26 Dortmund – mit alten Stärken zu neuen Zielen
Die ehemalige Stahlstadt will vorhandene Stärken ausbauen und damit neue Potenziale schaffen. Dabei besteht auch der Anspruch, qualitativ Hochwertiges im Bereich Architektur und Städtebau zu verwirklichen

57 Per Mausklick Überblick über Baubranche
Ausgaben der Architekturtitel des WV-Verlages unter www.bauenundwirtschaft.com als Vollversion im Internet. Wir stellen auch Ihr Angebot mit vielen Serviceleistungen ins Netz

85 Online-Dienst für Bauen und Architektur
www.bauinsel.com – die Internet-Insel für alle Bauinteressierten / Unabhängiger, überregionaler Online-Dienst der Insel online GmbH, der Partnerfirma des WV-Verlages

Inhalt

117 Enorme Wertschöpfungsmöglichkeiten im Bürobereich
Von Diplom-Betriebswirt Paul J. Franke,
Gründer der Beratersozietät Franke & Partner, Herdecke

125 + 147 Bauvertrag: Auf was sollte der Handwerker achten?
Von Bernd Ebers,
Rechtsanwalt und Notar in Limburg/Lahn

206 Mit Energieeffizienz Sinnvolles tun für alle
Von Dipl.-Ing. Albrecht Göhring,
Geschäftsführer der EnergieEffizienzAgentur
Rhein-Neckar gGmbH, Ludwigshafen

▶ Öffentliche Bauten

44 Staatsanwaltschaft im Justizzentrum Essen
Neubau der Staatsanwaltschaft in Essen mit benachbarten Behörden verbunden

46 Stadt Duisburg investiert in ihre Jugend
Neubau der städtischen Kindertageseinrichtung Ursulastraße, Duisburg-Rheinhausen / Neubau der Gemeinschaftsgrundschule Friedensstraße, Duisburg-Hochfeld / Neubau Realschule Ulmenstraße, Duisburg-Rheinhausen

50 Bochumer Stadtbahn tiefer gelegt
Stadt Bochum baut Stadtbahn unterirdisch aus / Anspruchsvoll gestaltete Bahnhöfe „Bochum Rathaus (Süd)", „Lohring" und „Bochumer Verein/Jahrhunderthalle Bochum"

58 Pädagogischen Aufgaben gerecht werden
Die Stadt Essen investierte mit den Erweiterungen der Ludgerusschule und Goetheschule in Schulbauten

60 Schüler, Jugendliche und Familien sind willkommen
Neueröffnung des Bottroper Jugendhotels in „Ufo"-Form

62 Leben braucht Wasser
... der Ruhrverband sorgt u.a. mit den Klärwerken Essen-Süd / Menden / Hagen und der Ennepetalsperre dafür

101 Fröhliche Farbigkeit und keine geraden Linien
Das „Ronald McDonald Hundertwasserhaus" im Grugapark in Essen

129 Eine Schule gebaut für individuelles Lernen
Neubau Gymnasium Steinhagen für 750 Schüler Erlebnisraum in Ostwestfalen

144 Begegnung und Dialog unter der Kuppel
Neubau einer Begegnungsstätte und Moschee mit Minarett in Duisburg-Marxloh

178 „WARSTEINER HockeyPark" im Nordpark
Deutschlands einziges WM-taugliches Hockeystadion

202 Gemeindehaus in Wetter an der Ruhr
Das neue Gemeindehaus der evangelischen Kirchengemeinde Wetter interpretiert das Thema der Stein-/Glasarchitektur aus der Gotik neu

Stadtbahn Bochum — 50
Bauherr: Stadt Bochum

Kläranlage Hagen — 62
Bauherr, Planung und Entwürfe: Ruhrverband

Ronald McDonald Hundertwasserhaus, Essen — 101
Generalunternehmer: STRABAG

Gymnasium Steinhagen — 129
Planung und Entwurf: Knirr + Pittig Architekten

Inhalt

Moschee, Duisburg-Marxloh   **144**
Bauherr: DITIB Türkisch Islamische Gemeinde zu Duisburg-Marxloh e.V.

Umbau ehemalige Kohlenwäsche Zeche Zollverein, Essen   **152**
Planung/Entwurf: Dipl.-Ing. Heinrich Böll Architekt BDA DWB, Dipl.-Ing. Hans Krabel, in Arbeitsgemeinschaft mit O.M.A.

Hauptstelle der Dortmunder Volksbank eG, Dortmund   **156**
Entwurf, Genehmigungsplanung, Ausführungsplanung u. A.: Gerber Architekten

Siemens-Neubau, Krefeld   **198**
Planung und Entwürfe: Architekten Brüning Klapp Rein

▶ Öffentliche Bauten / Wohnungsbau

152 Bauen für die Designweltausstellung „Entry"
Umbau der ehemaligen Kohlenwäsche Zeche Zollverein in Essen / Wohnbebauung Dilldorfer Höhe in Essen

▶ Öffentliche Bauten / Gewerbebauten

156 Neues in bewusstem Kontrast zu Altem
Gemeindezentrum Johannis-Kirchengemeinde Witten / Dortmunder Volksbank eG / FH Gelsenkirchen, Fachbereich Materialtechnik und Wirtschaftsingenieurwesen

198 Bauhistorisch bedeutsames Schloss
Umbau Schloss Borbeck in Essen / Umbau Industriehalle zu Großraumbüro / Offenheit und Transparenz im Neubau für Siemens in Krefeld

▶ Öffentliche Bauten / Sanierung / Wohn- und Geschäftsbauten / Gewerbebauten

66 Allround-Leistungen in der Planung und Beratung
Dortmunder U / MST.factory, Dortmund / MünsterArkaden / BioSecurity, Bönen / Volksbank Unna Hauptstelle / Feuer- und Rettungswache, DO-Eichlinghofen / Stadtsparkasse Oberhausen / Stadtvillen Vischering, Münster / Wohn- und Geschäftshaus Mont-Cenis, Herne / Kronenviertel, Dortmund / Gasgebläsehalle Phoenix-West / Mensa Uni Dortmund / Sparkasse Hamm, Hauptstelle

▶ Öffentliche Bauten / Sanierung / Gewerbebauten

90 Gesichtswandel und Geschichtswandel
Sanierung der Bezirksregierung Münster mit geringer Nutzungsbeeinträchtigung / Neubau eines Kundenzentrums in Münster / Intelligente Lösung ermöglicht multifunktionale Aula in Marl / Loftlabore in Münster / Schulneubau in Gievenbeck

▶ Öffentliche Bauten / Sanierung

32 Modellcharakter für forensische Versorgung
Klinikneubau im Maßregelvollzug in Dortmund / Kernsanierung und Aufstockung mit einem Staffelgeschoss der Uni-Geschossbauten

▶ Wohnungsbau

112 Offene Wohnstrukturen und ein geheimer Garten
Mit dem Grugacarree entsteht eine neue Wohnbebauung in Essen

155 Erstes generationenübergreifendes Wohnprojekt
Das „WohnreWIR Tremonia" Am Tremoniapark in Dortmund

Inhalt

170 Individuelle Architektur für Einfamilien- und Doppelhäuser
Bauvorhaben in Castrop-Rauxel, Dortmund, Schwerte und Iserlohn

186 Wohnen in der Stadt – der neue Trend
Innerstädtische Siedlung „Sonnengarten" in Oberhausen-Dümpten / Neues Wohngebiet Stiftsgarten in Essen-Stoppenberg mit 84 unterkellerten Einfamilienhäusern

192 Architektur für unterschiedliche Anforderungen
Reiheneigenheime in Essen-Dellwig / Einfamilienhaus in Ratingen-Hösel

▶ Wohn- und Geschäftsbauten / Gewerbebauten

38 Einkaufsmarkt bekommt „eins aufs Dach"
Drei Gebäuderiegel stocken in der Hagener Straße Neubau auf / BVB startet mit neuem Trainingszentrum durch / Westfalentor in Dortmund erschließt Hauptachse

▶ Wohnungsbau / Gewerbebauten

151 Leben und Arbeiten in Essen-Bredeney
Frankenstraße: Ungewöhnlicher Bürostandort und attraktive Einfamilienhäuser mit gut durchdachtem Raumkonzept

164 Bauunternehmen und Immobilienvermarktung
Marktforum Duisburg-Rheinhausen/Wohnungsbau am Innenhafen, Duisburg/Fachmarkt-Zentrum Kommandantenstraße, Duisburg-Neudorf/Nahversorgungs-Zentrum Austraße, Duisburg-Laar/Umbau und Neubau „Glaspalast" Dinslaken

190 Gelungene Architektur für sinnvolle Neunutzungen
Nahversorgungsmarkt mit Verwaltungstrakt in Unna / Nahversorgungsmarkt in Remscheid / Betreutes Wohnen Harkortbogen in Dortmund-Hombruch

▶ Gewerbebauten

54 Verwaltungsgebäude der Stadtwerke Bochum
Selbstbewusster Neubau mit 16-geschossigem Büroturm stellt sich am Ostring vor

86 Klare Architektur für modulare Konzeptionen
Drittes „Global Gate"-Gebäude an der Grafenberger Allee, Düsseldorf / BioMedizinZentrum Dortmund, 2. und 3. Bauabschnitt

102 Neubau ersetzt den „Langen Oskar"
Neuer Gebäudekomplex der Sparkasse Hagen als Teil der „Neuen City Hagen"

107 Genauigkeit von 0,5 mm auf ca. 200 m Länge
Neubau der ICE-Werkstatthalle der Fahrzeuginstandhaltung, Krefeld. Dreigleisige Industriehalle mit einem Gebäudenebentrakt musste sich aus Denkmalschutzgründen der gesamten Werksanlage anpassen

Volksbank Unna, Hauptstelle — **66**
Generalplanung und Projektmanagement: Assmann Beraten + Planen

Bezirksregierung Münster — **90**
Planung und Entwürfe: Kresing Architekten

Forensische Klinik, Dortmund — **32**
Planung/Durchführung: Bau- und Liegenschaftsbetrieb NRW, Niederlassung Dortmund

Grugacarree, Essen — **112**
Planung: Koschany + Zimmer Architekten KZA

Inhalt

"WohnreWIR Tremonia", Dortmund — 155
Planung: Post • Welters, Architekten & Stadtplaner

ICE-Werkstatthalle der Fahrzeuginstandhaltung, Krefeld — 107
Generalunternehmer: Ed. Züblin

Hauptverwaltung ADAC Westfalen e.V., Dortmund — 174
Entwurf/Planung: stegepartner Architektur und Stadtplanung

Infineon Development Center Duisburg — 194
Bauherr: Erste PRIMUS Projekt

108 Hotelneubau in Gelsenkirchen pünktlich fertig
Das Hotel Courtyard by Marriott ist komfortable Herberge – auch nach der Fußballweltmeisterschaft

120 FORUM Duisburg setzt innerstädtische Maßstäbe
Neubau eines modernen Shopping-Centers als Erweiterung in Duisburgs Innenstadt

134 Richtungweisendes PPP-Modell „ComIn"
„Büros der Zukunft" in Essen als neue Leitbilder für modernes Arbeiten

138 Architektonisches Highlight in Essen
Das neue Audi Zentrum Essen / Vier rot gerahmte Erker verleihen dem Komplex eine markante Struktur

140 Herausragende Architektur für Autohäuser
„Porsche Zentrum Essen" / „Volkswagen Zentrum Leverkusen"

148 Bankgebäude in bester Innenstadtlage von Rheine
Die Volksbank Nordmünsterland eG errichtet ein zentrales Verwaltungsgebäude

160 Dortmunds höchstes Bürogebäude
Der RWE-Tower in Dortmund dominiert die Silhouette der Stadt, brilliert architektonisch und überzeugt mit einem effizienten Energiekonzept

168 Industriearchitektur steht Pate für Neubau
„Jahrhunderthaus" als modernes Büro- und Kommunikationszentrum

173 „Märkisches Tor" wertet Ostwall auf
Der Neubau des BüroCenters Dortmund als Bindeglied am Innenstadt-Ring

174 Hauptverwaltung ADAC Westfalen e.V., Dortmund
Ein Bauwerk mit architektonischer Substanz und Authentizität

176 Repräsentative Architektur mit hohem Anspruch
Neubau eines Bank- und Verwaltungsgebäudes für die KD-Bank eG. in Dortmund

184 Business Center in Duisburg
„Business Center Ruhrort" / Seniorenstift „Horstmann Haus Ruhrort"

188 Preisgekrönte Architektur für ein Bankgebäude
Neukonzeption für die Fassade der Märkischen Bank Hagen / Wissenspark Hagen, Projekt Fleyer Straße / Landesinstitut für Qualifizierung am Haus Harkort, Hagen

194 Neue Heimat für kreative Denker
Interessante Brand Architecture prägt das Infineon Development Center in Duisburg-Huckingen / Wirtschaftliche Bürolösungen im KAP am Südkai in Köln

196 Vier Phasen führen zum Erfolg
Verwaltungsneubau als Grundstein für Essener Hafenaufwertung / Unternehmenszusammenführung im Nordpark Mönchengladbach

200 Fassade als Corporate Identity gestaltet
Verwaltungsgebäude „WestSide" in Essen für Großmieter flexibel entwickelt

Inhalt

204 Formschöne, akzentuierte Architektur

Neubau eines Lager- und Bürogebäudes für „IRON MOUNTAIN" in Bochum

▶ Gewerbebauten / Geschäftsbauten

180 Ein „Wolkenbügel" verbindet Bauteile

„Adressbildende" Architektur an der Saarlandstraße in Dortmund

▶ Sanierung / Wohnungsbau

126 Geradlinige und kräftig akzentuierte Architektur

Wohnhaus Steinbrinkstraße, Dortmund-Wickede / Fassadensanierung und Eingangsgestaltung Wohn- und Geschäftshaus Harkortstraße, Dortmund-Hombruch / Wohnhaus Oberer Ahlenbergweg, Herdecke-Ahlenberg

▶ Sanierung / Wohnungsbau / Gewerbebauten

130 Architektonische Maßnahmen für die Wohnkultur

Sanierung „Spicherner Dreieck", Dortmund / Neubau Stadtkrone-Ost, Dortmund / Neubau Blankensteiner Straße, Bochum

▶ Sanierung / Wohn- und Geschäftsbauten / Gewerbebauten

182 Architektonische Akzente im Ruhrgebiet

Umbau Büro- und Geschäftshaus am Cava-Platz in Schwerte / Rückbau Büro- und Geschäftshaus in Dortmund / Neubau am Altenbochumer Bogen / Tiefgarage am Dortmunder Stadthaus überrascht mit historischen Funden

▶ Service

208 Die Bauspezialisten – Branchenverzeichnis

240 Impressum

Diese Ausgabe finden Sie auch im Internet unter www.bauenundwirtschaft.com mit vielen Suchfunktionen und mehr!

▶ Editorial

Rhein-Ruhr auf einem guten Weg

Im Zuge fortschreitender weltweiter Integrationsprozesse und der Globalisierung wirtschaftlicher Aktivitäten müssen sich nicht nur Staaten und Bundesländer, sondern zunehmend auch Städte globaler Konkurrenz stellen. Neue Arbeitsplätze entstehen in jenen Städten, die im Standortwettbewerb erfolgreich sind. Der Aus- und Umbau der Städte äußert sich immer deutlicher als wichtiger Faktor im internationalen und interregionalen Wettbewerb um ansiedlungswillige Unternehmen, höherwertige Dienstleistungen und das Renommee einer Stadt.

Die handelnden Personen in den Städten der Region Rhein-Ruhr sind sich des schärfer werdenden Standortwettbewerbs und den Möglichkeiten zur Verbesserung der Ausgangsposition durch eine weitsichtige Stadtentwicklung bewusst. Geringes Wirtschaftswachstum, öffentliche Finanznot und hohe Arbeitslosigkeit engen aber die Gestaltungsmöglichkeiten ein. Dennoch: Das Ziel, die eigenen Potentiale zu nutzen und in den nächsten Jahren auszubauen, wird von den Städten noch intensiver angegangen. Die in dieser Ausgabe vorgestellten baulichen Beispiele – vom Ausbau der Bochumer Stadtbahn, über das „Dortmunder U", bis zum Grugacarree in Essen – zeigen dies genauso wie das ebenso vorgestellte gemeinsame Marketing für „Wasserlagen"-Immobilien.

Wir haben uns mit dieser Ausgabe die Aufgabe gestellt, anhand ausgewählter Bauprojekte die vielfältige Bandbreite architektonischer Kreativität und intelligenter Lösungskonzepte in der Region aufzuzeigen. „Bauen + Wirtschaft, Architektur der Region im Spiegel – RHEIN-RUHR 2006" ist eine Publikation über die baulichen Aktivitäten dieser Region und zugleich ein nützliches Nachschlagewerk. Die vorgestellten und im Branchenverzeichnis „Die Bauspezialisten" am Ende der Ausgabe aufgeführten Firmen – vom soliden Handwerker, über mittelständische Betriebe, bis hin zu Großunternehmen – wurden von unseren Redakteuren befragt. Die beteiligten Firmen konnten dabei als leistungsstarke Baupartner mit Kompetenz, Flexibilität und Innovationsbereitschaft überzeugen.

Ihre W V Chefredaktion

Standpunkte

Dortmunds Architektur ist Spiegel der Zeit

Von Dr. Gerhard Langemeyer,
Oberbürgermeister der Stadt Dortmund

Es gibt nicht viele Städte in unserem Lande, die auf eine so reiche Tradition zurückblicken können wie Dortmund, das in seiner über 1.100-jährigen, wechselvollen Geschichte bedeutende Epochen erlebte. Dazu zählt die Blütezeit der Hanse ebenso wie die Epoche der Industrialisierung – nachträglich als Gründerzeit bezeichnet – und die aktuelle Aufbruchphase nach einem tief greifenden Strukturwandel.

Mehr denn je knüpft Dortmund dabei heute an die Stärken der Vergangenheit an: Die alte Hansestadt war Marktplatz und Treffpunkt für die ganze Region. In dieser Tradition stehen heute Handel und Wandel, Wissenschaft und Forschung, Kultur und Sport, Unterhaltung und Freizeit. Das neue Dortmund entsteht aus dem alten Dortmund: Phoenix-See, das Dortmunder U und die Bahnhofsbebauung sind Vorboten einer neuen Zeit.

Die Wirtschaft von heute, sei es der IT-Bereich, die Mikrosystemtechnik, die Logistik oder die Biomedizin, steht in der Tradition der Industrialisierung unserer Stadt. Wenn sich auch die Produkte gewandelt haben: Der Pioniergeist von damals ist geblieben und hilft auch in schwierigen Zeiten, beim Wettbewerb der Städte und der Regionen eine gute Position zu behaupten.

Auch die Architektur unserer Stadt ist ein Spiegel der Zeiten: von mittelalterlichen Herrensitzen und Wasserburgen, über bäuerliche Fachwerkgehöfte und viele 100 Jahre alte Sakralbauten, von Relikten der Montanindustrie, bis hin zu den Wohn- und Geschäftshäusern unserer Zeit.

Heute zwingt der umfassende Strukturwandel mit seinen Auswirkungen auf die Wirtschaft und den damit verbundenen Veränderungen des Lebensraumes zu zeitgemäßen, kreativen Antworten gerade auch in der Architektur.

Denn am Bild der Stadt ist ihre Geschichte abzulesen: mächtig und mit internationalen Verbindungen im Mittelalter, ein Ackerstädtchen im Dornröschenschlaf bis zur Industrialisierung, für über 160 Jahre geprägt von Kohle und Stahl, wiedererrichtet nach den Zerstörungen des Krieges zu einem modernen Dienstleistungs-, Handels-, Technologie- und Wissenschaftszentrum – kurz: zur Metropole Westfalens, zur Stadt intelligenter Produkte und hoher Lebensqualität. Es ist ein unverwechselbares Gesicht entstanden, ein Bild voller Leben mit allen seinen Gegensätzen, doch immer sympathisch und vor allem individuell. Dortmunds Architektur verdient einen zweiten Blick.

Essen im Aufbruch

Von Dr. Wolfgang Reiniger,
Oberbürgermeister der Stadt Essen

Essen im Aufbruch! Anders lässt sich die gegenwärtige Entwicklung kaum beschreiben.

- Mit dem Einkaufszentrum am *Limbecker Platz* wird ein Besuchermagnet entstehen, der den Slogan aus den 50er Jahren des letzten Jahrhunderts mit neuem Leben erfüllt: „*Essen – die Einkaufsstadt*". Das größte innerstädtische Einkaufszentrum des Landes wird bis 2009 in zwei Bauabschnitten gebaut und der gesamten Innenstadt neue Impulse geben.
- Das Ruhrgebiet mit Essen als Bannerträger wird 2010 *Kulturhauptstadt Europas*. Dem Motto der Bewerbung „Wandel durch Kultur – Kultur durch Wandel" entsprechend, wird es sich der Welt als Kulturregion vorstellen: als eine Region, ehemals geprägt von Kohle und Stahl, die in den letzten fünfzig Jahren einen unglaublichen Wandel erfahren hat.
- Die Entscheidung der Alfried Krupp von Bohlen und Halbach-Stiftung, der Stadt einen Neubauteil des *Museum Folkwang* zu ermöglichen, stellt einen besonders glanzvollen Beitrag zum Kulturhauptstadtjahr dar.
- 2010 wird auch der *ThyssenKrupp Campus* vollendet sein. Gerade ist die erste Phase des Architektenwettbewerbs abgeschlossen worden. Bis November werden die verbliebenen elf Büros ihre Planungen weiter durcharbeiten, die dann die Grundlage für die Entscheidung sein werden. Herausragende Architektur wird hier die Identität des ThyssenKrupp-Konzerns widerspiegeln.
- Die Entscheidung von ThyssenKrupp für ein neues Headquarter auf historischem Standort bedeutet zugleich die Initialzündung für die weitere Entwicklung des gesamten *Krupp-Gürtels*, d.h. des Areals der ehemaligen Krupp-Fabriken.
- Das *Weltkulturerbe Zollverein* strahlt seit Jahren im Essener Norden. Hinzugekommen ist der beeindruckende Neubau der *Zollverein School of Management and Design*. Und von der im August in der ehemaligen Kohlenwäsche eröffneten Design-Ausstellung ENTRY gehen wichtige Impulse für die Entwicklung von Zollverein zum Designstandort des Landes aus. Die Frage der ENTRY „*Wie werden wir in Zukunft leben?*" wird auch auf Zollverein beantwortet.
- Aber auch das ist einmalig: Neben der ENTRY finden bzw. fanden gleichzeitig die großartige *Tibet-Ausstellung* in der Villa Hügel und die nicht minder großartige *Caspar David Friedrich-Ausstellung* im Museum Folkwang statt.

Essen im Aufbruch: Ich lade Sie herzlich ein, sich davon zu überzeugen.

Standpunkte

Duisburg, Stadt am Wasser mit hohen Standortqualitäten

Von Adolf Sauerland, Oberbürgermeister der Stadt Duisburg

Duisburg, die Stadt an Rhein und Ruhr, hat die Gunst der Lage in ihrer Geschichte zum Wohle der Stadt genutzt. Die Wasserstraßen haben die Entwicklung Duisburgs immer deutlich beeinflusst: Hier entstand Europas größter Stahlstandort und der größte Binnenhafen, der sich zum modernen Logistikstandort mit großem Wachstumspotential weiterentwickelt hat. Wasser bietet auch ein Stück Lebensqualität. Duisburg hat diese Zeichen frühzeitig erkannt und die Potentiale genutzt. Der Innenhafen Duisburg ist ein Musterbeispiel für den Strukturwandel und ein Vorbild für eine konsequente Nutzung vorhandener Potentiale. Das Konzept, das eine ausgewogene Mischung aus Arbeiten, Wohnen und Leben mit Freizeit- und Kulturangeboten verwirklicht hat, ist Resultat eines interdisziplinären Planungsprozesses, der sowohl die historischen Qualitäten der alten vorhandenen Speichergebäude als auch moderne Architektur zu einem neuen Quartier verbunden hat. Vom Holz- und Getreidehafen wurde das Areal zu einem pulsierenden, innenstadtnahen Standort entwickelt. Hochrangige Architektur, basierend auf einem Masterplan von Norman Foster, wurde von renommierten Architekten und Freiraumplanern zu einem beispielgebenden, abwechslungsreichen Quartier umgesetzt. Hier entstand ein neuer Lebensraum mit einem lebendigen und kreativen Umfeld. Duisburg geht diesen Weg weiter. Hochwertige Architektur kombiniert mit der Gunst des Standortes sorgt für unverwechselbare Lebensräume mit hohem Anspruch. Die Planungen zur Innenstadterneuerung werden diesen Zielen ebenso gerecht wie die Entwürfe zu einem neuen Quartier am Rhein, dem RheinPark, der auf einer 60 ha großen ehemaligen Industriefläche geplant und im ersten Bauabschnitt in diesem Jahr begonnen wird. Die Neuausrichtung der Duisburger Innenstadt verfolgt die gleiche Zielrichtung: Stärkung des urbanen Zentrums durch neue hochwertige, vielfältige Angebote. Die Königstraße, Duisburgs Innenstadtboulevard mit hoher Aufenthaltsqualität, erfährt durch die Neubauprojekte CityPalais und Forum eine neue städtebauliche Qualität. Die beiden neuen Großprojekte im Herzen der Stadt vereinigen unterschiedliche Lebensbedürfnisse miteinander: Im CityPalais entsteht Duisburgs neue Mercatorhalle, die ein multifunktionales Angebot ermöglicht. Sie ist die neue Heimat der Duisburger Philharmoniker, bietet Raum für Kongresse und Tagungen und ermöglicht bürgerschaftliche Veranstaltungen. Die WestSpiel eröffnet im CityPalais Deutschlands größtes innerstädtisches Spielcasino. Hochwertige Einzelhandelsgeschäfte und ein vielfältiges Gastronomieangebot machen das innerstädtische Zentrum zu einem urbanen Ort. Auf der gegenüberliegenden Straßenseite entsteht ein Einkaufszentrum mit ca. 50.000 m² Verkaufsfläche, einem großen Kaufhaus und einem ausgewogenen Angebot unterschiedlicher Einzelhandelsgeschäfte.

Die Duisburger Innenstadt ist im Wandel. Er zeugt von einer Neuausrichtung für eine lebenswerte, pulsierende Stadtkultur für die vielfältigen Bedürfnisse der Bürger. Das Zentrum stärkt seine Attraktivität zu einem Versammlungsort für die Menschen dieser Stadt. Duisburg hat viele Potentiale und wird sie nutzen.

Rahmenbedingungen schaffen für gute Zukunftsaussichten

Von Frank Baranowski,
Oberbürgermeister der Stadt Gelsenkirchen

Die traditionsreichen Industriestädte des Ruhrgebietes haben einen bedeutenden Teil zum Wirtschaftswunder der Nachkriegszeit und zum Wohlstand in unserem Land beigetragen. Wir wollen aber auch in Zukunft attraktive Arbeitsplätze und eine hohe Lebensqualität bieten.

Deshalb schaffen wir Rahmenbedingungen, die für Industrie, Handel und Dienstleistungsunternehmen attraktiv sind. Wir verändern gezielt und Schritt für Schritt unsere Wirtschaftstruktur und sorgen so für ein gutes Wirtschaftsklima und zukunftssichere Arbeitsplätze in Gelsenkirchen.
So haben wir in den letzten Jahren den Schwerpunkt Solarenergie herausgebildet. Im „ArenaPark" im Berger Feld entsteht ein neues Sport-, Freizeit- und Dienstleistungszentrum, und auch im Bereich der Gesundheits- und Seniorenwirtschaft werden immer neue Projekte vorangetrieben.

Richtungweisende Beispiele für diese positive Entwicklung sind unter anderem die Scheuten Solar Technology GmbH und das neue „Courtyard by Marriott Gelsenkirchen", die in dieser Publikation zusammen mit anderen Projekten vorgestellt werden.

Ich freue mich, dass Gelsenkirchen mit so herausragenden Beispielen hier vertreten ist. Es verdeutlicht einmal mehr: In dieser Stadt tut sich was!

Standpunkte

Über „neue Zukunft" nachdenken

Von Prof. Eckhard Gerber,
Gerber Architekten, Dortmund

Foto: David Klammer, Köln

Schon mit den Namen der Flüsse Rhein und Ruhr wird die besondere landschaftliche Prägung dieser Region deutlich. In Verbindung mit ihrer industriellen Baugeschichte verbergen sich hier nach wie vor hohe Potentiale für ganz spezifische stadt-landschaftsräumliche Lösungen von Bauaufgaben der Zukunft. Nur wenn diese Potentiale weiter klug genutzt werden, kann sich die Rhein-Ruhr-Region durch ihre eigenen Besonderheiten des Ortes vom internationalen „Allerlei" rasanter Stadt- und Bauentwicklungen absetzen und sich profilieren. Kluge, kreative Planungsarbeit in der Gesamtheit, aber auch für jedes einzelne Projekt ist hierzu erforderlich, die immer nur durch alternative Planungsverfahren, also Architektenwettbewerbe, zu den hier notwendigen besten Ergebnissen führt, wie viele Beispiele dies z.B. in Duisburg, Essen, Bochum oder Dortmund belegen.

Weniger neue Projekte auf der grünen Wiese als vielmehr Aufgaben, die sich mit bestehenden aber verbesserungswürdigen Stadträumen und den damit verbundenen neuen Bauwerken beschäftigen, sind unsere neuen Planungsaufgaben. Aber auch und insbesondere geschichtsträchtige Gebäude, z.B. die des Industriezeitalters, die die Identität unserer Rhein-Ruhr-Region ausmachen, die durch ihre Geschichte zu Angelpunkten und Merkzeichen unserer Städte und der ganzen Region geworden sind, müssen neuen Aufgaben gewidmet und mit Erhalt ihrer Identität für diese neuen Inhalte hergerichtet werden.

Hervorragende Vorzeigebeispiele sind die Zeche Zollverein in Essen bzw. die Umwidmung der Speichergebäude in Museen im Duisburger Hafen. Eine solche neue wichtige Aufgabe wäre u.a. die Erhaltung des Stadtbild prägenden Dortmunder U mit einer Nutzung als künftiges Museum für moderne Kunst. Mit der Bewerbung und dem Zuschlag zur Kulturhauptstadt Europas 2010 ist die gesamte Ruhrmetropole – und sind die Politiker aller Parteien, aber auch alle Verantwortlichen von Industrie und Wirtschaft – die Verpflichtung eingegangen, diese Region kulturell weiter zu stärken. Es darf nicht zu einer Blamage kommen. Das Dortmunder U als neues Museum wäre ein wichtiges Zeichen und ein „Leuchtturmprojekt" von internationalem Rang, mit dem Dortmund diese seine Verpflichtung „Kulturhauptstadt Europas 2010" einlösen könnte.

Die ganze Region Rhein-Ruhr ist aufgefordert, über ihre „neue Zukunft" neu nachzudenken.

Attraktive, identifikationsstiftende Gebäude

Von Dipl.-Ing. Robert Dorff,
  Beratender Ingenieur BDB,
  Landesvorsitzender NRW des Bundes Deutscher Baumeister,
  Architekten und Ingenieure

Das Ruhrgebiet hat sich in den vergangenen 20 Jahren rasant gewandelt.

Dort, wo bis Mitte der 80er Jahre Hochöfen und Zechen das Bild entlang der Emscher prägten, präsentiert sich nun eine Region, die den Wandel von der alten Industrieregion hin zu einem modernen Dienstleistungs- und Technologiestandort, insbesondere auch durch die entstandenen Gebäude, die sich auch in dieser Veröffentlichung wiederfinden, dokumentiert.

Keine Region in Deutschland, die so dicht an Hochschul- und Wissenschaftszentren ist, keine Region, die über so viele kulturelle Einrichtungen verfügt, keine Region, die dichter besiedelt ist, keine Region, die auch soviel Grün zu bieten hat.

Der Strukturwandel im Ruhrgebiet ist noch längst nicht abgeschlossen, aber er hat in den vergangenen 20 Jahren – z.B. durch die IBA – wesentliche Impulse erfahren.

Als Vorsitzender des größten Architekten- und Ingenieurverbandes in NRW freut es mich besonders, dass gerade Bauten mit dazu beitragen, Identität zu stiften, insbesondere aber dazu geeignet sind, weitere Investitionen nachzuziehen.

Es gibt neue „Leuchttürme" in der Region, so z.B. die soeben fertig gestellte Designschool auf der Zeche Zollverein – ein weiteres Highlight der Region mit Magnetwirkung.

Es boomt weiter in der Region – attraktive, identifikationsstiftende Gebäude, die wir Architekten und Ingenieure für unsere Bauherren schaffen, leisten hierzu einen bedeutenden Beitrag. Und nicht zu vergessen: Wer in Gebäude investiert, investiert in die Zukunft, schafft Beschäftigung, schafft Werte und trägt somit zur wirtschaftlichen Entwicklung dieser Region maßgebend bei.

Standpunkte

Innovative Ideen für die Zukunft – Ingenieure realisieren Visionen

Von Dipl.-Ing. Bernhard Spitthöver,
   Vorsitzender des VBI-Landesverbandes Nordrhein-Westfalen

Die Bautätigkeit in einer Region ist ein wichtiges Barometer für die Wirtschaftsleistung. Nur wo gebaut wird, zeigen sich Wachstum, Innovation und Erneuerungsbereitschaft. Die Experten des Verbandes Beratender Ingenieure (VBI) sind in der Region Rhein-Ruhr an dieser Entwicklung derzeit mit zahlreichen Bauprojekten maßgeblich beteiligt.

Allein in der Stadt Essen sind Bauprojekte in der Planung, die Signalwirkung für die gesamte „Metropole Ruhr" besitzen. Durch den für 2008 geplanten Umzug der ThyssenKrupp AG von Düsseldorf nach Essen wird ein komplettes neues Stadtquartier in unmittelbarer Nähe der Essener City entstehen. Für das gesamte Gebäudeensemble mit über 100.000 m^2 Bruttogeschossfläche und über 2.000 Arbeitsplätzen ist eine herausragende, moderne und zukunftsweisende Architektur geplant. Auch Ruhrgas baut eine neue Zentrale für 2.000 Mitarbeiter und setzt weiterhin auf den Standort Essen. Auf dem Gelände der Uni-Klinik entsteht mit dem „Westdeutschen Protonentherapiezentrum Essen" eines der größten PPP-Projekte Deutschlands. Und in der City setzt KarstadtQuelle mit dem Neubau seines Stammhauses Akzente in der Kaufhausarchitektur.

Alle Bauprojekte leben von den vielfältigen Ideen der betei-

Standpunkte

ligten Planer. Den Ingenieuren kommt dabei eine Schlüsselrolle zu. Denn nur ihre Fähigkeiten und ihre Innovationen führen dazu, dass Visionen der Bauherren und ambitionierte gestalterische Entwürfe der Architekten Wirklichkeit werden können. Denn mit der Arbeit der Ingenieure beginnen die Gebäude erst richtig zu funktionieren und damit zu leben. Ein stabiles Tragwerk, das auch gewagte Architektur stützt, ausgeklügelte Energie- und Heizkonzepte, die den Energieverbrauch minimieren, und die Arbeit vieler anderer Disziplinen machen aus einem Projekt ein überzeugendes Bauwerk. Der Schlüsselbegriff des Bauens von heute ist also die Interdisziplinarität, die nahtlose Zusammenarbeit aller planender Berufe. Denn die Anforderungen an das moderne Bauen haben sich grundlegend geändert. Die Vielschichtigkeit des Bauprozesses erfordert es, dass die Disziplinen gemeinsam nach Lösungen suchen und den Realisierungsprozess zielgerichtet vorantreiben. Dies geht nur mit besonders qualifizierten Ingenieuren.

Das Fundament, auf dem VBI-Ingenieure ihre Leistungen erbringen, ist die Unabhängigkeit von Hersteller- und Lieferinteressen. Dies bedeutet, dass die Planer nur ihrem Auftraggeber verpflichtet sind. Die Trennung von Planung und Ausführung ist die Voraussetzung, um die im Sinne des Bauherren optimale Lösung erzielen zu können – sowohl bei der Qualität als auch bei den Kosten. Optimale Beratung und Planung haben aber ihren Preis. Sie sind ebenso wenig zum Null-Tarif zu haben wie gute Bauqualität. Beratende Ingenieure sind auf auskömmliche Honorare angewiesen, denn in der intensiven Planungsphase werden die entscheidenden Weichen für die Gesamtkosten eines Gebäudes und seine späteren Betriebskosten gestellt. An dieser sensiblen Stelle lohnt es sich, durch eine gute Planung den Grundstein für den späteren Gesamterfolg eines Projektes zu legen.

Mit rund 3.000 Mitgliedern und etwa 30.000 Beschäftigten ist der VBI die führende berufspolitische und wirtschaftliche Interessenvertretung der planenden und beratenden Ingenieure in Deutschland. Seine Mitglieder sind als Planer, Berater und Prüfer auf allen Gebieten des technischen, naturwissenschaftlichen und technisch-wirtschaftlichen Consulting tätig. Der Landesverband Nordrhein-Westfalen zählt insgesamt rund 650 Mitglieder in 430 hoch qualifizierten Mitgliedsunternehmen, die das besondere Qualitätsmerkmal „VBI" mit Überzeugung tragen. Die Adressen unserer Planer finden Sie unter www.vbi.de in der VBI-Planerdatenbank.

Im Blickpunkt

Essen im Wandel: Prozesse der Stadtentwicklung

Von Hans-Jürgen Best,
Geschäftsbereichsvorstand Planen der Stadt Essen

Essen hat sich in den letzten Jahrzehnten zu einem bedeutenden Bürostandort (Stichwort „Schreibtisch des Ruhrgebiets") gewandelt und ist Sitz international bedeutender Konzerne sowie Messe- und Universitätsstadt. Das Erscheinungsbild der Essener Innenstadt wird heute daher durch Bürogebäude und Technologiezentren weltweit agierender Konzerne geprägt.

Am Limbecker Platz entsteht bis 2008/2009 ein Einkaufszentrum der Superlative mit rund 55.000 m² Verkaufsfläche – das größte innerstädtische Einkaufs- und Erlebniscenter Deutschlands

Kulturhauptstadt 2010 und Stadtentwicklungsprozess Essen – Perspektive 2015+

Kulturhauptstadt 2010 und Stadtentwicklungsprozess 2015+ stehen für Prozesse der Stadtentwicklung unter der Prämisse „Essen im Wandel". Die Nominierung Essens als Kulturhauptstadt 2010 eröffnet die Chance, Stadtentwicklung als kulturellen Prozess neu zu definieren.

Die Stadt Essen hat in einem 2005 initiierten, zunächst einjährigen „Stadtentwicklungsprozess Essen – Perspektive 2015+" die Weichen für eine zukunftsfähige Stadtentwicklung gestellt.

Der Stadtentwicklungsprozess sucht nach zukunftsfähigen Antworten auf die demographische Herausforderung und zeigt mittelfristige Perspektiven für die Stadtentwicklung, insbesondere Stärken und Qualitäten eines Essener Profils auf.

Die städtebaulichen Herausforderungen Essens werden durch richtungsweisende Bauvorhaben demonstriert, von denen einige im Folgenden vorgestellt werden.

Einkaufszentrum Limbecker Platz

An dem integrierten Standort des Stammhauses der Karstadt AG entsteht bis 2008/2009 ein Einkaufszentrum der Superlative. Mit rund 55.000 m² Verkaufsfläche wird hier das größte innerstädtische Einkaufs- und Erlebniscenter Deutschlands entstehen. Der Architekt hat eine „subtil und intellektuell wirkende städtebauliche Großform, einen Solitär, geschaffen, der sich vom städtischen Kontext loslöst, seine eigene Formensprache und Maßstäblichkeit autonom definiert" (Auszug aus dem Juryprotokoll). Die ECE entwickelt, plant, realisiert, vermietet und managt seit 1965 große Shopping-Center, so auch das neue Shopping-Center Limbecker Platz.

ThyssenKrupp-Quartier

Auf einer zentralen Fläche im Krupp-Gürtel werden bis 2011 (1. Bauabschnitt bis 2008) die neue Hauptverwaltung der ThyssenKrupp AG für rund 2.500 Mitarbeiter und die ThyssenKrupp-Akademie entstehen. Das Projekt ist von herausragender Bedeutung für die Stadt Essen und wird dem Entwicklungsbereich Krupp-Gürtel sowie den angrenzenden Stadtteilen entscheidende Impulse geben. Über einen international offenen

Auf dem Gelände des Weltkulturerbes Zollverein ist als erster Neubau die „Zollverein School of Management and Design" als ein wegweisendes Impulsprojekt für die künftige Entwicklung des altindustriellen Areals zu einem Designstandort entstanden

Fotos: Thomas Willemsen

Wettbewerb sollen bis November 2006 die Grundlagen für eine hochwertige Architektur und spannende Freiräume gefunden werden.

Automeile

In unmittelbarer Nachbarschaft und direkt an den engeren Kreis der Innenstadt angrenzend, soll auf über 17 ha die „Automeile Essen" entstehen, eine einmalige Konzentration von Niederlassungen und Händlern hochwertiger Automobilmarken, ergänzt um Dienstleistungsangebote rund um das Auto. Die Essener Architekten Koschany+Zimmer (KZA) entwickelten für den Standort ein Strukturkonzept, das auch die wenigen noch auf dem Gelände befindlichen historischen Bausteine der ehemaligen Kruppschen Fabrik (u.a. das Stammhaus) einbinden wird. Die ersten spektakulären Auftakte der zukünftigen Automeile, der Neubau des Audi-Zentrums und der Neubau des Porsche-Zentrums, sind bereits realisiert. So entsteht mit der „Automeile Essen", im Herzen der Stadt, ein starker und außergewöhnlicher Anziehungspunkt rund um das Automobil mit Strahlkraft über Essen hinaus, der die Vision, den Kruppgürtel als vielschichtigen und die Stadt in ihrem Inneren bereichernden Stadtraum zu entwickeln, unterstreicht.

Impulsprojekt „Zollverein School of Management and Design"

Auf dem Gelände des Weltkulturerbes Zollverein ist als erster Neubau die „Zollverein School of Management and Design" als ein wegweisendes Impulsprojekt für die künftige Entwicklung des altindustriellen Areals zu einem Designstandort von internationaler Strahlkraft geschaffen worden. Der erste Spatenstich am 17. März 2005 markierte den Beginn der Bauarbeiten. Das Gebäude ist im Masterplan des renommierten Architekten und Städteplaners Rem Koolhaas als städtebaulicher „Attraktor" beschrieben. International ausgerichtet ist die neue „Zollverein School of Management and Design", die im Februar 2005 ihren Lehrbetrieb aufgenommen hat. Sie stellt eine völlig neuartige Bildungseinrichtung dar. In Lehre und Forschung werden dort die Kompetenzen „Management" und „Design" eng miteinander verknüpft – gemäß der Devise „beide Disziplinen können voneinander lernen".

Der Neubau, der die Form eines kubischen Baukörpers hat, wurde im Rahmen eines Wettbewerbs 2002 an das japanische Architekturbüro SANAA vergeben. Im Frühjahr 2005 starteten die Bauarbeiten, und am 31. Juli 2006 wurde die neue Zollverein-Schule übergeben.

Das bald fertig gestellte, renovierte Innere der Kohlenwäsche der Zeche Zollverein nimmt nach dem Umbau zwei wichtige „Dauermieter" auf: das neue Besucherzentrum und das RuhrMuseum

RuhrMuseum in der ehemaligen Kohlenwäsche der Zeche Zollverein

Auf das bald fertig gestellte, renovierte Innere der Kohlenwäsche warten große Aufgaben. Unter anderem nimmt sie nach dem Umbau zwei wichtige „Dauermieter" auf, das neue Besucherzentrum und das RuhrMuseum. Letzteres als eine der zukünftigen zentralen Institutionen auf Zollverein – und ihr Name ist Programm.

Denn mit den ständigen und wechselnden Ausstellungen, die hier ab Ende 2007 auf rund 5.000 m^2 Fläche präsentiert werden, erwartet Gäste aus aller Welt ein einmaliges historisches Panorama des gesamten Ruhrgebietes in den letzten Jahrhunderten. Thematisiert werden die kultur- und naturgeschichtlichen Entwicklungen der Region und deren Einordnung in globale Zusammenhänge – die begleitenden Wechselausstellungen erweitern den Blickwinkel zusätzlich durch Themen, die sich durch ihre internationale Bedeutung in kultureller oder industriehistorischer Hinsicht auszeichnen.

Hier wird deutlich, dass sich das RuhrMuseum nicht als klassisches Industriemuseum versteht: Seine unkonventionellen Konzepte, die u.a. auch ein umfangreiches Archiv an Bildern, Klängen und Geräuschen umfassen werden, gehen neue Wege in der Wissensvermittlung – assoziativ nachvollziehbar statt streng chronologisch geordnet, begreifbar statt nur betrachtbar. Zu den ständigen Themengebieten zählt auch die Chronik des heute bereits von vielen als „RuhrStadt" begriffenen Reviers: vom einstigen Experimentierfeld moderner Industriegesellschaften hin zu einer Region, die ihr Gesicht grundlegend gewandelt hat, ohne dabei ihren Charakter einzubüßen.

Gemeinsam mit dem neuen Besucherzentrum und dem Denkmalpfad entsteht so in der ehemaligen Kohlenwäsche ein Portal für das gesamte Ruhrgebiet – mit der wichtigen Funktion, Besuchern aus aller Welt einen anregenden, neugierig machenden Überblick zu Vergangenheit und Gegenwart der Region zu ermöglichen.

„Ronald McDonald Haus Essen"

Am 1. Juli 2005 wurde im Grugapark Essen das „Ronald McDonald Haus Essen" eröffnet. Mit dem Bau wurde der letzte Architekturentwurf des Künstlers Friedensreich Hundertwasser verwirklicht. Das „Ronald McDonald Haus Essen" ist ein Zuhause auf Zeit für Familien, deren schwer kranke Kinder im benachbarten Universitätsklinikum Essen behandelt werden. Die natur- und menschengerechte Architektur – alle horizontalen Flächen und Dächer sind begrünt, organische Formen treten an die Stelle geometrischer Linien – erfüllt das Bedürfnis des Menschen nach Schutz, Zuflucht und Geborgenheit.

Im Blickpunkt

Ruhrgebiet glänzt mit Standorten am Wasser

Die Wirtschaftsförderer verschiedener Ruhrgebiets-Städte und der Regionalverband Ruhr haben die Chance des gemeinsamen Marketings für ihre „Wasserlagen"-Immobilien erkannt

Im Ruhrgebiet findet man ein ein facettenreiches Angebot attraktiver Investitionsprojekte zum Wohnen und Arbeiten am Wasser. Die Metropole Ruhr mit all ihrer Wirtschaftskraft, ihren kulturellen Schätzen und ihren 5 Mio. Menschen liegt bei allen Standorten vor der Haustür. Dortmunds Aufbruch zu neuen Ufern wird auf PHOENIX (Abb. oben) erlebbar: Der „PHOENIX See" ist Mittelpunkt der insgesamt 96 ha großen östlichen Fläche des PHOENIX-Geländes

Standorte am Wasser bieten eine neu entdeckte Lebensqualität. Deshalb sind Wohnen, Arbeiten und Freizeiteinrichtungen am Wasser zurzeit sehr beliebt. Die Immobilienwirtschaft hat diesen Trend längst erkannt: Das Interesse von Projektentwicklern, Investoren und Architekten gilt den so genannten Wasserlagen – das um so mehr, wenn sie infrastrukturell erschlossen und in gut erreichbarer Nähe zu den Innenstädten liegen.

Mit derartigen „urbanen Wasserlagen" kann das Ruhrgebiet aufwarten: Auf über 500 km Länge ziehen sich Flüsse und Kanäle durch die Städte der Metropole Ruhr. Sie bieten ein interessantes Ambiente für attraktive Entwicklungs- und Investitionsprojekte – mitten in einer der größten und zentralen Wirtschaftsregionen Europas. Der Kernbereich der Metropole Ruhr ist von Wasserbändern umrahmt, die größtenteils für jedermann schiffbar sind und einen neuen Blick auf die Stadtlandschaft bieten. An diesem „Bilderrahmen" liegen wichtige Immobilienprojekte.

Die Wirtschaftsförderer der Ruhrgebiets-Städte Bochum, Bottrop, Dortmund, Duisburg, Essen, Gelsenkirchen, Mülheim a.d. Ruhr, Oberhausen und der RVR (Regionalverband Ruhr) haben die Chance des gemeinsamen Marketings für ihre „Wasserlagen"-Immobilien erkannt. Vom „RheinPark" Duisburg bis zum „PHOENIX See" bietet sich ein facettenreiches Angebot attraktiver Investitionsprojekte zum Wohnen und Arbeiten am Wasser: in Grachten wie in Holland und an wunderschönen Promenaden im Ruhr- und im Emschertal. Von City-Lagen wie „Ruhrbania" Mühlheim bis zu Siedlungen mit dörflichem Charme wie Bottrop-Ebel. Die Metropole Ruhr mit all ihrer Wirtschaftskraft, ihren kulturellen Schätzen und ihren 5 Mio. Menschen liegt bei allen Standorten vor der Haustür.

Einige der „Wasserlagen"-Projekte werden im Folgenden vorgestellt.

PHOENIX See, Dortmund

Dortmunds Aufbruch zu neuen Ufern wird auf PHOENIX erlebbar: Der „PHOENIX See" ist Mittelpunkt der insgesamt 96 ha großen östlichen Fläche des PHOENIX-Geländes. Mit einer Wasserfläche von 24 ha ist er größer als die Hamburger Binnenalster. 2005 wurde mit den Aushubarbeiten für den See begonnen, 2008 wird er geflutet. Die urbanen Quartiere am See integrieren die Funktionen Wohnen, Arbeiten und Freizeit. Mit seiner hohen ökologischen und ästhetischen Gestaltungsqualität leistet das Gebiet PHOENIX See einen herausragenden Beitrag für ein lebenswertes Dortmund.

Auf ca. 24 ha Wohnbaufläche gibt es für jeden Lebensstil und für jede Lebensphase das passende Angebot. Im Hafenbereich ergänzen Büroimmobilien die attraktive Wohnbebauung. Sie eignen sich ideal für Dienstleister, wie z.B. Steuer- und Finanzberater, Werbe- und Medienagenturen, oder technische Institute.

Oder für Bildungseinrichtungen, Verbände und Verwaltungen. Flankiert von Gastronomie und spezifischen Einzelhandelsangeboten.

PHOENIX See ist auch Freizeitparadies und Naherholungsgebiet: Der Hafen mit Piazza, Gastronomie und Kultur ist lebendiger Treffpunkt. Die 3 km lange Uferpromenade verspricht aktive Erholung für Spaziergänger, Skater und Fahrradfahrer. Die ruhigeren Naturräume der nordöstlichen Seehälfte bieten darüber hinaus Rückzugsmöglichkeiten für Flora und Fauna. An den Ufern des Sees werden bis zu 1.300 Wohneinheiten nebst verschiedenen Freizeiteinrichtungen entstehen und Platz für 5.000 Arbeitsplätze geschaffen. Zusammen mit dem Technologiepark auf PHOENIX West bildet PHOENIX See einen der größten innovativen Lebensstandorte Deutschlands.

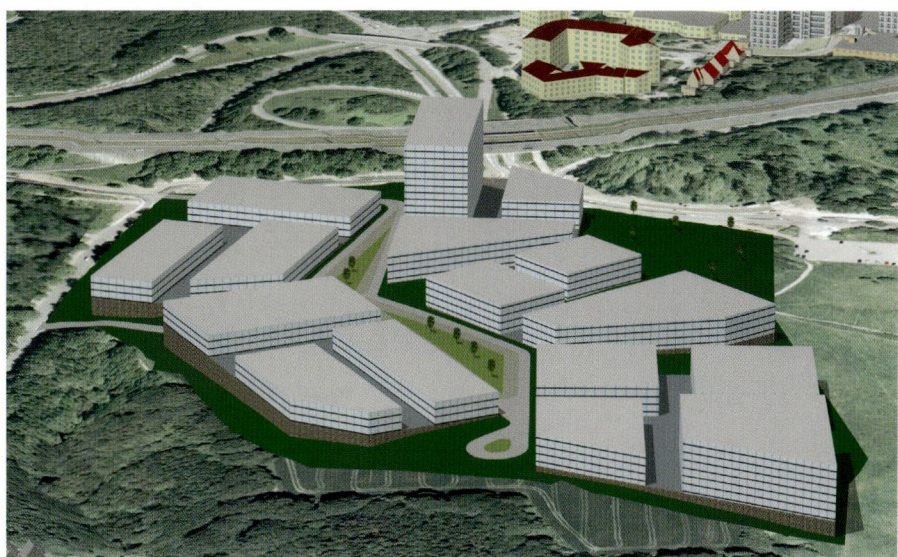

Neue „Burg", Bochum: Der zur Realisierung anstehende Entwurf des Architekturbüros Schneider + Schumacher aus Frankfurt gliedert das Gebiet entlang der Topografie in fünf Baufelder in Form von „Plateaus"

Neue „Burg", Bochum

Der Zukunftsstandort Ruhr-Universität Bochum mit Fachhochschule, Technologie-Quartier, Technologiezentrum Ruhr, BioMedizinZentrum-Ruhr und dem „BIOMEDIZINPARK-RUHR" als „NEUE BURG ÜBER DEM RUHRTAL" ist über eine attraktive „Landschaftstreppe" (Botanischer Garten/Chinesischer Garten, Kalwes, Steinbruch, Zeche Klosterbusch, Lottental) mit dem Ruhrtal und dem Freizeitschwerpunkt Kemnader See verbunden.

Umgeben von großzügigen Grüngebieten reiht sich der ca. 9 ha große BioMedizinPark-Ruhr auf dem Grimberg westlich der Ruhr-Universität als Glied in die Kette des Zukunftsstandortes von Wissenschaft, Forschung und Technik ein. Er ist wesentlicher Baustein zur kontinuierlichen Weiterentwicklung Bochumer und regionaler Kompetenzen in den Wachstumsbranchen Biomedizin, Medizintechnik und Biotechnologie mit den außerordentlich guten Chancen zur Schaffung von ca. 6.000 Arbeitsplätzen für die Region. Existierenden und neuen Unternehmen sollen optimale und ausbaufähige Arbeitsbedingungen zur Forschung, Entwicklung und Produktion geboten werden.

Das Gebiet im Stadtteil Querenburg ist sehr gut sowohl für den Individualverkehr über die Universitätsstraße mit Autobahnanschluss A43/A44 erschlossen, als auch durch die U35 optimal mit dem öffentlichen Personennahverkehr erreichbar. Der im Wettbewerb prämierte und nun zur Realisierung anstehende Entwurf des Architekturbüros Schneider + Schumacher aus Frankfurt gliedert das Gebiet entlang der Topografie in fünf Baufelder in Form von „Plateaus". Dabei schafft der Entwurf eine hohe bauliche Dichte und zugleich eine dekonzentrierte Öffnung mit landschaftlichen Bezügen und Blickbeziehungen ins Ruhrtal.

Nordsternpark, Gelsenkirchen

Der heutige „Gewerbe- und Landschaftspark Nordstern" bietet nach der Stilllegung der Zeche Nordstern I/II und der Zwischennutzung für die Bundesgartenschau Gelsenkirchen 1997 ein Ambiente, das Gewerbebetrieben, Hauseigentümern und Parkbesuchern gleichermaßen den Charme der historischen Entwicklung vom Industriegelände zu einem attraktiven Standort für Wohnen, Arbeiten und Freizeit verdeutlicht.

Anspruchsvoll ausgebaute Gewerbeflächen im Verbund mit einem weitläufigen Landschaftspark haben nicht nur innovative klein- und mittelständische Unternehmen veranlasst, dort ihren Firmensitz bzw. Niederlassungen zu etablieren. Das Gebäude der ehemaligen „Sieberei mit Wagenumlauf" ist heute z.B. Stammsitz der THS GmbH mit über 300 Mitarbeitern. Weitere Flächen und Büros sind von Dienstleistern belegt, die ein breites Betätigungsspektrum abdecken. In diesem Umfeld stehen noch weitere Ansiedlungsflächen für Dienstleistungsunternehmen zur Verfügung.

Am Nordrand des Parks ist bereits eine ansprechende Wohnanlage mit Reihen- und Punkthäusern entstanden, weitere Entwicklungsmöglichkeiten sind hier gegeben. Der Landschaftspark ist Ankerpunkt der Route der Industriekultur und bietet auch eine vielfältige Freizeit- und Erholungslandschaft. So befinden sich z.B. direkt am Kanal eine Freilichtbühne (Amphitheater) und ein Fahrgastschiffanleger. Attraktive Wegeverbindungen mit architektonisch herausragenden Brücken verbinden weitere Attraktionen wie eine Kletterwand, einen begehbaren Bergbaustollen und ein Kinderspielareal.

Der Nordsternpark ist einbezogen in den Emscher Landschaftspark und kann gut als Ausgangspunkt für Touren in das neue „grüne Rückgrat" der Metropole Ruhr genutzt werden. So erreicht man z.B. nach wenigen Minuten „Schloss Horst", eines der bedeutendsten Zeugnisse der Renaissance im nordwestdeutschen Raum.

Graf Bismarck, Gelsenkirchen

Das Areal des Stadtquartiers „GRAF BISMARCK" liegt unmittelbar am Rhein-Herne-Kanal rund um den Hafen Bismarck. Der ehemalige Kraftwerksstandort der Zeche Graf Bismarck wird ab 2008 in eine attraktive kleine „Stadt am Wasser" verwandelt. Geplant ist eine Mischung aus Wohnbauflächen, Misch- und Gewerbegebieten und Freizeiteinrichtungen. Die einzelnen Baufelder sind durch ein System von Grün- und Freiflächen miteinander in Beziehung gesetzt und verleihen mit ausgedehnten Industriewaldflächen dem Quartier ein unverwechselbares Gesicht.

Das durch den direkten Anschluss an die A42 optimal erschlossene Quartier knüpft in seiner Grundkonzeption an die stark durchgrünten gartenstädtischen Siedlungen der Region an. Neben dieser nachhaltigen Siedlungsentwicklung ist für die Solarstadt Gelsenkirchen eine Ressourcen schonende Energieversorgung des

Im Blickpunkt

Graf Bismarck, Gelsenkirchen: Das Areal des Stadtquartiers „GRAF BISMARCK" liegt unmittelbar am Rhein-Herne-Kanal rund um den Hafen Bismarck. Der ehemalige Kraftwerksstandort der Zeche Graf Bismarck wird ab 2008 in eine attraktive kleine „Stadt am Wasser" verwandelt

Areals ein weiteres Leitbild. Der Freizeitwert des Geländes, das mit großen integrierten Grünzonen im Kreuzungsbereich des regionalen Grünzugs „D" mit dem Emscher Landschaftspark liegt, ist einzigartig. So befindet sich dort z.B., unmittelbar angrenzend, mit dem ZOOM eine außergewöhnliche Tiererlebniswelt, die zoologische Highlights mit modernen Präsentationsformen verknüpft.

Marina Essen – das neue Hafenquartier

Essen, bekannt als zentrale Wirtschafts- und Kulturstadt in der Metropole Ruhr, hat neben dem Ruhrtal mit dem Baldeneysee auch im Bereich des „neuen" Emschertales außergewöhnlich attraktive Immobilienlagen, die hohen Ansprüchen an Wohn- und Arbeitsumfeld gerecht werden, zu bieten. So ist der Standort „MARINA ESSEN" zwischen Altenessener Straße und Nordsternstraße und dem dort 43 m breiten Rhein-Herne-Kanal besonders geeignet für die Entwicklung eines neuen „Hafenquartiers".

Das ca. 6 ha große Projektgebiet ist über die A42, Anschluss Essen-Altenessen, und die U-Bahn-Linie auf der Altenessener Straße (15 Min. zum HBf) bestens angebunden. Es liegt auf rund 300 m Länge am Ufer des Kanals, der als ruhiger Wasserweg die Verbindung in die Region und in die weite Welt bietet. Östlich angrenzend beginnt direkt der 240 ha große Naherholungsraum mit dem ehemaligen Buga-Gelände „Nordstern" und der bewaldeten Schurenbachhalde mit fantastischer Aussicht über den Kernbereich der Metropole Ruhr. Im Süden und Westen bieten die vorhandenen Wohngebiete und der Gewerbepark „Fritz" die notwendige Nahversorgung.

Der von dem Architekten Thomas Pape, WFD DERWALD GmbH, Dortmund, in 2006 entwickelte Konzeptentwurf besteht aus folgenden Bausteinen: Wohnen am Wasser, 64 Wohnhäuser, zum Teil mit eigenem Bootsanleger an den Wohngrachten, Terrassenhäuser, einer Zone von rund 21.000 m² Nettogeschossfläche mit einem Nutzungsmix aus Gastronomie, Shops, Hotel, Boutiquen, Wohnen und Büro mit Hafenpromenade und -platz am Kanal, dem Marina-Kernbereich mit ca. 100 Liegeplätzen im rund 14.500 m² großen neuen Hafenbecken mit Serviceeinrichtungen für den Sportbootfahrer und weiteren rund 1.200 m² Nettogeschossfläche für gewerbliche Nutzungen, am Kanal ein 150 m langer Großanleger für Flusskreuzfahrtschiffe, Hotel- und Fahrgastschiffe wie die „Weiße Flotte", südlich der Nordsternstraße Trockenliege- und Pflegeplätze für Boote, Parkplätze für Bootsanhänger und PKW mit Erweiterungsflächen im Bereich Service und Verkauf.

Der kleine, angrenzende Gewerbepark „Fritz" wird in die Marina-Entwicklung eingebunden. Mit der neuen U-Bahn-Haltestelle an der Marina, dem Fahrgastschiffsanleger und den Marina-Parkplätzen wird der Standort „Marina Essen" Eingangstor zum Emscher Landschaftspark und gastfreundliche Basis für den Wassertourismus.

Im Januar 2006 wurde die „Marina Essen GmbH" zur Entwicklung des Geländes gegründet. Die Machbarkeitsuntersuchungen wurden Mitte 2006 abgeschlossen. Das Bebauungsplanverfahren soll Mitte 2007 beendet sein, die anschließende Phase der Baureifmachung und Erschließung ist bis Mitte/Ende 2008 kalkuliert. Verhandlungen mit Kauf- und Mietinteressenten werden geführt.

Am Kettwiger See, Essen

Essen-Kettwig wird geprägt durch seine reizvolle Lage im Ruhrtal und seine historische Altstadt mit Fachwerkarchitektur. Kettwig überzeugt durch ein attraktives Angebot in den Bereichen Wohnqualität, Gastronomie, Bildung und Kultur, Sport und Freizeit. Vom Schloss Hugenpoet bis zum restaurierten Bahnhofsgebäude bietet Kettwig kultiviertes, ländliches „Ambiente" mitten in der RheinRuhr-Metropole. Die Entwicklung der beiden „urbanen Wasserlagen" „SEEPROMENADEN" und „KETTWIGER AUE" am Kettwiger Stausee bietet ein außergewöhnlich gutes Investitionspotential.

„SEEPROMENADEN": Das Grundstücksareal umfasst das Gelände der ehemaligen Kammgarnspinnerei Scheidt. Durch seine Lage direkt am Stausee bietet das Grundstück ideale Bedingungen für die Entwicklung anspruchsvoller Quartiere für exklusives Wohnen, unternehmensorientierte Dienstleistungen aber auch für Ateliers von Künstlern, Designern, Fotografen und Architekten. Die adressbildende Mischung aus modernem Wohnen und kreativen Dienstleistungen soll unterstrichen werden

Im Blickpunkt

durch die Entwicklung einer Marina am vorgelagerten Ruhrufer. Das Wohnquartier erhält eine qualitätvolle urbane Architektur. Durch den Erhalt historisch wertvoller Bausubstanz mit interessanten Hofbildungen und durch ergänzenden Neubau wird der Standort zugeschnitten auf Dienstleister aus den „kreativen Milieus" und auf wissensintensive, unternehmensorientierte Dienstleister, die die Nähe zu Großunternehmen, Agenturen und Verwaltungen und ein hochwertiges Umfeld suchen. An der markanten westlichen Spitze des Grundstücks entsteht ein Servicecenter für wohnbezogene Dienstleistungen und für Dienstleistungen aus den Bereichen Health Care/Medical Care in Kombination mit Angeboten aus den Sektoren Gastronomie, Freizeit und Wellness.

„KETTWIGER AUE": 200 m flussaufwärts, neben den „Seepromenaden", entlang eines über 600 m langen Abschnittes des Ruhrufers entsteht, auf dem ehemaligen Gelände der Traditionsfirmen Markmann & Moll und Schulz, ebenfalls ein neues Wohngebiet in exklusiver „Wasser"-Lage. Das Städtebaukonzept ermöglicht allen künftigen Anwohnern den Blick zum Wasser durch die Staffelung der Gebäudehöhen. Die Baureihen werden parallel zur Ruhr von viergeschossigen Häusern über zweieinhalbgeschossige Doppel- und Reihenhäuser in der mittleren Reihe bis zu eineinhalbgeschossigen Doppelhäusern in der ersten Reihe am Wasser angeordnet. Unterschiedliche Wohnungsgrößen von 50–130 m² Wohnfläche und Hausgrößen von ca. 115–180 m² stellen ein vielfältiges Angebot zur Verfügung. Bauweise und Ausstattung der Häuser und Wohnungen sollen dem wunderschönen Standort entsprechend hochwertig sein. Das Wohnprojekt „Kettwiger Aue" wird im westlichen Teil ergänzt durch ein ca. 4.800 m² großes Grundstück, welches als Mischgebiet geplant ist. Der Standort bietet sich an für die Entwicklung von Büroflächen. Alternativ eignet sich die gute Lage auch als Standort einer Seniorenresidenz, für Betreutes Wohnen oder ein Hotel mit Gastronomie/Außenterrassen.

Marina-Gelände, Oberhausen

Die Bauflächen „MARINA-GELÄNDE", die den bereits realisierten Freizeithafen der „Heinz-Schleußer-Marina" (Marina Neue Mitte Oberhausen) unmittelbar umgeben, sind verkehrlich voll erschlossen und durch den Bebauungsplan als Sondergebiet Marina folgenden Nutzungen gewidmet: Gastronomie, Läden (marinabezogener Einzelhandel), Wohnen und Hotel. Bereits jetzt wird der Freizeithafen durch das Sea Life Aquarium geprägt. Das Gelände steht in direkter und fußläufiger Verbindung mit der CentrO-Promenade.

An die Bauflächen, die den Freizeithafen umgeben, schließt sich in östlicher Richtung eine große, erschlossene, noch unbebaute weitere Fläche an. Diese Fläche erstreckt sich bis zur Osterfelder Straße. Sie steht zur Überplanung an. Die Stadt ist bereit, die Planung mit einem geeigneten Investor eng abzustimmen. Planerisch kommen Nutzungen in Betracht, die die Neue Mitte Oberhausen abrunden: Tourismus/Freizeit, verträgliches Gewerbe sowie Wohnen und Arbeiten.

Ruhrbania, Mülheim an der Ruhr

Mülheim an der Ruhr ist die einzige Stadt im Ruhrgebiet, in der die Ruhr mitten durch die Stadt verläuft. Mit dem dezentralen Investitionsprojekt „RUHRBANIA" und dem Kernprojekt „Ruhrpromenade" werden sechs attraktive Entwicklungsflächen rechts und links des Flusslaufs für hochwertiges Wohnen, Freizeit- und gewerbliche Nutzungen entwickelt und vermarktet.

Im Mittelpunkt steht das Kernprojekt „Ruhrpromenade – Stadt ans Wasser": Auf einer Gesamtfläche von rund 11 ha wird die Innenstadt bis ans Wasser gebaut. Rund um ein neues, maritimes Hafenbecken entstehen eine Gastronomiemeile sowie rund 250 hochwertige Wohnungen und rund 25.000 m² attraktive Büroflächen, die sich wie eine Perlenkette an einer attraktiven Promenade auf sechs Baufeldern erstrecken.

Als Ankerinvestment wurde bereits die modernisierungsbedürftige Kaufhofimmobilie von einer privaten Investorengruppe erworben. Im

Der Standort „Marina Essen" am Rhein-Herne-Kanal ist für die Entwicklung eines neuen „Hafenquartiers" besonders geeignet. Die Architekten Thomas Pape, WFD DERWALD GmbH, Dortmund, entwickelte 2006 den Konzeptentwurf. Mit der neuen U-Bahn-Haltestelle an der Marina, dem Fahrgastschiffsanleger und den Marina-Parkplätzen wird der Standort „Marina Essen" Eingangstor zum Emscher Landschaftspark und gastfreundliche Basis für den Wassertourismus

Im Blickpunkt

Ruhrbania, Mülheim an der Ruhr: Mülheim an der Ruhr ist die einzige Stadt im Ruhrgebiet, in der die Ruhr mitten durch die Stadt verläuft. Mit dem dezentralen Investitionsprojekt „RUHRBANIA" und dem Kernprojekt „Ruhrpromenade" werden sechs attraktive Entwicklungsflächen rechts und links des Flusslaufs für hochwertiges Wohnen, Freizeit- und gewerbliche Nutzungen entwickelt und vermarktet

Zuge der weiteren Projektentwicklung soll das traditionsreiche Warenhaus zu einer modernen Galeria umgebaut werden. Ein weiterer Investor für den Umbau eines ebenfalls im Projektgebiet befindlichen historischen Stadtbades steht vor der Kaufvertragsunterzeichnung.

Gegenüber der neuen Ruhrpromenade ist als ein weiteres Teilprojekt von „Ruhrbania" der Neubau eines hochwertigen Hotels mit direkter Anbindung zu der im Umbau befindlichen historischen Stadthalle und die inhaltliche Neuausrichtung der Gebäude zu einem attraktiven Kongresszentrum am Wasser geplant. Die Entwicklung der Westspitze im Rhein-Ruhr-Hafen, gegenüber der Mülheimer Rennbahn, (mit integriertem Golfplatz) sowie die Entwicklung und Vermarktung von fünf hochwertigen Gewerbeparks gehören ebenfalls zum dezentralen Investitionsprojekt „Ruhrbania". Auf einem Gelände an der Düsseldorfer Straße errichtet ein privater Investor in den nächsten drei Jahren die internationale Konzernzentrale des in Mülheim ansässigen Diskounters ALDI-Süd.

Westspitze, Mühlheim an der Ruhr

Die Entwicklung der „WESTSPITZE" im Mülheimer-Rhein-Ruhr-Hafen ist ein Teilprojekt des dezentralen Großprojekts „Ruhrbania". Am Autobahnkreuz Duisburg-Kaiserberg, zwischen Rennbahn Raffelberg und Südhafen, entsteht ein neues „Tor zur Stadt". Ziel ist es, den heute unterwertigen Bestand schrittweise durch die Ansiedlung technologieorientierter Unternehmen, Büros und Freizeitnutzungen aufzuwerten. Wasserseitig besteht über die Ruhr und den Rhein eine direkte Anbindung an den internationalen Schiffsverkehr.

Das für die Westspitze im Rhein-Ruhr-Hafen entwickelte Konzept baut auf den vorhandenen Strukturen auf und bildet über die vorhandenen Stiche Hafenstraße und Umschlagsstraße sowie über die geplante Umnutzung der Hafenbahntrasse eine tragfähige Ringerschließung. Über die beiden Stiche können die ganze Tiefe des Raumes und damit drei unterschiedliche Lagen erschlossen werden: zum einen die Lage entlang der Ruhrorter Straße, zum zweiten die Wasserlage entlang des Südhafens und zum dritten die mittlere Lage entlang der Hafenbahntrasse. Das Konzept sieht dabei eine kompakte Erschließung vor und zeigt sich offen zum Wasser und kompakt zur Straße. Innerhalb eines Erschließungsrasters können in Abstimmung mit den privaten Grundstückseigentümern entweder kleinteilige oder großmaßstäbliche Nutzungen entwickelt werden. Insgesamt lässt sich bei diesem Grundkonzept die Entwicklung des Quartiers „Westspitze" im Rhein-Ruhr-Hafen flexibel steuern.

Westspitze, Mühlheim an der Ruhr: Die Entwicklung der „WESTSPITZE" im Mülheimer-Rhein-Ruhr-Hafen ist ein Teilprojekt des dezentralen Großprojekts „Ruhrbania". Ziel ist es, den heute unterwertigen Bestand schrittweise durch die Ansiedlung technologieorientierter Unternehmen, Büros und Freizeitnutzungen aufzuwerten

Im Blickpunkt

Ebel ans Wasser, Bottrop: Im Stadtteil Ebel laufen seit 2002 Erneuerungsmaßnahmen mit Hilfe der Städtebauförderung des Landes NRW

Kirche mit den angrenzenden Grünflächen kann hier eine wichtige Verbindungsfunktion übernehmen.

Eine bislang nicht erschlossene Fläche, das so genannte Gleisdreieck, steht für eine gewerbliche Nutzung an, die aber bislang nicht realisiert werden konnte. Die Lage am Rhein-Herne-Kanal soll dazu beitragen, eine Erschließung über den Wasserweg zu ermöglichen, um diese seit langem brachliegende Fläche als attraktiven Arbeitsstandort im Stadtteil zu entwickeln.

RheinPark Duisburg

Eine der bedeutendsten Entwicklungsmaßnahmen der kommenden Jahre ist die Schaffung eines neuen, am Rhein gelegenen Stadtquartiers. Der Duisburger Innenstadtbereich erhält erstmals einen direkten Rheinzugang. Citynah und optimal erschlossen, bietet das 60 ha große Areal beste Voraussetzungen, neue Arbeitsplätze in zukunftsträchtigen Schlüsselbranchen und zugleich attraktiven Wohnraum zur Verfügung zu stellen. Der „RHEINPARK" ist einer der wenigen städtebaulichen Entwicklungsstandorte am Rhein in Nordrhein-Westfalen.

Ein Flächenteil von 25 ha wird als Initialzün-

Hinsichtlich der Nutzungsstruktur bieten sich technologieorientierte Nutzungen wie auch Freizeitnutzungen gleichermaßen an.

Ebel ans Wasser, Bottrop

Im Stadtteil Ebel laufen seit 2002 Erneuerungsmaßnahmen mit Hilfe der Städtebauförderung des Landes NRW. Wesentliche Ziele des Projektes „EBEL ANS WASSER" sind die Aufwertung des Wohnungsbestandes, die Verbesserung der Grünflächensituation und die Unterstützung der Bewohner bei einem aktiven Stadtteilleben.

Der Planungsraum liegt zwischen Emscher und Kanal und wird zusätzlich von der Berne durchzogen. Wasser spielt im Stadtteil eine große Rolle, wird aktuell jedoch nicht gebührend wahrgenommen. Die Öffnung des Wohnens an das Wasser des Rhein-Herne-Kanals ist ein konkretes Ziel, das sogar im neuen Flächennutzungsplan der Stadt Bottrop durch eine Erweiterung der Wohnbauflächen bis an den Kanal untermauert wird. Damit soll der Weg für eine attraktive Wohnlage geebnet werden. Die Umnutzung von Gebäuden der katholischen

RheinPark Duisburg: Eine der bedeutendsten Entwicklungsmaßnahmen der kommenden Jahre ist die Schaffung eines neuen, am Rhein gelegenen Stadtquartiers. Der Duisburger Innenstadtbereich erhält erstmals einen direkten Rheinzugang

Im Blickpunkt

Der „Innenhafen Duisburg" war über 100 Jahre Hafen- und Handelsplatz. Inzwischen wurden hier die Zeichen für einen erfolgreichen Strukturwandel gesetzt. Unmittelbar an der historischen Stadtmauer gelegen und nur wenige Minuten von der City entfernt, entsteht an diesem zentralen Standort, rund um die architektonisch reizvollen ehemaligen Speicher- und Mühlengebäude, auf der Grundlage des von dem britischen Architekten Lord Norman Foster entwickelten Masterplanes ein multifunktionaler Dienstleistungspark am Wasser, in dem „Arbeiten, Wohnen, Kultur und Freizeit am Wasser" miteinander verbunden sind

dung der weiteren privatwirtschaftlichen Entwicklung bis zum Jahr 2009 zu einer hoch attraktiven Parkanlage ausgebaut. Unterstützt durch das Land NRW und die EU, investiert die Stadt Duisburg damit zunächst 37,5 Mio. Euro. Die Entwicklung des Quartiers wird durch die innerstädtische Verlagerung eines metallverarbeitenden Unternehmens möglich.

Der „RheinPark" verbindet hochwertige gewerbliche Nutzungen und Dienstleistungen mit qualitätsvollem Wohnen, eingebettet in eine Park- und Freizeitlandschaft. Hinzu kommen Nutzungen wie Hotellerie, Gastronomie und Einzelhandel sowie Einrichtungen für Kultur, Freizeit und Erholung. Die magische Anziehungskraft des Rheins, Deutschlands größtem Strom, macht den Standort unverwechselbar.

Innenhafen Duisburg

Wasser und Hafenflächen üben eine besondere Faszination auf die Bevölkerung aus. Darin liegen Chancen für die nachhaltige Entwicklung ehemaliger Hafenareale.

Der „INNENHAFEN DUISBURG" war über 100 Jahre Hafen- und Handelsplatz. Inzwischen wurden hier die Zeichen für einen erfolgreichen Strukturwandel gesetzt.

Unmittelbar an der historischen Stadtmauer gelegen und nur wenige Minuten von der City entfernt, entsteht an diesem zentralen Standort, rund um die architektonisch reizvollen ehemaligen Speicher- und Mühlengebäude, auf der Grundlage des von dem britischen Architekten Lord Norman Foster entwickelten Masterplanes ein multifunktionaler Dienstleistungspark am Wasser, in dem „Arbeiten, Wohnen, Kultur und Freizeit am Wasser" miteinander verbunden sind.

Es werden Zeichen für die Stadterneuerung gesetzt. Dazu wurde das Wasser in die Stadt zurückgeholt, wieder erlebbar gemacht und so – in Verbindung mit anderen angestrebten ökologischen Verbesserungen – zu einem Gewinn an Lebensqualität für den Bürger und zum Anreiz für Investoren. Die Revitalisierung der Wasserfront und die damit verbundene ökonomische und ökologische Erneuerung des Hafenareals sind zu einem Standortfaktor für die Stadt und die Region geworden.

Die Emscher-Insel

Der Umbau des Emscher-Systems ist mit einem Investitionsvolumen von 4,4 Mrd. Euro das zurzeit wohl größte wasserwirtschaftliche Projekt Europas. Der Umbau der offenen Abwasserläufe hin zu naturnahen Gewässern spielt eine wichtige Rolle für den Strukturwandel der Region.

In den kommenden Jahren wird der Emscher-Umbau insbesondere Motor für den strukturellen Wandel im nördlichen Ruhrgebiet sein. Entlang der „Neuen Emscher" entsteht eine rund 80 km lange Entwicklungsachse, die insgesamt elf Städte durchzieht – quer durch das Revier von der Quelle in Holzwickede bis zur Mündung in den Rhein.

Basis für die Umgestaltung ist der Bau von Kläranlagen, Abwasserkanälen und der Umbau der Emscher-Nebenläufe zu Fließgewässern mit gutem ökologischen Potenzial. Die Gestaltung des neuen Flusses und des Freiraums entlang der Emscher wird das Gebiet zwischen Holzwickede und Dinslaken prägen und erhebliche Entwicklungspotenziale für die Städte und ihr Umfeld schaffen. Neben moderner Abwassertechnik sowie dem Zurückgeben der Emscher und ihrer Nebenflüsse an die Menschen und die Natur wirkt dieses Projekt auf den Raum, auf ihre Grün- und Freiräume, auf die städtebauliche Entwicklung und letztlich auf die ökonomische Aufwertung der Emscher-Zone. Die Entwicklungsrichtung, welche die

Im Blickpunkt

Die Emscher-Insel: Der Umbau des Emscher-Systems ist mit einem Investitionsvolumen von 4,4 Mrd. Euro das zurzeit wohl größte wasserwirtschaftliche Projekt Europas. Der Umbau der offenen Abwasserläufe hin zu naturnahen Gewässern spielt eine wichtige Rolle für den Strukturwandel der Region. In den kommenden Jahren wird der Emscher-Umbau insbesondere Motor für den strukturellen Wandel im nördlichen Ruhrgebiet sein. Entlang der „Neuen Emscher" entsteht eine rund 80 km lange Entwicklungsachse, die insgesamt elf Städte durchzieht – quer durch das Revier von der Quelle in Holzwickede bis zur Mündung in den Rhein

Landesregierung in ihrem Koalitionsvertrag aufgegriffen hat und unterstützen will, heißt Neues Emschertal.

Das Neue Emschertal ist ein ungewöhnlicher Planungsraum. Er ist nicht topographisch ablesbar, sondern lässt sich als politisch-programmatischer Planungs- und Entwicklungsraum des Emscher-Einzugsgebietes definieren. Als zentraler Akteur der wasserwirtschaftlichen Aufgaben rund um den Emscherfluss will die Emschergenossenschaft als Impulsgeber jenseits der Deiche wirken. Sie ergänzt sich sinnvoll mit dem Regionalverband Ruhr als regionalem Planungspartner und großen Flächeneigentümer. Gemeinsam haben sie die Arbeitsgemeinschaft Neues Emschertal gegründet, um bei der Entwicklung dieser Region zusammenzuarbeiten.

Herzstück des Neuen Emschertals ist die Insel zwischen Emscher und dem Rhein-Herne-Kanal, der wichtigsten Wasserstraße im Revier. Der Ursprung der Insel ist wie vieles in dieser Region von Menschen geschaffen. Die Insel im Revier ist in etwa so groß wie die Nordseeinsel Juist. Zwischen dem Emscherdurchlass in Castrop-Rauxel und dem Emscherknie in Oberhausen verläuft sie auf einer Länge von 34 km, ihre Breite beläuft sich an der schmalsten Stelle auf 30 m, an der weitesten auf 2 km. Obwohl sich die Insel ständig verengt und aufweitet, ist der Kanal von den Emscher-Deichen aus häufig erlebbar. Der Charakter der Emscher-Insel zeichnet sich durch das Aufeinandertreffen von Naturentwicklung, Erholungsnutzung, Wassertechnik und postindustrieller Parkidee aus.

Die Insel gehört zu den acht Städten Oberhausen, Gelsenkirchen, Essen, Bottrop, Herne, Herten, Recklinghausen und Castrop-Rauxel. Mit über 6.000 Einwohnern auf 11 km² leben hier 545 Menschen pro Quadratkilometer. Zum Vergleich: im Ruhrgebiet sind es rund 1.200 Einwohner pro Quadratkilometer, im Emscher-Einzugsgebiet sogar 2.700 Einwohner pro Quadratkilometer.

Auf der Insel befindet sich sogar ein Bundesligastadion! Der größte Motorbootclub Nordrhein-Westfalens ist in Pöppinghausen beheimatet. Ein Freibad liegt auf der Insel selbst, und zahlreiche wilde Bäder säumen das Kanalufer.

Die Insel weist unzählige Kleingärten auf. Passend dazu haben auf Teilen der Insel bereits eine Bundesgartenschau sowie eine Landesgartenschau stattgefunden. Eine weitere Landesgartenschau/LandesWasserSchau ist für das Jahr 2014 angedacht.

Auf der Stadtgrenze zwischen Recklinghausen und Herne ist der erste Sandstrand mit Beachclub im Ruhrgebiet entstanden. Über 70 km Radwanderwege begleiten die Insel auf dem Weg durch das Revier. Durchschnittlich alle 400 m überspannt eine Brücke den Emscherlauf. Hinzu kommen noch die Querungen über den Rhein-Herne-Kanal.

Wertvolle Freiflächen sind zum Beispiel der Nordsternpark und das Resser Wäldchen. Ein Großteil der unbebauten Flächen besteht jedoch aus Kohlehalden, Lagerplätzen und Aufschüttungen. Neben den industriellen Nutzungen wie Tanklagern, Güterverteilzentren und vereinzelten Gewerbestrukturen befinden sich vier Wohnsiedlungen auf der Insel: Bottrop-Ebel, Herne-Dannekamp, Herne-Horsthausen und Pöppinghausen.

An der zukünftigen Entwicklung der Emscher-Insel sind eine Vielzahl von Akteuren in der Region beteiligt. Neben der Emschergenossenschaft, dem Regionalverband Ruhr und dem Wasserschifffahrtsamt in Duisburg sind dies vor allem die Kommunen, die Unternehmen mit ihren Liegenschaften, Träger des Wohnungsbaus, die LEG und weitere. Im Sommer 2005 haben sich diese Akteure des Ruhrgebiets mit der Insel im Revier auseinandergesetzt und den Dialog mit Planerinnen, Planern und klugen Köpfen der Region aufgenommen. Gemeinsam haben sie sich in Klausur begeben, die Insel erkundet, ihre Besonderheiten herausgearbeitet, Konzepte entworfen und Leitlinien entwickelt. Auf Basis eines gemeinsamen „Inselmemorandums" soll nun Schritt für Schritt die landschaftliche Qualität der Insel weiterentwickelt werden.

Der Regionalverband Ruhr und die Emschergenossenschaft werden im Rahmen ihrer Arbeitsgemeinschaft Neues Emschertal die Erlebbarkeit der Emscher-Insel durch einzelne Projekte in besonderem Maße vorantreiben.

Weitere Infos:
Wirtschaftsförderung
der einzelnen Städte
RVR (Regionalverband Ruhr), Essen;
www.rvr-online.de

Mit bestem Dank für die freundliche Unterstützung:
EWG Essener Wirtschaftsförderungsgesellschaft mbH, Essen

Im Blickpunkt

Dortmund – mit alten Stärken zu neuen Zielen

Die ehemalige Stahlstadt will vorhandene Stärken ausbauen und damit neue Potenziale schaffen. Dabei besteht auch der Anspruch, qualitativ Hochwertiges im Bereich Architektur und Städtebau zu verwirklichen

Wohl kaum eine andere Stadt in Deutschland hat in den vergangenen Jahren einen ähnlich starken Wandel vollzogen wie Dortmund. Aus der ehemaligen Stahlstadt ist eine moderne Metropole geworden

Wohl kaum eine andere Stadt in Deutschland hat in den vergangenen Jahren einen ähnlich starken Wandel vollzogen wie Dortmund. Aus der ehemaligen Stahlstadt ist eine moderne Metropole geworden, mit einem breiten Sport- und Kulturangebot, ausgedehnten Grünflächen und einem hohen Maß an Lebensqualität.

Vorhandene Stärken ausbauen und damit neue Potenziale schaffen – unter dieser Vorgabe ist Dortmund in das dritte Jahrtausend gestartet. Mit Erfolg, denn die Stadt am Hellweg ist nicht nur wirtschaftlich, sondern auch kulturell mit ihren fast 600.000 Einwohnern das Zentrum Westfalens und die sechstgrößte Stadt der Bundesrepublik. Im Zuge des Strukturwandels haben neue, zukunftsträchtige Branchen, wie die Informationstechnologien, die Logistik, die Mikro-/Nanotechnologie und die Biomedizin, die Unternehmenslandschaft in Dortmund neu geformt.

Frischer Wind durch neue Branchen

Auslöser für den Wandel Dortmunds hin zu einem modernen Technologiestandort war nicht zuletzt das dortmund-project. Die Standortinitiative für das neue Dortmund hatte es sich im Jahr 2000 zum Ziel gesetzt, den Strukturwandel aus eigener Kraft voranzutreiben. Das dortmund-project bündelt die Kräfte aus Stadt, Wirtschaft und Wissenschaft in einem außergewöhnlichen Netzwerk und schafft auf diese Weise die Rahmenbedingungen für die Ansiedlung von Unternehmen aus technologieorientierten Zukunftsbranchen.

Und das mit Erfolg: Allein 720 IT-Unternehmen, die zusammen etwa 11.590 Mitarbei-

Das Konzerthaus setzt Akzente. Der Kontrast von glattem Glas und dem Schwarz der Betonwände ist ein auffälliges Beispiel moderner Architektur in Dortmund

Im Blickpunkt

In Dortmund entsteht mit dem „3do" einer der modernsten Bahnhöfe Europas, inklusive Einkaufs- und Freizeitzentrum sowie einem 120 m hohen, integrierten Hochhaus mit vielfältigen Nutzungsmöglichkeiten

ter beschäftigen, haben sich in Dortmund niedergelassen. Im Bereich der Mikro- und Nanotechnologie liegt Dortmund mit 30 produzierenden Firmen sogar europaweit an der Spitze. Ähnliche Erfolgszahlen kann auch die Logistikbranche vorweisen: Mehr als 720 Logistik-Firmen beschäftigen fast 23.000 Mitarbeiter. Die Logistikunternehmen profitieren nicht zuletzt von der günstigen Verkehrsanbindung und der zentralen Lage Dortmunds im Herzen Europas. Der Flughafen, der drittgrößte Intercity-Knotenpunkt Deutschlands, ein ringförmiges Autobahnnetz und der größte europäische Kanalhafen ermöglichen eine schnelle Verbindung in alle Himmelsrichtungen. Durch die Osterweiterung der EU ist die Region Dortmund noch mehr ins Zentrum des europäischen Handels gerückt. Über 40 Prozent der Einwohner Europas leben in einem Radius von 500 km, fast 10 Millionen Menschen sind von hier aus innerhalb einer Autostunde zu erreichen.

Dabei existieren diese erfolgreichen Wirtschaftszweige keineswegs einfach nebeneinander. Die Kompetenzfelder Softwareentwicklung, E-Business und E-Commerce, Mikro- und Nanotechnik, Logistik, Medien-

wirtschaft und Biotechnologie sind wirtschaftlich und technisch eng miteinander verknüpft. Davon profitieren ebenfalls die traditionellen Branchen wie Produktion und Handwerk, Bauwirtschaft und Handel, Versicherungen, Banken und die Immobilienwirtschaft. Auch sie sind in Dortmund gut aufgestellt. Sei es das Versicherungswesen, das mit drei bedeutenden Gesellschaften vor Ort vertreten ist, oder das Finanzwesen mit 45 Banken und Geldinstituten und insgesamt 5.250 Beschäftigten.

Treibende Kraft beim Aufbau der neuen Hightech-Branchen war nicht zuletzt das TechnologieZentrumDortmund (TZDO), das im vergangenen Jahr sein 20-jähriges Bestehen feierte. Mit der Gründung des TZDO begann eine neue Form der Zusammenarbeit zwischen Wirtschaftsunternehmen auf der einen sowie Wissenschaft und Forschung auf der anderen Seite. Der Erfolg dieses bundesweit richtungweisenden Ansatzes hat dazu geführt, dass rund um das TZDO der Technologiepark entstanden ist. Im TZDO und im TechnologiePark sind heute rund 280 Unternehmen ansässig, die zusammen mehr als 8.500 Mitarbeiter beschäftigen.

Für qualifizierten Nachwuchs sorgt u.a. die 1968 errichtete Universität, in der heute rund 24.000 Studentinnen und Studenten einen akademischen Abschluss anstreben und die über den größten Informatiklehrstuhl Deutschlands verfügt. Eine Fachhochschule, ein Center für IT-Fachkräfte, eine private Hochschule für internationales Management und eine Fachhochschule für öffentliche Verwaltung runden das Angebot ab.

Eine Stadt verändert ihr Gesicht

Doch nicht nur im Hinblick auf seine Branchenstruktur hat Dortmund sich in den vergangenen Jahren stark verändert. Gewandelt hat sich auch das Erscheinungsbild der Westfalenmetropole. Die Innenstadt ist zu einem vielfältigen und attraktiven Lebensraum geworden, den öffentlichen Investitionen in Raum und Infrastruktur sind private gefolgt. So wurde mit Mitteln der Stadt Dortmund ein modernes Konzerthaus im Brückstraßenviertel errichtet, um das sich immer mehr Einzelhandelsgeschäfte ansiedeln, die das ganze Quartier spürbar aufleben lassen. Nicht zuletzt dank ihrer exzellenten Akustik zählt die Philharmonie für Westfalen zu den

Im Blickpunkt

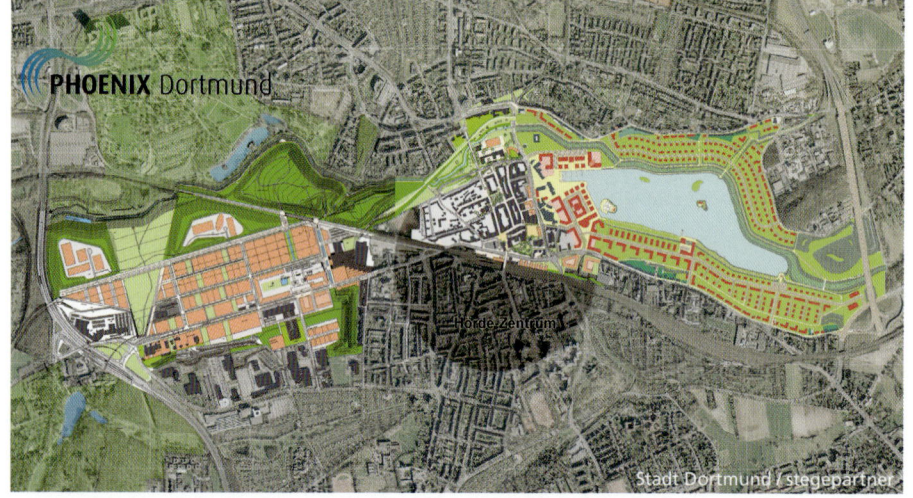

Bestes Beispiel für den Strukturwandel ist das ehemalige Hochofengelände „PHOENIX", das zurzeit in einen modernen Zukunftsstandort für Wirtschaft und Leben umgewandelt wird (s. auch Beitrag „Ruhrgebiet glänzt mit Standorten am Wasser" in dieser Ausgabe). Nur 5 km von der Innenstadt entfernt, bietet das ehemalige Industriegelände auf einer Fläche von über 200 ha ideale Voraussetzungen für Arbeit, Wohnen und Freizeit auf höchstem Niveau

besten Konzertsälen Mitteleuropas. Weltbekannte Aufführungen, wie Richard Wagners „Ring der Nibelungen", haben das Konzerthaus über die Grenzen Dortmunds hinaus bekannt gemacht. Auch in Bezug auf die Architektur setzt das Konzerthaus Akzente. Der Kontrast von glattem Glas und dem Schwarz der Betonwände ist ein auffälliges Beispiel moderner Architektur in Dortmund.

Eine ähnliche Entwicklung wie das Brückstraßenviertel versprechen der Boulevard Kampstraße und der neu errichtete RWE-Tower am Platz von Amiens. Als markanter Blickfang hat er sich in die Hochhaus-Kulisse des Harenberg City Centers, Sparkassen- und IWO-Hochhauses eingereiht. Nach nur eineinhalb Jahren Bauzeit ist das nunmehr höchste Gebäude der Stadt, gefertigt aus anthrazitfarbenem, chinesischen Granit, im Mai 2005 mit 23.000 m² Nutzfläche fertig gestellt worden.

Ein weiterer Meilenstein in der Geschichte der Stadt wird der Bau des neuen Hauptbahnhofes. Das Projekt mit der Bezeichnung „3do" wird im Rahmen einer Public-Private-Partnership umgesetzt, an der sich das Unternehmen Sonae Sierra, die Deutsche Bahn und die Stadt Dortmund beteiligen. Mit 3do entsteht einer der modernsten Bahnhöfe Europas, inklusive Einkaufs- und Freizeitzentrum sowie einem 120 m hohen, integrierten Hochhaus mit vielfältigen Nutzungsmöglichkeiten. Mit einem Investitionsvolumen von rund 500 Mio. Euro ist 3do eines der größten und ambitioniertesten Projekte dieser Art in Deutschland. Nach der Fertigstellung wird das 200 m breite Gleisbett von einem viergeschossigen, rund 45 m hohen Gebäudekörper überspannt. Darin wird ein aufeinander abgestimmter Mix aus Einzelhandel, Gastronomie und Dienstleistungen sowie Freizeit- und Unterhaltung auf insgesamt über 70.000 m² untergebracht. Hinzu kommen rund 7.000 m² Nutzfläche für die Deutsche Bahn.

„PHOENIX" – Standort für Wirtschaft und Leben

Am deutlichsten sichtbar wird der Strukturwandel in Dortmund jedoch auf einer Vielzahl von ehemaligen Montanindustrieflächen, die nun zu modernen Wirtschafts-, Wohn- und Freizeitstandorten werden. Bestes Beispiel ist das ehemalige Hochofengelände „PHOENIX", das zurzeit in einen modernen Zukunftsstandort für Wirtschaft und Leben umgewandelt wird. Nur 5 km von der Innenstadt entfernt, bietet das ehemalige Industriegelände auf einer Fläche von über 200 ha ideale Voraussetzungen für Arbeit, Wohnen und Freizeit auf höchstem Niveau. Auf dem Westteil des Geländes entsteht ein multifunktionaler Technologiestandort für Mikro-/Nanotechnologie und IT, ergänzt durch Freizeit und Kultur. Hier wurde u.a. die MST.factory dortmund errichtet. Die MST.factory dortmund GmbH ist ein privatwirtschaftliches Gemeinschaftsunternehmen der dopro-Beteiligungs GmbH und der IVAM NRW e.V. Sie ist die erste Einrichtung in Europa, die vielversprechende Unternehmensgründer aus der Mikro- und Nanotechnologie dabei unterstützt, schnell marktfähig zu werden. Seit April 2005 bietet sie Firmengründern sowie MST-Anbietern und Nutzern Equipment, Dienstleistungen und Know-how für die Entwicklung mikrotechnischer Komponenten und Produkte.

Auf dem Ostteil des PHOENIX-Geländes werden derzeit alle notwendigen Vorbereitungen getroffen, um eine etwa 37 ha große Gewässerlandschaft anzulegen. Innerstädtisch gelegen und eingebunden in den Emscher Landschaftspark werden rund um den „PHOENIX See" moderne Wohn- und Büroanlagen, Einkaufsmöglichkeiten sowie Gastronomie- und Dienstleistungsangebote entstehen. Vor allem als Wohnstandort soll der „PHOENIX See" Akzente setzen. Insgesamt sind 900 neue Wohneinheiten, in erster Linie Ein- und Zweifamilienhäuser, geplant, die ein innerstädtisches „Wohnen am Wasser" Wirklichkeit werden lassen.

Im Zuge des Projektes „PHOENIX See" wird auch die Emscher aus ihrem engen und teils unterirdischen Korsett befreit und in ein naturnahes Flussbett verlegt. In einer auenähnlichen Landschaft wird sie um das nord-östliche Ufer des „PHOENIX Sees" herumgeführt. Abwasser und natürliches Flusswasser werden dabei voneinander getrennt. Dazu verlegt die Emschergenossenschaft über 17 km neue Abwasserkanäle in Dortmund, auch unterhalb des „PHOENIX Sees". Der künftige See übernimmt eine wichtige Hochwasserschutzfunktion für die Emscher. Die entstehende Wasserlandschaft ist Teil des Neuen Emschertals und gehört zum Emscher Landschaftspark. Mit diesem wird in Dortmund ein bedeutender Landschaftsraum qualitativ vorangebracht. Die Emscher wird die Stadt in Zukunft als grüne Achse vom Südosten bis in den Nordwesten durchziehen und so einen Landschaftsraum erschließen, der den Dortmunder Bürgerinnen und Bürgern sowie den Menschen aus der umliegenden Region bislang weitgehend verborgen geblieben war. Damit verbunden ist ein Zuwachs an Möglichkeiten zur Naherholung sowie an Umwelt-, Freizeit- und Lebensqualität.

Auch für das rund 400 ha große Areal der Westfalenhütte im Nordosten der Stadt sind grundlegende Umgestaltungsmaßnahmen geplant. In Abstimmung mit dem Grundstückseigentümer soll hier im Sinne einer nachhaltigen Flächennutzung Platz für Gewerbe, Wohnen, Natur und Erholung entstehen. Zur Erarbeitung entsprechender Nutzungskonzepte gab es im Frühjahr 2006 einen städtebaulichen Wettbewerb.

Auf dem Westteil des ehemaligen Hochofengelände „PHOENIX" entsteht ein multifunktionaler Technologiestandort für Mikro-/Nanotechnologie und IT, ergänzt durch Freizeit und Kultur. Hier wurde u.a. die MST.factory dortmund (Foto) errichtet

Hochwertig und ausgeglichen – der Dortmunder Wohnungsmarkt

Die stetig wachsende Lebensqualität in Dortmund spiegelt sich auch auf dem Wohnungsmarkt wider. Der Wohnstandort Dortmund gewinnt zunehmend an Qualität und an Wertschätzung in der Bevölkerung, was sich u.a. in einem positiven Nahwanderungssaldo ausdrückt. Insgesamt ist der Dortmunder Wohnungsmarkt ausgeglichen und in den verschiedenen Teilmärkten mit attraktiven Wohnraum- und Baulandangeboten gut aufgestellt. Wohnungsunternehmen und Eigentümer haben durch Investitionen in den vergangenen Jahren zu einer deutlichen Verbesserung des Wohnraumbestandes beigetragen, so dass mittlerweile ein vielseitiges und hochwertiges Angebot zur Verfügung steht. Besonders in der jüngeren Vergangenheit sind zahlreiche neue Wohngebiete entwickelt und erschlossen worden. Alles in allem stehen in Dortmund Flächenpotenziale von über 600 ha für den Bau von Wohngebäuden bereit.

Lautet das Motto für die Wohnbebauung am PHOENIX See „Wohnen am Wasser", so gilt für die Stadtkrone-Ost im Stadtteil Schüren der Leitspruch „Wohnen in der neuen Gartenstadt". Auf den insgesamt für den frei finanzierten Wohnungsbau verfügbaren 11 ha sind in den letzten Jahren mehr als 350 Wohneinheiten realisiert und in eine parkähnliche Landschaft eingebettet worden. Die Stadtkrone-Ost bietet Grundstücke für private Bauherren zwischen 450 und 2.000 m² Größe. Zudem haben verschiedene Bauträger innovative Angebote entwickelt. Die hohe Nachfrage hat dazu geführt, dass nun die Fläche einer ehemaligen Maschinenfabrik südlich der Stadtkrone entwickelt wird, auf der ein weiteres Wohngebiet vorgesehen ist. Auch als IT- und E-Business-Standort genießt die Stadtkrone-Ost einen ausgezeichneten Ruf. Das neue Stadtquartier, das hier heranwächst, bietet somit einen idealen Nutzenmix aus Dienstleistungs-, Büro- und Wohnflächen.

Rund 160 ha Konversionsfläche stehen auf dem Gelände des Alten Flughafens in Dortmund-Brackel seit dem Abzug der Britischen Rheinarmee zur vielfältigen Nutzung zur Verfügung. Nach der Aufbereitung der Fläche wurde im April 2005 eine Entwicklungsgesellschaft gegründet, die 82 ha der Gesamtfläche ankaufte. Ein wesentliches Ziel besteht darin, auf dem attraktiven und von einem alten Baumbestand geprägten Standort hochwertigen Wohnraum zu schaffen. Ein nahe gelegenes Naturschutzgebiet, ein Golfplatz sowie das neue Trainingsgelände von Borussia Dortmund verleihen dem Areal ein ganz eigenes Profil. Geplant sind nach dem städtebaulichen Konzept etwa 700 bis 800 Wohneinheiten, die die Themen Natur, Freiraum und Sport aufgreifen und integrieren.

Anspruchsvoll in Architektur und Städtebau

Geprägt wird das Gesicht des neuen Dortmund durch eine Mischung von moderner und traditioneller Architektur. Letztere findet sich vielerorts in der Bau- und Planungskultur von historischen Arbeitersiedlungen und Gebäuden aus der Zeit des Wiederaufbaus

Dies verdeutlicht die Gestaltung städtischer Gebäude und Infrastruktur, wie die modernen Stadtbahn-Haltestellen, die Stadt- und Landesbibliothek oder die offen und lichtdurchflutet gestaltete Berswordthalle, die zum Sinnbild bürgerfreundlicher Verwaltung geworden ist

nach dem Zweiten Weltkrieg. Dem Anspruch, qualitativ Hochwertiges im Bereich Architektur und Städtebau zu verwirklichen, trägt die Stadt Dortmund verstärkt durch eigene Projekte und Maßnahmen Rechnung. Dies verdeutlicht die Gestaltung städtischer Gebäude und Infrastruktur, wie die modernen Stadtbahn-Haltestellen, die Stadt- und Landesbibliothek oder die offen und lichtdurchflutet gestaltete Berswordthalle, die zum Sinnbild bürgerfreundlicher Verwaltung geworden ist.

Da Architektur und Städtebau von großem öffentlichen Interesse sind, wurde im November 2001 der Gestaltungsbeirat der Stadt Dortmund ins Leben gerufen. Sein Auftrag besteht darin, zur Sicherung und weiteren Entwicklung von Qualität in Städtebau und Architektur beizutragen. Expertinnen und Experten aus den Bereichen Architektur, Denkmalpflege, Verwaltung und bildende Kunst geben Empfehlungen zu Hochbauprojekten, Gestaltungsmaßnahmen im öffentlichen Raum und vielem mehr. Im Sommer 2003 initiierte die Stadt außerdem das Forum Stadtbaukultur, das den öffentlichen Diskurs über die Dortmunder Baukultur forciert. Monatlich treffen sich im Rahmen des Forums Teilnehmerinnen und Teilnehmer aus Bürgerschaft, Fachöffentlichkeit, Politik und Verwaltung.

Alte Wahrzeichen bleiben erhalten

Mit dem Ziel „Grau raus – Grün rein" wurde Ende 2004 ein neuer Flächennutzungsplan

Erhalten bleibt das „Dortmunder U", das mittlerweile für Viele zum Wahrzeichen der Stadt geworden ist. Nach seiner Sanierung soll das Gebäude für kulturelle und gastronomische Zwecke genutzt werden

rechtskräftig, der mit einer besonders hohen Bürgerbeteiligung erarbeitet wurde. Er sieht vor, den Anteil der Grünflächen im Stadtgebiet um 1.600 ha zu steigern.

Erhalten bleibt das „Dortmunder U", das mittlerweile für Viele zum Wahrzeichen der Stadt geworden ist. Das auf dem ehemaligen Gär- und Lagerhochhaus angebrachte Firmenlogo der Union-Brauerei ist schon aus der Ferne zu sehen und lässt die Vergangenheit Dortmunds trotz des starken Wandels in den vergangen Jahren nicht gänzlich in Vergessenheit geraten. Nach seiner Sanierung soll das Gebäude für kulturelle und gastronomische Zwecke genutzt werden.

Weitere Infos:

Wirtschaftsförderung Dortmund,
www.wirtschaftsfoerderung-dortmund.de

— Anzeige

PHOENIX West, der Zukunftsstandort für Technologien in Dortmund.

Informieren Sie sich im Internet unter
www.phoenixdortmund.de

Mitten in Europa · Mitten in der Stadt · Mitten im Leben
PHOENIX

Öffentliche Bauten / Sanierung

Modellcharakter für forensische Versorgung

Klinikneubau im Maßregelvollzug in Dortmund / Kernsanierung und Aufstockung mit einem Staffelgeschoss der Uni-Geschossbauten

Forensische Klinik in Dortmund

Die Forensische Klinik Dortmund, die erste der neuen Einrichtungen, hat Modellcharakter für eine moderne forensische Versorgungsstruktur. Der Neubau, seit Anfang 2006 in Betrieb, wurde für psychisch kranke Rechtsbrecher mit insgesamt 54 Behandlungsplätzen eingerichtet. Er gliedert sich in zwei Gebäudeteile, die durch Sicherungsmauern miteinander verbunden sind. Der südlich angeordnete Baukörper beinhaltet den zweigeschossigen Zentralbereich. Er schirmt die inneren Funktionsbereiche und Höfe auf natürliche Weise von der Öffentlichkeit ab, fügt sich aber in die vorhandene Umgebung organisch ein. Dieser Baukörper mit seiner gesicherten Eingangszone und dem zentralen Personalbereich nimmt alle therapeutischen Funktionseinheiten, den Freizeitbereich und die Sporthalle auf. Die einge-

Forensische Klinik: Die neue Einrichtung in Dortmund hat Modellcharakter für eine forensische Versorgung und ist seit Anfang 2006 in Betrieb

schossigen Gebäudeteile gruppieren sich um einen gemeinsamen Lichthof. Die Sporthalle befindet sich in einem großen, gesicherten Innenhof, dem ein Außenspielfeld zugeordnet wurde.

Gebäude, Turnhalle und Mauern sichern Zugang

Auf dem nördlichen Grundstücksbereich sind die Therapiestationen als eigenständiger Baukörper angeordnet. Im Schutz der Zufahrt zum Ruhrschnellweg nimmt der U-förmig geplante Baukörper die Stationen mit den 54 Behandlungsplätzen auf. Die aus der Gliederung des Gebäudes entstehenden Außenräume werden als hochgesicherte Freiganghöfe genutzt. Alle Patientenzimmer sind durch geschlossene Innenhöfe zusätzlich gesichert. Durch Mauern, Verbindungsgang, Therapiegebäude und Turnhalle begrenzt, entsteht der große, gesicherte Außenraum für das Außenspielfeld. Der Kontrast von geraden und geschwungenen Formen, geschlossenen und aufgelösten Flächen, glatten und gegliederten Baukörpern schafft spannungsvolle Erlebnisräume und abwechslungsreiche Blickbeziehungen. Die Formen- und Materialsprache der bestehenden Umgebungsbebauung wird für den Neubau teilweise aufgenommen, jedoch nicht imitiert, sondern variiert und ergänzt. Das ursprüngliche zweifarbige Verblendmauerwerk des Westfälischen Zentrums findet seine Entsprechung in den roten und

Forensische Klinik: Die Klinik bietet Platz für 54 Patienten

Öffentliche Bauten / Sanierung

Forensische Klinik: Die beiden Gebäudeteile sind durch Sicherungsmauern miteinander verbunden

ockerfarbigen Ziegelverblendungen der neuen Gebäude und Sicherungsmauern. Auch die bestehenden Satteldächer wurden von dem Entwurf des Bau- und Liegenschaftsbetriebes NRW, Niederlassung Dortmund, übernommen, allerdings mit einer flacheren Dachneigung, weiten Dachüberständen und einer metallischen Eindeckung.

Im nördlich gelegenen Baukörper sind die beiden Stationen mit jeweils 27 Plätzen in zwei Geschossebenen übereinander liegend organisiert. Beide Therapiestationen sind in Wohngruppen unterteilt mit einem gemeinsamen Eingang, der vom Pflegestützpunkt überwacht wird. Die Patienten sind in 1- und 2-Bett-Zimmern mit Nasszellen untergebracht. Die Freiganghöfe werden über Treppenräume erreicht, die an den Patientenbereich direkt angebunden sind. Der gemeinschaftliche Tagesbereich setzt sich aus Aufenthalts- und Essraum, einer Küche und einem Pflegedienstzimmer zusammen. Ein gemeinsamer Funktionsbereich verbindet jeweils zwei Wohngruppen. Hier sind auch der zentrale Stationszugang mit Pflegestützpunkt, Bereitschaft, allen notwendigen Dienst- und Versorgungsräumen und drei Intensiv-Behandlungsplätzen angeordnet.

Funktions- und Sicherheitsbereiche

Der südliche Baukörper beinhaltet neben dem zentralen Eingangsbereich mit Pforte und Schleuse die zentralen Versorgungsräume, den Konsiliarbereich, die Schulräume, den Therapiebereich und die Sporthalle mit Anbindung an die Freisporthalle. Alle Bereiche bilden mit den zugeordneten Nebenräumen eigenständige Funktions- und Sicherheitsbereiche. Gruppiert um einen gemeinsamen, gesicherten Innenhof befinden sich die Räume der Beschäftigungs-, Arbeits-, Kreativtherapie- und der Freizeitbereich mit der Cafeteria und die Räumlichkeiten für die Seelsorge. Der Pförtenbereich stellt die zentrale Sicherheitseinrichtung der neuen Klinik dar und wird 24 Stunden vom Kontrollraum aus besetzt. Der Pförtner überwacht über Monitore alle sicherheitsrelevanten Bereiche. Durch baulich-technische Sicherung in Verbindung mit organisatorischen Maßnahmen wurden alle Möglichkeiten genutzt, Entweichungen aus der Einrichtung zu verhindern. Als ein Teil der baulichen Sicherung bestehen die Fenster aus besonderem Sicherheitsglas. Das Konzept des Neubaus der Forensischen Klinik in Dortmund zeigt eine landschaftsverträgliche Lösung, die sich in die vorhandene Umgebung gut einfügt und im Lebensbereich der Patienten so gestaltet ist, dass Hospitalismusschäden vermieden und positive Lernerfahrungen ermöglicht werden.

Sanierung Geschossbauten, Universität Dortmund

Die Geschossbauten an der August-Schmidt-Straße sind knapp 37 Jahre alt und stammen aus der Gründerzeit der Universität Dortmund. Auf Grund der durchgehenden Hochschulnutzung konnten die Geschossbauten nur nacheinander saniert werden. Die Planung und das Entwurfs-

Geschossbauten: Die Geschossbauten wurden in der Gründerzeit der Universität Dortmund errichtet

Öffentliche Bauten / Sanierung

Geschossbauten: Neben der Kernsanierung wurde ein neues Staffelgeschoss erstellt

konzept der umfangreichen Arbeiten gehen auf die AGN Paul Niederberghaus & Partner GmbH aus Ibbenbüren zurück. Das Konzept sah eine Kernsanierung der alten Gebäudesubstanz und eine Erweiterung in Form eines neuen Staffelgeschosses vor, in dem die studentischen Arbeitsplätze untergebracht werden. Zusätzlich wurden im Kellergeschoss des Geschossbaus zwei verschiedene technische Einbauten für die Infrastruktur des gesamten Campus Süd erneuert. Dazu gehört auch ein Notstromdieselaggregat, das im Ernstfall die Stromversorgung sichern soll. Neben der Erneuerung der gesamten Heizungsanlage wurde auch eine verbesserte Lüftungsanlage eingebaut sowie alle Sanitäranlagen bzw. Einrichtungen ausgetauscht. Daneben wurde die gesamte Elektroinstallation einschließlich der EDV-Infrastruktur neu erstellt. Um sämtliche Komponenten der technischen Gebäudeausrüstung optimal zu verbinden und zu steuern, wurde auch die Gebäudeautomation dem Stand der Technik angepasst. Eine Besonderheit bei der Sanierung beinhaltete die Beseitigung von schadstoffbelasteten Bauteilen. Hierbei stand besonders die Asbestsanierung und die Sanierung von PKA (polychlorierten Kohlenwasserstoffen) belasteten Bauteilen im Vordergrund. In letzter Konsequenz bedeutet die Schadstoffsanierung eine komplette Entkernung der Gebäude bis auf die rohe Betonkonstruktion. Ziel des Bau- und Liegenschaftsbetriebes NRW, Niederlassung Dortmund, war es, der Universität Dortmund im August 2005 drei schadstofffreie Gebäude auf dem aktuellen Stand der Technik zu übergeben.

-Proj. „Forensische Klinik"
Bauherr:
Landesbeauftragter für den Maßregelvollzug
Düsseldorf
Planung und Durchführung:
Bau- und Liegenschaftsbetrieb NRW,
Niederlassung Dortmund

-Proj. „Sanierung"
Geschossbauten
Bauherr:
Bau- und Liegenschaftsbetrieb NRW, Niederlassung Dortmund
Planung und Entwurf:
AGN Paul Niederberghaus & Partner GmbH
Ibbenbüren

Partner am Bau:
- Siemens Building Technologies Zutrittskontrollsysteme
- Ingenieurbüro Hagen Beratende Ingenieure VBI
- Specht Sonnenschutz GmbH
- Draht + Zaun GmbH Gerbinski & Söhne
- Luft und Klima Anlagenbau GmbH & Co. KG
- B. Mensing Abbruch & Recycling GmbH
- Malerbetriebe Hermann Brück
- ahw Ingenieure GmbH
- AGS Weckermann & Partner Ingenieurbüro für Baustellenkoordination, Arbeitssicherheit und Gesundheitsschutz
- Bosch Sicherheitssysteme GmbH

Geschossbauten: Ziel der BLB, Niederlassung Dortmund, war es, drei schadstofffreie Gebäude auf dem aktuellen Stand der Technik zu übergeben

SIEMENS

Building Technologies

Auch eine Möglichkeit der Zutrittskontrolle.

Aber für die effektivere Zutrittsregelung empfehlen wir die Zutrittskontrollsysteme von Siemens Building Technologies. Denn die wissen immer, wer wann wohin darf. Und sie lassen sich problemlos mit Einbruchmeldetechnik, Videoüberwachungsanlagen und Zeiterfassungssystemen kombinieren. Mit Sicherheit mehr Komfort und Produktivität. Weitere Infos unter: Telefon +49 231 576-2266, Email: reimund.nienhaus@siemens.com oder unter www.sbt.siemens.de

Ausführende Firmen   Anzeige

Ingenieurbüro Hagen – bautechnische Gesamtplanung

- Architektur und Ingenieurbau
- Stahlbau und Tragwerksplanung
- Straßen- und Tiefbau
- Stadt- und Bauleitplanung
- Wasserbau • Siedlungswasserwirtschaft
- Hydrologie und Entwässerung
- Vermessung • Ausschreibung • Vergabe • Bauleitung
- Freiraumplanung • Energieberatung
- Gutachten zum Schall-, Wärme und Brandschutz
- Wertermittlungsgutachten

Vor gut 30 Jahren als klassisches Statikbüro gegründet, hat sich das Ingenieurbüro Hagen – inzwischen in 2. Generation – zu einem breit aufgestellten Unternehmen entwickelt, das bautechnische Gesamtplanung für eine Vielzahl von Bereichen des Bauens durchführt. Mit seinen 25 Mitarbeitern – darunter 10 Ingenieure – bietet es Planungs- und Ingenieurleistungen aus einer Hand für deutschlandweite Projekte. Das ehrenamtliche Engagement des Firmeninhabers in den neuen Bundesländern wurde mit dem Bundesverdienstkreuz für Leistungen zum Aufbau Ost ausgezeichnet. Öffentliche wie private Auftraggeber schätzen die Kompetenz und Flexibilität des Büros. Davon zeugen die zahlreichen Referenzobjekte, von denen aktuelle Bauvorhaben sowie weitergehende Informationen auf den Internetseiten des Ingenieurbüros Hagen einzusehen sind.

Ingenieurbüro Hagen
Beratende Ingenieure VBI
Loconer Weg 15
58708 Menden
Tel. 0 23 73/16 07-0
Fax 0 23 73/16 07-43
info@inghagen.de
www.inghagen.de

WIR HABEN DIE SONNE IM GRIFF …UND EINIGES MEHR!

SPECHT SONNENSCHUTZ GMBH
WALDBADSTR. 18 • 33803 STEINHAGEN
TEL: 05204/9132-0 • FAX: 05204/9132-95
E-MAIL: SPECHT@SPECHT-SONNENSCHUTZ.DE
WWW.SPECHT-SONNENSCHUTZ.DE

DRAHT +ZAUN GMBH

GERBINSKI & SÖHNE
Kreisstraße 25a • 45525 Hattingen
Telefon 0 23 24/56 53-0 • Telefax 0 23 24/2 11 81
gerbinski-hattingen@t-online.de • www.draht-zaun.de

Drahtgeflechte
Stahlmattenzäune
Wellengitter • Schweißgitter
Tore • Türen • Frontgitter
Zaunpfosten
Drähte • Stacheldrähte
Drahtstifte • Drahtspanner
Einfriedungen aller Art
Holzzäune in jeder Ausführung

Wir schaffen Atmosphäre

Lüftungs-, Klima und Wärmerückgewinnungsanlagen

Anlagenbau GmbH & Co. KG
Fridtjof-Nansen-Weg 7 • 48155 Münster
Tel. 02 51/3 99 44-0 • Fax 02 51/3 99 44-10
infoservice@luftklima.de • www.luftundklima.de

LUFT UND KLIMA

LUFT UND KLIMA
KÄLTE-MANAGEMENT

Anzeige

Ausführende Firmen

B. Mensing Abbruch & Recycling GmbH
Abbruch – Rückbau – Demontage – Entsorgung – Recycling

Bergstraße 13
48727 Billerbeck

Telefon: 0 25 43/93 24 15
Telefax: 0 25 43/93 24 25

anfragen@mensing.de

Malerbetriebe Hermann Brück — *Der beste Weg*

... nicht nur Meister im "malen":

KLASSISCHE MALERARBEITEN . BETONINSTANDSETZUNG . BETONBOHREN/-SÄGEN . BALKONSANIERUNG . BODENBESCHICHTUNG . BRANDSCHUTZ . HYGIENEANSTRICHE . ANTI-GRAFFITI . FLACHDACHSANIERUNG . KELLERSANIERUNG MESSEBAU . INDUSTRIEBESCHICHTUNG . KORROSIONSSCHUTZ . WÄRMEDÄMMUNG . ROCKWOOL-EINBLASDÄMMSYSTEME

www.malerbetriebe-brueck.de . 0251/ 7889-100

Produktinfo ◀

Hochwertige Parkettarten auf dem Vormarsch

Parkett und Fußbodenheizung – gut kombinierbar

Seit Mitte der 80er Jahre verlangen Bauherren und Modernisierer zunehmend glatte Böden für ihr Eigenheim. Vor allem Parkett ist in vielen Neubauten inzwischen zum Standard geworden. Wurden 1985 4,96 Mio. m² Parkett in Deutschland abgesetzt, waren es Ende 2000 bereits rund 24 Mio. m². Dabei sind seit 2001 verstärkt hochwertige Parkettarten gefragt. Dem Bedürfnis nach gehobenen Bodenbelägen entspricht Parkett als stilvolles Unikat wie kein anderer Bodenbelag. Umso angenehmer, wenn der Fußboden aus Holz zugleich Wärmeträger einer Fußbodenheizung ist.

Komfort-Fußboden

Die Vorzüge einer Flächenheizung wissen Eigenheimbesitzer zu schätzen: Sie ist sparsam im Verbrauch, hygienisch, pflegeleicht und unsichtbar, was der Gestaltungsfreiheit besonders entgegenkommt. Ein solcher Komfort-Boden lässt sich problemlos realisieren, wie die Föderation der Europäischen Parkett-Industrie FEP betont.

Einer Untersuchung des Fraunhofer-Instituts für Holzforschung, Braunschweig, zufolge, eignen sich Parkettfußböden gut für die Verlegung auf einer Fußbodenheizung. Wichtig dabei ist, den späteren Bodenbelag bereits in der Planungsphase des Heizsystems zu berücksichtigen, um etwa erforderliche Anschlusshöhen einzuhalten. Entscheidend ist beispielsweise der Wärmedurchlasswiderstand des Belags, von ihm hängt die zu wählende Vorlauftemperatur ab. Diese Gewähr leistet eine ausreichende Wärmeabgabe an den Raum und sollte höchstens 55 °C betragen. Auch der Abstand der Heizrohre ist auf maximal 30 cm begrenzt. Eine sorgfältige Ausführung der Heizungskonstruktion, des Estrichs und der Parkettarbeiten sind unerlässlich.

Holzfeuchte beachten

Darüber hinaus ist auf die Holzfeuchte des Parketts zu achten. Maßstab sind hier normengerechte Mittelwerte, die bei der Verlegung nicht überschritten werden dürfen. Wird dann während der Heizperiode auf ein gesundes Raumklima geachtet – bei einer Raumtemperatur von 20 bis 22 °C liegt die optimale Luftfeuchte bei 50 bis 60 Prozent – ist das Wohlbefinden von Mensch und Parkett gesichert.

Foto: Föderation der Europäischen Parkett-Industrie

Bei der Realisierung einer Parkett/Fußbodenheizung ist eine sorgfältige Planung und fachgerechte Ausführung der Heizungskonstruktion, des Estrichs und der Parkettarbeiten unerlässlich

Weitere Infos :

Föderation der Europäischen Parkett-Industrie
Allée Hof-ter-Vleest 5
boîte 4
B-1070 Bruxelles
Tel. 0032 2 556 25 87
Fax 0032 2 556 25 95
euro.wood.fed@skynet.be
www.parquet.net

Wohn- und Geschäftsbauten / Gewerbebauten

Einkaufsmarkt bekommt „eins aufs Dach"

Drei Gebäuderiegel stocken in der Hagener Straße Neubau auf / BVB startet mit neuem Trainingszentrum durch / Westfalentor in Dortmund erschließt Hauptachse

Wohn- und Geschäftshaus Hagener Straße

Nach Abriss des alten eingeschossigen Ladengeschäftes an der Hagener Straße in Dortmund konnte nach einer Bauzeit von rund 15 Monaten ein neues Wohn- und Geschäftshaus eröffnet werden. Neben dem ebenerdigen Einkaufsmarkt befinden sich in dem Objekt im 1. und 2. Obergeschoss acht Gewerbeeinheiten, von denen ein Großteil als Arztpraxen betrieben wird. Die ebenfalls in dem Projekt eingerichteten Maisonette-Mietwohnungen verfügen über eine rund 73 m² große Grundfläche, die hochwertig ausgeführt wurde.

Das Entwurfskonzept der Plus + Bauplanung aus Neckartenzlingen sah die Schaffung eines Mittelpunktes im Stadtteil Kirchhörde vor. Der gut gegliederte Baukörper mit Tiefgarage fügt sich städtebaulich angenehm in seine Umgebung ein. Der zusätzliche Wohn- und Gewerberaum konnte durch die Aufstockung der drei Gebäuderiegel auf dem Dach des Einkaufsmarktes gewonnen werden. Glaselemente verbinden die Riegel und schaffen eine transparente Fassade zur Hagener Straße hin.

Wohn- und Geschäftshaus Hagener Straße; Foto oben und unten: Auf dem Dach des Einkaufsmarktes sind drei Gebäuderiegel als Wohn- bzw. Gewerbegeschosse „drauf gesetzt worden"

Trainingszentrum des BVB

Die reibungslose Zusammenarbeit zwischen Bauherrin DSW21, dem Fußball-Bundesligisten Borussia Dortmund und den beteiligten Planungsbüros haben dazu beigetragen, dass nur rund acht Monate nach dem ersten Spatenstich die offizielle Eröffnung des BVB-Trainingsgeländes stattfinden konnte. Ein Jahr zuvor war noch gar nicht absehbar, wann das Bauvorhaben zur Verfügung stehen würde. Der BVB suchte einen Partner, der das 18,3 ha große Gelände auf Hohenbuschei erwirbt und im ersten Schritt vier Trainingsplätze und ein Funktionsgebäude errichtet. Bereits vor Fertigstellung des Gebäudes trainierten die Spieler auf Hohenbuschei.

Das rund 1.700 m² große Funktionsgebäude nimmt neben den Umkleideräumen und Duschbereichen auch die Aufenthaltsräume der Trainer auf. Platz für Krankengymnasten, Physiotherapeuten und ein Kraftraum wurde im Unter-

Trainingszentrum BVB: Den guten Start in die Saison führte der BVB auch auf den Neubau des Trainingszentrums Hohenbuschei und die damit verbunden idealen Bedingungen zurück   Foto: © Chr. Eblenkamp, Aachen

Wohn- und Geschäftsbauten / Gewerbebauten

geschoss geschaffen. In einem separaten Gebäude sind der Presseraum und die Hausmeisterwohnung eingerichtet. Die vier angeschlossenen Trainingsplätze sind jeweils 115 m mal 74 m groß. Drei Plätze sind als Rasenfelder angelegt, einer mit Kunstrasen. Zwei der vier Plätze können beheizt werden.

Westfalentor Dortmund

Aus dem städtebaulichen Wettbewerb mit sieben beteiligten Büros ging der Entwurf des Düsseldorfer Architekturbüros Friesleben & Geddert mit einem 1. Preis hervor. Das Konzept sieht entlang der B1 eine durchgehende sechsgeschossige Kammbebauung vor, die zum Kreuzungsbereich mit einem 18-geschossigen Hochhaus als städtebaulicher Dominante abschließt. Im südlichen Bereich bildet sich eine viergeschossige Wohnbebauung als eigenes Quartier aus, die durch einen Grünbereich von der Büronutzung abgeschirmt wird. Die vorgesehene Wohnbebauung belebt den neuen Standort auch außerhalb der Arbeitszeit und übernimmt damit auch einen Beitrag zur Verbesserung der Sicherheit. Die Realisierung von Bauabschnitten sowohl für kleinere als auch größere Nutzungseinheiten ist möglich. Der Entwurf sieht eine Bruttogeschossfläche für den Bürobereich von ca. 38.000 m^2 und für den Wohnbereich von 9.100 m^2 vor.

Büroachse B1

Die B1 gilt nicht nur als wichtigste Verkehrsader in Ost-West-Richtung, sondern mittlerweile auch als eine der bevorzugten Adressen für Büro- und Dienstleistungsstandorte. An der zentralen Kreuzung

Westfalentor Dortmund: Das Westfalentor in Dortmund direkt an der B1 wird zur attraktiven Visitenkarte der Stadt an prominenter Lage. Der erste Bauabschnitt ist zwischenzeitlich fertig gestellt

Westfalendamm/ Märkische Straße liegt das Westfalentor auf dem Gelände des ehemaligen Straßenbahndepots der DSW 21. Die optimale Anbindung an den Flughafen und den öffentlichen Nahverkehr sowie die schnellen Autobahnanschlüsse in alle vier Himmelsrichtungen sind ein wichtiger Standortfaktor.

Bauherr:
DSW 21
Dortmund

Bauherr „Westfalentor":
Westfalentor 1 GmbH
Dortmund

Partner am Bau:
- Ingenieurbüro Landwehr GmbH
- Astroh Küchen GmbH & Co. KG ASTROH objekt
- Klaus Drücke Ingenieurgesellschaft mbH & Co. KG

- Gebäude- und Versorgungstechnik, Facility-Management
- Ralf Marx Sanitär- & Heizungstechnik
- Friedrich & Lick Werbeschilder
- BAUCON Ingenieurgesellschaft mbH Baumanagement im Ingenieurwesen
- Engels Ingenieure GmbH
- LÖBBERT Ingenieurbüro für Brandschutz und Brandursachen-Ermittlung
- Dipl.-Ing. Uwe Bieber VBI Staatl. annerk. Sachverständiger für Wärme- und Schallschutz
- Natursteinwerk Otto GmbH
- Otte & Klein GmbH + Co. KG Stuckgeschäft, Innen- und Außenputzarbeiten
- Metallbau Lamprecht GmbH
- Vogt GmbH & Co. KG Reinigung, Bewachung
- Norbert Post, Hartmut Welters Architekten & Stadtplaner BDA/SRL
- Tacke + Lindemann Baubeschlag- und Metallhandel GmbH + Co. KG
- Bosch Sicherheitssysteme GmbH

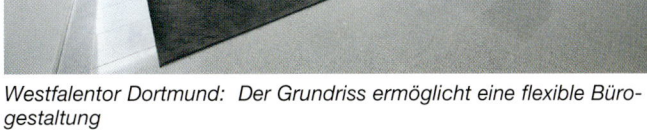

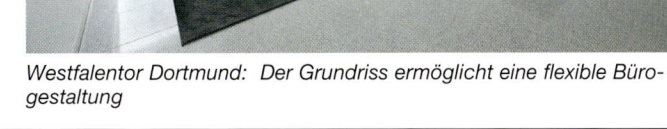

Westfalentor Dortmund: Der Grundriss ermöglicht eine flexible Bürogestaltung

Anzeige

INGENIEURBÜRO LANDWEHR GMBH

Beratende Ingenieure · Technische Ausrüstung

Technische Gesamtplanung · Bauüberwachung · Technisches FM

Sachverständigenbüro Rudi, Fritz, Klaus Landwehr

Planetenfeldstraße 116 B · 44379 Dortmund
Tel.: 0231/96 10 10 – 0 · Fax: 0231/96 10 10 – 22
Mail: info@ib-landwehr.de · Web: www.ib-landwehr.de

Ausführende Firmen · Anzeige

80 Jahre Küchenerfahrung mit Anspruch auf Perfektion, auch im Objektgeschäft!

Zu Hause ist sie das i-Tüpfelchen des Eigenheims. Geprägt durch technische Innovationen, Ergonomie, Funktionalität, Trends und nicht zuletzt geplant nach dem Geschmack und den individuellen Ansprüchen der Nutzer. Lebensmittelpunkt der heimischen Aktivitäten, Prestigeobjekt: „Die Küche".

Natürlich haben auch Bauträger, Architekten, Facility-Manager und Bauingenieure privat eine solche Küche. Im Kontext der Projektentwicklung und Ausführung stellt diese Berufsgruppe jedoch weitere Ansprüche an eines der finalen Objektgewerke. Planungskompetenz, garantiert normgerechte Qualität, ambitionierte und zeitgerechte Realisierung, perfektionierte Logistik und Montagequalität bis zur Bauabnahme, sind neben der Rentabilität grundsätzlich unverzichtbare Attribute in der Komplexität baulicher Maßnahmen von Großobjekten, also auch für Küchen.

Die umfassenden architektonischen Herausforderungen erfordern neben Baumeistern auch Detailspezialisten, welche sich explizit der filigranen Kleinprozesse annehmen und diese zwar in Koordination mit der Bauleitung und der Abstimmung mit Vorgewerken gesamtheitlich, in der Sache selbst jedoch autark steuern, betont Thomas Nonnenkamp, Geschäftsführer der ASTROH Unternehmenstochter ASTROH objekt. Innerhalb der ASTROH-Gruppe mit rund 1.000 Mitarbeitern steuert der Betriebswirt seit Mitte 2003 ein Team von Objektmanagern/innen.

Professionelle Abwicklung! Im konventionellen Küchengeschäft ist die Prozesskette extrem lang und birgt neben hohen Kostenfaktoren viele Gefahren hinsichtlich Qualitätseinbußen und terminlicher Machbarkeiten. Deshalb ist es den ASTROH-Objektprofis im gewerblichen Geschäft sehr wichtig, eine für Bauinvestoren, Architekten, Wohnungsbaugesellschaften und behördlichen Planern individuelle und zielgerichtete Abwicklung professionell umzusetzen. Das Erfolgskonzept basiert auf einer geradlinigen Produktionsaussteuerung aller Küchenkomponenten und dem optimierten Einsatz der Handwerker. Möbel, E-Geräte, Zubehör oder etwa Granitarbeitsplatten aus dem ASTROH Granit-Werk werden termingesteuert in erforderlichen Mengen zur Baustelle koordiniert. Hier sind Kompetenz, Zuverlässigkeit, Flexibilität und Kontinuität oberste Gesetze.

Nonnenkamp: „Im konventionellen Geschäft des Küchenstudios vor Ort zum Privatkunden, gibt es oft Probleme die einzelne Küche völlig reibungslos zu montieren. Wir lösen diese Problematik sogar bundesweit durch unser Konzept der durchgängigen individuellen Betreuung im professionellen Objektmanagement beispielhaft. Und dies unter der Prämisse, dass die Abwicklung von 10, 20 oder gar 100 Küchen ganz andere Prozessdimensionen erreicht und absoluten Perfektionismus erfordert. Dieser Grad an Perfektionismus greift folglich genauso bei der einzelnen Schul- oder Kindergartenküche. Sind dennoch im komplexen Prozess einmal Korrekturen durchzuführen, verlaufen diese ebenso geradlinig und schnell aus der Herstellerproduktion zur Baustelle, wie die Küchen selbst. Die dynamische Anpassung an objektspezifische Erfordernisse und Bauprozesse und die Vielfalt unserer Produkte zu budgetgerechten Preisen, machen uns für Bauträger, Behörden, Wohnungsbaugesellschaften und alle übrigen Objektinvestoren so attraktiv."

Maßgeschneiderte Lösungen! Von der einfachen Teeküche für Büroetagen bis zur Senioren- oder barrierefreien Einbauküche in Senioren- oder Pflegewohnheimen, von der einfachen Armatur bis zur industriellen Spültischgarnitur, vom Gewerbe-Elektrogerät bis zur modularen Küche, die Möglichkeiten sind fast grenzenlos realisierbar. Die Kücheneinrichtungen im **Westfalentor der Stadtwerke Dortmund**, oder die Küchenausstattung des **Technoforum Wolfsburg**, in dem die Mitarbeiter des **Automobilkonzerns Volkswagen** Astroh-Küchen vorfinden, stehen exemplarisch für zahlreiche bundesweit realisierte Objektabwicklungen.

Natürlich profitiert die ASTROH Tochter von den immensen Einkaufvolumina des klassischen Küchengeschäfts von ASTROH Küchen mit derzeit bundesweit 20 Filialen. Das spiegelt sich in den Kalkulationen wider und wird an den Bauinvestor weitergereicht. Die Umsetzung erfolgt in Kooperation mit ausgewählten und namhaften Partnern zertifizierter deutscher Küchenindustrieunternehmen. Selbstverständlich kümmert sich ASTROH objekt bereits im frühen Planungsstadium fachgerecht um Planer- und Architektenanfragen und ist offen für Ausschreibungen und Leistungsverzeichnisse.

Kücheneinrichtung:
Astroh Küchen GmbH & Co. KG
ASTROH objekt, Garbsen

Anzeige

Astroh Küchen GmbH & Co. KG
ASTROH objekt
Bauboulevard 2
30827 Garbsen

Tel.: 0 51 31 - 45 22 - 55
Fax: 0 51 31 - 45 22 - 63

E-Mail: objekt@astroh.de

ASTROH objekt
Küche und Einrichtung

Küchen für Objekte –
von Profis für Profis

w w w . a s t r o h o b j e k t . d e

Anzeige　　　　　　　　　　　　　　　　　　　　　　　　　　　　　　　　　　　　　Ausführende Firmen

KLAUS DRÜCKE
INGENIEURGESELLSCHAFT
GEBÄUDE - UND VERSORGUNGSTECHNIK
FACILITY-MANAGEMENT

Ihr Partner für
technische Anlagen:
- Veranstaltungszentren
- Bürogebäude
- Rechenzentren
- Logistikzentren
- Call-Center
- Hotel- und Ferienanlagen
- Seniorenwohnheime
- Banken und Sparkassen

Westfalendamm 231, 44141 Dortmund
TELEFON: 0231/941074-0   FAX - 10
info@druecke.de   www.druecke.de

Wir planen und begleiten
folgende Techniken:

Versorgungstechnik, Stark-/
Schwachstromtechnik,
Sicherheits-, Medien-
sowie Beschallungstechnik
Raumluft-, Kälte-, Sanitär-,
Sprinkler-, Heizung-
sowie Leittechnik

Sanitär- und Haustechnikprofis aus Dortmund

Die Katastrophe steht kurz bevor – ein verrostetes Rohr kann vom Rohrbruch bis hin zur kostenintensiven Reparatur so gut wie alles bedeuten. Nicht auszumalen ist ein solches Unglück z.B. in einer Klinik oder auf einem Flughafengelände.
Die Firma MARX Sanitär- & Haustechnik ist erfahrener Experte und beugt schon im Voraus allen nur erdenklichen Problemen vor. Das 14-köpfige Team aus Dortmund hat sich auf Umbauten und Sanierungen vor allem im Klinikbereich spezialisiert. Neben diesem Schwerpunkt stehen selbstverständlich auch Badsanierungen, Neubauten und alternative Energien – von Solar-, über Regen-, bis zur Brennwerttechnik – auf dem Programm.

Ein Beispiel aus der Referenzliste:
- Städtische Kliniken Dortmund, BVB-Trainingszentrum in Do-Brackel, Volksbank Dortmund, Studentenwerk Dortmund.

Haustechnik zum Wohlfühlen...
Beratung · Planung
Installation · Wartung
Notdienst 0171.4 53 80 81
Sanitär- & Heizungstechnik
MARX
Menglinghauser Str. 88
44227 Dortmund
s.u.h.-marx@t-online.de
Tel. 02 31/4 27 46 21
Fax 02 31/7 54 87 81

FRIEDRICH & LICK werbeschilder.com

Schäferstraße 33
44147 Dortmund

Tel. 0231.811879
info@werbeschilder.com

Lichtwerbung • Neon • Digitaldruck • Metallverarbeitung

Ausführende Firmen　　　　　　　　　　　　　　　　　　　　　　　　　　　　　　　　　Anzeige

Güteschutz Kanalbau / DWA	**BAUCON** Ingenieurgesellschaft mbH BAUMANAGEMENT IM INGENIEURWESEN	Abrechnung / Aufmaß
VSVI		Bauüberwachung / Bauleitung / Controlling
zertifizierter Kanal-sanierungsberater	Nederhoffstraße 23　　　　　　　　44137 Dortmund Tel. 0231 / 22 25 98 00　　　　Fax 0231 / 22 25 98 05 mailto: info@baucon-gmbh.net　　www.baucon-gmbh.net	SIGEKO / BauStellV 1998
Architekten (AKNW) Ingenieure (IKNW)	Im Verbund der Planungsgruppe Dr. Leßmann　(seit 1905)	Kanalsanierungsberatung DWA / SüV Kan

Westfalentor an der B1 　　　BVB-Trainingszentrum

Info@engels-ingenieure.de
www.engels-ingenieure.de
Tel.: +49 231 941013-0
Fax: +49 231 941013-20

ENGELS INGENIEURE

Tragwerksplanung
Brandschutz
Bauphysik
Baustatik
Prüfung

LÖBBERT
Ingenieurbüro für Brandschutz
und Brandursachen-Ermittlung

Brandschutz-Team

Rodermann
Ingenieurbüro für Brandschutz

- Brandschutzkonzepte,
- Prüfung des Brandschutzes,
- Fachbauleitung Brandschutz,
- Feuerwehrpläne,

- Flucht- und Rettungspläne,
- Brandsimulationen,
- Entrauchungskonzepte,
- Seminare und Schulungen.

Bei allen Fragen zum baulichen und vorbeugenden Brandschutz steht Ihnen unser Team jederzeit mit innovativen und anwendungsorientierten Ideen zur Verfügung.

Ferdinand-Thun-Straße 52b•42289 Wuppertal•Tel:0202/97637-0•Fax:0202/97637-13•info@bbe-brandschutz.de

Dipl.-Ing. Uwe Bieber VBI
Staatlich anerkannter Sachverständiger für
Wärme- und Schallschutz

Hagener Straße 31 · 44225 Dortmund
Tel. 02 31/79 22 77-0 · Fax 02 31/79 22 77-22

E-Mail: info@bieber-ingenieure.de
Internet: www.bieber-ingenieure.de

Wir sind seit über 20 Jahren mit innovativen Ideen und Vorschlägen im Wohn-, Büro-, Krankenhaus und Hallenbau tätig. Unsere Planungen erstrecken sich sowohl über den Massivbau als auch über den Stahl- und Holzbau.

- Treppenanlagen für innen und außen
- Fensterbänke
- Marmor- und Granitbodenbeläge
- Antikmarmor / Bordüren
- Terrassenbeläge
- Marmorbäder
- Granit-Küchenarbeitsplatten
- Vorgehängte Fassaden
- Größte Ausstellung ihrer Art in NRW
- Natursteinboden-Studio der EXTRA-Klasse

NATURSTEINWERK OTTO

Natursteinwerk
Otto GmbH
Südfeld 3
59174 Kamen-Heeren
Tel. 0 23 07 / 9 41 61 - 0
Fax 0 23 07 / 9 41 61 - 22
www.naturstein-otto.de

Wir sind für Sie da: Montag-Freitag 8.00 - 17.00 Uhr
Samstag 9.00 - 13.00 Uhr
Sonntags freie Besichtigung von 14.00 - 17.00 Uhr. Keine Beratung - kein Verkauf.

Produktinfo

Deutschsprachiges Architekturlexikon auf CD-ROM erschienen

Wer ist Alvar Aalto? Worin liegen die Unterschiede zwischen einem Walmdach und einem Satteldach? Karl Friedrich Schinkel, Walter Gropius und Mies van der Rohe sind durch ihre stilprägenden Bauten bekannt geworden, aber worin liegen deren Besonderheiten? Nachlesen kann man dies im „Lexikon der Weltarchitektur", das als neuer Band der DIGITALEN BIBLIOTHEK einen umfassenden Einblick in die Welt der Architektur eröffnet. Das von Nikolaus Pevsner, Hugh Honour und John Fleming verfasste Standardwerk gilt als beste Übersicht zur Architektur von ihren Anfängen bis zur Gegenwart in lexikalischer Form.

Ausgefeilte und schnelle Suche

In der elektronischen Ausgabe entfaltet es dank der ausgefeilten und schnellen Suchfunktionen seine volle Wissensbreite. Mehr als 2.900 Artikel informieren ausführlich über Architekten und Architektengruppen von den Baumeistern des Mittelalters bis zu den Baukünstlern des 19. und 20. Jahrhunderts. Sie vermitteln Kenntnisse über die Architekturgeschichte von 70 Ländern und Kulturregionen aller fünf Kontinente, erklären Stil- sowie Fachbegriffe und bieten darüber hinaus Erklärungen zu Gebäudetypen und Erläuterungen zahlreicher Begriffe aus den Bereichen Städtebau und Architektursoziologie.

Geeignet ist das „Lexikon der Weltarchitektur" sowohl als unerlässliches Werkzeug für Planer und Architekten als auch für den interessierten Laien, der seine Kenntnisse vertiefen möchte.

Auch zu anderen Themen

Alle Bände der DIGITALEN BIBLIOTHEK – mit Themen aus den Bereichen Kunst, Religionswissenschaften sowie Zeitgeschichte – werden von einem einzigen Software-Programm verwaltet, das für jede neue Ausgabe erweitert wird und – soweit das möglich ist – auch die Arbeit mit bereits erschienenen Textsammlungen komfortabler gestaltet. Die aktuelle Programmversion wird jeweils mit dem neuesten Titel ausgeliefert, kann aber auch kostenlos von der Homepage *www.digitale-bibliothek.de* heruntergeladen werden, auf der sich auch weiterführende Informationen zu den einzelnen Bänden und zum Online-Angebot des Verlages finden. Wer mit der Reihe schon vertraut ist, weiß, dass diese elektronische Bibliothek gedruckte Bücher nicht ersetzen will, sondern sich als Text- und zunehmend auch als Bildarchiv für all jene versteht, die aus Neigung regelmäßig Bücher lesen oder beruflich oder privat mit ihnen arbeiten. Gefallen will sie deshalb auch nicht durch multimediale Effekte, sondern durch Funktionalität, Bedienungskomfort und eine hohe Suchgeschwindigkeit.

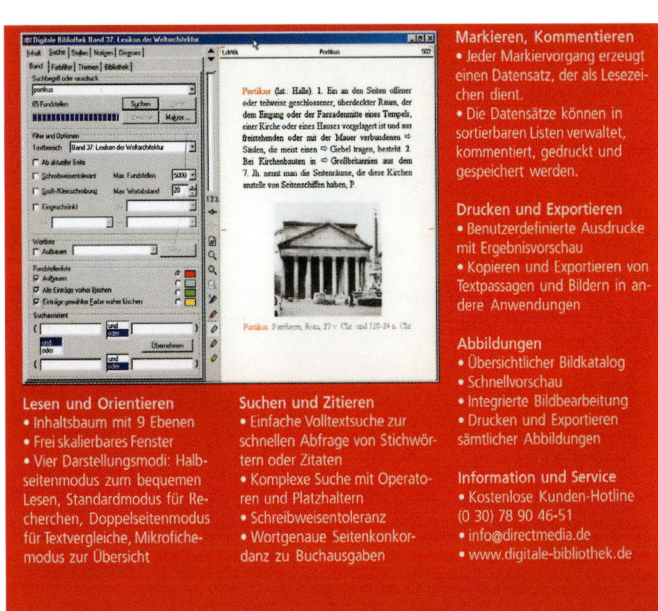

CD-ROM
„Lexikon der Weltarchitektur"
Band 37 der DIGITALEN BIBLIOTHEK,
34,90 Euro.
Im Buchhandel
über ISBN 3-89853-137-6

Weitere Infos:

DIRECTMEDIA Publishing GmbH
Yorckstr. 59
10965 Berlin
Tel. 0 30 / 7 89 04 60
Fax 0 30 / 78 90 46 99
www.digitale-bibliothek.de

Öffentliche Bauten

Staatsanwaltschaft im Justizzentrum Essen
Neubau der Staatsanwaltschaft in Essen mit benachbarten Behörden verbunden

Kurze Wege

Eingebettet in das Justizzentrum in der Nähe der Messe Essen liegt der Neubau der Staatsanwaltschaft Essen neben dem Land- und Amtsgericht und gegenüber dem Polizeipräsidium. Das 6-geschossige Gebäude mit einem Staffelgeschoss und drei Tiefgeschossen besitzt eine Bruttogeschossfläche von 15.500 m². Der überwiegende Teil der Fläche mit ca. 280 Räumen dient der Büronutzung. Die Tiefgarage nimmt ca. 116 Fahrzeuge auf.

Bei der Auswahl der verwendeten Materialien wurde viel Wert auf ökologische Gesichtspunkte gelegt. Daraus resultiert z.B. das Anlegen einer extensiven Dachbegrünung. Eine gläserne Brückenanbindung erschließt den Neubau mit dem Land- und Amtsgericht. Sie schafft kurze Wege und erleichtert die Zusammenarbeit zwischen den beiden Justizbehörden. Diese Verbindung symbolisiert auch die Komplexität eines modernen Justizzentrums, das den Anforderungen einer Großstadt wie Essen gerecht wird.

Das Gebäude verfügt über verschiedene Sicherheitseinrichtungen wie die Pförtnerloge mit Sicherheitsschleuse, ein hochmodernes Zutrittskontrollsystem sowie weitere sensorisch-elektrische Sicherheitssysteme mit Torüberwachungen.

Die gläserne Brückenverbindung erschließt den Neubau mit den benachbarten Behörden

Proportion im „Goldenen Schnitt"

Die Proportion des Gebäudes im „Goldenen Schnitt" orientiert sich an der umgebenden Bebauung. Die Sandsteinfassade nimmt Bezug zur Fassade des Land- und Amtsgerichtes – ebenso Sandstein – und zu den barockisierenden Eckrisaliten aus Sandstein des Polizeipräsidiums.

Bauherr:
Bau- und Liegenschaftsbetrieb Nordrhein-Westfalen
Duisburg

Generalunternehmer:
Wiemer & Trachte, Dortmund

Partner am Bau:
- Peter Straßburger GmbH
  Dachdeckermeister
- Wissbau Beratende
  Ingenieurgesellschaft mbH
- Giesen Gillhoff Loomans GbR
  Haustechnik
- Beton-, Bohr- und
  Sägetechnik Yildirim
- Michael Gödde
  Dipl.-Ing. Architekt

Der Neubau der Staatsanwaltschaft Essen liegt neben dem Land- und Amtsgericht gegenüber dem Polizeipräsidium

Anzeige

Peter Straßburger GmbH
Dachdeckermeister

Eisfahrtstraße 1
45478 Mülheim
Telefon 0208/5 63 68
Telefax 0208/59 30 24

- Dacheindeckung
- Bauklempnerei
- Fassadenbau
- Reparaturarbeiten
- Flachdachabdichtung

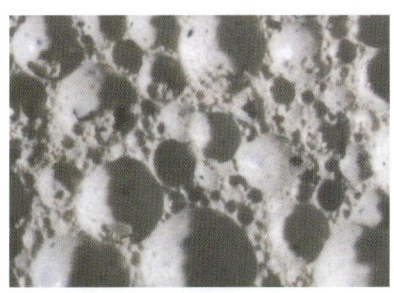

Anzeige — Ausführende Firmen

Baustoffuntersuchung

Zerstörungsfreie Bauuntersuchung

Bauphysikalische Bestandsaufnahme

Büro Essen:
Kruppstraße 82-100, 45145 Essen
tel 0201 24 86 86-0 fax 0201 24 86 86-2
wissbau@wissbau.de
www.wissbau.de

Büro Berlin:
Undinestr. 43
12203 Berlin
tel 030 83 20 32 05 fax 030 83 20 32 06

WISSBAU®
Beratende Ingenieurgesellschaft mbH
Univ.-Prof. Setzer, Univ.-Prof. Dillmann & Partner, Essen Berlin

Ihr kompetenter Partner für
Werkstoffe Instandsetzung Bauphysik Akustik

Heizung * Sanitär * Lüftung * Kälte * Sprinkler- und Gaslöschanlagen - bundesweit.
Altbausanierung, Brandschutz in der Haustechnik und hohe Flexibilität sind unsere Stärken.

planung
beratung
bauleitung

innovation & qualität
für Ihre
haus technik

Giesen - Gillhoff - Loomans GbR

Bismarckstraße 51
47799 Krefeld
Tel   (0 21 51) 60 74 9 - 0
Fax   (0 21 51) 60 74 9 - 29
email info@iq-haustechnik.de

* Zu unseren zufriedenen Kunden - Städten und Gemeinden, Industrie, Gewerbe und Privat - gehören beispielsweise die
Staatsanwaltschaft Essen, das Gertrud-Bäumer-Berufskolleg, Duisburg, oder das Altenpflegeheim Otto-Hue-Haus in Essen

---

Firmenprofil

Unsere Tätigkeiten erstrecken sich über Beton-, Bohr- und Sägearbeiten mit Diamantwerkzeugen.

Wir arbeiten mit Bohrkerngrößen von 16 mm bis 1000 mm und können bis zu einer Tiefe von 5 m bohren. Unsere Sägeschnitttiefe kann bis zu 80 cm betragen.

Durch unsere langjährige, bundesweite Erfahrung und unser umfangreiches Maschinenangebot lösen wir Aufgaben im Bereich Beton-, Bohr- und Sägearbeiten. Kompetent, zuverlässig, maßgerecht, umweltfreundlich ohne Staub und geräuscharm lösen wir kostengünstig Ihre Aufgabenstellung.

Gerne beraten wir Sie persönlich und unverbindlich!

Kontakt

Beton-, Bohr- und
Sägetechnik Yildirim
Feldstraße 23
44867 Bochum

Yildirim
Beton-, Bohr und Sägetechnik

Telefon: 0 23 27/32 34 15
Telefax: 0 23 27/32 34 16
E-Mail: mail@mn-yildirim.de
Internet: www.mn-yildirim.de

Öffentliche Bauten

Stadt Duisburg investiert in ihre Jugend

Neubau der städtischen Kindertageseinrichtung Ursulastraße, Duisburg-Rheinhausen / Neubau der Gemeinschaftsgrundschule Friedensstraße, Duisburg-Hochfeld / Neubau Realschule Ulmenstraße, Duisburg-Rheinhausen

Duisburg liegt mittendrin: mitten in Europa, mitten im Ballungsraum Rhein-Ruhr, mitten im Leben. Hier schlägt Europas Stahlherz, hier kreuzen sich wichtige Verkehrsadern und machen die Stadt zur Logistikdrehscheibe für Europa. Nicht nur wegen seiner verkehrsgeographischen Lagegunst ist Duisburg seit jeher Sitz erfolgreicher Unternehmen mit Weltruf.

Beispielhaft für die baulichen Investitionen der Stadt Duisburg in die Bildung werden nachfolgend drei realisierte Bauvorhaben vorgestellt.

Neubau städtische Kindertageseinrichtung Ursulastraße, DU-Rheinhausen

Eine durchgeführte technische Beurteilung der städtischen Kindertageseinrichtung Hochfelder Straße hatte ergeben, dass eine Sanierung auf Grund des hohen Kostenaufwands wirtschaftlich nicht zu vertreten war. Da der weitere Verwendungszweck der umliegenden, leer stehenden Gebäude aus städteplanerischer Sicht bis dato noch nicht feststand, entschied man sich zu einem Neubau auf dem nahe liegenden städtischen Grundstück an der Ursulastraße. Bei diesem Grundstück handelt es sich um eine schmale Parzelle, welche nach Norden durch die Ursulastraße und nach Süden durch eine Eisenbahntrasse begrenzt wird. Auf Grund des hohen Schienenverkehrsaufkommens wurde zunächst das Ingenieurbüro Peutz Consult mit einer schallschutztechnischen Untersuchung beauftragt. Als idealer Baukörper ergab sich daraufhin ein U-förmiges Gebäude mit möglichst hohen, massiven und fensterlosen Außenwänden nach Westen, Süden und Osten. Somit entstand der endgültige, U-förmige Gebäudeentwurf in Massivbauweise mit den von den Außenwänden dreiseitig zum Innenhof abfallenden Pultdachflächen.

Die Nebenräume wie Technik- und Außengeräteräume als auch die weniger lärmempfindlichen Bereiche wie Küche, Sanitär-, Mehrzweck- und Personalräume wurden an den zur Bahnstrecke liegenden Außenwänden untergebracht. Die sensibleren Bereiche wie Gruppenräume, Zugang und Spielflur gruppieren sich um den abgeschirmten Innenhof, welcher zugleich die Hauptaußenspielfläche darstellt. Große Fensterflächen sorgen hier für die benötigte Belichtung der Räume. Die Eingangshalle erhielt zusätzlich eine Schrägverglasung zur besseren Belichtung für das Spielen im Innenbereich auch an trüben Regentagen.

Eine auf Grundlage des Entwurfs durchgeführte erschütterungstechnische Untersuchung ergab, dass die zu erwartenden Schwingungsimmissionen zwar zulässig sind, sich aber im oberen Grenz-

Neubau städtische Kindertageseinrichtung Ursulastraße, DU-Rheinhausen: Der Kontrast roter Dachpfannen zu hellen Putz- und Holzflächen der Außenfassade rundet das harmonische Bild ab

bereich bewegen. Da von einem Anstieg des Bahnverkehrs ausgegangen werden musste und um das entstehende Gebäude zukünftig möglichst variabel nutzen zu können, folgte das Immobilien-Management Duisburg (IMD) dem Vorschlag des Gutachters und gründete den Kindergarten auf schwingungsisolierenden Elastomerlagern. Diese wurden anschließend passend

46

Öffentliche Bauten

Neubau städtische Kindertageseinrichtung Ursulastraße, DU-Rheinhausen: Der Kindergarten ist wegen einer Eisenbahntrasse im Süden auf schwingungsisolierenden Elastomerlagern gegründet

Neubau städtische Kindertageseinrichtung Ursulastraße, DU-Rheinhausen: Bei der Ausgestaltung des Bauvorhabens wurden besonders auf die Bedürfnisse der Kinder eingegangen

auf die gewählte Bauweise, die auftretenden Lasten und die gemessenen Frequenzen abgestimmt. Die Ausstattung der Fenster mit Phon-Stop-Gläsern und die Erhöhung der Materialrohdichten trugen ebenfalls erheblich zur Schallschutzverbesserung bei.

Bei der Ausgestaltung des Bauvorhabens wurde besonders auf die Bedürfnisse der Kinder eingegangen. So kamen bodentiefe Fensteranlagen mit verglasten Brüstungen zur Ausführung, die auch kleineren Kindern den freien Ausblick nach draußen ermöglichen. Die Farb- und Materialauswahl verbreitet eine helle und freundliche Atmosphäre. Der Kontrast roter Dachpfannen zu hellen Putz- und Holzflächen der Außenfassade rundet das harmonische Bild ab.

Der umbaute Raum des zwischen März und Oktober 2005 erstellten Neubaus beträgt 2.353 m^3 bei 490 m^2 Bruttogeschossfläche. Die Baukosten beliefen sich auf brutto 825.000 Euro inklusive des Ausbaus der Außenanlagen und aller Neben- und Erschließungskosten.

Neubau der GGS Friedensstraße, DU-Hochfeld

Steigende Schülerzahlen hatten eine räumliche Erweiterung des Mercator-Gymnasiums erforderlich gemacht. Da die Grundstücksverhältnisse sehr beengt gewesen waren, entschied sich die Stadt Duisburg zur Auslagerung der benachbarten 4-zügigen GGS Musfeldstraße. Als Ersatzgrundstück wurde das ehemalige Gelände der Hauptfeuerwache an der Friedensstraße, DU-Hochfeld, gewählt. Dieses ca. 11.500 m^2 große Areal wird bis auf einen kleinen Teil, auf dem die freiwillige Feuerwehr untergebracht ist, nicht mehr genutzt. Planungsvorgabe war der Erhalt des alten Wachgebäudes der Feuerwehr zur späteren kulturellen Nutzung. Auf Grund dessen kam nur der nördliche Teil des Grundstücks mit den ehemaligen Fahrzeughallen als Standort in Frage. Dieser Bereich wird im Norden durch die U-Bahn-Strecke und den in Nord-Süd-Richtung verlaufenden verrohrten Dickelsbach begrenzt.

Die verbleibenden, sehr beengten Grundstücksverhältnisse sowie die vorgefundenen schlechten Baugrundzustände mit Auffüllungen bis 4 m Tiefe waren ausschlaggebend für die Planungsentscheidung zu Gunsten eines 2-geschossigen, voll unterkellerten Gebäudes.

Zur Optimierung des Grundrisskonzepts wurden im Kellergeschoss, neben notwendigen

Neubau der GGS Friedensstraße, DU-Hochfeld: Die Fassade wird durch die Kombination aus Holz-, Glas- und Putzflächen gebildet

Öffentliche Bauten

Neubau der GGS Friedensstraße, DU-Hochfeld: Die Gestaltung der Außenanlagen fand unter Beteiligung der Schule statt. Diese startete einen Ideenwettbewerb, bei dem die Schüler Modelle ihrer Wunschspielplätze bauten und diese selbst prämierten

Technikräumen, schulisch genutzte Räume untergebracht. Diese erhalten durch weiträumige Abgrabungen die erforderliche Belichtung. Darüber hinaus wurde die Sporthalle ebenfalls auf Kellerniveau abgesenkt. Sie ist zusätzlich für schulische Veranstaltungen für bis zu 300 Personen verwendbar, so dass auf die durch das Musterraumprogramm geforderte Aula verzichtet werden konnte. Alle Geschosse sind behindertengerecht über einen der Eingangshalle zugeordneten Aufzug zu erreichen. Der Baukörper wurde L-förmig, parallel zur nördlichen und westlichen Grundstücksgrenze angeordnet und wird durch einen Klassentrakt sowie den Sport- und Verwaltungstrakt gebildet. Beide Bauteile werden durch die zentral dazwischen angeordnete zweigeschossige Eingangshalle miteinander verbunden. Der Schulhof wird durch die Anordnung des Klassentrakts gegen die nach Westen angrenzende Wohnbebauung sowie durch die Sporthalle zur nördlich verlaufenden U-Bahn-Trasse abgeschirmt.

Die verwendeten Materialien tragen zu einer behaglichen Atmosphäre bei. Im Gebäudeinneren sind daher Holz-, Glas- und Ziegeloberflächen vorherrschend. Die Fassade wird durch die Kombination aus Holz-, Glas- und Putzflächen gebildet. Die Eingangshalle mit ihren großen Fensterflächen, der freitragenden Stahltreppe und die im Obergeschoss gespannte Brücke, die den Klassen- und Verwaltungstrakt miteinander verbindet, verhelfen dem Baukörper zu Leichtigkeit und Transparenz. Die Gestaltung der Außenanlagen fand unter Beteiligung der Schule statt. Diese startete einen Ideenwettbewerb, bei dem die Schüler Modelle ihrer Wunschspielplätze bauten und diese selbst prämierten.

Der umbaute Raum des zwischen November 2002 und April 2005 erstellten Neubaus beträgt 18.970 m³ bei 4.360 m² Bruttogeschossfläche. Die Baukosten beliefen sich einschließlich der Außenanlagen und aller Nebenund Erschließungskosten auf 5,2 Mio. Euro.

Neubau Realschule Ulmenstraße, DU-Rheinhausen

Um das geforderte Raumprogramm für 360 Schüler am Standort Ulmenstraße unterbringen zu können, war es erforderlich gewesen, neben dem Ausbau des bereits vorhandenen Altbaubestandes einen Erweiterungsneubau zu errichten. Dieser sollte die Fachraumbereiche aufnehmen, um so den konstruktiven Umbauaufwand in den bestehenden Gebäuden gering zu halten. Bedingt durch die Anordnung der bereits auf dem ca. 12.300 m² großen Schulgrundstück vorhandenen Bebauung, wurde das Gebäude nordwestlich parallel zur Grundstückgrenze geplant. Gleichzeitig wird die umliegende Wohnbebauung zum Schulhof abgeschirmt. Die Aufnahme paralleler Fluchtpunkte sowie Winkelbezüge der umliegenden Bebauung waren für die Planung der Grundrissgeometrie sowie für die städtebauliche Einfügung des Gebäudes in die Umgebung von großer Bedeutung. Die im Gebäude mittig übereinander angeordneten Erschließungsflure weiten sich hierdurch bedingt nach Südwesten hin um 7 Grad aus und bilden am Ende das zweigeschossige, offe-

Neubau der GGS Friedensstraße, DU-Hochfeld: Auch die verwendeten Materialien im Inneren des Schulgebäudes verhelfen dem Baukörper zu Leichtigkeit und Transparenz

Neubau der GGS Friedensstraße, DU-Hochfeld: Die Sporthalle ist auf Kellerniveau abgesenkt. Sie ist zusätzlich für schulische Veranstaltungen für bis zu 300 Personen geeignet

Öffentliche Bauten

ne Eingangsfoyer, an dem sich auch das Forum befindet. Seitlich an den Fluren sind die Fachräume zugeordnet. Um eine hohe Nutzfläche bei gleichzeitig möglichst geringem Bauvolumen zu realisieren, wurde das Gebäude nur teilunterkellert. In dieser Teilunterkellerung befinden sich die notwendigen Haustechnik- und Versorgungsräume sowie ein Fachklassenraum, der durch eine weiträumige Geländeabgrabung die erforderliche Tagesbelichtung erhält.

Das gesamte Gebäude ist behindertengerecht geplant und verfügt über einen Aufzug, der die Etagen vom Foyer aus verbindet. Das zweigeschossige, in konventioneller Bauweise errichtete Gebäude besitzt nicht nur hohe Wärmedämmwerte und verfügt über eine fenstergesteuerte Nachtkühlung im Sommer, zudem erzeugt seine Dachfläche Strom aus Solarenergie. 940 m² Solarfläche erzeugen eine Leistung von 43,15 KWp. Mittels dieser Anlage kann den Schülern anschaulich demonstriert werden, wie alternative Energieformen in der Realität funktionieren und eingesetzt werden können. Eine Anzeigentafel im Foyer informiert über die Energieerzeugung.

Die Flurwände sind als Wandscheiben ausgebildet, wobei eine als Leitwand in den Außenbereich weitergeführt ist und so einen optischen Bezug von Innen- und Außenraum herstellt. Dabei löst sich diese Wandscheibe in Stützen auf und bildet gleichzeitig zum Forum hin einen Atriumhof mit Sitzplätzen zum Verweilen sowie für weitere Aktionsmöglichkeiten. Die zweigeschossige Eingangshalle wird durch eine große Schrägverglasung überdacht und beinhaltet eine Galerie als Verbindung vom Fachraumtrakt zur Schulbibliothek. Die Fassade wird durch große vorgesetzte Glasfronten, Fensterbänder sowie farbig verputzte Mauerscheiben gegliedert. Die Dachkonstruktion besteht aus einer Kombination aus versetzt angeordneten Pultdächern mit Solareindeckung und einer begrünten Flachdachfläche, die von der Bibliothek aus eingesehen werden kann.

Um das Gebäude wurde ein organisch geformter Grüngürtel angelegt, der sich in einem spannungsreichen Einklang mit der geradlinig gegliederten Fassade befindet. Teilbereiche der Hoffläche wurden vom Asphaltbelag befreit und mit einer kleinteiligen Pflasterung neu gestaltet. Sitzgelegenheiten sollen nicht nur zum Verweilen dienen, sondern auch die Kommunikation anregen.

Der umbaute Raum des zwischen Dezember 2002 und April 2004 erstellten Neubaus beträgt 10.848 m³ bei 2.142 m² Bruttogeschossfläche. Die Baukosten beliefen sich einschließlich der Außenanlagen und aller Neben- und Erschließungskosten auf 2,8 Mio. Euro.

Neubau Realschule Ulmenstraße, DU-Rheinhausen: Die Fassade wird durch große vorgesetzte Glasfronten, Fensterbänder sowie farbig verputzte Mauerscheiben gegliedert. 940 m² Solarfläche erzeugen eine Leistung von 43,15 KWp

Neubau Realschule Ulmenstraße, DU-Rheinhausen: Um das geforderte Raumprogramm für 360 Schüler am Standort Ulmenstraße unterbringen zu können, war ein Erweiterungsneubau notwendig geworden

Bauherr:
Immobilien-Management Duisburg (IMD)

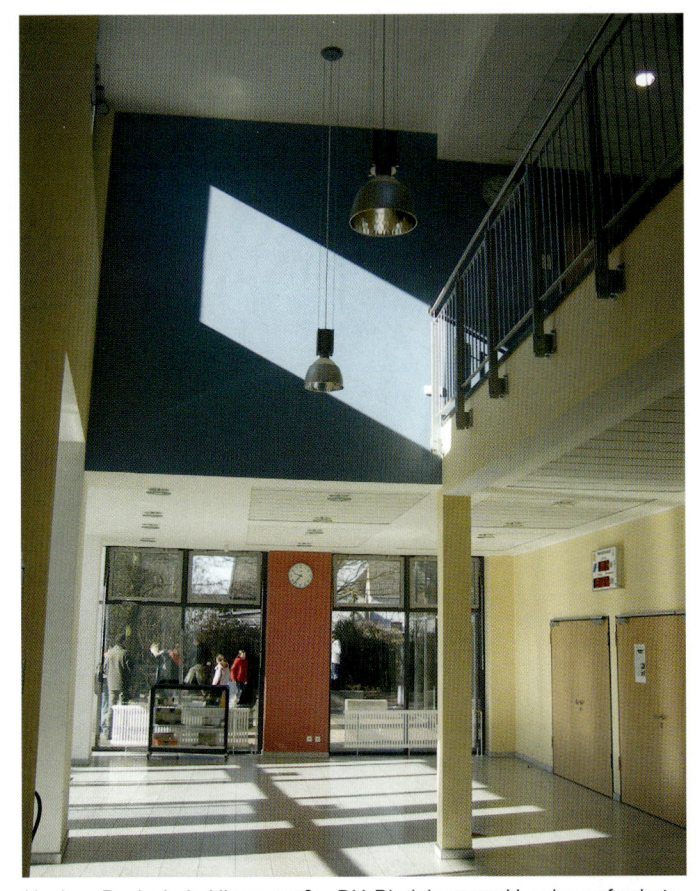

Öffentliche Bauten

Bochumer Stadtbahn tiefer gelegt

Stadt Bochum baut Stadtbahn unterirdisch aus / Anspruchsvoll gestaltete Bahnhöfe „Bochum Rathaus (Süd)", „Lohring" und „Bochumer Verein/Jahrhunderthalle Bochum"

Ein Meilenstein für den öffentlichen Personennahverkehr und den Städtebau in Bochum war der unterirdische Ausbau des Stadtbahn-Netzes in der Innenstadt. In einem gewaltigen, nachhaltig das Stadtbild Bochums prägenden Projekt wurden mehrere Straßenbahnstrecken unter die Erde verlegt.

Großer Bahnhof für Bochum am 29. Januar 2006: Die Tunnelstrecken der Stadtbahnlinien 302/310 und 306 gingen offiziell in Betrieb. Damit wurde das seit Jahrzehnten größte Bochumer Bauprojekt vollendet. Die Linien unterfahren die Innenstadt schneller und halten in vier neuen, anspruchsvoll gestalteten Bahnhöfen: der Bahnhof „Rathaus" hat ein 55 m langes Dach, die Station „Lohring" einen beleuchteten Glasboden, der Bahnhof „Bochumer Verein/Jahrhunderthalle Bochum" eine Beleuchtung, die einen Hochofenabstich simuliert, und in der Station „Rathaus (Süd)" verläuft die einzige unterirdische Brücke Deutschlands. Die drei Letztgenannten werden im Folgenden vorgestellt.

Sieben Minuten früher Zuhause

Wer regelmäßig mit den Linien 302 und 310 fährt, durfte sich freuen. Denn durch die Verlegung in den Untergrund können die Fahrgäste sieben Minuten früher Zuhause oder im Geschäft sein. Die neue Tunnelstrecke unter der Bochumer City ist insgesamt knapp 3 km lang und durchquert vier Bahnhöfe. Für die Innenstadt ein großer Gewinn: Die Schienen verschwinden hier und machen einer breiten Flaniermeile mit Alleebäumen Platz. Außerdem wurde es ruhiger, denn die unterirdischen Gleise sind auf hochelastischem Material federnd gelagert, so dass Schwingungen und Erschütterungen nicht in anliegende Gebäude übertragen werden.

Drei neue U-Bahnhöfe

Wer aus Wattenscheid oder Höntrop kommend mit den Stadtbahnlinien 302 und 310 ins Bochumer Zentrum unterwegs ist, taucht auf der Alleestraße kurz hinter der Haltestelle Jacob-Mayer-Straße hinab in den neuen U-Bahnhof „Bochumer Verein/Jahrhunderthalle Bochum". Die Fahrt geht nach kurzem Stopp direkt weiter hinein in die über 100 m lange Halle des neuen U-Bahnhofs „Rathaus (Süd)". Wer hier noch nicht aussteigen möchte, setzt seine Fahrt unterhalb des Boulevards fort zum Bochumer Hauptbahnhof. Dort halten beide Linien auf einer Ebene mit der U35. Das erleichtert das Umsteigen erheblich und spart Zeit. Einfach ist am Hauptbahnhof auch der Umstieg in die Linie 306, die die Bochumer Innenstadt mit Wanne-Eickel verbindet. Die Bahnen halten auf denselben Gleisen wie die Wagen der Linie 308 und 318. Nächster Halt der Linien 302 und 310 in Richtung Laer bzw. Witten ist der neu angelegte Bahnhof „Lohring". Er empfängt die Fahrgäste mit eindrucksvollen Lichteffekten. Danach geht die Fahrt über eine Rampe wieder an die Oberfläche, auf die Wittener Straße.

Bochum verfügt mit den seit längerem bestehenden Stadtbahnanlagen, den drei neu geschaffenen U-Bahnhöfen und insgesamt vier voneinander unabhängigen Strecken über ein äußerst leistungsfähiges Stadtbahnnetz. Ähnliche Ausmaße erreichen innerstädtische Stadtbahnanlagen

Südlich der Bahnsteige des neuen Bahnhofs „Rathaus (Süd)" wird Glas von kleinen Leuchtdioden durchstrahlt und schillert lebhaft wie Wasser. Die unterirdische Halle kommt nutzerfreundlich und großzügig ohne sichtbare Pfeiler und Zwischendecken aus. Unten: In der östlichen Verteilerebene trägt eine mächtige Stütze 1.200 t Fotos: Wolfgang Wedel

in Nordrhein-Westfalen lediglich in Dortmund, Essen und Köln.

Eine echte Herausforderung für Architekten und Ingenieure war die Verlegung der Stadtbahn-Linien 302/310 und 306 in den Untergrund. Ausgehend vom neuen Bahnhof „Rathaus (Süd)", in dem sich die Trassen unterirdisch

Öffentliche Bauten

kreuzen, bis zum Hauptbahnhof sind es zwar nur wenige hundert Meter. Doch planerisch und technisch handelte es sich um ein äußerst anspruchsvolles Bauprojekt.

Insgesamt mussten ca. 2.700 m Tunnel durch die Gesteinsschichten unter der Bochumer Innenstadt gegraben werden. Dabei wurden 250.000 m³ Erdreich bewegt. Das entspricht 30.000 LKW-Ladungen Steine, Geröll und Sand, die aus den Schächten ans Tageslicht befördert wurden. Tag und Nacht waren die Mineure, so heißen die Tunnelbauer im Fachjargon, dafür im Einsatz.

U-Bahnhof „Rathaus (Süd)"

Die unterirdische Halle des neuen Bahnhofs „Rathaus (Süd)" sollte nutzerfreundlich und großzügig ohne sichtbare Pfeiler und Zwischendecken auskommen. Die Techniker lösten diese Aufgabe auf einfache und intelligente Weise: Auf einer Länge von 210 m wurde der riesige Raum in so genannter Deckelbauweise errichtet. Dazu mussten zunächst 550 Bohrpfähle in den Boden eingebracht werden. Auf diese Unterkonstruktion wurde ein Deckel aus Beton gegossen. So vor Einsturz gesichert, baggerten die Arbeiter darunter den gesamten Hohlraum aus. Für dauerhafte Stabilität sorgt die viele Male gefaltete Decke über der Halle. Die so genannte Faltwerkdecke trägt jetzt ihr eigenes und das auf ihr lastende Gewicht vollkommen ohne Stützen.

Dass sich unter dem Willy-Brandt-Platz und der Bongardstraße eine Menge getan hat in den vergangenen neun Jahren, wird keinem Bochumer entgangen sein. Das Ergebnis der aufwändigen Tunnelarbeiten kann sich sehen lassen: Ein großer und architektonisch eindrucksvoller U-Bahnhof für die Linien 302/310 mit Anschluss an die U35 und die Linie 306 ist entstanden. Am Bochumer Rathaus fällt die gläserne, runde Plattform aus 10 cm dickem Glas auf, in deren Mitte sich die Treppe hinab zu den Bahnsteigen befindet. Dies ist nur einer von insgesamt fünf oberirdischen Zugängen zum U-Bahnhof.

Das Element Glas beherrscht auch die Gestaltung der Wände über den Bahnsteigen. Zentimeterdickes, gebrochenes und übereinander geschichtetes Glas wird von kleinen Leuchtdioden durchstrahlt und schillert lebhaft wie Wasser in unterschiedlichen Farben von den Wänden. Schlitze in den Glaswänden filtern gezielt die tiefen Töne heraus, die die Bahnen bei der Fahrt erzeugen. Bei schönem Wetter funkeln Sonnenstrahlen durch die 13 spitzwinkligen Öffnungen in der Decke hinunter bis auf den Bahnsteig. Mannshohe Glasprismen auf dem Willy-Brandt-Platz und dem Boulevard fangen das Tageslicht ein und leiten es über reflektierende Aluminiumplatten durch Öffnungen in der Erde hinab in den Bahnhof. Auf diese Weise haben die Architekten eine besonders lebendige und freundliche Atmosphäre unter der Erde geschaffen, die man hier so nicht erwartet hätte.

Die Darmstädter Architekten Professor Burkhard Pahl und Monika Weber-Pahl hatten sich im Jahr 1995 bei dem von der Stadt Bochum ausgeschriebenen Wettbewerb zur Planung des neuen Bahnhofs „Rathaus (Süd)" gegen neun andere Architekturbüros durchgesetzt. Ihre eigenwillige, aber intelligente Lösung mit der unterirdischen Brücke und kreuzungsfreien Führung der zweiten Stadtbahnstrecke mit oberirdischer Stadtbahnhaltestelle an der Rathausseite überzeugte die Bochumer. Neben der Planung des Roh- und Innenausbaus des U-Bahnhofs übernahmen Pahl + Weber-Pahl auch die Planung an der Oberfläche, des Rathausplatzes und konzipierten die Gestaltung des neuen Boulevards.

U-Bahnhof „Lohring"

Anders als der U-Bahnhof „Rathaus (Süd)" macht der neue U-Bahnhof „Lohring" oberirdisch nur wenig auf sich aufmerksam. Sichtbar sind lediglich die beiden Zugänge an der Kreuzung Wittener Straße/Steinring bzw. Lohring und ein gläserner Aufzugturm in der Fahrbahnmitte der Wittener Straße, mit denen man zur unterirdischen Haltestelle der Linien 302/310 gelangt.

Umso überraschter ist man, wenn man das außergewöhnliche Bauwerk kennen lernt. Nehmen Sie eine der Treppen, die Sie hinab auf die untere Verteilerebene aus blaugrauem Granit führt. Dort empfängt Sie ein beeindruckendes, futuristisch anmutendes Gewölbe, das in seiner Form an eine Flugzeughalle erinnert. Keinerlei Stützen stören den weitläufigen Eindruck, den die fast 100 m lange Halle hinterlässt. Halbkreisförmig wölbt sich die mit Aluminiumblechen ausgekleidete Kuppel 10 m über eine riesige leuchtende Glasfläche: ein Show-Dome untertage, ein fensterloser Festsaal für die Reisenden.

Fahren Sie bequem weiter hinab zum Bahnsteig und betreten Sie den leuchtenden Glasfußboden. Auf zentimeterdicken Platten aus rutschfestem Sicherheitsglas dürfen Sie sich gerne wie ein Star auf einem überdimensionierten Laufsteg fühlen. Die gesamte

Im U-Bahnhof „Lohring" wird der Fahrgast von einem beeindruckenden, futuristisch anmutenden Gewölbe, das in seiner Form an eine Flugzeughalle erinnert, empfangen. Keinerlei Stützen stören den Eindruck

Öffentliche Bauten

U-Bahnhof „Bochumer Verein/Jahrhunderthalle Bochum": Der Baustoff Stahl prägt das Aussehen dieses Bahnhofes entscheidend. 90 m lang erstreckt sich die Bahnhofshalle mit einer Reihe stahlglänzender Mittelstützen, deren Form einem Schiffsrumpf ähnelt

Glasfläche von 400 m² dient als gigantischer Leuchtkörper, der angenehme Helligkeit liefert und den Bahnsteig gleichmäßig beleuchtet.

Hoch über Ihrem Kopf an der Tunneldecke winden sich zwei dynamisch geschwungene Lichtlinien, als wollten sie den zurückgelegten Weg eines schlingernden Fahrzeugs in der Dunkelheit markieren. Die Idee und den Entwurf hat die Düsseldorfer Künstlerin und Professorin Eva-Maria Joeressen entwickelt. Von ihr stammt auch der Entwurf für die Wand aus signalrotem Emailblech, die den Bahnsteig an seinem östlichen Ende begrenzt. Das darin eingelassene, hellgelb leuchtende Lichtkreuz symbolisiert die geografische Lage des oberirdischen Kreuzungsbereichs. Dahinter befinden sich einige Betriebsräume und bereits alle baulichen Vorkehrungen, die einen späteren Ausbau des Stadtbahntunnels in Richtung Bochum-Laer reibungslos ermöglichen.

Lauschen Sie doch einmal den Klängen in dieser Umgebung. Nein, keine Musik vom Band – U-Musik dringt an Ihre Ohren. Das „U" steht für Umgebung – so erklärt der Kölner Komponist Klaus Kessner seine Toninstallation. Acht Mikrofone, die an Schienen, Automaten, über Fahrtreppen und Sitzgruppen montiert sind, fangen Stimmen und Geräusche ein. Diese Töne werden in einem Computer umgeformt und in neue Klänge mit ganz eigenen Rhythmen moduliert und arrangiert. Die daraus entstandene U-Musik wird über ein Netz von Lautsprechern ausgestrahlt, das den gesamten Bahnsteig überzieht. Doch keine Angst: Ihre gerade gesprochenen Sätze wird niemand mehr zu Ohren bekommen. Denn die Mikrofonsignale werden weder gespeichert noch direkt wiedergegeben. Ihre Stimme dient, wie alle anderen Klänge hier unten, lediglich als Ausgangsmaterial für eine vollkommen neue musikalische Komposition.

Im Wettbewerb hatte sich das Bochumer Architekturbüro Rübsamen + Partner 1998 mit seinem außergewöhnlichen Konzept für

U-Bahnhof „Bochumer Verein/Jahrhunderthalle Bochum": Im neuen U-Bahnhof erwartet die Reisenden eine ganz besondere Lightshow

Öffentliche Bauten

den Innenausbau des Bahnhofs Lohring gegen die Konkurrenz behauptet. Akribisch und mit großer Beharrlichkeit hat Holger Rübsamen die richtigen Materialien für die Gestaltung nach seinen Vorstellungen gesucht und zusammengetragen. So kommt der Granit, der auch auf der berühmten Avenue des Champs-Élysées in Paris liegt, aus der Normandie. Das Glas für den Boden lieferte ein holländisches Unternehmen. Und die Aluminiumverkleidung der Tunnelwände stammt aus dem Automobilbau.

U-Bahnhof „Bochumer Verein/Jahrhunderthalle Bochum"

Unterhalb des Kreuzungsbereichs Alleestraße/Bessemerstraße halten jetzt die Stadtbahnlinien 302/310, die Bochum mit Gelsenkirchen und Witten verbinden. Es ist ein historisch bedeutsamer Standort, dem der neue U-Bahnhof seinen ungewöhnlich langen Namen verdankt. Das 10 ha große Gelände der Bochumer Stahlhütte befindet sich direkt angrenzend. Daher ist es kein Zufall, dass der Baustoff Stahl das Aussehen dieses Bahnhofes entscheidend prägt.

Die Ansicht der historischen Montagehalle auf dem Kunstwerk, das über der Treppe in der Verteilerebene hängt, ähnelt in der räumlichen Perspektive dem neuen U-Bahnhof. 90 m lang erstreckt sich die Bahnhofshalle mit einer Reihe stahlglänzender Mittelstützen, deren Form einem Schiffsrumpf ähnelt. Selbst die Bahnsteigkanten sind aus hochwertigem Edelstahl gefertigt. Die rauen Betonwände wirken aus der Ferne wie mit einem schimmernden, transparenten Stoff bespannt. Dabei sind es engmaschige Edelstahl-Drahtgewebe, die sich straff über die Seitenwände ziehen, beinahe wie Tapeten aus Stahl.

Eine ganz besondere Lightshow erwartet die Reisenden im neuen U-Bahnhof. Die Seitenwände über den Gleisen erstrahlen in blauem Licht wie der Himmel an einem klaren Tag. So wie beim Hochofenabstich das ausströmende glühende Eisen die Umgebung in rotes Licht taucht, schieben einfahrende Bahnen eine Welle roten Lichts vor sich her, das den Tunnel glutrot einfärbt. Sobald die Bahn zum Stehen kommt, um die Reisenden ein- oder aussteigen zu lassen, unterbricht das Lichtspiel und die Wände erscheinen in neutral weißem Licht. Vielleicht fühlen sich hier unten manche Bochumer erinnert an die vergangenen Zeiten, als die Schornsteine des Bochumer Vereins noch rauchten und der Himmel über Bochum glühte.

Im Jahr 1998 hatten die Bochumer Architekten Schmiedeknecht-Krampe-Reiter den Wettbewerb um den Innenausbau des U-Bahnhofs „Bessemerstraße", so die damalige Bezeichnung für den Bahnhof gewonnen.

Die Kosten für den zwischen 1990 und 2006 erfolgten unterirdischen Ausbau des Stadtbahn-Netzes mit einer Gesamtlänge von 3.590 m betrugen ca. 206 Mio. Euro. Die Bochumer Bürger können sich seit der Eröffnung neben verkürzten Fahrzeiten und optimalen Umsteigemöglichkeiten auch über eine nicht nur auf ihrem Boulevard noch attraktiver gewordene Innenstadt freuen.

Bauherr:
Stadt Bochum

Partner am Bau:
- START.Media.Projekte GmbH Ingenieurbüro für Lichtplanung
- Elektro Grawe
- Siemens Building Technologies Zutrittskontrollsysteme

― Anzeige

START. Media. Projekte GmbH
Ingenieurbüro für Lichtplanung
Girardetstraße 2-38
45131 Essen

Telefon: 0201 - 820 36 00
Telefax: 0201 - 820 36 20
info@start-media.de
www.start-media.de

Elektro - Grawe
Planung, Ausführung und Reparatur

Ihre Fachfirma für

www.Elektro-Grawe.de

Elektrotechnik • EDV Datennetzwerke • EIB Bussysteme • Kommunikationssysteme
Videoüberwachung • Alarmanlagen • Brandmeldeanlagen • Industriemontagen
Verteilungsbau • Fernsehempfang • Nachtstromspeicherheizungen

Blumenstr. 40 • 44791 Bochum • Telefon: 0234 580 880 • Fax: 0234 58 33 06 • E-Mail: Elektro-Grawe@t-online.de

Gewerbebauten

Verwaltungsgebäude der Stadtwerke Bochum
Selbstbewusster Neubau mit 16-geschossigem Büroturm stellt sich am Ostring vor

Büroturm statt Förderturm

Die Städte im Ruhrgebiet manifestieren ihre Position als moderne Dienstleistungszentren. Wo früher Kühl- und Fördertürme das Stadtbild prägten, sind es heute zunehmend Museen, Theater und Bürogebäude. Der Neubau der Stadtwerke Bochum geht auf einen prämierten Entwurf des Architekturbüros Gatermann und Schossig aus Köln zurück. Das neue Verwaltungsgebäude am Ostring 28 vereint die Stadtwerke-Verwaltung unter einem Dach und präsentiert sich elegant, selbstbewusst und verfügt über eine zukunftsweisende Gebäudetechnik, die in der so genannten Integralfassade ihren sichtbaren Ausdruck findet. Nach nur 22 Monaten Bauzeit konnten die rund 400 Mitarbeiter des Bochumer Energieversorgers ihre hochmodernen Arbeitsplätze beziehen.

Der Neubau stellt eine Symbiose aus flankierender 5-geschossiger Randbebauung mit überdachtem Innenhof (Atrium) und einem 16-geschossigen Turm dar. Die Leitidee des Entwurfes besteht in dem Gedanken, die Reihung der markanten hohen Gebäude entlang des Ostrings sinnfällig zu ergänzen. Den Auftakt der Akzentuierung des Ostrings bilden zwei benachbarte Hoteltürme. Die vordere Gebäudekante nimmt die Flucht der Blockrandbebauung des Ostrings auf. Die Gebäudebreite orientiert sich an der Maßstäblichkeit des westlich gelegenen Bestandbaus.

Illuminierung mit Licht

Herzstück des Neubaus bildet die Galerie, die für Veranstaltungen genutzt werden kann. Sie wird flankiert von großzügigen Logenbereichen, wo mehrere Sofas zum Verweilen einladen. Am Abend wird die Galerie durch Lichtinszenierungen illuminiert, wodurch ein Wechselspiel zu den im Atrium aufgestellten Lichtwänden entsteht.

Ein intelligentes, zeitgemäßes Energiekonzept schafft die Voraussetzung, auf zukünftige Energieverknappung reagieren zu können. Durch einen verbesserten Wärmeschutz erreichen die konstruktiven und technischen Maßnahmen neben der Reduzierung des Heizwärmebedarfes auch eine deutliche Reduzierung der unkontrollierten Aufheizung. Der Nachweis des winterlichen Wärmeschutzes wurde sowohl nach der Wärmeschutzverordnung

Der etwa 56 m hohe Turm mit seinen 16 Geschossen ist weithin sichtbar

Viel Aufmerksamkeit wurde auf die Gestaltung der öffentlichen Kundenbereiche gelegt. Das verglaste Atrium bildet mit seiner Lichtwand einen interessanten Kontrast zur Galerie

Gewerbebauten

1995 als auch nach der Energieeinsparverordnung 2002 durchgeführt. Der Bedarf an Sonnenschutzmaßnahmen an den Glasfassaden wurde mit Hilfe einer Computersimulation ermittelt. Grundlage hierfür war die Berechnung der Sonnenstände an drei maßgeblichen Jahrestagen. Die Auswertung zeigte, dass auf der Südseite vollflächig ein Sonnenschutz zum Einsatz kommen muss, wohingegen die Ost- bzw. Westfassade lediglich oberhalb des 1. Obergeschosses Schutzmaßnahmen benötigt.

Das Gebäude erfüllt die Anforderungen an den konstruktiven Wärmeschutz im Niedrigenergiestandard. Als modernes, zukunftsorientiertes Haus wird der Einsatz von Klimatechnik auf ein sinnvolles Maß beschränkt.

Im Modell gut zu erkennen: die 5-geschossige Randbebauung mit dem 16-geschossigen markanten Turm

Bauherr:
Stadtwerke Bochum GmbH
Bochum

Planung und Entwurf:
Gatermann + Schossig
Architekten und Generalplaner
Köln

Projektleitung:
Drees & Sommer GmbH
Düsseldorf

Partner am Bau:
- Rauschenberg Ingenieur GmbH West
- Brandschutz Dr. Heins
- Glas Strack GmbH
- Reklame Conrad Wilden Nachf. GmbH & Co.
- Mann Diamanttechnik GmbH & Co. KG
- Klaus Deubner GmbH
- Siemens Building Technologies Zutrittskontrollsysteme
- Buschenhofen + Partner GmbH Brandschutzsysteme

— Anzeige

UNSERE LEISTUNGEN FÜR BAUHERREN, INVESTOREN, ARCHITEKTEN …

- **Planung und Bauleitung Technische Gebäudeausrüstung (LPH 1-9)**
  - Allgemeine Elektrotechnik, Lichtplanung
  - Daten- und Telekommunikationstechnik
  - Fördertechnik
  - Medientechnik, Sicherheitstechnik
  - Heizung, Lüftung, Sanitär, Klimatechnik
  - Alternative Energien

- **Planung Elektrotechnik im Wasserversorgungs- und Abwasserbereich**
  - EMSR-Technik für Kläranlagen, Wasserversorgungen

- **Gutachter im Bereich Elektrotechnik und Gebäudeleittechnik**

- **Sicherheitstechnische Betreuung nach dem Arbeitsschutzgesetz**
  - Gefährdungsbeurteilung und Explosionsschutzdokument
  - Dienst- und Betriebsanweisungen nach DWA, Betriebshandbuch nach DVGW/DBA

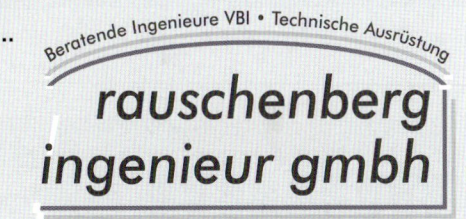

Beratende Ingenieure VBI • Technische Ausrüstung

rauschenberg ingenieur gmbh

rauschenberg ingenieur gmbh west
Waldring 63 · 44789 Bochum

Tel. 0234 361 72 72 · Fax 0234 361 72 74
info@rauschenberg-ing.de
www.rauschenberg-ing.de

Brandschutz Dr. Heins

- staatlich anerkannter Sachverständiger für die Prüfung des Brandschutzes
- öffentlich bestellter und vereidigter Sachv. für den vorbeugenden Brandschutz

Tiergartenstraße 29 • **47533 Kleve**
Telefon 0 28 21/713 98-0 • Telefax 0 28 21/713 98-29
info@heins-brandschutz.de • www.heins-brandschutz.de

Beratung

Planung

Konzepte

Fachbauleitung

Ausführende Firmen Anzeige

Glas Strack®

Glas Strack steht für Innovation, Kreativität, Qualität und Tradition. Seit rund 70 Jahren gehören wir zu den führenden glasverarbeitenden Betrieben Deutschlands. Unsere Aufgabengebiete sind vielfältig. Neben dem Glasgroßhandel stehen wir individuellen Kundenwünschen mit kompetentem Rat zur Seite. Wir erfüllen höchste Ansprüche und Anforderungen. Von der Idee über die Konstruktion, Produktion und die Montage. Wir setzen uns für unsere Kunden ein. Und das in den unterschiedlichsten Bereichen·

Westenfelder Str. 76 · 44867 Bochum · Tel: 02327/98 23 - 0 · Fax: 02327/8 75 00 · Internet: www.glas-strack.de · E-Mail: info@glas-strack.de

---

reklame wilden
Qualität durch modernste Technik

- Beratung
- Entwurf und Gestaltung
- Planung und Betreuung
- Lichtwerbeanlagen
- Neon, Transparente
- Fahrzeugbeschriftung
- Acrylverarbeitung
- Siebdruck
- Digitaldruck
- Großformatdruck
- Bildbearbeitung
- Folienschriften
- Leit- und Orientierungssysteme
- Wartungs- und Reparaturservice

Ihr 3M Partner: **Scotchprint** Graphics

TAUCHEN SIE EIN IN DIE DIGITALE BILDWELT

www.reklame-wilden.de

Reklame Conrad Wilden Nachf. GmbH & Co. KG
Castroper Straße 200
44791 Bochum
Telefon 0234/9 59 70-0
Telefax 0234/59 60 21

---

mann DIAMANTTECHNIK

Bohren und Sägen in Beton

- *schnell*
- *sauber*
- *maßgenau*

daher
- gut ausgebildete Mitarbeiter
- moderne, leistungsfähige Maschinen
- saubere Arbeit
- korrekte Abwicklung

Mitglied im Fachverband
(FACHVERBAND BETONBOHREN UND -SÄGEN E.V.)

Der zuverlässige Partner für

Architekten
Bauherren
Bauunternehmer

Harpener Hellweg 41
44805 Bochum
Telefon 02 34/9 50 77 00
Telefax 02 34/9 50 77 22
info@mann-diamanttechnik.de
www.mann-diamanttechnik.de

KLAUS DEUBNER GMBH

Wohlfahrtstraße 117 · 44799 Bochum
Telefon: 02 34/77 09 08 · Telefax: 02 34/77 10 48
info@sanitaer-heizung-bochum.de
www.sanitaer-heizung-bochum.de

Bäder · Heizung
Kaminanlagen · Klima
Lüftung · Sanitär
Solartechnik · Klempnerei
Umbauten · Wassertechnik
Abwasser

Im Blickpunkt

Per Mausklick Überblick über Baubranche

Ausgaben der Architekturtitel des WV-Verlages unter www.bauenundwirtschaft.com als Vollversion im Internet. Wir stellen auch Ihr Angebot mit vielen Serviceleistungen ins Netz

Heute ist das Internet längst dabei, zum Massenmedium zu werden. Mit der Zahl der Zugriffe steigt auch die Bedeutung des Internet – egal ob es sich um die Informationsbeschaffung und Präsentation, elektronische Post (E-Mail), Videokonferenzen oder virtuelles Einkaufen (E-Commerce) handelt. Dieses neueste Medium der Kommunikation verändert die Welt wie einst Telefon oder Fax.

Architekturtitel im Internet

Eine Internet-Version aktueller Publikationen bieten inzwischen viele Verlage an – doch Internet-Präsentation ist nicht gleich Internet-Präsentation.

Der WV-Verlag, u.a. Herausgeber von Architekturfachbüchern, wartet im Internet unter www.bauenundwirtschaft.com mit einigen Details auf, die bisher nur wenige Internet-Auftritte in diesem Umfang bieten.

Sie wollen sich schnell über neue Architekturprojekte und/oder Handwerksfirmen informieren? Hier finden Sie Projekte, Architekten, Baugesellschaften, öffentliche Einrichtungen, ausführende Firmen und vieles mehr. Den Gesamtüberblick bieten Ihnen die Branchenverzeichnisse „Die Bauspezialisten" unserer Ausgaben, von dort erhalten Sie nach einem Mausklick auf die Adresse den entsprechenden Beitrag oder das gewünschte Firmenprofil angezeigt. Wurde in der Papierversion eine Homepage- oder E-Mail-Adresse gedruckt, so sind Sie durch die von uns als Service gesetzte Verlinkung wiederum nur einen Mausklick von der gewünschten Firmenhomepage bzw. der Kontaktaufnahme per E-Mail entfernt.

Auch ein Überblick über ausländische Bauprojekte und Architekturszene ist auf der Seite www.bauenundwirtschaft.com möglich: Die Ausgaben des WV-Verlages erscheinen mit regionalem Bezug in Deutschland, Österreich, der Schweiz und Liechtenstein. Und wenn Sie uns mal in Deutschland besuchen möchten – unsere Wegbeschreibung via Kartenausschnitt hilft Ihnen, den Weg nach Worms zu finden.

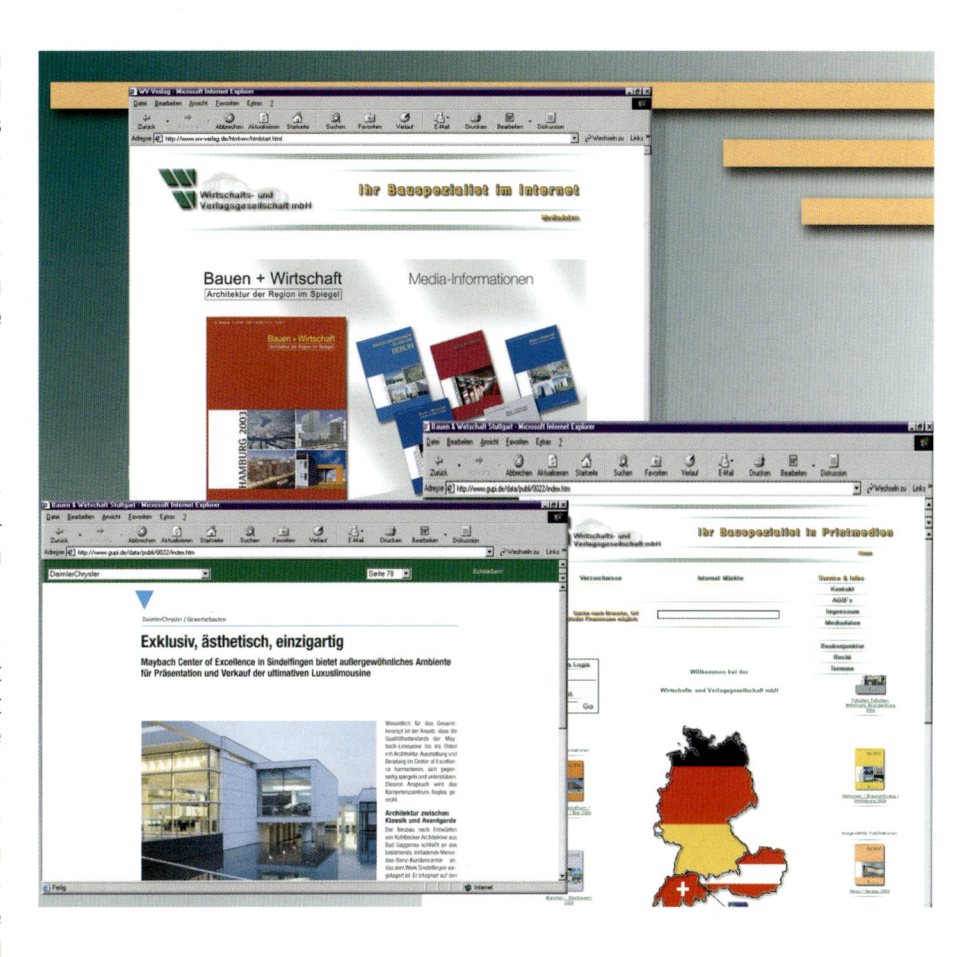

Dass sich auch die elektronische Version unserer Architektur-Publikationen großer Beliebtheit erfreut, zeigt auch die hohe Listung in externen Suchmaschinen.

Wir gestalten auch Ihren professionellen Internet-Auftritt

Große Firmen haben längst die neue Internet-Plattform für sich entdeckt.

Die Unternehmen werben für sich (Imageaufbau), ihre Produkte und Dienstleistungen. Gleichzeitig haben sie per E-Mail den schnellen und direkten Kontakt zu ihren Kunden.

Auch für kleinere Unternehmen ist der Internetauftritt interessant. Die Seite im Netz schafft Raum, die Firmenphilosophie, Angebote, Leistungen und Referenzen vorzustellen. Die eigene Homepage kann alle Produkte mit Bild und Beschreibung präsentieren, eine gelungene, stets aktuelle Werbung mit geringem Aufwand – auch finanziell. Die eigene Firmen-Homepage ohne spezielles Fachwissen über Kommunikation und Programmierung zu erstellen, führt durch die unprofessionelle Außendarstellung unweigerlich zu Negativ-Werbung.

Wir beraten Sie gerne und gestalten Ihren Internet-Auftritt auf Ihr Unternehmen zugeschnitten mit vielen Serviceleistungen wie Anmeldung in Suchmaschinen oder regelmässiger Aktualisierungen – zu günstigem Preis. Angebote erhalten Sie unter www.bauenundwirtschaft.com oder telefonisch unter Tel. 0 62 47/9 08 90-0, Fax 9 08 90-10. Testen Sie uns!

Weitere Infos unter:

www.wv-verlag.de
www.bauenundwirtschaft.com

Öffentliche Bauten

Pädagogischen Aufgaben gerecht werden

Die Stadt Essen investierte mit den Erweiterungen der Ludgerusschule und Goetheschule in Schulbauten

Neues Verständnis für Schule: Die offene Ganztagsschule soll nach dem Erlass des Ministeriums für Schule, Jugend und Kinder für eine neue Lernkultur zur besseren Förderung von Schülerinnen und Schülern sorgen. Essen hat ein eigenes Profil für die offene Ganztagsschule entwickelt, mit dem Ziel, einen Ort des „Lernens und Lebens" zu schaffen, der sich an den Bedürfnissen der Kinder und Jugendlichen orientiert. Alternative pädagogische Standards sind entwickelt und umgesetzt worden, die die veränderten Anforderungen an die Unterbringung und das Raumprogramm der beteiligten Schulen zur Folge haben. Mittlerweile nehmen bereits 64 Grundschulen in Essen am offenen Ganztagsprogramm teil.

Erweiterungsbau Ludgerusschule

Eine hiervon ist die Ludgerusschule in der Kellerstraße 86 in Essen, die im Jahr 2005 einen Erweiterungsbau erhalten hat, der die zentralen Räumlichkeiten des Ganztagsbetriebes beherbergt.

Die Ludgerusschule in der Kellerstraße 86 in Essen hat im Jahr 2005 einen Erweiterungsbau erhalten

Hierzu zählen Betreuungsräume ebenso wie Speisebereich und Schülerbücherei.
Zur Reduzierung der Bauzeit entschied man sich für eine Stahlskelettbauweise aus industriell vorgefertigten Raummodulen. Die Gliederung der Fassade in Putzflächen und großformatige Rasterungen spiegelt die unterschiedlichen Nutzungen der dahinter liegenden Räume.
Die Farbgestaltung spielt bewusst mit jahreszeitlichem Kontrast oder harmonischem Gleichklang zum umliegenden Baumbestand. Die pädagogische Hauptaufgabe sieht das Kollegium der Ludgerusschule darin, durch individuelles Fördern die Lernfreude der Kinder zu wecken und zu erhalten. Dabei setzt die Ludgerusschule auf moderne Medien wie Computer und Videorecorder sowie auf ein breit gefächertes Angebot an Übungsmaterialien. Wochenplan und Freiarbeit führen die Kinder zu selbstständigem und eigenverantwortlichem Lernen. Eine sonderpädagogische Fördergruppe hilft Kindern mit Defiziten im sozial-emotionalen Bereich oder bei Lernbehinde-

Die Farbgestaltung spielt bewusst mit jahreszeitlichem Kontrast oder harmonischem Gleichklang zum umliegenden Baumbestand

In Zusammenarbeit mit dem nahe gelegenen Jugendzentrum bietet die Ludgerusschule die Möglichkeit einer Nachmittagsbetreuung

Öffentliche Bauten

rungen. Ein abwechslungsreiches Schulprogramm begleitet die Kinder durch das Jahr. Ergänzt wird der Unterricht durch Fächer- und jahrgangsübergreifende Unterrichtsangebote. Soziales Lernen und ein freundliches Miteinander prägen das tägliche Schulleben. Dies wird durch einen offenen Unterrichtsanfang sowie zahlreiche Spielangebote in den Pausen bereichert. In Zusammenarbeit mit dem nahe gelegenen Jugendzentrum bietet die Ludgerusschule die Möglichkeit einer Nachmittagsbetreuung bis 16.00 Uhr.

Erweiterung Goetheschule Essen

Im Jahr 2002 hatte sich die Stadt Essen für den Neubau des naturwissenschaftlichen Traktes der Goetheschule entschieden – auch aus Gründen der Nachhaltigkeit wurde die Entscheidung gegen die Errichtung von Ersatzcontainern und für ein Erweiterungsgebäude am Nordflügel des Schulgebäudes getroffen.

Der „Altbau" der Goetheschule in der Ruschenstraße 1 steht unter Denkmalschutz und so stellte der Neubau auch auf Grund der Randbedingungen und Nutzungsanforderungen eine planerisch anspruchsvolle Aufgabe dar. Die Stadt Essen entschied sich deshalb für einen Wettbewerb in Form einer Mehrfachbeauftragung unter sechs Essener Architekturbüros.

Die eingereichten sechs Entwurfsarbeiten für die Erweiterung der Goetheschule waren ein Beispiel für die sehr unterschiedliche Ideenumsetzung einer Planungsaufgabe. Im Dezember 2003 hatte die Jury den Entwurf, der zur Ausführung kam, wie folgt beurteilt: „Im Gegensatz zu den anderen teilnehmenden Büros ist der Entwurf auf drei Geschosse beschränkt, und die Gebäudeoberkante nimmt die im Hauptgebäude deutlich ausgebildete Gesimskante auf. Die im Gegensatz zu den Lösungen mit vier Geschossen größere Gebäudelänge wird positiv bewertet,

Im Jahr 2002 hatte sich die Stadt Essen für den Neubau des naturwissenschaftlichen Traktes der Goetheschule entschieden

auch im Hinblick auf die gegenüber liegende kleinteilige Nachbarbebauung. Die Jury befand die Arbeit als hervorragend durchgearbeitet. Der Entwurf erfüllt die wesentlichen Belange der Schule."

Zwischen März 2004 und Juni 2005 entstand mit einem Bauvolumen von 2,9 Mio. Euro nach einem Entwurf des Essener Architekten Lothar Jeromin ein neues Gebäude für die Naturwissenschaften mit sechs Lehr-Übungsräumen für Biologie, Physik, Chemie und vier Vorbereitungsräumen, einem Mehrzweckraum und einem Informatikraum. Die Verschattung der vorgelagerten Halle erfolgt mittels Photovoltaikelementen. Das Gebäude enthält außerdem einen Aufzug, mit dem die gesamte Schule behindertenfreundlich erschlossen wird. Das Bauvorhaben wurde je zur Hälfte aus Mitteln der Stadt Essen und des Landes NRW sowie aus Spenden, die vom Fördererverein der Goetheschule aufgebracht wurden, finanziert.

Der Neubau stellte eine planerisch anspruchsvolle Aufgabe

Bauherr:
Stadt Essen
Immobilienwirtschaft

Partner am Bau:
- Paul Lindemann
  Heizung-Lüftung-Sanitär

Öffentliche Bauten

Schüler, Jugendliche und Familien sind willkommen
Neueröffnung des Bottroper Jugendhotels in „Ufo"-Form

Neues Jugendhotel in Bottrop

In der Boy entsteht mit dem Jugendkombihaus und dem Jugendhotel ein attraktives Projekt für den Stadtteil und die Region. Standorte sind die Gungstraße für das Jugendhotel und die Ruhrölstraße für das Jugendkombihaus, die im fußläufigen Bereich rund 500 m voneinander entfernt sind. Das Projekt wird in zwei Abschnitten umgesetzt. Das Jugendhotel konnte bereits Ende 2005 fertig gestellt werden, der Bau des Jugendkombihauses soll 2007 abgeschlossen sein.

Das Gesamtprojekt wird über einen Trägerverein aus Stadt, der evangelischen Kirche, verschiedenen Beschäftigungs- und Qualifizierungsträgern sowie privaten Pächtern betrieben. Im Jugendhotel bietet ein privater Betreiber 14 Zimmer mit jeweils vier Betten. Hinzu kommen zwei Familienzimmer mit je fünf Bet-

Jugendhotel: Mit dem futuristisch anmutenden Jugendhotel wurde für den Stadtteil ein attraktives Projekt realisiert

ten und drei behindertengerecht ausgestattete Unterkünfte. Für Seminare, Tagungen und Bildungsveranstaltungen stehen weitere vier Räume und ein Multifunktionssaal zur Verfügung. Das Angebot richtet sich an Schüler und Jugendliche, die sich in der neuartigen Architektur wohlfühlen sollen. Aber auch Familien mit Kindern sind willkommene Gäste. Die Kooperation mit einem Beschäftigungs- und Qualifizierungsträger ermöglicht im Hause Ausbildung und Qualifizierung in den unterschiedlichsten Bereichen des Caterings, der Gastronomie und des Hotelgewerbes.

Das von der Architektengemeinschaft Holtkamp und Frodermann aus Bottrop und Dorsten geplante Jugendhotel fand seinen Platz auf dem ehemaligen Gelände eines abgerissenen Chemiewerkes. Das eng zugeschnittene Grundstück galt als „Unort" zwischen Aldiparkplatz, Gewerbehallen und Reihenhausidyll. Unter diesen widrigen Grundstücksverhältnissen setzt das Gebäude einen interessanten städtebaulichen Akzent. Der Entwurf beinhaltet zwei Erdgeschossebenen. Die untere Ebene 0 kann leicht abgesenkt von der Gungstraße angefahren werden. Die obere Erdgeschossebene 1 liegt auf Höhe des Haldenweges und erhält eine fußläufige Verbindung zum Jugendkombihaus. Durch den Kunstgriff der beiden Erdgeschossebenen konnte der Groß-

Jugendhotel: Auf dem ehemaligen Gelände eines Chemiewerkes fand das ungewöhnliche Projekt einen geeigneten Standort

Öffentliche Bauten

küchenbetrieb komplett vom Hotelbetrieb getrennt werden. Die dem Hotel und Restaurant andienenden Funktionen sind ebenfalls im unteren Erdgeschossflügel untergebracht. Der multifunktionale Frühstücks- und Fernsehraum am Nordende der „pipe" und die zusammenschaltbaren Seminarräume, die auch für separate Bürgerveranstaltungen nutzbar sind, liegen über dem Küchenflügel und stören somit ebenfalls nicht den Hotelbetrieb. Durch die einfache Konstruktion sowie industriell verarbeitete und kostengünstige Materialien gelang eine wirtschaftliche Umsetzung des Vorhabens. Zur Ausführung der Ober- und Unterschale sind ca. 850 m² gebogene Kalzip-Aluminium-Profiltafeln zur Anwendung gekommen. Die tragende Konstruktion besteht aus gebogenen Stahlträgern und abgerundeten Betonwänden, die mit einem Trapezblech und Mineralwolldämmung belegt sind.

„Ufo gelandet"

Die besondere Form des Baukörpers, der durch seine Formensprache und Dachgestaltung an ein frisch gelandetes Ufo erinnert, wurde bewusst von den Planern in dieser Form gewählt. Mittels einer Brücke an die Halde angedockt, soll die metallene Röhre zudem an vergangene industrielle Nutzungen erinnern. Ausgerichtet auf das neue Wahrzeichen Bottrops, gibt es aus jedem Zimmer den Blick auf den Tetraeder auf der begrünten Nachbarhalde und den Gasometer in Richtung Süden. Das Projekt wurde von der EU gefördert und vom Land Nordrhein-Westfalen kofinanziert. Die Stadt Bottrop trägt einen Eigenanteil von 10 Prozent.

Bauherr:
Stadt Bottrop
Planung und Entwurf:
Architekturbüro
Holtkamp Frodermann
Dorsten

Partner am Bau:
- Ingenieurbüro Klaus Krefft GbR
- Dipl.-Ing. Georg Thiemann Heizungs-, Lüftungs- und Sanitär-Technik
- Schindler Aufzüge und Fahrtreppen GmbH, Geschäftsbereich Neuss
- Bosch Sicherheitssysteme GmbH

Jugendhotel: Mittels einer angedockten Brücke soll die metallene Röhre an die ursprüngliche industrielle Nutzung des Geländes erinnern

Anzeige

Ingenieurbüro für technische Gebäudeausrüstung:

- Elektrotechnik
- Fördertechnik
- Küchentechnik
- Brandschutztechnik tga
- technisches Controlling

- Begutachtung
- Energieberatung
- Heizungstechnik
- Raumlufttechnik
- Sanitärtechnik

**Ingenieurbüro
Klaus Krefft GbR**
Von-Galen-Straße 16
46244 Bottrop
Telefon 0 20 45/36 70
Telefax 0 20 45/73 93
e-mail info@ib-krefft.de
Internet www.ib-krefft.de

Georg Thiemann
Dipl.-Ing.

Heizungs-, Lüftungs- und Sanitär-Technik

**Beratung
Planung
Fachbauleitung
Gutachten**

Josef-Albers-Gymnasium, Bottrop

Mirkstraße 16
46238 Bottrop
Tel. (0 20 41) 73 01 47
Fax (0 20 41) 73 01 48
Mobil (01 72) 3 68 32 19
E-Mail: g.thiemann@cityweb.de

Öffentliche Bauten

Leben braucht Wasser
... der Ruhrverband sorgt u.a. mit den Klärwerken Essen-Süd / Menden / Hagen und der Ennepetalsperre dafür

Die Ruhr gibt einem der größten Ballungsräume in Europa, dem Ruhrgebiet, ihren Namen. Mehr als 5 Millionen Menschen leben und arbeiten hier. Die Ruhr versorgt Haushalte und Industriebetriebe in Teilen des Ruhrgebiets und des Sauerlands mit Trink- und Brauchwasser. Auf Initiative der Regierungspräsidien, Kommunen, Wasserwerke sowie Gewerbe- und Industrieunternehmen entlang der Ruhr wurde der Ruhrverband gegründet. Er plant, baut, finanziert und betreibt die notwendigen Talsperren, Kläranlagen, Stauseen, Regenbecken, Pumpwerke, Wasserkraftwerke und Entsorgungsanlagen – insgesamt mehr als 800 wasserwirtschaftliche Anlagen – aus einer Hand. Der Ruhrverband ist zuständig für das gesamte, 4.485 km^2 große Flussgebiet der Ruhr und ihrer Nebenflüsse.

Neubau der Kläranlage Essen-Süd

Auf Grund mehrfach verschärfter gesetzlicher Anforderungen an die Konzeption und Leistungsfähigkeit kommunaler Abwasserreinigungsanlagen entsprachen die bestehenden Kläranlagen ab 2006 nicht mehr den Vorschriften für das Einleiten von gereinigtem Abwasser in Gewässer.

Nach intensiven Voruntersuchungen beschloss man, einen Kläranlagenneubau für 135.000 Einwohnerwerte im „Spülfeld Süd" an der Wuppertaler Straße zu realisieren. Zur Schonung des Landschaftsbildes im Bereich des Naturschutzgebietes Heisinger Aue sollte auf größere Hochbauten, wie z.B. Faulbehälter, verzichtet werden. Durch den Bau der Kläranlage werden im Spülfeld Süd dauerhaft rund 73.000 m^2 Fläche in Anspruch genommen. Dem gegenüber steht die Renaturierung und Eingliederung der ehemaligen Campingplätze mit einer Fläche von rund 110.000 m^2 in das Naturschutzgebiet Heisinger Ruhraue, wodurch dieses eine deutliche Aufwertung des Naturschutzgebietes erfährt.

Bau einer Wasserkraftanlage an der Ennepetalsperre

Die in den Jahren 1902–04 erbaute und im Jahr 1912 auf ihre heutige Größe erweiterte Ennepetalsperre sichert mit ihren 12,6 Mio. m^3 Stauinhalt die Wasserversorgung des Ennepe-Ruhr-Kreises.

Bis vor ca. 25 Jahren wurden die Wasserkräfte an der Ennepetalsperre in dem ca. 2 km unterhalb gelegenen Wasserkraftwerk Ahlenbecke der AVU Gevelsberg genutzt. Das alte Kraftwerk musste wegen Baufälligkeit abgerissen werden. Seither ruhte die Wasserkraftnutzung somit. Auf Grund des zweifellos vorhandenen Wasserkraftpotenzials sahen Planungen vor, ein neues Wasserkraftwerk direkt an der Staumauer an die vorhandenen Leitungen des linken Grundablasses anzuschließen und es mit Rücksicht auf den architektonischen Gesamteindruck der Talsperre als Unterflurkraftwerk komplett im Boden verschwinden zu lassen. Im Mai 2005 begann der Aushub der Baugrube für das unterirdische Krafthaus. Die für diesen Kraftwerksstandort vorgesehene 300 kW-Durchströmturbine wurde im November 2005 geliefert und montiert. Dieser Turbinentyp eignet sich auf Grund seiner einfachen Bauweise und seines breiten Wirkungsgradverlaufes besonders gut für die große Durchfluss-Bandbreite des aus der Ennepetalsperre in den Unterlauf des Flusses abgegebenen Wassers.

Im Dezember 2005 nahm die Wasserkraftanlage die umweltfreundliche Stromerzeugung auf. Erfreulicherweise zeigen die Leistungsmessungen, dass die

Kläranlage Essen-Süd: In der Kläranlage Essen-Süd wird das Abwasser aus einem rund 2.197 ha großen Einzugsgebiet gereinigt

Wasserkraftanlage Ennepetalsperre: ein ungewöhnlicher Blick von der Staumauer auf die Bauarbeiten des unterirdischen Wasserkraftwerks

Öffentliche Bauten

Kläranlage Hagen: Die Kläranlage Hagen gehört zu der drittgrößten des Ruhrverbandes. Entsprechend den neuen gesetzlichen Anforderungen war eine Erweiterung notwendig

Energieausbeute der Anlage die in der Planungsphase gemachten vorsichtigen Schätzungen deutlich überschreitet. Die Jahreserzeugung wird etwa 1,5 Mio. kWh betragen. So können pro Jahr etwa 200 bis 300 Haushalte mit regenerativer Energie versorgt und der Ausstoß von ca. 1.000 t des Treibhausgases Kohlendioxid vermieden werden.

Erweiterung der Kläranlage Hagen

Die Kläranlage Hagen hat mit einer Ausbaugröße von 235.000 Einwohnerwerten als drittgrößte Kläranlage des Ruhrverbandes eine herausragende wasserwirtschaftliche Bedeutung im Flussgebiet der Ruhr. In der erweiterten Kläranlage werden häusliche, gewerbliche und industrielle Abwässer entsprechend den aktuellen gesetzlichen Anforderungen gereinigt. Insbesondere durch die Entfernung der Nährstoffe Stickstoff und Phosphor wird ein wirksamer Beitrag zum Gewässerschutz und zur Verbesserung der Wasserqualität im Harkortsee und in der unteren und mittleren Ruhr geleistet.

Die Kläranlage Hagen besteht seit dem Jahre 1910. Sie ist im Laufe der Jahre wiederholt umgebaut und erweitert worden. Die erweiterte und teilweise neu erbaute Kläranlage Hagen besteht aus der mechanischen Reinigungsstufe mit Rechen (zweistraßig), belüftetem Sandfang (dreistraßig) und einer Vorklärung (sechsstraßig) sowie aus der biologischen Abwasserreinigung mit Denitrifikations- und Nitrifikationsbecken (dreistraßig), Zentralpumpwerk (Phosphatelimination) und vier Nachklärbecken. Bei Trockenwetter fließen der Kläranlage in der Stundenspitze 1.235 l/s (4.446 m^3/h) und bei Regenwetter maximal gedrosselt 2.500 l/s zu. Im Tagesmittel ergibt sich ein Trockenwetterzufluss von 64.368 m^3/d. Größere Regenwasserzuflüsse werden mechanisch im Regenüberlaufbecken gereinigt bzw zwischengespeichert.

Neubau der Kläranlage Menden

Die gestiegenen Anforderungen an die Gewässerreinhaltung (Stickstoff- und Phosphatelimination) machten eine grundlegende Neuplanung der Kläranlage Menden erforderlich. Der 1. Bauabschnitt der neuen Kläranlage, der Wasserteil, wurde nach nur 16 Monaten Bauzeit in Betrieb genommen. Die mit 105.000 Einwohnerwerten zu den großen Kläranlagen an Ober- und Mittellauf der Ruhr zählende Kläranlage ist, wie erwartet, damit in der Lage, die für die Einleitung festgelegten behördlichen Grenzwerte deutlich und dauerhaft zu unterschreiten.

Im 2. Bauabschnitt wurde bis Mitte 2006 auf dem Gelände der bisherigen Kläranlage Menden-Bösperde die Schlammbehandlung mit einem neuen Faulbehälter, vier Stapelbehältern, Maschinenhaus, Schlammentwässerung, Gasbehälter und Blockheizkraftwerk errichtet. Auf dem angrenzenden Gelände werden drei Schönungsteiche angelegt. Die Teiche werden besonders landschaftsgerecht gestaltet und sich erfahrungsgemäß zu einem besonders wertvollen Biotop entwickeln.

Durch den Neubau der Kläranlage Menden wird ein weiterer, besonders wirksamer Beitrag zum Gewässerschutz geleistet. Die Wasserqualität der Ruhr wird erheblich verbessert und somit der Betrieb der flussabwärts gelegenen Trinkwassergewinnungsanlagen gesichert. Die städtebaulichen und die wirtschaftlichen Entwicklungsmöglichkeiten der gesamten Region werden wesentlich verbessert.

Bauherr, Planung und Entwürfe:
Ruhrverband
Essen

In zwei Bauabschnitten wurde der Neubau der Kläranlage menden realisiert

Partner am Bau:
- ITS Ingenieur-Technik Scholz GmbH
- Bamberger Bau-GmbH
- GVA Gesellschaft für Verfahren mbH & Co. KG
- RIG Ruhrberg Ingenieurgemeinschaft
- RMD-Consult GmbH Wasserbau und Energie
- Malerwerkstätten Heinrich Schmid GmbH & Co. KG
- F.EE GmbH Wasserkrafttechnik
- Zeppenfeld Ingenieurgesellschaft mbH

Ausführende Firmen — Anzeige

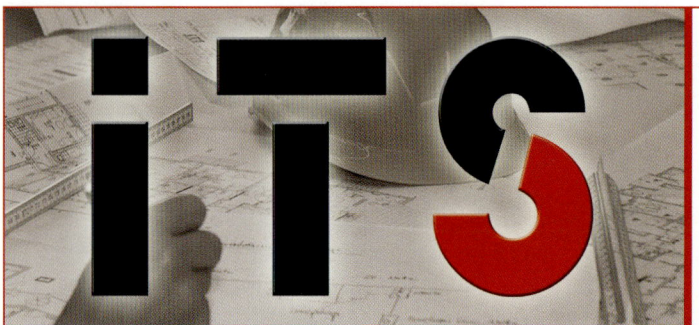

ITS Ingenieurbüro für technische Ausrüstung

- Beratung.Planung.Bauüberwachung
- Zertifiziert nach DIN EN ISO 9001:2000 und für Brandmeldeanlagen nach DIN 14675

ITS Ingenieur-Technik Scholz GmbH
Müller-Breslau-Str. 30a
45130 Essen

Tel.: 0201 - 89 52 10
Fax: 0201 - 26 13 01
consulting@its-scholz.de

Partner vom Ruhrverband Essen

Seit 1994 sind wir als kompetenter und zuverlässiger Projektpartner für den Ruhrverband tätig und haben neben vielen anderen Projekten den Bau der Kläranlagen Essen-Süd und Menden begleitet.

Als Ingenieurbüro für technische Ausrüstung erbringen wir Ingenieurleistungen in den Bereichen:

- *Elektrotechnik*
- *Energietechnik*
- *MSR-Technik*
- *Prozessleit- und Fernwirktechnik*

Auf dem Gebiet der Wasserwirtschaft umfasst unser Leistungsbild insbesondere:

- Neubauten und Erweiterungen sowie Umbauten und Modernisierungen von Kläranlagen, Pumpwerken und Niederschlagswasserbehandlungsanlagen
- Energieoptimierung, Lastmanagementsystem
- Gutachten zur Versorgungssicherheit

Wir stehen auch Ihnen gerne als kompetenter Projektpartner zur Verfügung.

Bamberger Bau
Bauen auf Erfahrung

Unsere Leistungen auf einen Blick!

- Hochbau
- Industriebau
- Straßenbau
- Brückenbau
- Kanalbau
- Rohrleitungsbau
- Spezialtiefbau
- Schlüsselfertigbau

Bamberger Bau-GmbH
Neue Strasse 19-21
58135 Hagen

Telefon 0 23 31 / 94 81 - 0
Telefax 0 23 31 / 94 81 - 71
Internet www.bamberger-bau.de

Seit 1938

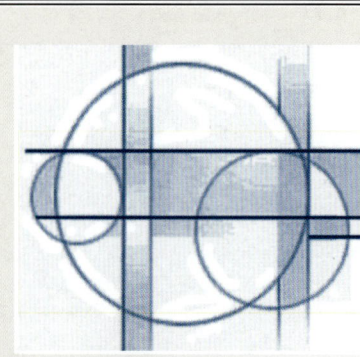

GVA mbH & Co. KG

Stammhaus
Dieselstraße 6
42489 Wülfrath
Telefon: 0 20 58 - 92 10 - 0
Fax: 0 20 58 - 7 26 40
E-Mail: info@gva-net.de

www.gva-net.de

Niederlassung
Franz-Heymann-Str.
06526 Sangerhausen
Telefon: 0 34 64 - 26099 - 0
Fax: 0 34 64 - 57 01 69
E-Mail: info.sgh@gva-net.de

Anzeige Ausführende Firmen

R I G Ruhrberg Ingenieurgemeinschaft

Gehrke - Neumann - Schmitz
BERATENDE INGENIEURE (VBI)

Hagen und Vallendar

02337 - 9185 0
ruhrberg.ing.gem.hagen@t-online.de

RMD CONSULT

Der kompetente Partner für Wasserbau und Energie

Auf den Gebieten

- Wasserkraft
- Hochwasserschutz
- Schifffahrtsstraßen

- Dezentrale Energieversorgung
- Solar-, Wind- und Biomassekraftwerke
- Leittechnische Überwachung

können wir ein über Jahrzehnte entwickeltes Know-how vorweisen.

Als Partner von öffentlichen und privaten Auftraggebern gewährleisten wir praxisgerechte, wirtschaftliche und zukunftsorientierte Lösungen im Einklang mit Umwelt und Ökologie.

ISO 9001 ZERTIFIZIERT

RMD-Consult GmbH Wasserbau und Energie
Blutenburgstraße 20
80636 München
Tel.: 089/99 222-402   Fax: 089/99 222-409
www.rmd-consult.de

- München
- Nürnberg
- Bukarest

Gute Malerarbeiten tragen einen Namen: Heinrich Schmid®

- Malerarbeiten jeglicher Art
- Innenraumgestaltung
- Bodenbeschichtungen
- Trockenbau-Arbeiten

- Renovierungen
- Bodenbeläge
- Wärmedämmverbundsysteme

HS Heinrich Schmid®
Malerwerkstätten Heinrich Schmid GmbH & Co. KG
In der Provitze 51, 44809 Bochum, Tel. 0234 90425-0, Fax 90425-55, www.heinrich-schmid.de

F.EE Wasserkrafttechnik

Fernwirk-, Leit- und Automatisierungstechnik

Als Generalunternehmen für das Projekt Kraftwerk Ennepetalsperre realisierten wir:
- Turbine, Triebwasserverrohrung
- Generator, Hydraulik
- Schalt- und Steuerungsanlage
- Visualisierung, Kamerafernüberwachung

Ihre Vorteile:
- Projekte weltweit
- Kraftwerke von 50 KW bis 10 MW
- 20 Jahre Erfahrung
- Innovative Lösungen

F.EE
F.EE Unternehmensgruppe
weltweit an zehn Standorten

F.EE GmbH
In der Seugn 10
D-92431 Neunburg v. W.
Tel.: 0 96 72 / 5 06 -0
Fax: 0 96 72 / 5 06 -1 39
info@fee.de
www.fee.de

Öffentliche Bauten / Sanierung / Wohn- und Geschäftsbauten / Gewerbebauten

Allround-Leistungen in der Planung und Beratung

Dortmunder U / MST.factory, Dortmund / MünsterArkaden / BioSecurity, Bönen / Volksbank Unna Hauptstelle / Feuer- und Rettungswache, DO-Eichlinghofen / Stadtsparkasse Oberhausen / Stadtvillen Vischering, Münster / Wohn- und Geschäftshaus Mont-Cenis, Herne / Kronenviertel, Dortmund / Gasgebläsehalle Phoenix-West / Mensa Uni Dortmund / Sparkasse Hamm, Hauptstelle

Das Dortmunder Unternehmen Assmann Beraten + Planen GmbH zählt zu den wenigen großen bundesweit agierenden Büros für Planung und Beratung im Bauwesen in Deutschland. Es ist inhabergeführt und unabhängig. Das Unternehmen hat sich im Laufe seines 35-jährigen Bestehens zu einem echten Allrounder entwickelt. In vier großen Leistungsbereichen – der Projektvorbereitung, dem Projektmanagement, der Generalplanung und dem FacilitiesManagement – werden eine Vielzahl von Einzelleistungen angeboten, die das gesamte Spektrum von der ersten baulichen Idee bis zur Nutzung einer Immobilie umfassen. Zu diesem Spektrum zählen Projektentwicklung, Machbarkeitsstudien, organisatorische Gebäudeplanung, Wettbewerbsmanagement, Projektsteuerung mit Schwerpunkten im Kosten-, Qualitäts- und Terminmanagement sowie Nachtragsmanagement bis hin zur Ausschreibung und Vergabe von Facilities-Management-Leistungen. Aber auch die Fachdisziplinen Architektur, Tragwerksplanung und Technische Gebäudeausrüstung, sowohl als Einzelleistung wie auch in Generalplanung, sind ein fester und sich entwickelnder Bereich. Die über Jahre angesammelte Erfahrung aus unzähligen Projekten und immer neuen Problemstellungen hat das Team von Planern und Ingenieuren zu einer beachtlichen Mannschaft mit wirkungsvollen Synergieeffekten werden lassen. Kaum eine bauliche Aufgabe, die nicht schon einmal mit weit blickender Projektplanung, überzeugendem Entwurf, Unterschreitung von Kosten und Terminen umgesetzt worden wäre. Die vorgestellten Projekte sind Zeugnisse eines Unternehmens, das seine Arbeit streng an den Interessen seiner Bauherrn ausrichtet.

Dortmunder U

Das Areal der ehemaligen Union-Brauerei (heute Brau und Brunnen AG) wurde 1994 als Produktionsstandort aufgegeben. Perspektiven für die langfristige Entwicklung und Anbindungsmöglichkeiten des Areals an den angrenzenden historischen Dortmunder Stadtkern wurden 1993 in einem städtebaulichen Ideenwettbewerb untersucht, aus dem damals Richard Rogers als Gewinner hervorging. 2001 entschied sich die Brau und Brunnen AG das Gelände zu verkaufen. Die Gebäude wurden fast vollständig zurückgebaut, der große Schornstein gesprengt. Assmann Beraten + Planen übernahm die Projektleitung und Projektsteuerung für die Abbruchmaßnahmen und für den Neubau eines Verwaltungsgebäudes (Architektur Planungsgruppe B, Düsseldorf). Assmann begleitet außerdem im Rahmen des Entwicklungsmanagements für das ca. 76.000 m² große Gesamtareal die Steuerung und Koordination der einzelnen Ablaufschritte der Bauleitplanung.

Der Blick in das „U" des Verwaltungsgebäudes (links) mit dem Zugang zu „Auerbachs Keller" vorn links

Der Turm der ehemaligen Union-Brauerei ist ein Industriedenkmal (oben). Er dominiert trotz des massiven Anbaus das Ensemble

Im Zuge der Umgestaltung und Umnutzung des Gesamtareals wurde das ehemalige Gelände der Union-Brauerei in mehrere Baufelder aufgeteilt, die mit unterschiedlichen Nutzungsvorgaben, z.B. Büro- und Verwaltungsgebäude, Dienstleistungen, Hotelbetriebe, cityergänzender Einzelhandel, Wohnungen, Anlagen für soziale, gesundheitliche und sportliche Zwecke etc., im neu erstellten Bebauungsplan ausgelegt worden sind. Fast versteckt in den unterirdischen Gewölben des Komplexes befindet sich der unter Denkmalschutz stehende Auerbachs Keller, der als Gastronomie ausgelegt ist. Den zentralen Punkt des Areals bildet der denkmalgeschützte U-Turm, ein weithin sichtbares

Öffentliche Bauten / Sanierung / Wohn- und Geschäftsbauten / Gewerbebauten

Wahrzeichen der Stadt Dortmund. Mit dem jüngst stattgefundenen Wettbewerb um das ehemalige Kellereihochhaus von 1927 ist ein weiterer Schritt zur Umnutzung der innerstädtischen Brache getan. Einem Ratsbeschluss von 2003 folgend, ist der Erhalt des Industriedenkmals und eine museale Nutzung vorgesehen. Die Plätze, die das Entrée zum U-Turm bilden, sollen später über ein interdisziplinäres Wettbewerbsverfahren gestaltet werden.

Assmann Beraten + Planen hat den begrenzten Wettbewerb 2004 für die Sanierung und Umnutzung des U-Turms koordiniert. In einem ersten Schritt wurden 14 Architekturbüros für diese besondere Aufgabe ausgewählt und zum Verfahren eingeladen. Auf die 26 Plätze, die über ein Losverfahren besetzt wurden, hatten sich insgesamt 743 Architekturbüros aus ganz Europa beworben.

MST.factory, Dortmund

Die Stadt Dortmund errichtete ein Entwicklungszentrum für Mikrosystemtechnik auf dem Gelände Phoenix West. Namensgeber, Hauptnutzer und Betreuer der zukünftigen Gewerbetreibenden ist die MST.factory. Die MST.factory ist Keimzelle für die Entwicklung auf der ehemaligen Industriefläche von Krupp Thyssen und bietet insbesondere für Gründer europaweit einzigartige Dienstleistungen im Bereich der Mikrosystemtechnik. Neben reinen Verwaltungsräumen und experimentellen Flächen sind für die Entwicklungsarbeiten der Mikrosystemtechnik Reinräume erforderlich. Sie bilden das Herzstück der Anlage. Wo einst die Stahlschmiede stand, steht nun die Ideenschmiede der Zukunftstechnologie Mikrostrukturtechnik. Sie gehört von Anfang an zu der wachsenden Zahl von Kompetenzzentren des dortmund-project. Es bietet jungen, innovativen Gründerfirmen das komplette Equipment für einen erfolgreichen Start in die Zukunft. Für Spezialaufgaben steht der ca. 700 m² große Reinraum für spannende Forschung und Produktion zur Verfügung. Inzwischen hat bereits das Richtfest für den 2. Bauabschnitt stattgefunden.

Eine futuristisch anmutende Fassadenkonstruktion mit einer farblich wechselnden Lichtinstallation spiegelt die Funktionalität des Gebäudes wider, das von den Architekten Husemann und Dr. Wiechmann entworfen wurde. Das Gebäude MST.factory ist erst der Anfang – bereits in wenigen Jahren wird das Gesamtgelände zum „Neuen Zukunftsstandort" heranwachsen. Assmann hat das Wettbewerbsverfahren betreut, das Projektmanagement geleistet und die Objektüberwachung erbracht. Landmarken im historischen Gelände bleiben die Gebläsehalle, der Gasometer und der Hochofen als Erinnerung an glorreiche vergangene Zeiten.

MünsterArkaden

Der in der Innenstadt Münsters, nahe am Prinzipalmarkt, gelegene Gebäudekomplex wird nach und nach durch sechs miteinander verwobene Einzelbaukörper mit zusammen 253.200 m² BRI ersetzt. Durch eine drei- bis viergeschossige Passage ist heute bereits eine öffentliche Verbindung zwischen der belebten Rothenburg und der Fußgängerzone in der Ludgeristraße geschaffen. Das Nutzungskonzept dieses bislang größten Bauvorhabens der Nachkriegszeit in Münster ist eine Mischung aus hochwertigem Einzelhandel, Gastronomie, Kultur und Freizeit sowie Dienstleistung. Als weiterer Schwerpunkt ist hier die Sparkasse Münsterland Ost mit Ihrer City-Filiale ansässig.

Innerhalb der Passage werden 49 Einzelhandelsflächen von 30 bis 7.500 m² auf drei Ebenen erschlossen. Die Passagenarme verschränken sich im Zentrum zu einem zentralen, mit einer flachen Glaskuppel überwölbtem Platz, von dem aus der rückseitige Eingang des Picasso-Museums über einen glasüberdachten Hof in das Wegenetz eingebunden wird.

Die zweigeschossige Unterkellerung des neuen Gebäudes erforderte eine Baugrube von ca. 9 m Tiefe. Da ein schräges Anböschen in der engen Innenstadtlage nicht möglich war, erfolgte eine Baugrubenumschließung in Form einer überschnittenen Bohrpfahlwand, teilweise rückverankert

Der Eingang der MST.factory (links) ist so beeindruckend wie das gesamte Gebäude (darunter). Auch im Inneren ist alles geradlinig und technisch ausgerichtet (oben)

Die MünsterArkaden von außen (unten), von innen (rechts) und der Blick auf das Picasso-Museum (rechts außen)

67

Öffentliche Bauten / Sanierung / Wohn- und Geschäftsbauten / Gewerbebauten

und mit zusätzlicher Unterfangung der Nachbargebäude per Hochdruckinjektion. Die enge Innenstadtlage stellte hohe Anforderungen an die Baustellenlogistik vor allem bei der Reduzierung der Beeinträchtigung, der Koordinierung des Baustellenverkehrs, den Just-in-time-Lieferungen sowie den vorgegebenen Fahrtrouten und Zeitfenstern. Die Baudurchführung erfolgt in zwei Bauabschnitten, was den Erhalt des Betriebes der Sparkassen-Cityfiliale über die gesamte Bauzeit ausreichend absichert.

Die Passage ist insgesamt viergeschossig angelegt. Über Fahrtreppen vom Erdgeschoss aus erreichbar, organisieren sich die Einzelhandelsflächen – auch intern – in die Geschosse. Im Dach befinden sich drei Öffnungen, die mit einer entsprechenden Verglasung ausreichend Tageslicht in die Passage leiten. Die Planung der Münster Arkaden stammt von Kleihues + Kleihues, zum Teil in Zusammenarbeit mit ar.te.plan.

BioSecurity, Bönen

Mit dem Kompetenzzentrum für biologische Sicherheit in Bönen (BioSecurity) gibt die Wirtschaftsförderungsgesellschaft für den Kreis Unna kleinen und mittelständischen Unternehmen die Möglichkeit zur Forschung und Entwicklung im Bereich der Lebensmittelsicherheit. Auf insgesamt 10.000 m² bietet das BioSecurity-Zentrum bis zu 400 Arbeitsplätze. In den Büros und Forschungseinrichtungen, darunter technische, biologische und chemische Labore der Sicherheitsklassen S1 und S2, werden Untersuchungen vorgenommen. Ein Pool von Spezialmaschinen, die tage- und stundenweise angemietet werden können, z.B. Massenspektrometer oder Gaschromatograph, unterstützen die Arbeit. Darüber hinaus befindet sich in der Nähe ein Versuchshof, der in Einzelfällen mitgenutzt werden kann.

Die Gesamtanlage gliedert sich in zwei lang gestreckte, parallele Baukörper. Der nördliche Flügel mit 130 m Länge beinhaltet Haupteingang, Konferenzräume sowie administrative Bereiche. Der kürzere südliche Flügel mit 105 m Länge beherbergt Labore

Die beiden lang gestreckten Gebäude der BioSecurity, die mit einer gläsernen Brücke verbunden sind (links und oben) bieten gute Arbeitsmöglichkeiten (rechts)

und Forschungsbereiche. Die Einzelgebäude werden durch einen filigranen gläsernen Verbindungsgang in ganzer Höhe miteinander verbunden.

Die beeindruckend mit dunkelblaurotem Ziegel verkleidete Nordfassade wird im Bereich des Haupteinganges durch ein verglastes Foyer unterbrochen, auf das mehrere transparente Besprechungs- und Konferenzräume (35–200 m²) ausgerichtet sind. Das Projekt – eine Generalplanung mit den ar.te.plan-Architekten – wurde in nur zwölf Monaten Bauzeit fertig gestellt.

Volksbank Unna, Hauptstelle

Der Neubau der Volksbank befindet sich in der Innenstadt von Unna, zwischen Nordring und Klosterstraße. Die ehemaligen Bankgebäude genügten nicht mehr den Anforderungen eines zeitgemäßen Bankbetriebes und wurden zu Gunsten des Neubaus überwiegend abgerissen. Auf Grund der notwendigen Ausrich-

Die Volksbank Unna bietet einen imposanten Anblick mit dem effektvoll beleuchteten Dach und der Glasfassade (unten links), und selbst auf der Rückseite vermittelt die Natursteinfassade Verlässlichkeit (unten)

Öffentliche Bauten / Sanierung / Wohn- und Geschäftsbauten / Gewerbebauten

tung auf die zukünftigen Anforderungen des Marktes an eine leistungsfähige und dynamische Bank entschloss sich die Volksbank, ein neues Hauptstellengebäude auf der vorhandenen Liegenschaft zu errichten bzw. teilweise zu entkernen und zu sanieren.

Das renommierte Architekturbüro Hentrich - Petschnigg & Partner (HPP), Düsseldorf, erhielt den Zuschlag für die Neugestaltung. Die den Architekten gestellte Planungsaufgabe bestand in der besonderen städtebaulichen Herausforderung: die „1b"-Lage am Nordring – etwa 100 m von der Hauptgeschäftsstraße Unnas entfernt – zur 1a-Lage aufzuwerten.

Das frei schwingende Dach und die Transparenz der Fassade zum Nordring sind als sichtbare Eingangsgeste zur Bahnhofstraße ausgerichtet und schaffen in Verbindung mit dem neu definierten Platz und der großzügigen Freitreppenanlage die geforderte Lageaufwertung. Über die viergeschossige Kundenhalle werden alle Bereiche erschlossen. Panoramalift und Galeriezonen erhöhen die Attraktivität und das Erlebnis der Kundenhalle. Die funktionsneutrale Grundrissgestaltung erlaubt eine hohe Flexibilität in der Büroorganisation. Kriterien der Wirtschaftlichkeit, Funktionalität und Flexibilität sind denen der Gestaltung gleichgestellt. Der Konferenzbereich im 3. Obergeschoss, erschlossen über ein repräsentatives Foyer, erlaubt den Zugang zu den Dachterrassen und Ausblicke über die Stadt. Das Gebäude vermittelt überzeugend das Bild eines dynamischen, modernen und zukunftsweisenden Unternehmens.

Am beeindruckendsten ist die 9 m auskragende Dachkonstruktion in 18 m Höhe, die nicht nur optischer Blickfang, sondern auch eine technische Spitzenleistung ist: mit fast 32 t Gewicht schwebt das nur 4 cm überhöht angelegte Tragwerk unter Volllast genau waagerecht über der Fußgängerpassage. Assmann Beraten + Planen – verantwortlich für eine Vielzahl von projektvorbereitenden Maßnahmen bis zur Wettbewerbsbetreuung und dem folgenden Projektmanagement – sorgte dafür, dass der sehr enge Kostenrahmen für dieses Projekt noch unterschritten wurde.

Feuer- und Rettungswache 8, Dortmund-Eichlinghofen

Der Neubau der FW 8 liegt am Steinsweg in Dortmund-Eichlinghofen. Mit der Aufgabe der alten Nutzung des Standortes als Straßenmeisterei bot sich die Möglichkeit, in direkter Nachbarschaft zum TechnologiePark Dortmund eine neue Feuerwache zu errichten. Dies war notwendig, um die im städtischen Bedarfsplan garantierten Hilfsfristen einhalten zu können. An diesem Standort sind neben einer Grundschutzeinheit mit insgesamt zehn Funktionsstellen für den Brandschutz und die Technische Hilfeleistung auch die Spezialeinheit Chemie als stadtweit operierende Einheit stationiert. Durch die nahe

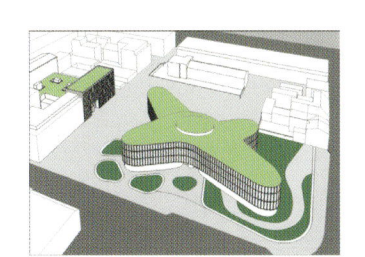

Die neue Hauptstelle der Stadtsparkasse Oberhausen (unten) und der gesamte Komplex in der Übersicht als Zeichnung (rechts)

Autobahn optimal an das gesamte Stadtgebiet angebunden, wurde die Einheit auch mit den Komponenten Strahlenschutz und einem ABC-Erkundungsfahrzeug ergänzt.

Die Wache besteht aus zwei sich gegenüber liegenden, L-förmigen Bauteilen, die einen gemeinsamen Alarm- und Übungshof umschließen. Der Gebäudekomplex der Feuerwehr besteht aus der Fahrzeughalle mit einem integrierten, zweigeschossigen Werkstatt- und Lagerbereich sowie einem zweigeschossigen Sozialtrakt: einem weithin sichtbaren, durch seine einfache Formensprache auch funktional klar abgesetzten Bauteil. Der gegenüber liegende eingeschossige Gebäudekomplex umfasst die Waschhalle sowie Stellplätze der Feuerwehr und des Katastrophenschutzes. Die Fassade wurde mit einer horizontal verlegten, silbern beschichteten Aluminium-

Die neue FW 8 mit dem „schwebenden" Sozialtrakt, der wie ein Leitstand aussieht (links) und der Fahrzeughalle (oben)

welle bekleidet: ein überzeugender Entwurf von ar.te.plan in einer Assmann-Generalplanung.

Stadtsparkasse Oberhausen, Hauptstelle

Der Neubau der Hauptstelle der Stadtsparkasse Oberhausen berührt nicht nur die Interessen der Sparkasse, sondern auch die Konzeption für die Innenstadt von Oberhausen, die vorsieht, den innerstädtischen Bereich stärker zu begrünen. Daraus entstand die Idee, die neue Hauptstelle in einen Park zu stellen und damit die vorherige, großstädtische Struktur aufzubrechen. Dazu gehörte als erste Maßnahme, die vorhandene, achtgeschossige Hauptstelle und das daneben gelegene dreigeschossige Parkhaus abzureißen und so einen freien, innerstädtischen Raum von rund 9.000 m² zu erhalten, auf dem eine „Landschaft in der Stadt" entsteht.

Über einer Tiefgarage mit 140 Stellplätzen wächst derzeit ein vierflügeliges Gebäude mit einem gerundeten, großzügigen Treppenhaus, das sich mit seiner amorphen Form und „oszillierender" Farbigkeit sowie der Materialisierung der Fassade atmosphärisch in die geplante

69

Öffentliche Bauten / Sanierung / Wohn- und Geschäftsbauten / Gewerbebauten

Parklandschaft einfügen wird. Mit seiner unterschiedlichen Höhe von drei und vier Geschossen nimmt es die Höhen der jeweiligen Nachbarbebauung auf und gibt der Stadtsparkasse Oberhausen ein unverwechselbares neues Domizil.

Zum Bauvorhaben gehören noch der Umbau der Filiale an der Marktstraße und der angegliederte Neubau eines viergeschossigen Büro- und Schulungsgebäudes am neuen Wörthplatz in gerader Flucht zwischen der Filiale und der neuen Hauptstelle. Die Kundenhalle wird großzügig zweigeschossig ausgebaut und zieht sich dann von der Marktstraße bis zum Wörthplatz; sie ist von beiden Seiten zugänglich. Das Haus am Wörthplatz ist über ein „öffentliches" Treppenhaus erschlossen und auch mit der Tiefgarage verbunden. Der Entwurf des Neu- und Umbaus stammt von dem Architekturbüro Sauerbruch Hutton, Berlin. Assmann Beraten + Planen erbrachte die Gebäudebestandserfassung und -dokumentation und steuerte den Abbruch des Altbestandes. Jetzt leistet das Unternehmen das Projektmanagement für die gewaltige innerstädtische Baumaßnahme.

Stadtvillen Vischering

Auf dem Gelände des früheren Klarissenklosters in Münster ist ein Neubau entstanden, der sich aus mehreren Bauteilen zusammensetzt. Entlang der Scharnhorst- und Weselerstraße steht ein parallel zum Straßenverlauf geschwungener, viergeschossiger Baukörper, der in erster Linie Büronutzflächen enthält. Ferner befinden sich hier, im Anschluss an das Altenwohnheim St. Lamberti, sechs Seniorenwohnungen mit Wohnflächen von 62–74 m^2, die räumlich mit dem Wohnheim verbunden sind. Durch die beeindruckende Straßenrandbebauung abgeschirmt, wurden im rückwärtigen Grünbereich drei großzügige Stadtvillen über einer gemeinsamen Tiefgarage errichtet. Die 28 Mietwohnungen in Größen zwischen 51 und 136 m^2 verfügen über nach Süden ausgerichtete Loggien; außerdem gibt es noch zwei Penthousewohnungen. Die attraktive äußere Gestaltung wird durch hochwertige Torfbrandziegel und Naturholzfenster aus Eiche ergänzt und durch eine exzellente Ausstattung im Inneren unterstrichen. Alle Wohnungen sind hochwertig ausgestattet, zum Beispiel mit Parkettböden, ausgesuchten Badeinrichtungen oder offenen Kaminen im Penthouse.

Der jüngst verstorbene Architekt Josef Paul Kleihues und sein Partner Norbert Hensel aus Dülmen/Berlin, welche als Sieger aus dem Architektenwettbewerb hervorgegangen waren, zeichneten für die hochwertige Architektur verantwortlich. Assmann Beraten + Planen, auch in Münster mit einem Büro ansässig, besorgte die Projektvorbereitung mit Standortuntersuchung, Machbarkeitsstudie und Gutachterverfahren sowie das gesamte Projektmanagement.

Wohn- und Geschäftshaus Mont-Cenis, Herne

Das Objekt liegt an exponierter Stelle innerhalb des Ortszentrums von Herne-Sodingen in unmittelbarer Nachbarschaft zur Akademie Mont-Cenis und einer neu errichteten Wohnbebauung. Das Gebäude sollte hohen gestalterischen und architektonischen Ansprüchen genügen. Eine besondere Schwierigkeit bestand darin, dass der Betrieb der umgebenden Geschäfte während der Bauphase nicht behindert werden durfte.

Das Gebäude ist viergeschossig mit einem zusätzlichen Staffelgeschoss. Im Erdgeschoss befinden sich Geschäfts- und Gewerbeflächen sowie eine Sparkassenzweigstelle. Im Bereich des Aufganges zur Akademie Mont-Cenis wird ein Teilbereich als Sozialeinrichtung für die im 2. und 3. Obergeschoss befindlichen Wohnungen genutzt. In der 1. Etage befinden sich Büro- und

Die beeindruckende, geschwungene Fassade an der Scharnhorststraße (oben) und die dahinter liegenden Stadtvillen (links)

Das Wohn- und Geschäftshaus am Mont-Cenis-Platz mit Geschäften in den Arkaden (links unten) und dem ruhigen Innenhof (unten)

Öffentliche Bauten / Sanierung / Wohn- und Geschäftsbauten / Gewerbebauten

Praxisräume. Im 2. Geschoss befinden sich 40 altengerecht ausgestattete Wohnungen. Im abschließenden Staffelgeschoss entstanden sieben Penthouse-Wohnungen mit Größen von ca. 100–150 m² Wohnfläche und einer höherwertigen Ausstattung. Unterhalb des Gebäudes befindet sich eine Tiefgarage mit zahlreichen Stellplätzen. Die Dächer der Penthouse-Wohnungen sowie deren Terrassen und das Dach über dem Supermarkt, das die Fläche des gartenartig strukturierten Innenhofs bildet, sind intensiv begrünt und bepflanzt.

Das Planungsbüro Schmitz, Aachen, hat das Objekt gestaltet. Assmann Beraten + Planen hat trotz äußerst knapper Bauzeit mit begleitendem und nachlaufendem Mieterausbau das Projekt in den Kosten- und Terminvorgaben gesteuert.

Kronenviertel Dortmund

Das Grundstück befindet sich im innerstädtischen Bereich, nahe der B1 auf dem ehemaligen Gelände der Kronenbrauerei. Das Gebäude ist als Bürogebäude konzipiert mit der Option, im Staffelgeschoss Wohnungen unterzubringen. Aus diesem Grunde ist aus städtebaulicher Sicht der integrative Charakter in Form einer Mischnutzung aus Arbeiten und Wohnen hervorzuheben, welche dem Umfeld neue Akzente verleiht.

Das Bürogebäude ist als U-förmige Anlage in Form eines klassischen Zweibünders konzipiert. Die Grundrissstruktur lässt vielfältige Kombinationen aus geschlossenen als auch offenen Bürobereichen zu. Die Haupterschließung erfolgt über eine zentrale, repräsentative Eingangshalle in der Gebäudemitte und ermöglicht von da aus die Verteilung in die beiden seitlichen Flügel, die nochmals zusätzlich über ein notwendiges Treppenhaus verfügen. Über diese Treppenhäuser sowie über die Eingangshalle mit Aufzug ist das Staffelgeschoss angebunden. Die Fassade ist durch einen Sockelbereich, eine Mittelzone sowie das Staffelgeschoss gegliedert. Diese Gliederung wird auch durch die Wahl der Materialien betont. Das Gebäude ist in seinen funktionalen und konstruktiven Strukturen klar gegliedert und ökonomisch sowie übersichtlich organisiert, was sich im äußeren Erscheinungsbild widerspiegelt und eine homogene Einheit im städtebaulichen Kontext bildet.

Um den ruhenden Verkehr weitestgehend vom Gelände zu verdrängen, wurde eine Tiefgarage unter dem gesamten Grundstück gebaut, die durch eine neben dem Gebäude liegenden Rampe von der Kronenburgallee angefahren wird. Kurz nach Fertigstellung war der Auftraggeber so überzeugt von der Konzeption, dass er auf dem Nachbargrundstück noch einmal das gleiche Gebäude errichtete, das vom Hauptzollamt Dortmund genutzt wird. Assmann Beraten + Planen erbrachte in der Planung die Leistungsphasen 1–5, erledigte Ausschreibung und Vergabe und übernahm die Objektüberwachung.

Gasgebläsehalle Phoenix-West, Dortmund

Die etwa 160 m lange und 30 m breite ehemalige Gasgebläsehalle auf dem Gelände Phoenix-West präsentiert sich nach ihrem Umbau als „SoftwareHalle". Um die Erhaltung der denkmalgeschützten Außenhülle zu gewährleisten, wird ein eigenständiges Haus-in-Haus-Konzept entwickelt. Auf 12.000 m² Geschossfläche werden sich Unternehmen, die schwerpunktmäßig aus der IT-Branche stammen, sowie Betriebe aus den zugehörigen Servicebereichen in diesem einzigartigen Ambiente ansiedeln. Assmann Beraten + Planen lieferte die Sicherheits- und Gesundheitsschutzplanung. Die Konzepte für die Umbauten stammen von der LEG Dortmund.

Die Zwillingsgebäude auf dem ehemaligen Brauereigelände, rechts das zuerst errichtete (Bild oben) und links das Hauptzollamt (Bild darunter)

Mensa der Universität Dortmund

Die Hauptmensa der Universität Dortmund am Vogelpothsweg war dringend sanierungsbedürftig gewesen und nicht mehr leistungsfähig genug. Das Bauvorhaben wurde in zwei Abschnitte aufgeteilt, da während der Bauarbeiten die Funktion sichergestellt bleiben musste.

Neben den Sanierungsarbeiten war die Modernisierung unabdingbar, denn die Mensa sollte täglich 5.000 Essen sowie Bestandteile für 1.500 Menüs liefern. Dafür waren eine Neuordnung der Funktionszusammenhänge nötig, die Betriebsabläufe und der Personaleinsatz zu straffen und Energie sparende Geräte und Anlagen einzusetzen. Auch mussten mit dem Umbau die aktuellen Vorschriften der BauO NW, des Brandschutzes, der Versammlungsstättenverordnung und vor allem der Lebensmittelhygieneverordnung umgesetzt werden. Der Bauherr, das Studentenwerk Dortmund,

Die ehemalige Gasgebläsehalle bietet beeindruckende Dimensionen (Bilder unten)

Öffentliche Bauten / Sanierung / Wohn- und Geschäftsbauten / Gewerbebauten

wollte auch in der Nutzung eine größere Flexibilität erreichen. Über eine vorhandene Außentreppe sollten ein abtrennbarer Speisebereich und zusätzliche Tagungsräume mit direktem Zugang zu den Versorgungsbereichen erreichbar sein, um hier Sonderveranstaltungen durchzuführen.
Neben einer vollständig neuen und leistungsfähigen Küchentechnik wurde im Verwaltungs- und Sozialtrakt ein Behindertenaufzug eingebaut. Die Planung stammt von Husemann + Dr. Wiechmann Architekten. Assmann Beraten + Planen betreute das VOF-Verfahren, steuerte Termine und Kosten und übernahm das Baucontrolling. Die Ausführung der Arbeiten bei laufendem Betrieb erfolgte reibungslos.

Sparkasse Hamm, Hauptstelle

Die Sparkasse Hamm hatte 1999 beschlossen, am aktuellen Standort die Hauptstelle der Sparkasse zu sanieren. Der Umbau erfolgte in drei Bauabschnitten, wobei ein Teil der Mitarbeiter, die keinen direkten Kundenbezug haben, in andere Geschäftsstellen ausgelagert wurden. Eine Berücksichtigung der Aspekte von Behinderten erfolgte während aller Bauabschnitte, sodass auch dieser Personenkreis jederzeit ungehinderten Zugang hatte.
Der Bestand, teilweise aus den 50er Jahren, musste nach der

Die Hauptstelle der Sparkasse Hamm zeigt sich wieder in vollem Glanz (links)

Die neugestaltete Mensa von außen (oben) und von innen (links)

Entkernung umfangreiche zusätzliche Brandschutzmaßnahmen sowie statische Ertüchtigungen erfahren. Die Dachflächen wurden komplett erneuert. Die Kassenhalle erhielt einen dreigeschossigen Luftraum, der von einem Glasdach abgeschlossen wird. Innerhalb dieser Halle erfolgt auch die vertikale Erschließung durch einen Glasaufzug. Die Planungen dieser Umbauten führte das Büro Berendt & Teigelkötter, Hamm aus. Die Haustechnik wurde komplett ersetzt und mit einem EIB-System ausgestattet, das umfangreiche Steuerungsfunktionen erlaubt. Der Umbau erfolgte im laufenden Betrieb. Insbesondere die störungsfreie Projektabwicklung mit Nutzung der Kundenhalle und des Tresorbereichs stellten organisatorische Herausforderungen für die Projektsteuerung dar, die Assmann Beraten + Planen professionell meisterte.

Generalplanung und Projektmanagement:
Assmann Beraten + Planen GmbH, Dortmund
Objektplanung soweit im Text nicht anders angegeben:
ar.te.plan architektur + technik, Dortmund

Partner am Bau:

- ista Deutschland GmbH Energiemanagement
- Schäfer-Bauten GmbH
- Bosch Sicherheitssysteme GmbH
- Heinz Nienkemper Metallbau GmbH & Co. KG
- Berendt + Teigelkötter Architekten BDA
- Dr. Muntzos & Partner Beratende Geologen
- Brandschutz-Planungsbüro Moritz
- geotec ALBRECHT Ingenieurgesellschaft GbR
- INS Ingenieurgesellschaft mbH
- TOGO Bautrocknung Matter GmbH
- Elektro Hering GmbH
- Ingenieurgesellschaft Thomas & Bökamp Beratende Ingenieure im Bauwesen
- Lederhose, Wittler & Partner GbR Tragwerksplanung
- IBB GmbH Ingenieurbüro bautechnischer Brandschutz
- BRANDI IGH Ingenieure GmbH
- Ingenieurbüro für Baustatik Dipl.-Ing. Karl-Heinz Geldmacher BDB
- Elektro Jansen GmbH & Co. KG
- Haus-Bau System GmbH
- Paukstat GmbH & Co. Haustechnik KG

- MOHS GmbH Stahlhandel, Schweißfachbetrieb, Tore, Türen, Baugeräte, Zäune
- G+H Innenausbau GmbH
- SCHILDERTEAM Ramona Jakobs und Oliver Schütte GbR
- G. Dreher GmbH Isoliertechnik
- Töller & Steprath Elektrotechnik GmbH & Co. KG
- Kältetechnik Ulf Berens
- IBR Ingenieurteam für Brandschutz & Rettungswesen
- Dipl. Ing. Dieter Michel Öffentlich bestellter Vermessungsingenieur
- Franke & Partner Sozietät für Organisationsarchitektur
- VSO Brandschutz – Dipl.-Ing. Volker Schultz-Ohmann - Ingenieurbüro für Brandschutzberatung
- HAGEMO Sprinkler GmbH
- Johann Lepper GmbH Bau- und Möbeltischlerei, Trockenbau
- Marohn-Aufzüge GmbH
- Schemm GmbH & Co. KG Spezialbetrieb
- Fernseh Neumann
- G & P Büroeinrichtungs GmbH
- Hermann Jackson GmbH Tore, Türen, Antriebe
- Schwegmann Spezialböden GmbH
- Brandschutztechnik Hessenkämper
- Metallgestaltung STEINHAUS
- Stuckateurbetrieb Klaus Kukulies
- Willy Wietis Metallbau GmbH
- Otte & Klein GmbH + Co. KG Stuckgeschäft, Innen- und Außenputzarbeiten
- Vogt GmbH & Co. KG Reinigung, Bewachung
- Wilhelm Hengsbach GmbH Malerbetrieb
- Ralf Herdieckerhoff Gartenbautechniker
- Schilder Röhe
- Siemens Building Technologies Zutrittskontrollsysteme
- August Heine Baugesellschaft AG (in ARGE mit Ed. Züblin AG)
- AGS Weckermann & Partner Ingenieurbüro für Baustellenkoordination, Arbeitssicherheit und Gesundheitsschutz
- Tacke + Lindemann Baubeschlag- und Metallhandel GmbH + Co. KG
- GeoTerra Geologische Beratungsgesellschaft mbH

Anzeige

Ausführende Firmen

ista
So einfach ist das.

Energiemanagement

Mit der Eröffnung der MÜNSTER ARKADEN wurde eine attraktive Einkaufswelt im Herzen der Innenstadt Münsters geschaffen. Bei einer Gesamtfläche von über 50.000 qm ist ein intelligentes Energiemanagement erforderlich. Voraussetzung dafür ist die separate Erfassung des Verbrauchs von Wärme, Kälte und Wasser. Mit der M-Bus-Systemtechnik können bis zu 2.000 Zähler zentral ausgelesen werden - und zwar zu jeder Zeit.

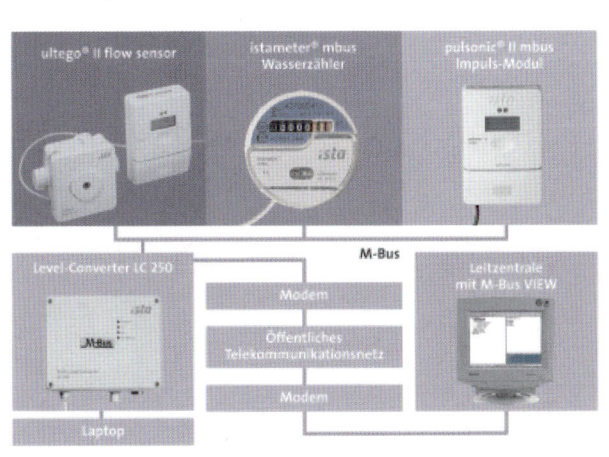

ista international in Zahlen:
Über 100 Jahre Erfahrung
3.432 Mitarbeiter
490 Mio Euro Jahresumsatz
50 Mio Messgeräte im Einsatz
10 Mio Nutzeinheiten

ista Deutschland betreut mit 19 Niederlassungen und ca. 250 Außendienstmitarbeitern über 400.000 Kunden.
Für die individuellen Anforderungen der Immobilienwirtschaft sowie von Fachplanern und Architekten bieten wir ausführliche Planungs- und Projektierungsunterstützung.

ista Deutschland GmbH
Niederlassung Münster
Rektoratsweg 36 · 48159 Münster
Tel. 0251 2620-0
Fax 0251 2620-99
InfoMuenster@ista.de
www.ista.de

Das M-Bus-System von ista:
Zeitgenau kontrollieren -
flexibel reagieren.

Ausführende Firmen

Anzeige

Schäfer-Bauten GmbH
Wilhelmstraße 80 49477 Ibbenbüren Tel. 05451/50050

www.schaefer-bauten.de

Anzeige Ausführende Firmen

Unsere Sicherheitswelten setzen Zeichen.

Die Sterne stehen gut für zukunftsweisende Sicherheit mit System. Wo Leben und Werte Risiken ausgesetzt sind, ist Bosch Sicherheitssysteme als einer der weltweit führenden Anbieter für elektronische Sicherheitssysteme nicht weit. Sicherheit hat viele Facetten. So werden für Ihre individuellen Ansprüche und Ihre Bereiche maßgeschneiderte Lösungen und Produkte entwickelt, die zusammen mit unseren Dienstleistungen den Maßstab an Qualität und Funktionalität neu definieren. Mehr Informationen erhalten Sie unter www.bosch-sicherheitssysteme.de oder unter

Bosch Sicherheitssysteme GmbH, Wasserstr. 221, 44799 Bochum,
Telefon: 0234 9532-0, Fax: 0234 9532-135, E-mail: Sabine.Mueller1@de.bosch.com

BOSCH
Technik fürs Leben

HEINZ NIENKEMPER
METALLBAU - IDEEN FÜR JEDES PROJEKT

- Fenster, Falt- und Schiebetüren
- Individuelle Haustüranlagen
- Komplexe Glasdach- und Fassadenkonstruktionen
- High-Tech Wintergärten
- Beratung, Planung, Herstellung und Montage

Heinz Nienkemper
Metallbau GmbH & Co. KG
Industriestr. 8 • 59320 Ennigerloh
Tel.: (0 25 24) 2 65 01
Fax: (0 25 24) 2 65 34
e-mail: nienkemper@t-online.de
web: www.nienkemper.de

Ausführende Firmen Anzeige

Das Architektur- und Ingenieurbüro verfügt über langjährige und umfangreiche Erfahrung in den Tätigkeitsfeldern Neu- und Umbauten von Sonderbauten in den Bereichen Banken, Handel, Gesundheit, Gewerbe und Sonderwohnformen.

Einige Referenzprojekte:
- Seniorenresidenzen und -zentren in Hamm und Lünen
- Wohnanlagen für Betreutes Wohnen in Hamm, Lünen und Olpe
- Krematorien in Hamm und Werl
- Umbau der Sparkasse Hamm, Weststraße 5-7

- **Beratung und Generalplanung**
- **Planung und Bauleitung**
- **Sicherheits- und Gesundheitskoordination**

Berendt + Teigelkötter Architekten BDA
Dipl.-Ing. R. Berendt bis 31.12.02

Westenwall 4
59065 Hamm
Tel. 0 23 81/9 24 5-0
Fax 0 23 81/1 52 13
berendt.teigelkoetter@helimail.de

DIPL.-ING. W. TEIGELKÖTTER

Dr. Muntzos & Partner — Beratende Geologen

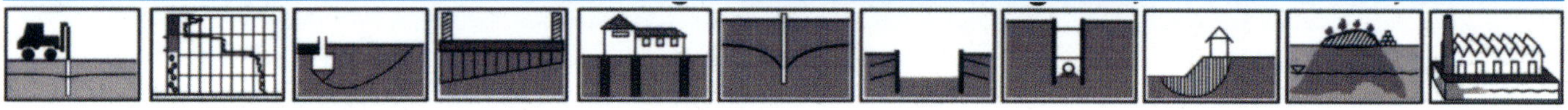

Hausanschrift:

Heemanns Damm 3
49536 **Lienen**

Fon +49 (54 84) 96 20-0
Fax +49 (54 84) 96 20-20

- *Bohrungen*
- *Bodenuntersuchungen*
- *Gründungsberatung*
- *Wasserwirtschaft*
- *Grundwassermodellierung*
- *Grundbau*
- *Erdbau*
- *Deponie*
- *Erdbaulabor*

Händelstraße 29
06114 **Halle (Saale)**

Fon +49 (345) 53 222-15
Fax +49 (345) 53 222-16

Info@bodengutachter.de

w w w . b o d e n g u t a c h t e r . d e

M-Brandschutz

Brandschutzplanung, Brandschutzbewertung
Brandschutzkonzepte/Brandschutzgutachten
Fluchtwegkonzepte, Brandschutzordnung
Brandschutztechnische Stellungnahmen
Fachbauleitung Brandschutz
Brandschutzschulungen, Evakuierungsübungen
Fachplanungen u. Schulung Feuerlöscheranlagen
Brandschutzbeauftragter VdS/CFPA
Flucht- und Rettungswegpläne
Feuerwehrpläne, Feuerwehrlaufkarten
Sonderpläne

Sachverständiger und
Fachplaner Brandschutz

Brandschutz-Planungsbüro
Moritz
Lanfermannteich 27
59192 Bergkamen

Telefon: (02307) 55 21 58
Telefax: (02307) 55 21 59
E-Mail: info@brandschutz-planer.com

Mobil: (0177) 8 93 1625
homepage: www.brandschutz-planer.com

Anzeige Ausführende Firmen

Über 35 Jahre Erfahrung

geotec **ALBRECHT**
Ingenieurgeologie Ingenieurgesellschaft GbR
Hydrogeologie
Umweltgeologie

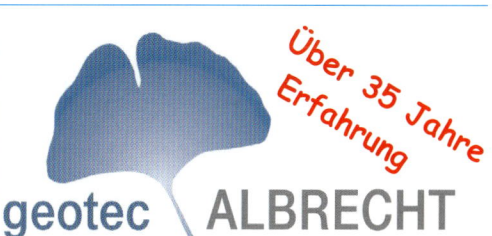

Fachhochschule, Gelsenkirchen – Baugrund, Versickerung
Berufskollegs, Recklinghausen – Baugrund, Altlasten, Versickerung
Feuerwache, Recklinghausen – Baugrund, Versickerung
Herscheid, Standsicherheitsberechnung von Böschungen
Herner Sparkasse – Altbau-Sicherung mit HDI Baugrund
Nokia, Bochum – Baugrund, Altlasten
Kanalbrücke, Herne – Baugrund
Ruhrfestspielhaus, Recklinghausen

Altlasten
Baugrunduntersuchung
Bergbaufragen
Gefahrstofferkundung
Rückbaukonzepte
Sanierungskonzepte
Verdichtungsüberprüfung
Versickerung

PÜG DIN EN ISO 9001

Baukauer Straße 46a
44653 Herne

fon (0 23 23) 92 74-0
fax (0 23 23) 92 74-30
E-mail: info@geotecALBRECHT.de
URL: www.geotecALBRECHT.de

INS INGENIEURGESELLSCHAFT mbH
H. Nordhoff   E. Schäpermeier

INS

Beratung - Planung - Ausschreibung
Überwachung-Energieberatung
VDI - VDE - FKT

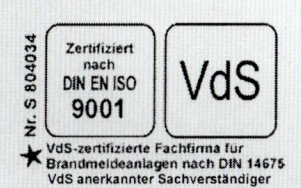

Haustechnik
Starkstrom-Nachrichten-
Blitzschutztechnik
Daten- und Netzwerktechnik
Lichttechnik
Gebäudeleittechnik
Sicherungsanlagen

An der Kleinmannbrücke 98
48157 Münster

Tel. 0251/9 32 06-0
Fax 0251/9 32 06-10

e-mail: info@ins-ms.de
Internet: www.ins-ms.de

Nr. S 804034 Zertifiziert nach DIN EN ISO 9001
VdS
VdS-zertifizierte Fachfirma für Brandmeldeanlagen nach DIN 14675
VdS anerkannter Sachverständiger

TOGO Heiz- und Trocknungssysteme nach Maß

50 Jahre TOGO 1955 – 2005

TOGO Bautrocknung Matter GmbH

Walter-Welp-Straße 32
44149 Dortmund

Telefon (02 31) 177 00 01
Telefax (02 31) 17 97 83

www.togo-germany.de
service@togo-germany.de

Leistungsspektrum:
- Bautrocknung
- Winterbaubeheizung
- Wasserschadenbeseitigung
- Entfeuchtung
- Estrichtrocknung
- Geruchsneutralisation
- Feuchtemessung
- Gerätevermietung
- Leckageortung
- Propangasverkauf

Ausführende Firmen   Anzeige

Experten in Sachen Elektrotechnik

☐ Individuelle Gebäudeplanung ☐ Alarm- und Brandmeldetechnik
☐ EIB-Gebäudesystemtechnik ☐ Wärmepumpen und Photovoltaikanlagen
☐ Aktive und Passive Netzwerktechnik ☐ Digitale Satellitenanlagen

elektro HERING GmbH
Gebäudesystemtechnik

Wir planen und arbeiten für Sie mit der Erfahrung von über 75 Jahren

Hauptstraße 77 58730 Fröndenberg
Tel. 0 23 78/91 00 35 Fax 0 23 78/13 40
info@elektro-hering.de www.elektro-hering.de

Ingenieurgesellschaft Thomas & Bökamp

Beratende Ingenieure im Bauwesen

- Objekt- + Tragwerksplanung im Hoch- + Ingenieurbau
- Objektplanung von Verkehrsanlagen
- Prüfung + Überwachung von Nachweisen zur Sicherung der Standsicherheit von Bauwerken
- Sanierungsplanung

48161 Münster	Im Derdel 13	Fon: 02534/610-0	Fax: 02534/610-222	E-Mail: info@thomas-boekamp.de
59759 Arnsberg	Lindenhof 9	Fon: 02932/53650	Fax: 02932/53652	E-Mail: arnsberg@thomas-boekamp.de

Zertifizierte Energieberater gemäß BAFA- Liste
SaSV für Schallschutz und Wärmeschutz
Sicherheits- und Gesundheitskoordination

Statik

Lederhose, Wittler
& Partner GbR
Tragwerksplanung

IBB GmbH
Ing. - Büro
bautechnischer
Brandschutz
Beratung Planung Montage Wartung

Rudolf-Diesel-Str. 8a • 59425 Unna
Tel.: 0 23 03 / 77 34 96 • Fax: 0 23 03 / 94 23 55
Mobil: 01 74 / 333 50 88
E-Mail: ib@brandschutz-gmbh
www.brandschutz-gmbh.de

- Abschotten von Elektroleitungen nach DIN 4102
- Beschichten von Elektroleitungen und Kabelstrassen
- J 30-J 90 und E 30 - E 90 Verkleidungen
- L 30 - L 120 Verkleiden von Lüftungskanälen
- Montage von Brandschutztüren
- Trockenbau
- Statik
- Umsetzung von Brandschutzkonzepten
- Verkauf von Brandschutzprodukten

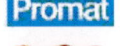

HENSEL
FOSECO KNAUF
HILTI
Promat

Anzeige · Ausführende Firmen

- Technische Gebäudeausrüstung
- Research & Consulting
- Tragwerksplanung
- Tiefbau & und Infrastruktur
- Facility Management

BRANDI IGH Ingenieure GmbH
48151 Münster
Dipl. - Ing. Reinhard Heinze
Scharnhorststraße 40
Telefon: (02 51) 8 71 11 - 0
Telefax: (02 51) 8 71 11 - 98
www.brandi-igh.de

Statik ist unser Produkt, Sicherheit die Basis und Wirtschaftlichkeit unsere Stärke!

Ingenieurbüro für Baustatik
Diplom-Ingenieur
Karl-Heinz Geldmacher BDB

Obermassener Kirchweg 45
59423 Unna
Tel. (0 23 03) 25 77 20
Fax. (0 23 03) 1 36 09
info@geldmacher-statik.de
www.geldmacher-statik.de

Stahlbau
Massivbau
Holzbau

- Elektroinstallation
- Beleuchtungstechnik
- Notstromversorgung
- Brandmeldetechnik
- Antennenbau
- Telekommunikation
- Sprechanlagen

ELEKTRO Jansen GmbH & Co. KG
seit 1919

Norbertstraße 22
48151 Münster
Telefon (0251) 39920-0
Telefax (0251) 39920-20
E-Mail: eljansen@muenster.de
Internet: www.elektrojansen.de

- Beratung
- Planung
- Ausführung
- Kundendienst

HAUS-BAU System GmbH

BERATUNG, PLANUNG, AUSFÜHRUNG UND ABWICKLUNG ALLER GEWERKE AM NEUBAU UND BEI SANIERUNGEN

BEHINDERTENGERECHTES BAUEN IST UNSER DING.

Hagener Straße 322
44229 Dortmund

... mehr Info:
☎ 73 29 56

Neumann@HAUS-BAU-System.de
www.HAUS-BAU-System.de

Ausführende Firmen — Anzeige

Paukstat HAUSTECHNIK

Paukstat GmbH & Co.
Haustechnik KG
59067 Hamm
Hafenstraße 22
Telefon 0 23 81/94 06 40
Telefax 0 23 81/9 40 64 29
post@paukstat-haustechnik.de
www.paukstat-haustechnik.de

UNSER LIEFERPROGRAMM:

- Garagentore
- Antriebe
- Feuerschutz-, Mehrzweck- & Sicherheitstüren
- Haustüren & Vordächer
- Industrietore
- Stahlbau
- Profil- & Formstähle
- Schweißarbeiten nach DIN 18800
- Betonstahl (geschnitten, gebogen, verschweißt nach DIN 4099)
- Baustahlgewebe

MOHS STAHLHANDEL • SCHWEISSFACHBETRIEB
TORE • TÜREN • BAUGERÄTE • ZÄUNE

Garagentore und Antriebe
Da stimmt einfach alles.
Die Optik, die Technik, der Komfort.

Klutestr. 2 • 59063 Hamm • Tel. (0 23 81)950 56-0 • Fax 950 56-42 • E-mail: info@mohs.de • www.mohs.de • **Hörmann-Stützpunkt-Lieferant**

G+H INNENAUSBAU

Die Innenausbauarbeiten beim Umbau der Volksbank Unna führte G+H Innenausbau aus.

- Moderne Decken-, Wand- und Bodensysteme
- Systemunabhängige Heiz- und Kühldecken
- Individuelle Lichtdecken und –wände
- Schlüsselfertigbau inklusive aller Fremdleistungen
- Brandschutz-Beratung
- Raumakustikmessungen
- Ausbaulösungen für Reinräume

Wir sind auch Ihr kompetenter Partner für Neubau, Sanierung und Modernisierung!

G+H Innenausbau GmbH | Gruitener Str. 23 | 40699 Erkrath-Hochdahl
Tel.: 0 21 04/9 43 96-0 | Fax: 0 21 04/9 43 96-690 | www.guh-bautec.de

---

Leiten | Orientieren | Informieren
Corporate Design für Innen und Außen

SCHILDERTEAM • 59425 Unna • www.schilderteam.de

80

Anzeige Ausführende Firmen

www.DREHER-ISOLIERTECHNIK.de

Meisterbetrieb für technische Isolierungen, Blechverarbeitung und vorbeugenden baulichen Brandschutz in Münster und Leipzig

seit 1929

G. Dreher GmbH
Gildenstr. 2c
48157 Münster-Handorf
tel.: 0251-143588
fax.: 0251-143580
Dreher.Isoliertechnik@t-online.de

Wärmeschutz Kälteschutz Schallschutz Brandschutz Umweltschutz

---

E13 PARTNER
Gebäudetechnik

Über 85 Jahre in Oberhausen

QUALITÄTS-MANAGEMENT
Wir sind zertifiziert
Regelmäßige freiwillige Überwachung nach ISO 9001

töller & steprath
Elektrotechnik

Beleuchtungsanlagen • Antennenanlagen •
Sprechanlagen • Satelliten- und Kabelfernsehen •
Mittelspannungsanlagen • Niederspannungsanlagen
• Schwachstromanlagen • Kundendienste •
Schneller Reparatureinsatz durch Mobilfunk

Elektrotechnik für Wohnungsbau,
Handel und Industrie
Beratung • Planung
Ausführung von Elektroinstallation

Klörenstraße 5-7 - 46045 Oberhausen - Tel. (0208) 8 20 26-0 - Fax (0208) 8 20 26-60 - Internet: toeller-steprath.de - e-mail: info@toeller-steprath.de
Notdienst: Mo. - Fr. von 16.00 - 20.30 Uhr, Sa. von 8.00 - 20.30 Uhr

Kältetechnik Ulf Berens

- **Kältetechnik**
- **Klimatechnik**
- **Lüftungstechnik**
- **Wärmerückgewinnung**
- **Wärmepumpen**

Höhenweg 94 • 46147 Oberhausen
Telefon: (02 08) 66 81 31 und 6 21 74 80
Telefax: (02 08) 6 21 74 81 • E-Mail: info@kaelte-berens.de

IBR Ingenieurteam für *Brandschutz* & Rettungswesen

➤ Risikoanalysen - Planungsberatung - Brandschutzkonzepte - techn. Bauleitung
➤ Linienleitpläne für Brandmelde- / Lösch- / Sprinkleranlagen
➤ Rettungswegpläne - Feuerwehreinsatzpläne

Rembrandtstraße 2   59423 Unna   fon: 02303 - 253477   fax. 02303 - 253479   www.ibr-brandschutzteam.de

Ausführende Firmen Anzeige

DIPL. ING. DIETER MICHEL
öffentlich bestellter Vermessungsingenieur

Mülheimer Straße 1 (Wasserturm)
46049 Oberhausen
Telefon (0208) 82 44 89-0
Telefax (0208) 80 13 36
eMail: vb.michel@t-online.de

Vermessungsbüro für:
- Katastervermessung
- Lagepläne
- Bestandspläne
- Gebäudevermessung
- Baubegleitende Vermessung
- Ingenieurvermessung
- Vermessungstechnische Gutachten

FRANKE & PARTNER — Sozietät für Organisationsarchitektur

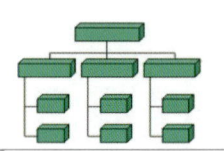

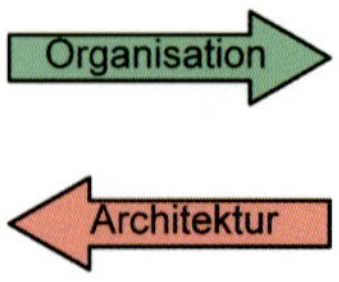

Optimierung der Verwaltungs- und Bürogebäudeorganisation
- kompetent und unabhängig
- planen und beraten
- seit über 30 Jahren

Horstkottenknapp 13
58313 Herdecke

Telefon: 02330/74074
Telefax: 02330/74076

E-Mail: info@franke-und-partner.de
Internet: franke-und-partner.de

Das Thema BRANDSCHUTZ bringt Sie ins Schwitzen?

Sie erhalten individuell abgestimmte Beratung in den Bereichen

- Brandschutzkonzepte
- Brandschutzbedarfspläne
- Betriebliche Brandschutzmaßnahmen

VSO BRANDSCHUTZ • INGENIEURBÜRO FÜR BRANDSCHUTZBERATUNG

Tel. 0 23 85 - 92 12 50
Fax 0 23 85 - 92 12 55

Am Bach 23
59069 Hamm

www.vso-brandschutz.de
info@vso-brandschutz.de

Unternehmensgruppe HAGEMO

HAGEMO Sprinkler GmbH
Ihr Brandschutzpartner

HAGEMO Sprinkler GmbH
Lanfermannteich 28
59192 Bergkamen
Telefon (0 23 07) 28 84 15
Telefax (0 23 07) 28 84 19
Mobil 0177-7573455
e-mail: info@hagemo.com
www.hagemo.com

TÜV CERT
DIN EN ISO 9001:2000
Zertifikat 01 100 052186

VdS-anerkannte Errichterfirma für Sprinkleranlagen Sprühwasser-löschanlagen

HAGEMO Ihr Brandschutzpartner — Brandschutz GmbH
Feuerlöscher • RWA-Anlagen
Wandhydranten • Brandmeldeanlagen
Alarmanlagen • Zutrittskontrolle
Sicherheitsbeleuchtung
Brandabschottungen • Löschwasser-
leitungen • Wasserlöschanlagen
Sonderlöschanlagen • Brandschutztüren

HAGEMO Ihr Brandschutzpartner — Sprinkler GmbH
Sprinkleranlagen
Sprühwasserlöschanlagen

Johann Lepper GmbH
Bau- und Möbeltischlerei / Trockenbau

Trockenbau
- hochwertige Deckenverkleidung
- Akustikdecken • Spritzputzdecken • Metalldecken • Holzdecken
- Wandkonstruktionen
- mit erhöhten Schallschutzanforderungen • mit Brandschutzanforderungen
- Wärmedämmung von Dachgeschossen

Johann Lepper GmbH
Ahlener Straße 170 • 59073 Hamm
Tel. 0 23 81/3 25 02 • Fax 0 23 81/67 36 70
info@lepper-gmbh.de • www.lepper-gmbh.de

Bau- und Möbeltischlerei
- Holzfenster
- Innentüren
- Einbaumöbel
- Carports
- Haustüren
- Holztreppen
- Massivholzmöbel

MAROHN AUFZÜGE
Neuanlagen Kundendienst
Mitglied der Vereinigung mittelständischer Aufzugsunternehmer e.V.
GAT Gemeinschaft Aufzugstechnik e.G.

Seit 1966 gibt es Marohn Aufzüge. Wir bieten vom klassischen Personenaufzug, über den individuell geplanten Panoramaaufzug bis zur Schwerlastindustrieanlage das ganze Spektrum des Aufzugbaus aus einer Hand. Heutzutage tritt immer mehr die Sanierung von Altanlagen und das Bauen im Bestand in den Vordergrund. Auch hier liefern wir von der Planungshilfe bis zur Montage kompetente Unterstützung. Selbstverständlich ist unsere Kundenbetreuung im 24-h Service zur Stelle. Unsere eigene Notrufzentrale lässt den Betreiber ruhig schlafen. Durch ständige Mitarbeiterschulungen bleibt unser Serviceteam immer auf dem neusten technischen Stand. Namhafte Kunden aus der Industrie und dem Krankenhausbetrieb setzen auf unser Know-how. Unser Service beschränkt sich hierbei selbstverständlich nicht nur auf unsere Anlagen, sondern gerade in der Wartung und Reparatur von Fremdfabrikaten liegt unsere Stärke. Das neuste Produkt ist ein Personenaufzug mit 150 mm Grube und 2750 mm Schachtkopf. Anfragen willkommen!

Marohn-Aufzüge GmbH • Siegenbeckstr. 3a • 59071 Hamm • Tel. 0 23 88/30 13 70 • Fax 0 23 88/30 13 77 • www.marohn-aufzuege.de • info@marohn-aufzuege.de

Anzeige

Ausführende Firmen

schemm SPEZIALBETRIEB
seit 1960
seit 45 Jahren in Unna

- Regenschlag
- Grundwasser
- Abdichtung von wasserführenden Dehnungsfugen
- Isolierung gegen Mauerfeuchtigkeit
- Holzschutz
- Hausschwammbekämpfung

Uelzener Weg 16 • 59425 Unna • Tel. (0 23 03) 2 53 12-0 • Fax 2 53 12-20

Fernsehen - HiFi Video - Electronic - Sat-Anlagen - Antennenbau - Videoüberwachung -

Fernseh NEUMANN

59423 Unna • Schäferstraße 34 • Telefon (02303) 21166 • Telefax (02303) 23626 • fernsehneumann@t-online.de

---

G & P Büroeinrichtungs GmbH

Hannöversche Straße 7-11
44143 Dortmund
Telefon: 02 31/5 31 14 30
Telefax: 02 31/5 31 15 35

JACKSON TORE TÜREN ANTRIEBE

Am Bauhof 41 • 48431 Rheine
Telefon 0 59 71/1 60 40 • Telefax 0 59 71/1 60 444
e-mail: info@jackson-tueren.de
http: www.jackson-tueren.de

SCHWEGMANN SPEZIALBÖDEN GmbH

...denn auf den Estrich kommt es an!

Am Goldhügel 31
48432 Rheine
Telefon 0 59 71/97 17-0
Telefax 0 59 71/97 17-17
info@schwegmann.de
www.schwegmann.de

- *Fugenlose Industrieböden*
- *ASSFALT (Bitumen)*
- *ASSPLAN (Kunstharz)*
- *ASSFLOOR (Beschichtungen)*

Ausführende Firmen Anzeige

Brandschutztechnik
HESSENKÄMPER
Hammer Straße 159 * 59425 Unna
Tel.: 02303/65888 * Fax: 02303/66189
e-mail: brandschutztechnik@hessenkaemper.de

Tragbare und fahrbare Feuerlöschgeräte
Wandhydranten- und Sprinkleranlagen
Brand- und Einbruchmeldeanlagen
RWA- und Feststellanlagen
Automatische Löschanlagen
Brandabschottungen

BAVARIA BRANDSCHUTZ

Ausführung von Schlosserarbeiten wie:
- Treppen- und Geländerkonstruktionen
- Vordächer
- Fenster, Türen und Tore
- Zäune und Gitter
- Sonnenschutz

- Reparaturarbeiten
- Schmiedearbeiten europäische Schweißfachbetrieb nach DIN 18800/7 Edelstahlarbeiten, ebenfalls nach o.a. Schweißnachweis

Metallgestaltung
STEINHAUS
Edelstahlarbeiten Schmiedekunst Bauschlosserei

Ausstellung & Werkstatt
Hombrucher Str. 59 • 44225 Dortmund (Hombruch)
Tel.: 0231 - 71 20 32 • Fax: 0231 - 77 27 23
www.metallgestaltung-steinhaus.de
info@metallgestaltung-steinhaus.de

Stuckateurbetrieb
Klaus Kukulies
Stuckateurmeister - Restaurator

An der Palmweide 60 - 44227 Dortmund
Tel: 0231/7519548 - Fax: 0231/752739
www.stuck-kukulies.de
mail@stuck-kukulies.de

Fachbetrieb für Denkmalpflege®

Stuckrestaurierung
Alte Techniken
Historische Putze
moderne Putze

Automatische Tür- und Toranlagen
Rolltore • Rollgitter • Garagentore
Service • Wartung • Montage

Willy Wietis Metallbau GmbH • Oberster Kamp 19 • 59069 Hamm
Telefon 0 23 85-6 84 86 • Fax 0 23 85-6 84 87
info@willywietis-metallbau.de • www.willywietis-metallbau.de

WW METALLBAU WILLY WIETIS GMBH

- Innen- und Außenputz
- Vollwärmeschutz
- Dachausbau
- Innenausbau
- Biolog. Wandbeschichtung
- Stahlrohrgerüst

Otte & Klein GmbH + Co. KG
Brennerstraße 3-5 • 44652 Herne
Tel.: 0 23 25/4 12 03 • Fax: 0 23 25/4 83 23
www.Otte-Klein.de

100 JAHRE SEIT 1901

Meisterhaft
Deutsche Bauwirtschaft

Im Blickpunkt

Online-Dienst für Bauen und Architektur

www.bauinsel.com – die Internet-Insel für alle Bauinteressierten / Unabhängiger, überregionaler Online-Dienst der Insel online GmbH, der Partnerfirma des WV-Verlages

Sie sind Architekt, Handwerker oder arbeiten in der Immobilienbranche und sind auf der Suche nach unabhängigen, überregionalen Informationen zum Thema „Bauen und Architektur"? Unter www.bauinsel.com finden Sie einen zentralen Internetdienst, der Ihnen als spezialisierte Plattform der Bau- und Architekturbranche viele wertvolle Hinweise frei Haus liefert.

Vielseitiges Internet-Angebot

Zum vielseitigen Angebot von bauinsel.com gehören aktuelle Infos und Service-Rubriken, wie z.B. „Karriere", „Finanzierung", „Projekte", „Recht", „Technik" „Termine" oder der monatlich erscheinende Newsletter. Unter den spezialisierten Verzeichnissen, einem weiteren Angebot von bauinsel.com, finden Sie schnell und übersichtlich Informationen zu Architekten, Baufirmen, Ingenieurbüros, Objekten u.v.m. – sortiert nach Firmenname oder Standort, ganz wie Sie möchten. Des Weiteren stehen Ihnen interaktive Internetmärkte zu den Bereichen „Immobilien" und „Büroräume" zur Verfügung.

Werden Sie aktiv

Auf der benutzerfreundlichen Internet-Plattform www.bauinsel.com haben auch Sie die einmalige Möglichkeit, sich gemeinsam mit Ihren Partnern vorzustellen. Durch bauinsel.com führen viele Wege zu Ihnen: Ihr Unternehmen kann u.a. durch die Objekte, die gebaut wurden, durch Ihre Anschrift, durch spezialisierte Verzeichnisse, durch die Partner, mit denen Sie gearbeitet haben, oder sogar durch Ihre künftigen Auftraggeber erreicht werden.

Vielleicht haben Sie ja schon eine Internet-Seite? Kein Problem: Durch die Vernetzung innerhalb unserer Plattform ist bauinsel.com die effektivste Lösung, Ihre Leistungen und Ihre Internet-Präsenz bekannt zu machen.

Ihre Vorteile bei bauinsel.com

- Ihr Unternehmen ist weltweit präsent: Ihre Präsentation im Internet kennt keine Grenzen – Sie brauchen Ihre Werbung nicht mehr zu versenden, denn unter www.bauinsel.com können Ihre Kunden sofort Ihre Referenzen einsehen.

- Ihr Unternehmen ist direkt erreichbar: Sie haben Ihre eigene Internet- und E-Mail-Adresse. Rund um die Uhr ist Ihre Firma durch das Internet erreichbar.

- Ihre Arbeit wird anspruchsvoll gestaltet: Hochqualitative Bilder und ein übersichtliches Design sorgen für eine beeindruckende Gestaltung.

- Ihre Arbeit wird von potenziellen Kunden entdeckt: Egal, ob durch unsere Verzeichnisse, unsere Internetmärkte oder eigene Werbung – Ihre Präsentation wird in jedem Fall optimal wahrgenommen.

- Gleiche Chancen für alle: Groß-, Mittel- oder Kleinunternehmen haben die gleichen Chancen im Internet. Ihre Internet-Homepage ist der ideale Weg für den Kundengewinn.

bauinsel.com für Architekten

Präsentieren Sie Ihre Zusammenarbeit mit Bauherren, Bauunternehmungen und Baufirmen. Erklären Sie die Philosophie Ihrer Objekte, und stellen Sie sich einen Internetkatalog mit Ihren Projekten zusammen, der für alle zugänglich ist.

bauinsel.com für Bauunternehmen

Unter www.bauinsel.com bieten wir Ihnen die Möglichkeit, die Konzeption und Realisierung Ihrer Objekte weltweit darzustellen. Zur Ausarbeitung dieser Präsentation stellt Ihnen die Insel online GmbH ggf. einen Webdesigner zur Verfügung. Um Ihre Projekte zusätzlich bekannt zu machen, wird Ihr Objekt auch auf den bauinsel.com-Internetmärkten sichtbar.

bauinsel.com für Handwerksfirmen

Unter www. bauinsel.com können Sie die Werbe-Wege zu Ihnen multiplizieren: Ihr Unternehmen kann durch die ausgeführten Arbeiten, durch Ihre Anschrift, über die spezialisierten Verzeichnisse oder durch die Partner, mit denen Sie gearbeitet haben, erreicht werden.

bauinsel.com für Immobilienmakler

Sie haben Objekte zu vermieten oder zu verkaufen und suchen einen effektiven Weg, Ihre Werbe-Investitionen zu optimieren? bauinsel.com bietet Ihnen Immobilien- und Bürointernetmärkte an, durch die Sie sich und Ihre Objekte vorstellen können. Auch Privatkunden oder Firmen, die Büroräume suchen, kommen auf unsere Internetmarktseiten, um Ihre Traumobjekte zu finden.

Ihr Partner: technisch und konzeptionell

Die Insel online GmbH – Partnerfirma des WV-Verlages – ist Ihr professioneller Ansprechpartner für Ihre Präsentation beim Online-Dienst bauinsel.com – egal, ob es sich um die Vorstellung Ihres Unternehmens und Ihrer Projekte oder um einen Werbebanner handelt. Doch die Insel online GmbH bietet Ihnen noch weit mehr: Sie entwickelt Ihre Firmen-Homepage und damit Ihren ganz persönlichen und auf Sie zugeschnittenen Auftritt im Internet. Die Insel online GmbH stellt Ihnen darüber hinaus Web-Lösungen vor, die die verschiedenen Aspekte der Kommunikation in Ihrem Unternehmen (Internet und Intranet) mit einbeziehen und die Verteilung der Informationen an jeden Ihrer Mitarbeiter organisiert.

Das Team der Insel online GmbH setzt sich aus einem Projektleiter, Designern, Programmierern, Redakteuren und IT-Spezialisten zusammen. E-Commerce-Solutions, IT-Consulting oder Global e-Marketing Strategies lauten weitere Schlagworte der abgerundeten Angebotspalette der Insel online GmbH. Testen Sie uns! Kontakt unter verwaltung@inselonline.com, Tel. 0 62 47/9 08 90-92 oder Fax 0 62 47/9 08 90-90.

Weitere Infos unter:
www.bauinsel.com

Gewerbebauten

Klare Architektur für modulare Konzeptionen

Drittes „Global Gate"-Gebäude an der Grafenberger Allee, Düsseldorf / BioMedizinZentrum Dortmund, 2. und 3. Bauabschnitt

Global Gate, Grafenberger Allee, Düsseldorf

Inmitten der Büromeile „Grafenberger Allee" in Düsseldorf ist das Global Gate entstanden, ein Bürokomplex mit über 33.000 m² Mietfläche. Auftraggeber des Projektes ist der Bonner Immobilienkonzern IVG. Die schlüsselfertige Erstellung erfolgte in drei Bauabschnitten. Die ar.te.plan GmbH wurde im April 2004 mit der Ausführungsplanung des 3. Bauabschnitts beauftragt.

Da in den kommenden Jahren nur wenige neue Büroflächen in den Markt gelangen werden, sieht das europäische Immobilienunternehmen IVG gute Vermarktungschancen für das neue Büroobjekt an der Grafenberger Allee. Die beiden ersten Bauabschnitte sind fast vollständig vermietet, obwohl der Düsseldorfer Büromarkt eine schwierige Phase durchläuft und insgesamt ein Überangebot herrscht. Der erste Abschnitt, die Grafenberger Allee 293, mit 10.000 m² Mietfläche wurde bereits vor Fertigstellung Anfang 2002 vollvermietet an einen offenen Immobilienfonds verkauft. Das zweite Gebäude, Grafenberger Allee 295, ist nach Fertigstellung 2003 inzwischen zu über 85 Prozent vermietet. Der 3. Bauabschnitt, der über eine Mietfläche von etwa 11.000 m² verfügt und damit für bis zu 500 Mitarbeitern Platz bieten wird, wurde jetzt in Angriff genommen.

Wie die schon fertig gestellten Gebäude des Bürokomplexes, wird auch der dritte Abschnitt des Global Gate flexibel und wirtschaftlich konzipiert. Konsequente Standardisierung einerseits wird mit individueller Gestaltbarkeit andererseits kombiniert. Der 3. Bauabschnitt des Global Gate kann komplett aber auch kleinteilig vermietet werden. Jede Büroform ist möglich: Zellenbüros an einer Längsseite des Gebäudes oder an beiden, Konferenzräume, Kombi-Lösungen, kleine oder große Arbeitszonen.

Das Thema der Globalisierung wird zur Schlüsselfunktion für zukünftige Unternehmensentwicklungen. Einen optimalen Ort für die Zusammenführung gleichartiger Interessen zu schaffen, liegt auf der Hand. Einen Ort, der den Unternehmen hilft, sich auf ihre Kernleistung zu konzentrieren und sich in einem Global-Network professionell einzubringen. Es erscheint sinnvoll,

Architektur des 21. Jahrhunderts bietet das Global Gate in Düsseldorf. Großzügig verglaste Fassaden erlauben Ein-, Aus- und sogar Durchblicke, die die einzelnen Baukörper in eine besondere Beziehung setzen (oben der 3. Bauabschnitt, 1. BA oben rechts und links)

Links: der Blick aus dem obersten Geschoss des 3. Bauabschnitts

sich hierbei mit Gleichgesinnten zu verbünden, um Repräsentation, Informationsbeschaffung, Administration, Aus- und Weiterbildung und Integration der Mitarbeiter gemeinsam unter optimiertem Zeit- und Kostenaufwand zu lösen. Professionelles internationales Business zu ermöglichen und zu unterstützen, ist die oberste Devise.

Das Global Gate ist für international tätige Unternehmen die Schnittstelle zu neuen Märkten. Das trifft sowohl für deutsche Unternehmen zu, die im Ausland ihre Geschäfte machen, wie auch für ausländische Unternehmen, die den deutschen oder europäischen Markt im Fokus ihrer Aktivitäten haben. Zielgruppe sind alle Unternehmen, die mit Produkten oder Dienstleistungen im internationalen Geschäft tätig sind oder Unternehmen, die für diese Zielgruppe Kernleistungen erbringen. Die Kommunikation mit leistungsstarker IT-Technologie, das Konferenz-Zentrum mit modernsten Medien und ein Casino mit anspruchsvoller Gastronomie schaffen die nötige Infrastruktur.

BioMedizinZentrum Dortmund

Als Interimslösung für das BioMedizinZentrum wurde bereits

Gewerbebauten

2001 vorab ein Gebäude auf einem Grundstück an der Emil-Figge-Straße mit einer Bruttogeschossfläche von 2.700 m² realisiert. Dieses in Containerbauweise errichtete Gebäude wird nach Fertigstellung der folgenden Bauabschnitte auf das jetzt aktuelle Grundstück an der Otto-Hahn-Straße umgesetzt und in die Bebauung integriert. Generalplaner war bereits hier die Assmann Beraten + Planen GmbH, wobei die Objektplanung von ar.te.plan erstellt wurde.

Der Erweiterungsbau des BioMedizinZentrums (BMZ) ist eines der Kompetenzzentren des Forschungsstandorts Dortmund. Auf rund 10.000 m² arbeiten hoch spezialisierte Firmen der Biomedizin-Branche. Die Produktpalette erstreckt sich u.a. auf Kleingeräte für Behandlung und Diagnose von Krankheiten, auf neue Medikamente und neue Analysemethoden.

Die Absicht des BMZ ist es, jungen Unternehmen sowie Start-ups aus den Bereichen Biomedizin, Bioinformatik, Proteomics (Genforschung zur Entwicklung neuer Medikamente) sowie Biomikrostrukturtechnik mietbare Laborflächen mit entsprechender Infrastruktur zu bieten. Darüber hinaus unterstützt das BMZ den Technologietransfer aus den wissenschaftlichen Einrichtungen der Region, fördert den interdisziplinären Austausch sowie die Zusammenarbeit unterschiedlicher Forschungs- und Entwicklungsbereiche.

Die Gesamtanlage ist kammartig organisiert und besteht aus einem Gebäuderiegel mit über-

Auch im Inneren des BioMedizin-Zentrums sind die Gebäude hell, freundlich und geradlinig gegliedert (unten). Die bisher entstandenen Bauabschnitte bilden ein respektables Bauvolumen (rechts)

Oben: die Laborgebäude des BioMedizinZentrums, die rückwärtig an den Büroriegel angefügt wurden.
Links: Zur Straße zeigt sich das Gebäude mit großen Glasflächen, die Durchblicke ermöglichen, und einem auskragenden, schwebend wirkenden Dach, das alle Gebäudeteile verbindet

wiegend Büronutzung sowie Gemeinschaftsbereichen, an welchen sich rückseitig bisher drei Laborgebäude angliedern. Mit der Umsetzung des Interimsgebäudes werden es dann vier Laborgebäude sein.

Städtebaulich fügt sich das Gebäude in die örtliche Situation ein. Gebäudeflucht, Proportionen, Materialität und der Umgang mit der Topographie korrespondieren mit dem angrenzenden Max-Planck-Institut.

Sämtliche Flächen werden an Firmen mit unterschiedlichsten Nutzungsprofilen vermietet. Deshalb besitzt das Gebäude ein hohes Maß an Flexibilität, sowohl hinsichtlich der Grundrissaufteilung als auch der technischen Ausstattung. Diese Randbedingungen erfordern eine modulare Vorgehensweise, sowohl bei der Planung als auch bei der Bauausführung. Einzelne Baukörper können zeitlich zurückgestellt und zu einem späteren Zeitpunkt realisiert werden.

Die modulare Konzeption sowie die Lage der Laborflügel wird in der Gebäudehülle entlang der Hauptstraße zum Ausdruck gebracht. Geschlossene Bauteile wechseln mit gebäudehohen, verglasten Einschnitten ab. Dies erlaubt den freien Blick von der Hauptstraße auf die hinter dem „Kammrücken" liegenden Laborgebäude. Als verbindendes Element dient ein durchgehendes und über dem Hauptflügel schwebendes Dach.

Objektplanung:
ar.te.plan architektur + technik, Dortmund

Generalplanung:
Assmann Beraten + Planen GmbH, Dortmund

Partner am Bau:
- Innenwelt Flächenbehandlung GmbH
- ISRW Institut für Schalltechnik, Raumakustik, Wärmeschutz Dr.-Ing. Klapdor GmbH
- DOKOM Gesellschaft für Telekommunikation mbH
- Tischlerei Karsten Lassek
- Franz Ernst GmbH & Co Bautenschutz KG
- RR-N Rohr- und Kanaltechnik Nitsche
- Ulrich Köster Malerbetrieb
- Siemens Building Technologies Zutrittskontrollsysteme
- Astroh Küchen GmbH & Co. KG ASTROH objekt

Ausführende Firmen Anzeige

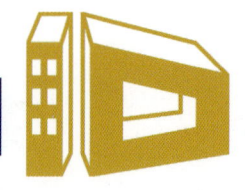

INNENWELT DOKTOR

Renovieren der 3. Art

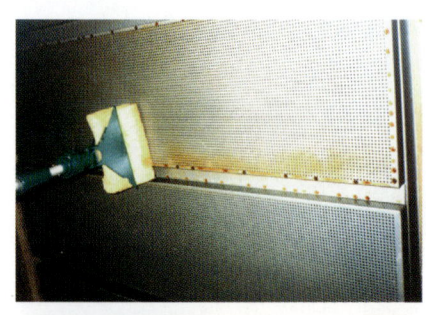

ID-System bedeutet den Einsatz dentaler Flüssigkeiten mit intelligenter Eigenentwicklung durch das Zusammenwirken mit dem Sauerstoff der Luft. Mit dem ID-System können von allen Oberflächen organische Verschmutzungen entfernt werden, ohne dabei die Untergründe kurz- oder langfristig zu schädigen. Selbst Tapeten und Decken (auch Odenwald-, Wilhelmi- oder Metalldecken) können nach unserer Methode behandelt werden.

Wir helfen unseren Kunden, Renovierungskosten und Zeit einzusparen, indem wir Bausubstanzen erhalten.

Innenwelt Flächenbehandlung GmbH Provinzialstraße 372 44388 Dortmund
Tel.: 02 31/69 36 06 /-16 Fax: 02 31/69 37 18 www.innenwelt-doctor.de ID@innenwelt-doctor.de

---

Beratungsleistungen und messtechnische Untersuchungen
für Neubauten und Sanierungsmaßnahmen

Institut für Schalltechnik, Raumakustik, Wärmeschutz
Dr.-Ing. Klapdor GmbH

ISRW

Kalkumer Straße 173 • 40468 Düsseldorf
Tel. (0211) 41 85 56-0 • Fax (0211) 42 05 11
info@isrw-klapdor.de • www.isrw-klapdor.de

Beratende Ingenieure VBI
Amtlich anerkannte Prüfstelle für Güteprüfungen nach DIN 4109
Zugelassenes Institut für Geräuschmessungen nach §§ 26, 28 Bundesimmissionsschutzgesetz

---

In welchem Team möchten Sie spielen:

- Hosting, Housing
- Standortvernetzung
- TK-Anlagen-Outsourcing
- Telefonanschlüsse
- VPN
- Internetzugänge

www.dokom21.de

DOKOM21

Anzeige Ausführende Firmen

Am neuen Standort soll durch unsere Ausstellung eine Vielzahl interessanter Detail- und Gesamtlösungen zum Thema „Inneneinrichtung" gezeigt werden.

Handelswaren aus dem TopaTeam Programm erweitern unser Leistungsspektrum, ohne dass wir auf die eigene Herstellung verzichten.

Unser Leistungspektrum:
- Küchen
- höhenangepasste Küchen für Kleine und Große oder Menschen mit Behinderungen
- Aufarbeitung von Küchen
- Möblierung von Bädern
- Renovierung und Neugestaltung von Inneneinrichtungen
- Treppen • Türen • Fenster • Reparaturarbeiten

Tischlerei Karsten Lassek
Meisterbetrieb
Rohwedderstr. 2a
44369 Dortmund

- Abdichtungen
- Betoninstandsetzungen
- Imprägnierungen
- Injektionen
- Balkonsanierungen
- Dekorböden
- Industriebodenbeschichtung
- Parkhaussanierung

FRANZ ERNST
gegr. 1900
GmbH & Co Bautenschutz KG

Feldstraße 83 · 45661 Recklinghausen
Tel. (0 23 61) 6 31 83 + 6 10 31 · Fax (0 23 61) 37 54 57
Internet: www.ernst-bautenschutz.de · E-Mail: hueppe@ernst-bautenschutz.de

---

ABFLUSS VERSTOPFT?

RR-N ROHR- UND KANALTECHNIK NITSCHE

Rohrreinigung:
- Beseitigung von Verstopfungen
- Entfernen von verfestigten Ablagerungen und einragenden Baumwurzeln
- Wartung - Dichtheitsprüfung - Sanierung

24 Std. kostenlose Rufnummer:
0800 65 00 100

TV-Inspektion:
- Zustandsuntersuchung
- Bestandsaufnahmen
- Rohrortung

Wir lassen Farbe zum Erlebnis werden

Ulrich Köster Malerbetrieb seit 1908
Hülsenbuschstraße 21
Hagener Straße 255 • 44229 Dortmund
Tel. (02 31) 73 68 68 • Fax (0231) 792 55 58
ulrich-koester@t-online.de

Öffentliche Bauten / Sanierung / Gewerbebauten

Gesichtswandel und Geschichtswandel

Sanierung der Bezirksregierung Münster mit geringer Nutzungsbeeinträchtigung / Neubau eines Kundenzentrums in Münster / Intelligente Lösung ermöglicht multifunktionale Aula in Marl / Loftlabore in Münster / Schulneubau in Gievenbeck

Bezirksregierung am Domplatz in Münster

Historische Dimensionen spiegeln sich im Gesicht unserer Zeit. Konzentration auf Essentials, Funktionalität, Zielfokussierung, Innovation und Verantwortung flankieren einen transparenten Mittelpunkt. In diesem demokratischen Forum der Bezirksregierung in Münster treten kommunale Öffentlichkeit und Regierungsverantwortung unmittelbar in Kontakt. Nach Plänen des Büros Kresing Architekten/Münster wurde das Gebäude der Bezirksregierung saniert, die Fassade neu gestaltet und die Eingangshalle neu konzipiert. Das Prinzip der Konstruktion für die Neugestaltung der Fassade wurde nach dem Gesichtspunkt entwickelt, Belästigungen durch die Baumaßnahme so gering wie möglich zu halten und die Dauer der Nutzungsbeeinträchtigung der an die Fassaden angrenzenden Räume auf ein Minimum zu reduzieren. Zu diesem Zweck wurden zunächst vertikale, vorwiegend auf Zug beanspruchte Stahlprofile mit Abstand vor die Fassade gehängt. Auf diese Weise entstand eine Stahlunterkonstruktion als Basis für die Montage der Fenster/Natursteinverkleidung, der Außenhaut und des Sonnenschutzes. Die Wärmedämmung konnte direkt auf die vorhandene Außenwand des Gebäudes aufgetragen werden, so dass der Zwischenraum zwischen Wärmedämmung und Fenster/Natursteinverkleidung als Hinterlüftungszone zur Verfügung stand. Mit dieser Vorgehensweise konnte, ohne das Gebäude zu betreten, die neue Fassadenkonstruktion einschließlich der Wärmedämmung montiert werden. Nach Abschluss der Fassadenmontage wurden die vorhandenen Fenster raumweise von innen her demontiert und der Zwischenraum der neuen Fassade und der alten Gebäudeaußenkante durch vorbereitete Formstücke verschlossen. Lediglich während dieser Arbeitsphase war die Nutzung der Innenräume gestört. Dachhaut und Außenwand der neu geschaffenen Eingangshalle werden durch eine Glashaut gebildet. Um die Erweiterung mit dem vorhandenen Eingangsbereich funktional zu verbinden, wurden die vorhandenen Stahlbeton-Wandstücke der alten Außenwand vom Erdgeschoss entfernt. Die Mauerpfeiler der Obergeschosse wurden in Höhe der Decke über dem Erdgeschoss durch neu einzubauende Stahlträger abgefangen.

Das Gebäude der Bezirksregierung präsentiert sich heute in einem modernen Outfit, dass unter minimalster Beeinträchtigung der Nutzung hergestellt wurde.

Bezirksregierung: Das Gebäude signalisiert Offenheit und Transparenz

Bezirksregierung: Die neue Fassade wurde unter dem Gesichtspunkt möglichst geringer Beeinträchtigung des Tagesablaufes der Mitarbeiter weitestgehend von außen errichtet

Neues Kundenzentrum Brillux in Münster

Mit dem Neubau eines Kundenzentrums und eines Bürogebäudes hat der Lack- und Farbenkonzern Brillux im Frühjahr 2005 seinen Stammsitz in Münster vergrößert. In einem eingeschossigen, über 1.000 m² großen Kundenzentrum können sich Handwerker, Industrie und Planer über Produkte informieren und ihren Materialbedarf decken. Das neue siebengeschossige Bürogebäude bietet Platz für bis zu 80 Mitarbeiter. Das Grundstück für das neue Kundenzentrum mit Bürogebäude liegt am nordöstlichen Ende des Firmengeländes. Die stumpf-dreiecksförmige Restfläche erhielt an der Spitze durch den 27 m hohen Turm einen eindeutigen Abschluss, der den Bürobereich in sich aufnimmt. Ihm vorgelagert und eine Verbindung zu der vorhandenen Bebauung schaffend, liegt der Neubau des Kundenzentrums wie eine lang gestreckte Box. Ein schwarzes Band vermittelt zwischen den beiden unterschied-

Öffentliche Bauten / Sanierung / Gewerbebauten

lichen Nutzungen und fasst die Gebäude zusammen. Die Farben Schwarz und Weiß greifen das Corporate-Design des Unternehmens auf. Der Entwurf von Kresing Architekten sieht eine klare Anordnung und Gliederung der unterschiedlichen Bereiche vor: das Kundencenter als „weiße Box", das Bürogebäude als „schwarzen Turm". Der markante Quader formuliert den Abschluss des Firmengeländes neu – er ist trotz des Autobahnzubringers mit erhöhter Straßenführung weithin sichtbar. Das flache Kundenzentrum nimmt die Höhen der vorhandenen Bebauung auf. Die beiden Neubauten besetzen nicht nur das Grundstücksende, sondern schließen auch vorhandene Lücken und verleihen dem gesamten Areal ein verdichtetes Gesamtbild. Das Bürogebäude markiert einen neuen Hochpunkt im Gebiet. Besonderes Kennzeichen des Turms ist seine Fassade aus schwarzen Melaminharzplatten und großflächigen Verglasungen. Nordost- und Südwestfassade sind vollständig mit den 1,80 m mal 3,60 m großen Platten verkleidet, Nordwest- und Südostfassade sind als Pfosten-Riegel-Konstruktion mit Schallschutzglas ausgeführt. An der Südostfassade sind in den Bereichen des Treppenhauskerns 70 Farbtafeln in den Abmessungen 3,50 m mal 1,10 m angebracht. Die von den Architekten vorgeschlagenen Farben zeigen einen Ausschnitt aus dem Farbsystem des Bauherrn.

Erweiterung Martin-Luther-King-Schule in Marl

Mit dem Erweiterungsneubau der Martin-Luther-King-Gesamtschule in Marl konnte in beispielhafter Zusammenarbeit zwischen Auftraggeber, Schulleitung und dem Architekturbüro Kresing aus Münster ein intelligent gegliedertes Gebäude mit lichtdurchfluteten Innenräumen und hohen städtebaulichen Qualitäten realisiert werden. Herzstück des Komplexes wurde das zentral gelegene, von umliegenden Klassenräumen umrahmtes Forum, das als Aula und Stadtteilzentrum gleichermaßen dient. Die Ursprünge dieser umfangreichen Planung reichen zurück bis ins Jahr 1994 als die Erweiterung der Schule von vier auf sechs Züge mit eigener Oberstufe genehmigt und gleichzeitig festgelegt wurde, dass auch die Schüler aus dem zweiten Standort der Schule im Stadtteil Drewer einbezogen werden. Ziel war es, die heterogene Struktur der Schule neu zu ordnen und zu einer funktionierenden Gesamtanlage an der Georg-Herwegh-Straße unterzubringen. Statt, wie ursprünglich angedacht, den Erweiterungsbau hinter dem Bestand zu verstecken, sah der Entwurf von Kresing Architekten einen demonstrativen Blickfang an zentraler Stelle vor. Der zur Georg-Herwegh-Straße zweigeschossige und nach Osten dem Charakter des abschüssigen Grundstückes entsprechend dreigeschossig ausgebildete Neubau nimmt die acht Unterrichtsräume, 13 Fachräume, Büros und Lehrerzimmer auf. Die intelligente Anordnung der Gebäudekörper ermöglichte zu dem eine zentral gelegene multifunktionale Aula für 300 Personen, ohne dabei das vorgegebene Gesamtbudget zu überschreiten. Schon von weitem besticht der als gemischte Stahlbeton-Sichtmauerwerkskonstruktion ausgeführte Neubau durch seine Offenheit und Transparenz. Als repräsentative Eingangssituation fungieren dabei die rhythmisch ge-

Brillux: Mit dem Neubau des Kundenzentrums vergrößert sich der Lack- und Farbenkonzern an seinem Stammsitz in Münster

Brillux: Der siebengeschossige Neubau bietet ca. 80 Mitarbeitern Platz

Martin-Luther-King-Schule: Der Erweiterungsbau war nötig, da die Schule auf sechs Züge plus Oberstufe erweitert wurde

Öffentliche Bauten / Sanierung / Gewerbebauten

gliederten Frontfassaden in Richtung Süden und Westen.
Statt die sonst übliche Trennung zwischen Schule und Umfeld fortzuführen, setzten die Architekten eindrücklich auf einen lebendigen Dialog, der gleichzeitig wichtige Impulse für neue Aktivitäten geben soll. Ein Ort, der Mauern einreißt also ganz im Sinne von Martin Luther King.

Max-Planck-Institut, Münster

Das Umfeld des Max-Planck-Institutes für molekulare Biomedizin in Münster ist geprägt durch universitäre Bauten im Stadtteil Münster-Gievenbeck. Die neuen Gebäude und Freiflächen sind eine gestalterische Einheit und bilden ein Feld architektonisch und landschaftlich gestalteter Plätze. Die Stanzung der Baukörper innerhalb dieser „Multilevel-Parks" bewirkt eine Verzahnung von Natur und Gebäude. Das topografische Spiel wird bis in die Innenbereiche geführt. Alle Gebäude binden sich über die einheitliche Grundkonzeption und Materialhaftigkeit und sind dennoch different und eigenständig. Gedeckte Verbindungswege schaffen kurze Bezüge zwischen den Funktionsgebäuden.

Martin-Luther-King-Schule: Die lichte Atmosphäre bietet eine umfangreiche Auswahl an Nutzungsmöglichkeiten

Die offene Struktur der Funktionseinheiten richtet sich zugleich streng funktional aus. Durch die Kombination der großflächig verglasten Außenwände und der offenen Laborstrukturen entstehen „Loftlabore". Diese offenen Laboreinheiten ermöglichen optimierte Funktions- und Arbeitsabläufe. Eindeutig ausformulierte Kommunikationszonen sorgen für den kritischen, aktiven Austausch zwischen den Wissenschaftlern. Die technische Infrastruktur wurde integrativer Bestandteil der Gesamtkonzeption des Architekturbüros Kresing und ermöglicht in Verbindung mit dem modularen Konstruktionsraster die flexible Anpassung an wechselnde Nutzungsanforderungen.

Freiherr-vom-Stein-Gymnasium, Münster

Der Neubau des Freiherr-vom-Stein-Gymnasiums in Münster-Gievenbeck stellt sowohl durch seine Einbindung in die Umgebung als auch durch das geforderte pädagogische Konzept eine besondere Herausforderung dar. Für den neuen Stadtteil Gievenbeck steht die Schule als signifikantes Bauvolumen mit zentraler Bedeutung. In der Höhe gliedert sie sich in die Vorstadtbebauung ein, flankiert von dem neben liegenden Kasernengebäuden zur einen Seite und den Wohnriegeln zu anderen. Der Baukörper der Schule ruht auf einem flachen Sockel, der sich aus der Freiflächengestaltung entwickelt. Das Gelände wird in differenzierte Felder und Bereiche aufgeteilt, die den verschiedenen Nutzungen entsprechen. Begleitend zur Dieckmannstraße befinden sich unter Baumdächern die Fahrrad- und PKW-Stellplätze. Diese dichten Baumgruppen werden immer wieder von kleineren Schneisen sowie dem Vorplatz unterbrochen, wodurch das Gebäude von der Straße in ständig wechselnden Sequenzen wahrgenommen wird.
Jeweils in der Verlängerung des Schulgebäudes liegen die Lehrgärten und die Kleinspielfelder. Sie zeigen sich als Stanzungen in der eingefassten Sockelplatte. Im Süden bildet eine wechselfeuchte Obstwiese den Übergang zur Auf-

Max-Planck-Institut: Die neuen Gebäude und Freiflächen bilden eine gestalterische Einheit

Öffentliche Bauten / Sanierung / Gewerbebauten

Freiherr-vom-Stein-Gymnasium: In Wellenbewegungen verläuft die Farbe Grün, die Konzentration fördernd, durch die Gebäudeteile

stellfläche der regionalen Schulbusse und zu dem zweiten PKW-Stellplatz. In der westlichen Grundstücksecke liegt der eingeschossige Bungalow der Hausmeisterwohnung. Nördlich überlagern sich die Leichtathletikanlagen mit dem „Grünen Finger".

Der Grenzstreifen zur Kaserne wird jetzt dazu genutzt, durch eine gestaltete Böschung den gebotenen Sichtschutz zu gewährleisten und einen attraktiven Abschluss der dort angrenzenden Pausenflächen zu bilden. Im weiteren Verlauf befinden sich die „Rollfläche" (Skaten) und der Streetballplatz. Vom Vorplatz an der Dieckmannstraße gelangt man über eine leichte Rampe in den großen Innenhof des Schulkomplexes und so auch auf das Sockelniveau. Hier zeigt sich rechter Hand die zweigeschossige Pausenhalle mit den Hauptzugängen; zur Linken leiten zwei eingeschossige Verbindungsflügel den Blick auf die großzügige Freitreppenanlage, die die Zuschauerränge der Vierfachsporthalle erschließt. Geradeaus blickt man durch den Speisesaal hindurch auf die dahinter liegenden Freianlagen. In der Verlängerung der Mensa schließt sich im östlichen Verbindungsbau der Ganztagesbereich an. Auf der anderen Seite befinden sich an zentraler Stelle das Hausmeisterbüro sowie der Schüleraufenthaltsbereich. Die Hoffläche erhält durch einen Solitärbaum eine besondere Atmosphäre. Am südlichen Ende des Schulhofs nimmt man die durch die verglaste Pausenhalle bereits die Aula wahr. Sie zeigt sich als zweigeschossiges Volumen, dessen besondere Bedeutung auch durch die höherwertige Wandverkleidung verdeutlicht wird. Im 1. Obergeschoss durchkreuzt die mit einer Freitreppe angebundene frei gespannte Brücke den Luftraum und ermöglicht neben der schnellen Erschließung auch Einblicke in die Pausenhalle und die Aula. In dem Veranstaltungssaal selbst dienen zwei Oberlichter der Entrauchung und dem Einfall von Tageslicht. An der Rückwand befinden sich die Bühne und dazugehörige Nebenräume. Das Entwurfskonzept von Kresing Architekten aus Münster sieht bewusst eine Einbindung in das pädagogische Konzept vor.

Planung und Entwürfe:
Kresing Architekten,
Münster

Partner am Bau:

- Imtech Deutschland GmbH & Co. KG Technische Gebäudeausrüstung
- ahw Ingenieure GmbH
- gantert + wiemeler ingenieurplanung
- SAL Planungsgruppe GmbH
- Essmann GmbH Licht, Luft, Sicherheit
- PMI Dipl.-Ing. Peter Mutard Ingenieurgesellschaft für Technische Akustik, Schall- und Wärmeschutz mbH
- Roxeler Ingenieurgesellschaft
- Hansen Ingenieure
- RÜTÜ Rüschenschmidt & Tüllmann GmbH & Co. KG
- Flora Marmor
- Wilh. Theilmeier Garten- und Landschaftsbau GmbH & Co. KG
- Föller GmbH Heizung – Sanitär
- Hubert Riesenbeck Bauunternehmung GmbH & Co.
- Heinrich Würfel Metallbau
- Herber & Petzel GmbH & Co. KG Kälte, Klima, Elektro, Licht, Luft
- THK GmbH Frei- und Verkehrsanlagen, Rückbau
- Wienker & Terdenge GbR Kälte- und Klimatechnik
- Schlering GmbH Heizung, Sanitär, Elektro
- Dieter Friedrichs GmbH Dach und Wand
- Kerkhoff GmbH Technische Gebäudeausrüstung
- Münsterländer Heinzelmännchen Garten- und Landschaftsbau GmbH
- Calor Heizungstechnik GmbH
- Schindler Aufzüge und Fahrtreppen GmbH, Geschäftsbereich Neuss
- ITAB GmbH Ingenieurbüro für technische Akustik und Bauphysik
- Siemens Building Technologies Zutrittskontrollsysteme
- Metallbau Lamprecht GmbH
- AGS Weckermann & Partner Ingenieurbüro für Baustellenkoordination, • Arbeitssicherheit und Gesundheitsschutz
- Norbert Post, Hartmut Welters Architekten & Stadtplaner BDA/SRL

Freiherr-vom-Stein-Gymnasium: Für den Stadtteil Gievenbeck entstand ein signifikantes Gebäude mit zentraler Bedeutung
Fotos: Christian Richters, Münster

Ausführende Firmen　　　　　　　　　　　　　　　　　　　　　　　　　　　　　　　　　　Anzeige

Technische Gebäudeausrüstung aus einer Hand

Imtech Deutschland GmbH & Co. KG ist der führende technische Gebäudeausrüster und Dienstleister in Deutschland und realisiert alle Leistungen mit eigenen Mitarbeitern aus einer Hand. Imtech denkt nicht in Gewerken, sondern handelt in Systemen. Das Objekt, seine Nutzung, seine Energieeffizienz, seine Wirtschaftlichkeit und Zukunftssicherheit als Ganzes verstehen und mit individuell zugeschnittenen und integrierten Lösungen auszustatten ist die Imtech-Stärke, die in namhaften Projekten und Referenzen eindrucksvoll unter Beweis gestellt wird.

Für den Neubau des „Max-Planck-Institutes" in Münster hat Imtech die folgenden Leistungen erbracht:
- 10 kV Schaltanlage/Trafos
- 0,4 kV Schaltanlage
- Netzersatzaggregat
- Erdungs- und Blitzschutzanlage
- Kabelträgersysteme
- Doppelböden
- Betoneinlegearbeiten
- Kabel, Leitungen
- Installationsrohrsysteme
- 0,4 kV-Verteilungen, Rangierverteiler
- Installationsgeräte
- LON Komponenten
- Leuchten und Lampen
- Sicherheits-, Haussignaltechnik
- Schwachstrom-Verkabelung
- Verkabelung Gebäudeautomation
- Außenbeleuchtungsanlagen
- Brandmeldeanlagen

Imtech verfügt über umfassende Fachkompetenzen in der mechanischen und elektrischen Infrastruktur von Gebäuden und komplexen Anlagen. Für besondere Aufgabenstellungen haben sich innerhalb der Imtech Spezialbereiche gebildet, die schwerpunktmäßig kundenspezifische Systemlösungen in den Bereichen Energieeffizienz, Sicherheit, Kommunikation und Umwelt entwickelten.

Imtech-Leistungen:
- Wärme- und Kältetechnik
- Luft- und Klimatechnik
- Sanitärtechnik
- Brandschutztechnik
- Elektrotechnik
- Gebäudeautomation und Sicherheitstechnik
- Telekommunikations- und Netzwerktechnik
- Gebäudemanagement und Service

Imtech-Spezialitäten:
- Kraftwerks- und Energietechnik
- Contracting
- Forschung und Entwicklung
- Projektentwicklung
- Sanieren im Bestand
- Reinraumtechnik
- Umweltsimulation und Prüfstandtechnik
- Schiffbau/Dockbautechnik

Imtech Deutschland
GmbH & Co. KG
Region West
Am Luftschacht 20
D-45307 Essen

Tel.: +49(0)201 85 92-0
Fax: +49(0)201 85 92-1 99

essen@imtech.de
www.imtech.de

best in technical **performance**

Imtech

Anzeige

Vom Stein Gymnasium, Münster, Architekt: Kresing

Zukunftsorientiertes Bauen braucht Freiraum für mehr architektonische Möglichkeiten und wirtschaftliche Lösungen bei der Baukostenoptimierung. Hierfür bündelt ahw das gesamte Know-how der Tragwerksplanung und schlägt den Bogen vom Massivbau bis zur Kompositstruktur.

ahw

Tragwerksplanung
FEM / CAD
Bauphysik
Projektsteuerung

ahw Ingenieure GmbH
Hauptsitz Münster
Gildenstraße 2h
D-48157 Münster
Tel. +49 251 14134-0
Fax +49 251 14134-50
muenster@ahw-ing.com
www.ahw-ing.com

ahw Ingenieure GmbH
Niederlassung Halle/Saale
Emil-Abderhalden-Str. 19
D-06108 Halle/Saale
Tel. +49 345 47881-83
Fax +49 345 47881-85
halle@ahw-ing.com
www.ahw-ing.com

⊕ Sicherheit und Wirtschaftlichkeit als tragfähige Grundlage der Architektur bei ganzheitlicher Betrachtungsweise

⊕ **g**antert
wiemeler
ingenieurplanung

Beratende Ingenieure
für das Bauwesen

Fachingenieure für
Tragwerksplanung

48155 Münster, Krögerweg 17
Tel. 02 51/6 26 34-0
Fax 02 51/6 26 34-34

e-mail: zentrale@gwiMS.de
http://www.gwiMS.de

SAL

Interdisziplinäres Arbeiten für hervorragende Lösungen -
Landschaftsarchitektur mit der SAL Planungsgruppe !

SAL PLanungsgruppe GmbH   Hansaring 25   48155 Münster   fon: 0251 / 68648-0   fax: 0251 / 68648-29   info@sal-planungsgruppe.de   www.sal-planungsgruppe.de

Ausführende Firmen   Anzeige

ESSMANN

TAGESLICHTTECHNIK
☐ ESSMANN®-Lichtkuppeln
☐ ESSMANN®-Lichtbänder
LÜFTUNGSTECHNIK
☐ ESSMANN®-Rauch- und Wärmeabzugsanlagen
RAUCHSCHUTZ-SYSTEME
☐ ESSMANN®-Multi-Sicherheitssysteme
☐ ESSMANN®-Anschlußtechnik
FLACHDACHENTWÄSSERUNG
☐ ESSMANN®-Dachgullys

△ LICHT ○ LUFT ■ SICHERHEIT

Essmann GmbH
Postfach 32 80 • D-32076 Bad Salzuflen
Telefon (0 52 22) 7 91-0 • Fax (0 52 22) 79 12 36
www.essmann.de • info@essmann.de

Gesamtes Spektrum der Bauphysik gefragt

Der Neubau des Max-Planck-Instituts für vaskuläre Biologie in Münster bot die Gelegenheit, aufgrund der unterschiedlichen Nutzungen, wie Wohnen, Tierhaltung, Labor- und Verwaltungsbereich, unser know-how einzubringen, das wir uns bei zahlreichen Büro-, aber auch Wohngebäuden, Hotels, Industriebauten, Schulen, Studios für Rundfunk und Fernsehen und vielen anderen Bauvorhaben in mittlerweile fast 25 Jahren erworben haben. Bei den 4 Gebäuden waren wir vom Entwurf bis zur Ausführungsplanung dabei. Unsere Leistungen umfassten neben der Erstellung der öffentlich-rechtlich geforderten Schall- und Wärmeschutznachweise auch Beratungsleistungen zum Schallschutz zwischen und innerhalb der unterschiedlichen Nutzungseinheiten sowie zur Thermischen Bauphysik bis hin zu Spezialaufgaben, wie der Raumakustik des Hörsaals und der Schwingungsisolierung von Elektronenmikroskopen. Es wurden aufwändige thermische Gebäudesimulationen für die Büroräume sowie der großflächig verglasten Eingangshalle durchgeführt und dadurch die Sonnenschutzmaßnahmen optimiert.

Wir bedanken uns beim Bauherrn für das uns entgegengebrachte Vertrauen und wünschen dem Nutzer viel Erfolg bei den anstehenden Forschungsaufgaben.

PMI®

Dipl.-Ing. PETER MUTARD
Ingenieurgesellschaft
für Technische Akustik,
Schall- und Wärmeschutz mbH

Ottostraße 94 · 85521 Ottobrunn
Telefon 089 – 60 60 69-0
Fax 089 – 60 20 45
www.pmi-ing.de · info@pmi-ing.de

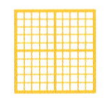

Roxeler Ingenieurgesellschaft

Ingenieurgesellschaft für das Bauwesen

Otto-Hahn-Str. 7
48161 Münster
Fon: (02534) 6200-0
Fax: (02534) 6200-32
E-Mail: mail@roxeler.de

Eschstr. 1
48565 Steinfurt
Fon: (02551) 8367-0
Fax: (02551) 8367-10
E-Mail: mail@roxeler-st.de

Internet: www.roxeler.de

Fachingenieure für:
- Tragwerksplanung
- Baustoffprüfwesen
- Baugrundgutachten
- Bauwerkserhaltung
- SIGEKOordination

HANSEN INGENIEURE
Bauphysik • Akustik • Schallschutz
Planung • Beratung • Gutachten

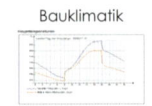

Bauakustik Raumakustik Bauklimatik Wärmeschutz Geräuschimmissionsschutz

Als unabhängiges Beratungsbüro liegen unsere Aufgaben in der:
- Erstellung von Fach- und Planungsgutachten
- Ausarbeitung von Gerichts- und Schiedsgutachten
- Durchführung von Simulations- und Prognoseberechnungen sowie messtechnischer Untersuchungen
- Planung, Baubegleitung und Kontrolle von Bauprojekten in unseren Fachgebieten
- Durchführung von Energieberatungen und Gebäudediagnosen

Lise Meitner Str. 5-9 42119 Wuppertal Telefon 0202/9468787 Telefax 0202/9468790 E-Mail: info@Hansen-Ingenieure.de Internet: www.Hansen-Ingenieure.de

Anzeige　　　　　　　　　　　　　　　　　　　　　　　　　　　　　　　　　　Ausführende Firmen

Rüschenschmidt & Tüllmann GmbH & Co. KG
Borkstraße 9-11 • 48163 Münster
Fon (02 51) 7 80 05-0 • Fax (02 51) 7 80 05-38 • www.ruetue.de • info@ruetue.de

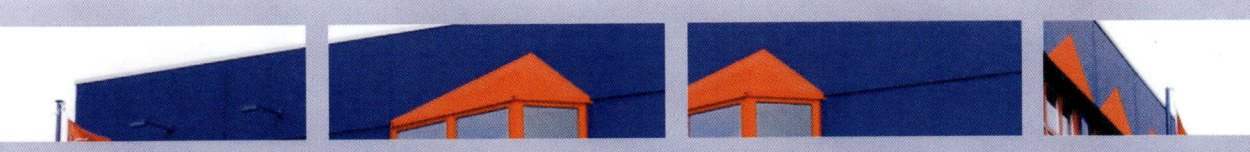

RÜTÜ

FACHKOMPETENZ IM GESAMTEN PROGRAMM

- Werkzeug, Maschinen, Betriebseinrichtung, Industriebedarf
- Fensterbeschlag für Metall, Holz, Kunststoff
- Baubeschlag für Metall, Holz, Kunststoff
- Halbzeuge, Bleche
- Möbelbeschlag, Oberflächentechnik
- Bauchemie, Befestigungstechnik
- Sicherheitssysteme, Zutrittskontrolle
- Automatiktüren, Rettungs- und Fluchtwegtechnik
- Bauelemente, Tore und Torantriebe

---

flora marmor

Coermühle 4a · 48157 Münster · Telefon 02 51/26 50 23 · Telefax 02 51/2 65 02 40
www.flora-marmor.de · flora-marmor@t-online.de

Ausführung der gesamten Arbeiten aus Marmor – Granit – Natur- und Betonwerkstein · im Innen- und Außenbereich.
Wir fertigen nach Ihren Wünschen

♦ Fensterbänke ♦ Stufenbeläge ♦ Bodenplatten ♦ Wandverkleidungen ♦ Fassaden ♦ Fliesen
♦ Platten für die individuelle Bad- und Küchengestaltung

---

theilmeier
Garten & Landschaftsbau

Wir gestalten Gärten und Landschaften

Wilh. Theilmeier Garten- und Landschaftsbau GmbH & Co. KG
Kleikamp 14 · 48351 Everswinkel-Alverskirchen · Tel. 0 25 82/66 17-0 · Fax 0 25 82/66 17 23 · theilmeier@theilmeier.de · www.theilmeier.de

---

Komfort & Technik

Zwei, die sich mögen. Die komfortable Heizung, das harmonisch elegante Bad und anspruchsvolle Technik sind heute kein Luxus mehr. Ästhetik in Form und Farbe gehören ebenso zum Standard wie beste Qualität bei Heizungsanlagen, Sanitäreinbauten und -geräten. Damit wir uns wohlfühlen in unserem Zuhause. Dem Handwerk vertrauen.

48301 Nottuln
Liebigstraße 10 · ☎ (0 25 02) 9 40 90
48155 Münster
Martin-Luther-King-Weg 38 · ☎ (0251) 609580

www.foeller-gmbh.de

FÖLLER
HEIZUNG · SANITÄR

Ein Team und mehr...

Ausführende Firmen Anzeige

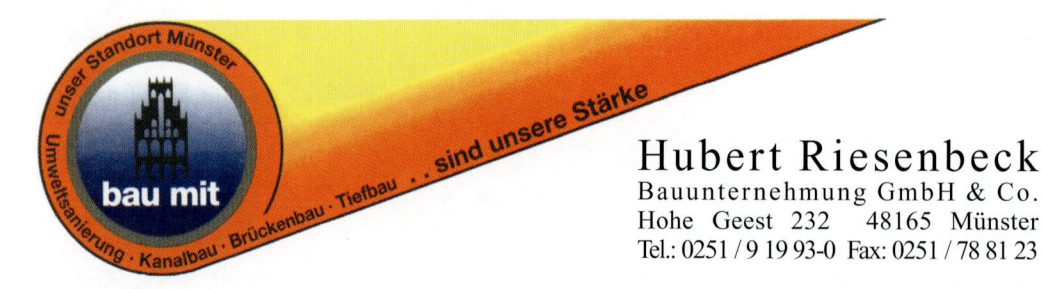

Hubert Riesenbeck
Bauunternehmung GmbH & Co.
Hohe Geest 232   48165 Münster
Tel.: 0251 / 9 19 93-0 Fax: 0251 / 78 81 23

Ihr Fachunternehmen für: Sanierung und Erstellung von Abwasserkanälen
Ausführung von Brückenbauarbeiten
Abbrucharbeiten, Rammarbeiten

Qualität und gewissenhafte Ausführung der uns übertragenen Arbeiten ist für uns selbstverständlich!

Heinrich Würfel Metallbau
Am Brodberg 3
36205 Sontra

Metall-/Glasfassaden Aluminiumfenster/-türen Sonderkonstruktionen

Freiherr-vom-Stein-Gymnasium, Münster 2005

Telefon 05653-9787-0
Fax 05653-9787-97
eMail info@hw-sontra.de
www.hw-sontra.de

... mit uns können Sie bauen!

Kälte·Klima·Elektro·Licht·Luft

HERBER & PETZEL
KÄLTE·KLIMA·ELEKTRO·LICHT·LUFT

GmbH & Co. KG · SEIT 1901
GILDENSTR. 2A · 48157 MÜNSTER
POSTF. 46 01 60 · 48072 MÜNSTER
TEL. 02 51/9 87 20-0 · FAX 9 87 20-33
Email: info@herber-petzel.de

Die Geschäftsfelder **Landschaftsbau, Straßen-, Tiefbau**
und **Rückbau** werden kontinuierlich ausgebaut.
Unsere Unternehmensbereiche verbinden sich zu einem
umfassenden Leistungsangebot.
Wir begleiten unsere Kunden von der Planung bis zur Umsetzung
gewerkeübergreifend und beherrschen die erforderlichen
Prozesse, übernehmen Verantwortung
- auch bei Spezialaufgaben.

Einige Beispiele finden Sie unter **www.thkbau.de**
- wir freuen uns auf Ihren Besuch!

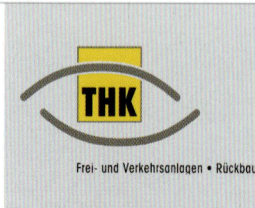

THK
Frei- und Verkehrsanlagen · Rückbau

Niederlassung Münster
THK GmbH
Wilkinghege 42
48159 Münster
Tel.: 02 51 26 33 20
Fax: 02 51 26 33 22 2

info@thkbau.de
www.thkbau.de

Anzeige Ausführende Firmen

Wienker & Terdenge

Kälte- u. Klimatechnik

- Kühlzellen
- Klimaanlagen
- Kühlmöbel
- Gefrieranlagen
- Wärmerückgewinnung

Beratung - Verkauf - Kundendienst
Haus Uhlenkotten 24 b · 48159 Münster
Telefon 02 51/2 10 03 80 · Telefax 02 51/2 10 03 81
email: Kaelte@Wienker-Terdenge.de · www.wienker-terdenge.de

DAIKIN — Klima vom Besten

VIESSMANN KÄLTETECHNIK

Schlering GmbH

Heizung · Sanitär · Elektro

Albersloher Straße 10
48317 Drensteinfurt-Rinkerode
Telefon 0 25 38/93 11-0
E-Mail: info@schlering.de
Internet: www.schlering.de

Roofs and Dreams

Dieter Friedrichs GmbH   48565 Steinfurt - Tel. 02552-4427

DACH u. WAND

www.friedrichs-dach.de

Als regionaler Komplettanbieter der technischen
Gebäudeausrüstung planen, beraten, erstellen
und modernisieren wir die technische Ausstattung
von Gebäuden aller Art im öffentlichen und privaten
Auftrag, energetisch optimiert, auf technisch hohem
Niveau, innovativ, zukunftsorientiert und termingerecht.

Bevergerner Strasse 10   Telefon: 05454 / 9349-0
48477 Hörstel-Riesenbeck Telefax: 05454 / 934925
info@kerkhoff-haustechnik.de

Heizungstechnik	Lüftungstechnik	Klimatechnik
Sanitärtechnik	Elektrotechnik	MSR-Technik
Beratung	Planung	Koordination

KERKHOFF GmbH

Münsterländer Heinzelmännchen

Garten- u. Landschaftsbau GmbH

Wir planen, bauen u. pflegen der Umwelt zuliebe

Hohenhorst 89 · 48341 Altenberge · Tel. 0 25 05/25 15 · Fax 0 25 05/38 28
E-Mail: ms-heinzelmaennchen@t-online.de · www.ms-heinzelmaennchen.de

Ausführende Firmen

Anzeige

Calor
Heizungstechnik GmbH

Schloßstraße 1 • 48336 Sassenberg
Telefon 0 25 83/91 94 94 • Telefax 0 25 83/91 94 95
e-mail: calor-sassenberg@t-online.de • www.calor-heizungstechnik.de

Solar - Sanitär - Lüftung - Planung - Industrie

▶ Produktinfo

Schmutzfangmatten als Designobjekte

Die tritt jeder gerne mit Füßen

(djd/pt) Gäste ignorieren sie gerne – trotz Straßenschuhen –, und selbst Haus- oder Wohnungseigentümern fallen sie nur noch beim Saubermachen auf: Fußabtreter fristen die meiste Zeit ein unbeachtetes Dasein. Das ist bedauerlich, denn neben ihrer unzweifelhaften Nützlichkeit können diese auch ein echter Hingucker sein. Mit ein paar pfiffigen Ideen lassen sich nämlich mit solch einer Schmutzfangmatte noch vor der Haustür stilvolle, persönliche Akzente setzen. Ein flotter Spruch oder ein nettes Bild in die Matte eingearbeitet, verleihen dem Eingangsbereich eine fröhliche Note.

Wie so etwas funktioniert? Einfach online gehen und unter www.mattendesigner.de den persönlichen Fußabtreter kreieren. Ob Farbe, Schrift, Symbol oder Text, hier kann alles nach Belieben auf einer virtuellen Matte ausprobiert und arrangiert werden. Dem Ideenreichtum ist kaum eine Grenze gesetzt. Auch ein vorhandenes Logo oder Wappen kann man auf Wunsch einfügen. Auf diese Weise wird ein fader Fußabtreter rasch zum individuellen Designobjekt. Die Bestellung erfolgt ebenfalls online.

Die Matten des Herstellers Amm überzeugen natürlich nicht nur durch ihr Aussehen, sondern auch durch ihre qualitative Verarbeitung: Der Flor ist aus strapazierfähigem High-Twist-Nylon gearbeitet, das viel Schmutz aufnehmen kann und Feuchtigkeit schnell wieder abgibt. Die Unterseite der Matten besteht aus Nitrilgummi. Er sorgt für planes und sicheres Liegen auf allen Böden.

Mehr als nur ein Fußabtreter: Die Design-Matten setzen stilvolle Akzente

Öffentliche Bauten

Fröhliche Farbigkeit und keine geraden Linien
Das „Ronald McDonald Hundertwasserhaus" im Grugapark in Essen

Kaum jemand weiß, dass das bekannte Fast-Food Unternehmen McDonald´s sich um schwer erkrankte Kinder und ihre Angehörigen kümmert. Die McDonald's Kinderhilfe gGmbH mit Sitz in München hat 2004 die STRABAG AG mit dem Bau dieses Hauses für Angehörige schwer kranker Kinder beauftragt, das einem zur Südseite hin eingefallenen Vulkan nachempfunden ist. Die Idee und der letzte Architektenentwurf stammen vom Wiener Maler und Grafiker Friedensreich Hundertwasser; die Generalplanung übernahm die Springmann Architektur GmbH, Plochingen.

Der unebene Boden und die eingebuchteten Stufen erwecken den Eindruck als gehe man auf einem ausgetretenen Waldweg. Die Innen- und Außenwände sind uneben und händisch verputzt. Alte, eingeschlagene Nägel an den Fassaden ermöglichen durch die unterschiedlichen Witterungsverhältnisse eine optische Langzeitgestaltung. Das Untergeschoss ist teilweise eben zugänglich. Die innere Erschließung erfolgt über ein Haupttreppenhaus, Nebentreppen, eine Brücke sowie einen Aufzug. Das Gebäude umfasst 17 Appartements und eine Hausleiterwohnung. Eine Gemeinschaftsküche, Bibliothek, Fernseh- und Konferenzraum, ein Spiel- und ein Kaminbereich befinden sich im Untergeschoss. Im 3. Obergeschoss sind ein Wohlfühlbad und Fitnessraum mit Sonnenterrasse realisiert worden. Der Turm beherbergt im 4. Obergeschoss einen Meditationsraum. Die Außenanlagen wurden mit einem Teich sowie Grün- und Parkflächen verschönert.

Die Hundertwasser-Architektur mit ihrer außergewöhnlichen Farbigkeit sowie ihren an- und abschwellenden Formen gibt diesem Zufluchtsort für Familien mit schwer erkrankten Kindern einen Rahmen, der die Betroffenen von dieser Krisensituation ablenken kann. Auch im Inneren ist das Gebäude ganz auf die Bedürfnisse von Kindern zugeschnitten und mit der entsprechenden Einrichtung versehen.

Generalunternehmer:
STRABAG AG, Köln

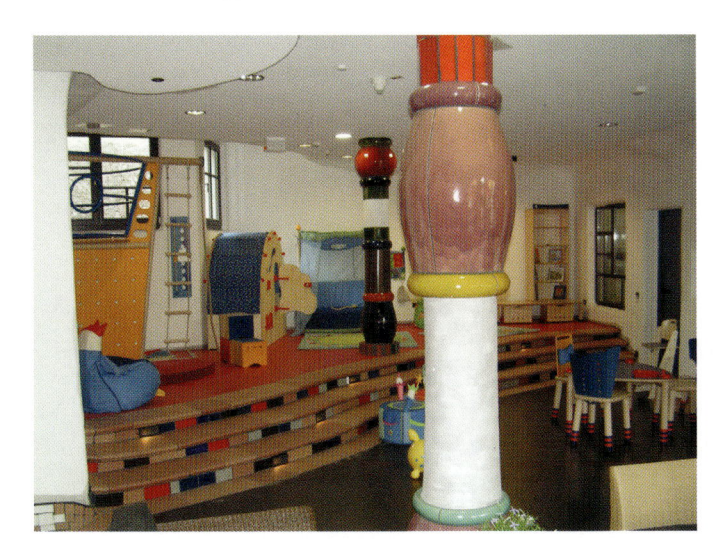

101

Gewerbebauten

Neubau ersetzt den „Langen Oskar"
Neuer Gebäudekomplex der Sparkasse Hagen als Teil der „Neuen City Hagen"

Sparkassenkarree in Hagen

In zentraler Lage inmitten der Hagener Innenstadt baute die Sparkasse Hagen einen neuen Gebäudekomplex, mit dem sie nicht nur in Hagen neue Impulse setzt. Dort, wo bis zum März 2004 noch das 98 m hohe Sparkassenhochhaus stand, dass von den Hagener Bürgern liebevoll der „Lange Oskar" genannt wurde, entstand das neue Sparkassenkarree. Dieses völlig andere Sparkassengebäude repräsentiert mit neuen Funktionen die Sparkasse in der Innenstadt von Hagen und gilt als Teil des Projektes „Neue City Hagen" einer in dieser Art beispiellosen Umgestaltung der Innenstadt von Hagen. Es integriert sich nicht nur durch seine Offenheit in das neue Stadtgefüge, sondern fasst vor allem durch die neue Schrägstellung des Baukörpers die Raumkanten des entstanden Körnerplatzes.

Die Realisierung basiert auf einem Architekturwettbewerb, bei dem im Jahre 2002 der Entwurf des Architekturbüros Prof. Bremmer-Lorenz-Frielinghaus (BLFP) als Sieger hervorgegangen ist. Er sah einen 5-geschossigen innerstädtischen Block, bestehend aus einem Atriumhaus und zwei L-förmigen Baukörpern, vor. Das 125 m mal 50 m große Gebäude bildet mit seiner transparenten und höhengestaffelten Fassade zum Körnerplatz eine durchlässige Ladenzone, die sich als Filterschicht zwischen die Kundenhalle und den Körnerplatz legt. Durch die Auflösung der Fassade zum Körnerplatz und die damit verbundene Öffnung der Sparkasse zur Stadt findet eine Erweiterung des Außenbereiches in das Gebäude statt, womit ein neuer Anfangs- und Endpunkt der Fußgängerzone definiert wird.

Neues Sparkassenkonzept

Das neue Sparkassenkonzept sieht vor, die in 22 m Höhe glasüberdachte Kundenhalle, durch die Gestaltung mit Bäumen, Grünflächen und einem Wasserlauf, zu einem Marktplatz und damit zu einem Teil der Hagener Innenstadt auszubilden. Neben den Flanier- und Verweilbereichen vor den Läden beinhaltet sie aber vor allem die unterschiedlichen Bereiche für Bankgeschäfte.

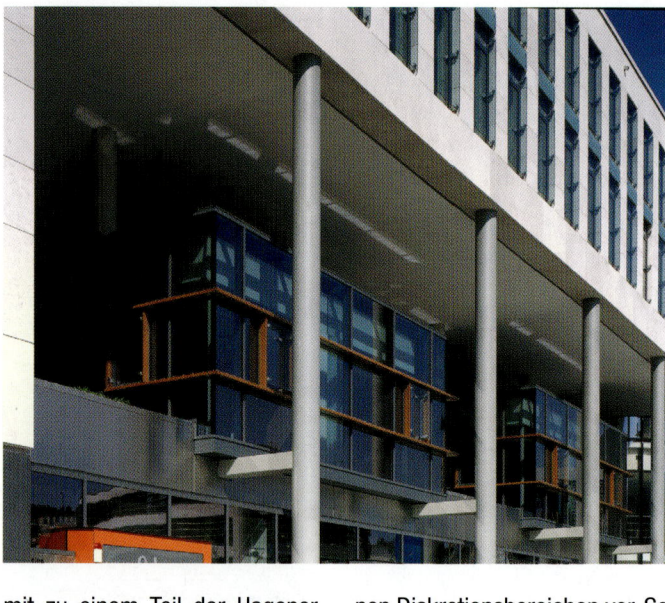

Die Einrichtungsplanung des Büro bkp kolde kollegen sieht mit Hilfe der Möbeleinbauten und der in verschiedenen Höhen abgehängten von unten beleuchteten Segel die Zonierung von einzelnen Diskretionsbereichen vor. So kann auf die jeweiligen Bedürfnisse und Anforderungen der Kunden reagiert werden, und die ungestörte Abwicklung des Bankgeschäfts ist sichergestellt.

Planung und Entwürfe:
BLFP Prof. Bremmer Lorenz Frielinghaus, Friedberg

Partner am Bau:
- bkp kolde kollegen planung GmbH
- Prangenberg & Zaum GmbH Abbruch und Rückbau
- Hasper Glas- und Gebäudereinigung GmbH & Co. KG Hannig & Co.
- Dobler Metallbau GmbH
- Arbeitsgemeinschaft Sparkasse Hagen Adolf Lupp GmbH + Co. KG - Gustav Epple Bauunternehmung GmbH - ABB Gebäudetechnik AG
- Dipl.-Ing. Klaus-Peter Gentgen Beratender Ingenieur
- Ingenieurbüro Bild Beratende Ingenieure VBI
- htc-projekt GmbH Ingenieurbüro für Gastronomie
- Fischer + Oelze Elektrotechn. Anlagen GmbH
- Bosch Sicherheitssysteme GmbH

Anzeige Ausführende Firmen

bkp kolde kollegen
InnenArchitektur | Generalplanung **bkp**

Mehr über unsere Arbeit erfahren Sie im Internet unter
www.bkp-planung.de oder telefonisch unter 0201 827 67-0

P&Z

Wir schaffen Platz für die Zukunft

Prangenberg & Zaum GmbH
Abbruch und Rückbau
Asbest- und Brandschadensanierung
Containerdienst
Industrieverschrottung und Recycling
Schadstoffsanierung

Postfach 11 09 36
40509 Düsseldorf
Tel.: 0211- 50 33 33
www.PundZ.de

Lager:
Vorster Straße 3-5
41748 Viersen
Tel.: 02162 - 93 22 - 0
Fax: 02162 - 93 22 - 50

Containerdienst:
Vorster Straße 74
41748 Viersen
Tel.: 02162 -93 89 - 10
Fax: 02162 -93 89 - 116

DA DEUTSCHER ABBRUCHVERBAND

Hasper Glas- und Gebäudereinigung
Industriegebiet Lennetal

Ende des vorigen Jahrhunderts wurde unser Unternehmen gegründet. Durch viele Generationen gereift, sind wir zu einem sach- und fachgerechten Unternehmen herangewachsen. Mit Aufmerksamkeit haben wir die Entwicklung moderner Verfahrenstechniken und die Weiterentwicklung wirksamer Produkte verfolgt und uns zu eigen gemacht, so dass es für uns keine Reinigungsprobleme gibt.

**Hasper Glas- und Gebäudereinigung GmbH & Co. KG
Hannig & Co.**

Rohrstraße 2
58093 Hagen
Tel. 02331 - 55061
Fax 02331 - 50754
info@hannig-werner.de
www.hannig-werner.de

High-Tech-Fassaden aus einer Hand

Foto: Stefan Schilling

Wir gratulieren zu dem prägnanten Neubau und freuen uns, dass wir die Fassaden der Sparkasse Hagen errichten durften. Anspruchsvolle Architektur verwirklichen wir zuverlässig, kompetent und innovativ mit perfekten Systemen und Technologien für qualitätsbewusste Bauherren und Architekten, wie

Siemens OvM München, Architekt Richard Meier New York
Flughafen München, Architekt Koch & Partner, München
BMW FIZ München, Henn Architekten, Ingenieure
DKV Köln, Architekt Jan Störmer, Hamburg
ARCOR Eschborn, Architekt Jo Franzke, Frankfurt
KfW Frankfurt, Architekt RKW Frankfurt
OLG Hamm, Bau- und Liegenschaftsbetrieb NRW, Soest
CC-Bank, Mönchengladbach, Architekt HPP, Düsseldorf

Dobler Metallbau GmbH

Dobler Metallbau GmbH
Hansastraße 15, 80686 München, Tel. 0 89/57 09 24-0, Fax 0 89/57 09 24-40
info@dobler-metallbau.com, www.dobler-metallbau.com

Ausführende Firmen Anzeige

ARGE baut Sparkasse Hagen in der Innenstadt

Die Firmen Adolf Lupp GmbH + Co. KG, Nidda, Gustav Epple GmbH, Stuttgart, sowie ABB Gebäudetechnik AG, Herne, wurden als Arbeitsgemeinschaft von der Sparkasse Hagen, vertreten durch die DAL-Bautec Projektmanagement und Beratung GmbH, Mainz, mit dem Neubau der Sparkasse Hagen, Körner Straße 26, 58095 Hagen beauftragt. Das neue sechsgeschossige Gebäude (incl. Kellergeschoss und Dachaufbauten) der Sparkasse gliedert sich in ein Atriumhaus sowie zwei L-förmige Baukörper und liegt in der Innenstadt Hagens. Die Baukörper setzen sich jeweils aus 13,05 m breiten Riegeln zusammen, die durch ihre tragende Fassade eine lichte Bürotiefe von 5 m ermöglichen. Mit nur einer Mittelstütze und dem Gebäuderaster von 2 m ist das Innere flexibel und erfüllt damit die zukünftigen Anforderungen an die Flexibilität in der Raumaufteilung der Sparkasse. Das Untergeschoss umfasst die gesamte Größe des Baufensters und enthält eine TG mit 147 Parkplätzen, den Tresor, die Lagerflächen und die Technikbereiche. Als das Herzstück der Sparkasse ist die Kundenhalle auch durch die vorgelagerten Verkaufsflächen vom Körnerplatz aus sichtbar.

Sparkasse Hagen: Der sechsgeschossige Neubau liegt in der Hagener Innenstadt

Firmendarstellung ABB
Die Geschichte von ABB (Asea Brown Boveri) ist zugleich ein Stück Technikgeschichte. Seit über 100 Jahren treiben die Mitarbeiter mit ihren Erfindungen die technische Entwicklung entscheidend voran.
ASEA und BBC – diese Namen tauchen in der Chronik der Wissenschaft immer dann auf, wenn es um die Erzeugung, Verteilung und Nutzung von Strom sowie um Industrie- und Gebäudetechnik geht. Jahrelang standen die beiden Unternehmen im Wettbewerb und maßen sich mit Produkten, Projekten und Patenten. Im Jahr 1988 bündelten ASEA und BBC dann ihre Kräfte und fusionierten zur ABB AG mit Sitz in Zürich. Interessante Einblicke in die Technikgeschichte, insbesondere von BBC/ABB in Deutschland, erhalten Sie per Internet unter der Seite: www.abb.de.

Firmendarstellung EPPLE
1909 formt der Baumeister Gustav Epple aus der ehemaligen Dietrichschen Zimmerei in Stuttgart-Degerloch die Gustav Epple Bauunternehmung. Seiner Philosophie folgend, hat das Unternehmen sich stets flexibel auf Marktanforderungen und Kundenwünsche eingestellt. So entwickelte sich mit neuen Ideen und zukunftsweisenden Techniken der klassische Rohbauer zu einem renommierten Baudienstleister.
Die Wurzeln wurden allerdings nie ganz vergessen: Zimmermannsaxt und Mauerwerk im Firmenzeichen dokumentieren noch heute vom jahrzehntelangen Kerngeschäft: der Verbindung von Holz- und Massivbau.

Adolf Lupp GmbH + Co. KG
Bauunternehmen
Alois-Thums-Straße 1–3
63667 Nidda
Tel. 0 60 43/80 71 77
Fax 0 60 43/80 71 71
www.lupp.de

Gustav Epple Bauunternehmung GmbH
Heinestraße 37
70597 Stuttgart
Tel. 07 11/76 93-0
Fax 07 11/7 69 33 32
www.gustav-epple.de

ABB Gebäudetechnik AG
Langekampstraße 36
44652 Herne
Tel. 0 23 25/58 81 00
Fax 0 23 25/58 81 10
www.abb.de

Anzeige   Ausführende Firmen

Weltweit tätiges Bauunternehmen aus Nidda

Als mittelständisches Bauunternehmen ist die Firma Lupp auf allen Sparten des Hoch-, Tief-, Ingenieur- und Schlüsselfertigbaus mit einem angegliederten Fertigteilwerk tätig. Der Hauptsitz mit Fertigteilwerk befindet sich in Nidda. Einschließlich der Niederlassungen in Berlin, Merseburg und Marktheidenfeld sowie der ausländischen Büros beschäftigt das Unternehmen derzeit ca. 400 Mitarbeiter.

Die Auslandsabteilung unterhält Büros in Accra (Ghana), Belize und Haiti (Mittel-Amerika). Hier arbeitet das Unternehmen seit 1977 erfolgreich, unter anderem in der Ausführung von Infrastrukturprojekten wie Hafenbauanlagen, Brücken, Krankenhäusern, Wasseraufbereitungsanlagen, Hallen und Verwaltungsgebäuden. Ebenso werden Tochtergesellschaften in Osteuropa sowie im Nahen Osten unterhalten.

"Le Meridien": In sehr kurzer Zeit wurde die Brandschutzsanierung im Altbau des Hotels und im Untergeschoss des Neubaus durchgeführt

Das angegliederte Tochterunternehmen OSW verfügt über besondere Kompetenz bei Beton-Tragwerk-Konstruktionen in Fertigteilbauweise. Die Produktion erfolgt unter ständiger Qualitätskontrolle und garantiert gleich bleibend höchste Betonqualität. Auch in diesem Bereich kann ein Gesamtkonzept von der Planung bis zur schlüsselfertigen Erstellung angeboten werden.

Parkhotel „Le Meridien"

Dem Bauunternehmen Lupp wurde die Aufgabe gestellt, in einer sehr kurzer Zeit die Brandschutzsanierung im Altbau des Hotels und im Untergeschoss des Neubaus durchzuführen. Dabei musste sichergestellt werden, dass während der gesamten Sanierungsmaßnahmen im Neubau des Hotels der laufende Betrieb durch den Verbindungsgang zum Untergeschoss des Altbaus weiter fortgeführt werden kann. Lupp übernahm die Überarbeitung sämtlicher haustechnischer Leitungsdurchgänge durch Brandabschnitte, gemäß Brandschutzsachverständigen-Konzept. Dazu mussten in allen Zimmerfluren und Bädern sowie allen Fluren die abgehängten Decken beseitigt und anschließend zum Teil unter Brandschutzgesichtspunkten erneuert werden. Außerdem wurden blanke Stahlträger mit Promat verkleidet oder beflockt, die Eingangstüren der Zimmer erneuert und die Flure an Wand und Decke neu tapeziert. Auf dem Dach des Europasaals im 1. OG wurde ein 22 t schweres Lüftungsgerät entfernt und durch ein neues, 3 t schweres Gerät ersetzt.

Unter www.lupp.de sind weitere Projekte des Unternehmens näher beschrieben.

Sparkassen Hagen: Innenhof des Neubaus der Sparkasse Hagen

Ausführende Firmen   Anzeige

DIPL.-ING. KLAUS-PETER GENTGEN — Beratender Ingenieur

von der SIHK zu Hagen öffentlich bestellter und vereidigter Sachverständiger für Schäden an Gebäuden sowie die Bewertung von bebauten und unbebauten Grundstücken

- Beweissicherungen
- Immobilienbewertungen
- Mietgutachten
- Bauschadensgutachten
- Tragwerksplanung inkl. Ausführungszeichnungen
- Bauphysikalische Planung (Wärme- und Schallschutz)
- Energetische Bewertung von Gebäuden (Gebäudeenergiepass, KfW-CO2-Berechnungen)

Marienstraße 1 · 58095 Hagen   Telefon (0 23 31) 2 85 98 · FAX (0 23 31) 24 21 2   E-Mail: buero.kp.gentgen@t-online.de

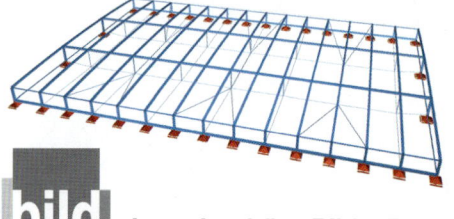

Wir sorgen für Standsicherheit
...z.B beim Neubau der Sparkasse Hagen...

Ihre Partner für
Tragwerksplanung • Prüfung • Überwachung
Instandsetzung • Energieberatung • Bauphysik

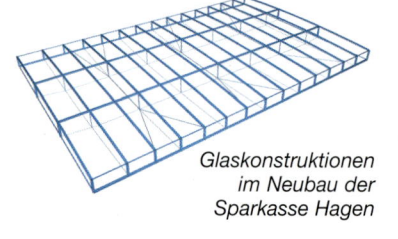

Glaskonstruktionen im Neubau der Sparkasse Hagen

Ingenieurbüro Bild • Beratende Ingenieure VBI
58093 Hagen • Emster Straße 25 • Telefon 0 23 31/5 50 05 • Besuchen Sie uns unter **www.drbild.de**

---

htc-projekt GmbH

GF: Dipl.-Ing. Albert Fädrich
Goergesheideweg 138 · 40670 Meerbusch
Telefax 0 21 59/91 17 73 · Mobil 0171/6 53 33 56
info@htc-projekt.de · www.htc-projekt.de

Ingenieurbüro für Gastronomie
Planungsbüro für Gewerbliche Gastronomie

ELEKTROTECHN. ANLAGEN GMBH

FISCHER +OELZE

Eilper Str. 88 • 58091 Hagen
Telefon 0 23 31/7 94 33 • Telefax 0 23 31/7 59 49
k.fischer@fischer-oelze.de

Planung und Durchführung von:
- Stark- und Schwachstromanlagen
- Alarm- und Brandmeldeanlagen
- elektr. Fußbodenheizung
- Solartechnik
- Sat/Kabelfernsehen/DVB-T
- Datennetze

▶ Produktinfo

Schluss mit dicker Luft: richtig lüften und sparen

(djd/pt) Schaut man sich die Preise für Heizöl und Erdgas an, so ist es kein Wunder, dass Energiesparen oberste Priorität hat. Thermisch isolierte und hermetisch dichte Fenster, hervorragend isolierte und dichte Außenfassaden bürgen dafür, dass die Wärme im modernen Haus bleibt. Klingt gut, hat aber einen Nachteil: Im Gegensatz zu älteren Gebäuden, bei denen die Luft durch undichte Fenster und Außenmauern entweichen konnte, ist der Luftaustausch in modernen Häusern minimiert. Die Folge sind häufig Feuchtigkeit, Schimmelbildung und schlechte Luft in den eigenen vier Wänden. Doch Energiesparen und gute Luft schließen sich keineswegs aus, wie das Lüftungssystem von Aereco (Infos unter www.aereco.de) beweist.

Die Anlage erkennt selbst, wann, wo und wie viel Bedarf an frischer Luft besteht, und spart so Energie. Über Zuluftelemente strömt die frische Luft in den Wohnbereich, in den so genannten Ablufträumen wie Küche, WC oder Bad wird die verbrauchte Luft über Abluftelemente abgesaugt. Dass die Luft in die richtige Richtung strömt und die gesamte Wohnung kontrolliert gelüftet wird, gewährleistet ein zentraler Ventilator.

Foto: djd/Aereco GmbH

Gewerbebauten

Genauigkeit von 0,5 mm auf ca. 200 m Länge

Neubau der ICE-Werkstatthalle der Fahrzeuginstandhaltung, Krefeld. Dreigleisige Industriehalle mit einem Gebäudenebentrakt musste sich aus Denkmalschutzgründen der gesamten Werksanlage anpassen

In der für Projekte dieser Art in Deutschland bisher einmaligen Bauzeit von zwölf Monaten gelang es, die 252 m lange und 41 m breite Werkstatthalle in Skelettbauweise zu verwirklichen

Die Deutsche Bahn AG konzentriert ihre Instandhaltungskapazitäten für sämtliche Zugkonfigurationen der ICE-Flotte im Werk Krefeld. Den Auftrag zum Bau der dafür benötigten dreigleisigen Industriehalle erhielt die Züblin Niederlassung Duisburg. In der für Projekte dieser Art in Deutschland bisher einmaligen Bauzeit von zwölf Monaten gelang es, die 252 m lange und 41 m breite Werkstatthalle in Skelettbauweise (umbauter Raum 126.130 m³) zu verwirklichen.

Die dreigleisige Werkstatthalle mit einem Gebäudenebentrakt, in dem die Räume der technischen Gebäudeausrüstung, Lagerräume und Nebenwerkstätten sowie Sozialräume untergebracht sind, entstand schlüsselfertig auf einer Teilfläche von ca. 25.000 m². Die Abnahme erfolgte termingerecht Ende September 2003. Eine neue Be- und Enttankungsanlage wurde in den Zugzuführungsbereich vor der Halle eingebunden, die Werkstatthalle an die Gleis- und Verkehrsanlagen des DB-Werkes in Krefeld angeschlossen. Die Halle musste sich aus Denkmalschutzgründen der gesamten Werksanlage anpassen. Die Arbeiten wurden zur vollen Zufriedenheit der Deutschen Bahn AG erbracht, wobei der hohe Qualitätsstandard der Ed. Züblin AG besonders hervorgehoben wurde.

Die Gebäudehülle wird im Wesentlichen aus wellenförmigen Alu Blechen an den Längswänden, einer Vormauerschale im Bereich der Giebelwände und des Haupteinganges sowie einer Dacheindeckung mit Glattblechen gebildet. Die Dachhaut selbst besteht aus gewölbten Aluminiumblechen. Für die Belichtung der Halle sorgen umlaufende Fensterbänder, Öffnungen in den Falttoren sowie die in der Dachfläche angeordneten Lichtbänder mit den notwendigen Rauchabzugsklappen. Der Bodenbelag besteht aus einer ableitfähigen Epoxidharzbeschichtung auf einem kunststoffmodifizierten Verbundestrich.

Der vertragstechnische Teil der haustechnischen Arbeiten bezog sich für Züblin ausschließlich auf die Funktionalität des Gebäudes. Für weitergehende Anforderungen, wie z.B. die Schaffung eines Prüffeldes, wurden die notwendigen Komponenten durch den Bauherrn selbst beigestellt und installiert. Die Beheizung der Werkstatthalle erfolgt über Deckenstrahlplatten und Deckenlufterhitzer. Die Wasserversorgung umfasst die Sanitärbereiche und die Feuerlöschschränke. Die Druckluftzentrale versorgt diverse Arbeitsplätze innerhalb der Halle sowie den Antrieb für die Falttoranlagen. Die besondere Herausforderung in der Haustechnik lag im Umfang der einzubauenden Materialmengen und deren überwiegende Montage im Dachbereich. Allein für die Heizungsanlage mussten ca. 5.500 lfdm Rohrleitungen verlegt werden.

In der Halle sind drei Gleise (1A–1C) verlegt, die in unterschiedlicher Funktion, z.B. als elektrisches Prüffeld und Messgleis für alle ICE-Generationen oder für messtechnische Überprüfungen, eingesetzt werden. Alle Gleise mussten mit einer Genauigkeit von 0,5 mm auf ca. 200 m Länge verlegt werden! Für Arbeiten im Dachbereich von HGV-Zügen sind zwei Gleise mit durchgehenden Dacharbeits-Laufstegen ausgerüstet. Weiterhin gibt es für Arbeiten auf den Fahrzeugdächern eine fahrbare Dacharbeitsbühne mit Absturzsicherung als ein Hän-

Die dreigleisige Werkstatthalle mit einem Gebäudenebentrakt entstand schlüsselfertig auf einer Teilfläche von ca. 25.000 m²

gebahnsystem mit eigenem Schwenkkran. Alle diese Arbeitsbühnen sind an den Stahlfachwerkbindern aufgehängt. Die gesamte Hallenlänge wird von einer mehrteiligen Zweiträgerdeckenkrananlage mit Laufkatzen in Kurzbauweise bestrichen. Die Krane können untereinander gekoppelt werden zur Überfahrt von einer Kranbahn auf die benachbarte. Alle drei Gleise sind mit Hebebockanlagen ausgerüstet, die sowohl Einzelwagen als auch ganze Zugbestände anheben können.

Für Arbeiten auf den Dächern existiert eine fahrbare Dacharbeitsbühne mit Absturzsicherung als ein Hängebahnsystem

Generalunternehmer:
Ed. Züblin AG,
Niederlassung Duisburg

Partner am Bau:
- Buschenhofen + Partner GmbH Brandschutzsysteme

107

Gewerbebauten

Hotelneubau in Gelsenkirchen pünktlich fertig

Das Hotel Courtyard by Marriott ist komfortable Herberge – auch nach der Fußballweltmeisterschaft

Eröffnung rechtzeitig zur Fußballweltmeisterschaft

Nach knapp einem Jahr Bauzeit öffnete pünktlich im April 2006 das Hotel Courtyard by Marriott in Gelsenkirchen seine Pforten. Der zwölfgeschossige Neubau liegt zwischen dem alten Parkstadion und der Veltins-Arena. Er schließt sich westlich an das „medicos.AufSchalke Gesund zur Form" (ReHa-Klinik) an, zu dem es einen direkten Zugang erhielt. Die von den Architekten KKP Kiemle Kreidt und Partner, Düsseldorf, entworfene unverwechselbare Architektur des Hotels wird in Zukunft Gelsenkirchens Gäste aus nah und fern anziehen und einladend beherbergen. Die rund 200 Zimmer haben ihre Feuertaufe rechtzeitig zur Fußballweltmeisterschaft bestanden. Mit den angeschlossenen Konferenz- und Wellness-Bereichen, dem Restaurant, der Bar und der Lobby waren sie ein bevorzugtes Domizil in der Rhein-Ruhr-Region.

Von den rund 200 Zimmern sind fünf als Suiten ausgebaut. Insgesamt steht eine Fläche von rund 16.000 m² zur Verfügung, die mit ihrer Ausstattung eine Bereicherung des Hotelgewerbes in Gelsenkirchen und Umgebung sind. Das Hochhaus hat eine Höhe von 43 m über dem Gelände und begrüßt von weitem schon seine Gäste.

Mit Großprojekten hat die über 100-jährige mittelständische Freundlieb Bauunternehmung fundierte Erfahrung und konnte so eine termingerechte Ausführung fest zusagen.

Hotel Courtyard by Marriott: Rund 200 komfortable Zimmer stehen in Gelsenkirchen seit der Eröffnung zur Verfügung

Der zwölfgeschossige Neubau liegt zwischen dem alten Parkstadion und der Veltins-Arena

Bauherr:
Hotelgesellschaft „Berger Feld" Gelsenkirchen GmbH & Co. KG, Bochum

Planung und Entwurf:
KKP Kiemle Kreidt und Partner Planungs- und Baubetreuungs GmbH, Düsseldorf

Generalunternehmer:
Freundlieb Bauunternehmung GmbH & Co. KG, Dortmund

Partner am Bau:
- WB Trockenbau GmbH
- Martin Reigers Putz- und Stuckgeschäft
- Kopka Brandschutztechnik
- Tacke + Lindemann Baubeschlag- und Metallhandel GmbH + Co. KG
- A. &. R. Gimbel GbR Sanitär, Heizung, Klima
- WWH Westfälischer Walzdrahthandel GmbH
- Rainer Teigel Metallbedachungen, Bauklempnerei, Dachdeckerei
- Eltroin Schaltanlagen GmbH
- Astroh Küchen GmbH & Co. KG ASTROH objekt
- Buschenhofen + Partner GmbH Brandschutzsysteme
- Metallbau Lamprecht GmbH
- Bosch Sicherheitssysteme GmbH

Anzeige

Ausführende Firmen

Mehr als „einfach nur" Trockenbau

Seit der Gründung der WB-Trockenbau GmbH im Dezember 1997 durch die beiden Geschäftsführer Uwe Wiegand und Gavin Paul Beaumont ist das Unternehmen nicht nur von anfangs vier Mitarbeitern auf mittlerweile 14 Angestellte expandiert, sondern auch zum Ausbildungsbetrieb geworden, der sowohl im handwerklichen wie kaufmännischen Bereich seine Verantwortung nachfolgenden Generationen gegenüber ernst nimmt. Aus dem Grundgedanken, handwerklich perfektionierte Trockenbauleistungen anzubieten, werden die Tätigkeitsbereiche ständig erweitert und Spezialkenntnisse erworben. In den Jahren seit der Gründung konnte die Leistungsfähigkeit des Unternehmens, das deutschlandweit mit Schwerpunkt NRW arbeitet, im Rahmen zahlreicher Großprojekte unter Beweis gestellt werden. Den Kunden werden schneller Service hohe Qualität und fachkundige Beratung geboten. Dafür sorgen kompetente Mitarbeiter mit überdurchschnittlichem Know-how, Erfahrung und hoher Einsatzbereitschaft. Denn bei WB-Trockenbau GmbH weiß man: Die Zufriedenheit der Kunden ist Basis eines jeden Geschäftserfolges.

Hüllerstraße 87A
44866 Bochum-Wattenscheid
Tel. 0 23 27/68 08 80
Fax 0 23 27/68 08 81
WB_Trockenbau_GmbH@T-online.de
www.wb-trockenbau.de

WB TROCKENBAU GMBH

TROCKENBAU • ALTBAUSANIERUNG • WÄRME- U. KÄLTESCHUTZ • DESIGNDECKEN
GIPSKARTON • METALL • AKUSTIKBAU • DACHAUSBAU • FUNKTIONSDECKEN
SCHALL- UND BRANDSCHUTZ • MINERALFASER • AUSBAUSYSTEME

MARTIN REIGERS STUKKATEURMEISTER

PUTZ- UND STUCKGESCHÄFT

Bittermarkstraße 4
44229 Dortmund

Telefon 02 31/7 25 91 84
Telefax 02 31/7 25 91 85

VOLLWÄRMESCHUTZ	FASSADEN- UND BETONSANIERUNG
ALTHAUSSANIERUNG	STUCK UND RESTAURATION
MALERARBEITEN	KALK- UND LEHMPUTZE

Qualität setzt sich durch...

Kopka Brandschutztechnik

- L30 - L120 Lüftungskanäle
- I30 - I90 Kabeltrassen u. E.-Abschottungen
- G30 - F90 Feuerschutzverglasungen
- F30 - F120 Stützen / Unterzüge
- Weich- / Mörtelschotts

Rauks Feld 23 • 44869 Bochum • Fon 0 23 27 / 92 27 12 • Fax 97 27 13 • www.kopka-brandschutz.de • info@kopka-brandschutz.de

- geschultes Personal
- techn. Beratung

- höchste Flexibilität
- bundesweiter Einsatz

Fragen Sie unsere Kunden :

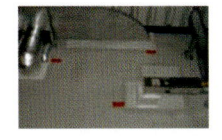

Ausführende Firmen Anzeige

Seit 1899 Ihr kompetenter Ansprechpartner für die Sparten
- Baubeschlag
- Werkzeuge
- Metallhandel
- Bauelemente

Alles aus einer Hand
- Beratung
- Planung
- Ausführung

Unser Leistungsspektrum umfasst die Bereiche
- WC-Trennwände
- Innenfensterbänke
- Innentüren und Zargen
- Brandschutztüren
- Schließanlagen
- Beschilderungen

Referenzen 2005/2006
Neubau Officepark Rheinlanddamm „OPR", Dortmund
Neubau MST.factory, Dortmund
Neubau Marriott-Hotel, Gelsenkirchen

Tacke + Lindemann

Baubeschlag- und Metallhandel GmbH + Co. KG
Beratgerstraße 31-33
44149 Dortmund
Telefon 02 31/1 77 77 43
Telefax 02 31/1 77 77 75
www.tacke-lindemann.de
esser@tacke-lindemann.de

A & R Gimbel GbR

Röhrenspring 8
58093 Hagen

Telefon: 0 23 31 / 69 20 51
Fax: 0 23 31 / 6 14 61
E-Mail:
a-r-gimbel@versanet.de

Klempnerei

Installationen

sanitäre Anlagen

sanitär heizung klima

Wanne in Wanne System
Schwimmbad Technik
komplette Badsanierung
Zink-Kupfer Spezialist

WWH
Westfälischer Walzdrahthandel GmbH

Kipperstraße 2-6
44147 Dortmund

Telefon 0231 - 98 20 50 32/33
Telefax 0231 - 98 20 50 25

Betonstahl BSt 500   Bandstahl   Formstahl

Betonstahllagermatten   Listenmatten

Abstandhalter und Drunterleisten

Fachgerechtes Verlegen

Verlegezubehör

Bindedraht

Anzeige Ausführende Firmen

MEISTERBETRIEB
Metallbedachungen Bauklempnerei Dachdeckerei
Rainer Teigel
Auf der Heide 6
59368 Werne
Telefon 0 25 99 / 9 23 11
0172 / 76 19 83 0
Telefax 0 25 99 / 9 23 12
www.bauklempnerei-teigel.de
service@bauklempnerei-teigel.de

Metallbedachungen
Bauklempnerei
Dachdeckerei
Dachflächenfenster
Flachdachdichtung

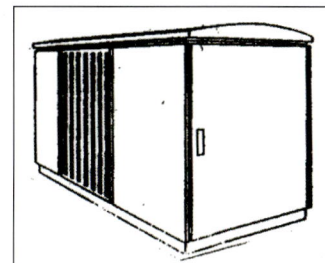

ELTROIN SCHALTANLAGEN GMBH
D-44867 Bochum Fröhliche Morgensonne 15–19 Tel.: 02327/3714 Fax 02327/33803 www.eltroin.de
wir planen – bauen – liefern
MITTEL-, NIEDERSPANNUNGS-, STEUERUNGSSCHALTANLAGEN - LEIHSTATIONEN -TRANSFORMATOREN

◄ Produktinfo

Modulare Säulen veredeln die eigenen vier Wände und lassen sich ganz einfach aufbauen

(djd) Eleganz, Leichtigkeit, ein Hauch von Luxus. Kein Wunder, dass Säulen als optisches Stilelement schon bei den Gebäuden der Griechen und Römer eine große Rolle spielten. Während die schlanken Baukörper damals eher bei Prunkbauten zu finden waren, kann sich heute jeder leisten, sein Heim mit Säulen zu verschönern. Außen wie innen.

Ganz einfach geht das mit den modularen Modellen von WESERWABEN. Sie sind nicht nur preisgünstig, sondern auch leicht aufzubauen. Die hohlen Elemente werden als verlorene Schalung verbaut und mit Beton verfüllt, falls sie tragender Bestandteil des Bauwerks sein sollen. Wichtig ist dabei, unbedingt auf die Statik zu achten und diese im Vorfeld zu berechnen.

Apropos Vorfeld: Schon bei der Planung eines Hauses können Bauherren, Planer und Architekten modulare Säulen einbeziehen. Dabei bleiben kaum Wünsche offen: Es gibt sie mit Rillenstruktur oder glatter Oberfläche in beige oder betonweiß.

Standard sind zwei verschiedene Durchmesser, aber auch Sonderanfertigungen und nicht tragende Säulen-Systeme aus Spezialbeton (Halbschalen für das nachträgliche Verkleiden von vorhandenen Säulen/Stützen in gerader bzw. nach oben verjüngender Form) sind möglich, je nach Kundenwunsch.

Zudem geht man kein Risiko ein, denn dank des kostenlosen CAD-Planungsservices erhält der Bauherr über den Baustoffhandel Unterstützung von WESERWABEN.

Weitere Infos:

WESER Bauelemente-Werk GmbH
Ingeborg Wittmann

*Alte Todenmanner Straße 39
31737 Rinteln*

*Telefon 0 57 51/96 04-30
Telefax 0 57 51/96 04-42
Mail info@weserwaben.de
www.weserwaben.de*

Wohnungsbau

Offene Wohnstrukturen und ein geheimer Garten
Mit dem Grugacarree entsteht eine neue Wohnbebauung in Essen

Gegenüber der Essener Messe, dem Grugapark und dem Grugabad liegt ein Areal, auf dem sich früher das Grugastadion und die Festwiesen befunden haben. Die Treuhandstelle THS GmbH, Niederlassung Essen, bebaut einen Teil davon mit einer großzügigen Wohnanlage. Das Grundstück wird von der Norbertstraße, der Messeallee, der Prager Straße und der Moritzstraße begrenzt und liegt am südlichen Rand der Kernstadt im Übergang von blockhaften und offenen Strukturen.

Oben: der Grundrissplan der Bebauung

Der Blick in eine der großzügig geplanten Wohnungen. Dieser Gebäudeteil wurde von Architekten Koschany und Zimmer geplant

Die Balkone vor den offenen Fassaden nach Süden und Westen

Links unten der Plan mit den Wohnungsgrundrissen von KZA; der grau eingefärbte Teil wird von Petzinka Pink gestaltet

Die Aufgabe für die Architekten war sehr komplex. Die hohe Anzahl der vom Bauherrn geforderten Wohnungen erforderte eine verdichtete Bebauung. Die Architekten entwarfen eine Struktur von vier verschränkten Baukörpern entlang der Grundstücksgrenzen, die mehrgeschossige Öffnungen und Durchgänge bilden. Es entstand ein großzügiger Innenraum, der Schutz vor dem Verkehrslärm der nahen Alfredstraße bietet und gleichzeitig soziale Interaktion der relativ vielen Bewohner der Anlage ermöglicht. Die großen Öffnungen an den Grundstücksecken sorgen dafür, dass dieser Innenhof gut belüftet und belichtet wird. Das Essener Büro Koschany + Zimmer Architekten KZA und Petzinka Pink Architekten, Düsseldorf, belegten im Rahmen einer Mehrfachbeauftragung gemeinsam den ersten Platz. Zusammen mit dem Bauherrn entwickelten beide Büros eine planung, wie die beiden Einzelentwürfe zu kombinieren sind. Das Essener Büro übernahm die Planung für die südlichen und westlichen Gebäudeteile, das nördliche und östliche „L" planten Petzinka Pink.

Die Gebäude werden über einer Tiefgarage mit 113 Stellplätzen errichtet, die durch Luftkanäle auf natürliche Weise belüftet wird. Die Tiefgarage ist über eine Rampe an der Prager Straße erschlossen. Da das Gelände von

Wohnungsbau

der Prager Straße zur Norbertstraße hin leicht abfallend ist, bot es sich an, mit einem „grünen" Sockel einen Niveauausgleich, eine Abgrenzung zum Straßenraum und die Möglichkeit von privaten Gärten sowie begrünten Vorzonen zu schaffen.

Die Hauseingänge orientieren sich nach außen zu den vier umgebenden Straßen und sind durch breite Einschnitte im grünen Sockel und die Art der Fassadengestaltung deutlich hervorgehoben, so dass sich eine klare Adressenidentität ergibt. Alle Treppenhäuser, von denen es insgesamt elf in der Anlage gibt, sind auch vom Innenhof barrierefrei zugänglich, verfügen über je einen Aufzug und bieten ebenso die Anbindung an Tiefgarage und Kellergeschoss.

Es ist ein Mix aus modernen, hellen, großflächigen 2- bis 5-Zimmer-Wohnungen entstanden, die über eine hochwertige Ausstattung verfügen. Ein Teil der Wohnungen ist als Maisonette ausgebildet. Die Wohnungszuschnitte lassen gewisse Variationen offen und ermöglichen sowohl eine „klassische" Wohnungsaufteilung wie auch „modernes", offenes Wohnen. Insgesamt umfasst die Anlage 111 Mietwohnungen.

Die Gestaltung der einzelnen Gebäudeteile reagiert auf die unterschiedliche Sonneneinstrahlung durch ihre Lage. An der Süd- und Westseite sind die Fassaden um 75 cm zurückgenommen. Hier befinden sich, um die Sonneneinstrahlung zu nutzen, an den Wohnungen entlang laufende Balkone, die den Austritt ermöglichen und die großzügig verglasten Fassaden beschatten. Die Fassaden an der Nord- und Ostseite werden durch geschlossene Elemente aus Holz akzentuiert, während die Süd- und Westfassaden über falt- und verfahrbare Sonnenschutz-Elemente aus Holzlamellen verfügen. Die Längsseiten sind offen konstruiert und verfügen über große Fensterflächen, während die Stirnseiten weitgehend geschlossen sind.

Die von Petzinka Pink gestalteten Baukörper reagieren auf der West- und Südseite zum Innenhof hin mit einer Staffelung der Geschosse, die es ermöglicht, hier sehr große, sonnige Terrassen und Loggien einzurichten. Natürlich verfügen auch diese Gebäudeteile über raumhohe Fensterelemente. An die Außenseiten stellten die Architekten eine filigrane Stahlkonstruktion, die über eine eigene Statik verfügt und so eine große Bandbreite beim Einbau von Balkonen oder Wintergärten zulässt.

Der Innenhof zwischen den Gebäudeteilen wird – nach dem Vorbild der „geheimen Gärten" in Paris – in französischem Stil angelegt. Beschnittene Bäume und Pflanzen säumen einen Rundweg aus Kies. Der Weg führt zu Treffpunkten, die mit Sitzmöbeln ausgestattet sind und zum Verweilen einladen. Für Kinder gibt es fantasievolle Spielmöglichkeiten, und nachts werden die Gärten dezent beleuchtet. Durch diese Begrünung des Innenraums, den umlaufenden grünen Sockel und die extensive Dachbegrünung der Wohnanlage werden große Teile der Versiegelung des Bodens kompensiert. Die Vegetation des Innenhofes und die durch den Versatz der Baukörper entstandenen Belüftungsräume schaffen ein angenehmes Mikroklima.

Die unterschiedliche Gestaltung durch zwei Architekturbüros hat Auswirkungen auf die Individualität der Anlage. Die gemeinsame Umsetzung des Haus-im-Haus-Konzepts schafft eine Identifikation der Bewohner für ihre unmittelbare Umgebung, gibt ihnen aber durch den Innenhof auch die Möglichkeit, mit allen anderen Bewohnern in Kontakt zu treten und verwirklicht damit gleichzeitig das Stadt-in-der-Stadt-Konzept. Trotz der großen Anzahl der Bewohner, bieten die einzelnen Wohnungen eine nicht einsehbare Privatsphäre und Individualität. Es gibt die Freiheit für den Einzelnen, sich bei Bedarf zurückzuziehen oder am öffentlichen Leben der Wohnanlage teilzunehmen.

Die Wohnanlage erhielt eine Anerkennung bei der Preisvergabe 2004 durch die gemeinnützige Stiftung „Lebendige Stadt" für das beste Konzept für innerstädtisches Wohnen.

Der nordöstliche Teil mit vorgebauter Stahlkonstruktion
(© Petzinka Pink Technologische Architektur®)

Der Blick in eine der großzügigen Wohnungen, die von Petzinka Pink gestaltet werden
© Petzinka Pink Technologische Architektur®

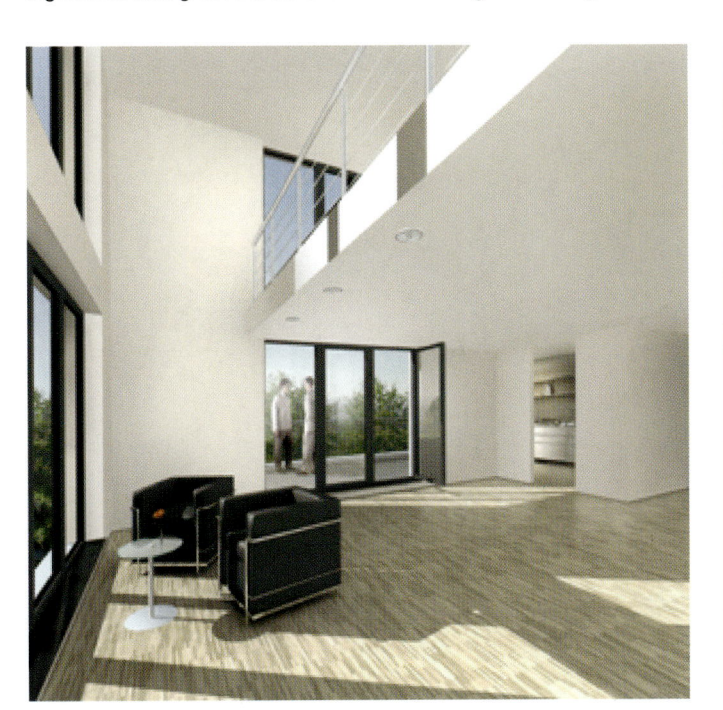

Planung:
Koschany + Zimmer Architekten KZA, Essen
und
Petzinka Pink Architekten, Düsseldorf

Generalunternehmer:
Heitkamp Ingenieur- und Kraftwerksbau GmbH

Partner am Bau:
- Pilz GmbH Gebäudetechnik
- Heitkamp Ingenieur- und Kraftwerksbau GmbH
- W. Exner Stuck- und Akustikbau GmbH & Co. KG
- Parkett Strehl GmbH

Ausführende Firmen Anzeige

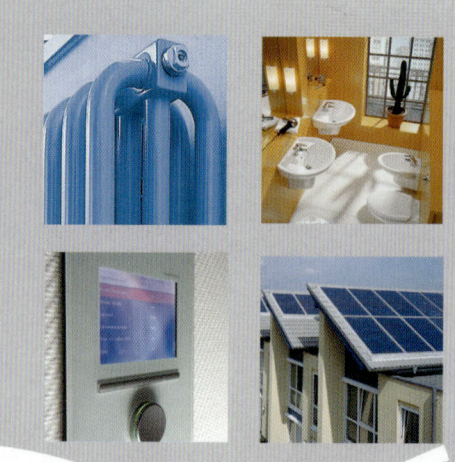

PILZ

INTELLIGENTE GEBÄUDETECHNIK FÜR INNOVATIVE ARCHITEKTUR

PLANUNG · MONTAGE · WARTUNG

KOMPETENZ SEIT 1902

PILZ GMBH   IM KATTENBUSCH 16   44649 HERNE   TEL. 02325.9272-0
POSTFACH 20 01 10   44631 HERNE   FAX 02325.9272-25
INFO@PILZ-ONLINE.COM   WWW.PILZ-ONLINE.COM

Anzeige

Ausführende Firmen

GrugaCarree, neue Wohn-Perspektiven in Essen-Rüttenscheid
Anspruchsvolle Mietwohnungen mit unverwechselbarer Architektur

In bester Lage
Am Rande von Essens beliebtestem Stadtteil Essen-Rüttenscheid, wächst auf dem Gelände der ehemaligen Festwiese das GrugaCarree. Der urbane Standort, die Nähe zur Messe und eine hervorragende Infrastruktur sind ideale Voraussetzungen für dieses anspruchsvolle Wohnprojekt. Es liegt zwischen der verkehrsberuhigten Moritzstraße im Norden und der Messeallee im Süden, über die man an Alfred- und Norbertstraße angebunden ist.

© Koschany + Zimmer Architekten, Essen

Beliebter Standort
Das exzellente Quartier besticht durch seine Stadtqualitäten: Hier lebt man inmitten der Metropolregion Rhein-Ruhr, wohnt im modernen Essen mit seinen vielfältigen Angeboten. Vor allem in Rüttenscheid, dem lebendigsten Stadtteil mit viel Grün, schlägt das urbane Herz. Die Rüttenscheider Straße mit ihren Geschäften, Restaurants und Bars ist der Anziehungspunkt Nr. 1. Die Messe verleiht Rüttenscheid internationales Flair. Mit der Gruga verfügt der Stadtteil zudem über eine vielfältige Garten- und Freizeitlandschaft.

Ein perfektes Zusammenspiel
Unverwechselbare Architektur kombiniert mit hochwertigen Wohnideen – das zeichnet das Wohnprojekt der TreuHandStelle (THS) im GrugaCarree aus. Den beiden beauftragten Architekturbüros, Petzinka Pink Architekten aus Düsseldorf und Koschany + Zimmer Architekten aus Essen, ist dabei ein ungewöhnlicher Gesamtentwurf gelungen – eine Verbindung von zwei L-förmigen Baukörpern, die sich um einen begrünten Innenhof schließen. Klare, großzügige Grundrisse und teilweise eine markante Abtreppung im Innenbereich durch gestaffelte Terrassen, die kubische Form sowie der Haus-in-Haus-Charakter machen das Projekt zu etwas Besonderem.

© Petzinka Pink Architekten, Düsseldorf

111 unterschiedlichste Mietwohnungen – von der Single-Wohnung mit zwei Räumen bis zur Maisonette-Wohnung – mit komfortabler Ausstattung sorgen für eine hohe Lebensqualität.

Der Baupartner
Als in der Ausführung erfahrenen und zuverlässigen Baupartner für die Erstellung des schlüsselfertigen Projektes konnte die THS die Bauunternehmung Heitkamp Ingenieur- und Kraftwerksbau GmbH (HIKB), Niederlassung Herne, gewinnen.

© Koschany + Zimmer Architekten, Essen

Das im Jahre 1892 gegründete Traditionsunternehmen befasst sich schwerpunktmäßig mit Großprojekten aus dem Bereich Industrie-, Ingenieur- und Kraftwerksbau im In- und Ausland.

Synergieeffekte
Durch die strategische Neuausrichtung des Baubereiches bei Heitkamp im Herbst 2005 und der Bündelung der Ingenieur- und Kraftwerksbaukompetenzen zur Tochtergesellschaft Heitkamp Ingenieur- und Kraftwerksbau GmbH konnten die vorhandenen Synergieeffekte effizient genutzt werden.

Kompetenz und know-how
Seine Kompetenz in Bezug auf die Erstellung von Wohn- und Geschäftshäusern konnte die HIKB dem Auftraggeber THS bereits in einem vorherigen Projekt – Umbau und Sanierung des Zechengebäudes im Nordsternpark in Gelsenkirchen – unter Beweis stellen. Das denkmalgeschützte Gebäude hat mittlerweile vielfältige Prämierungen erhalten unter anderem den Titel „Büro des Jahres 2004".

Bauausführung
Die Ausführung zur Erstellung der Wohnbebauung mit Tiefgarage (Wohnfläche 10.666 m^2, Umbauter Raum einschließlich Tiefgarage/Keller 62.065 m^3) wurde planmäßig am 14.03.2005 begonnen. Nach einer Gesamtbauzeit von 18 Monaten wird das Projekt – mit einem Auftragsvolumen von ca. 11,4 Mio. Euro – am 30.09.2006 fertig gestellt sein.

Dipl.-Ing. Michael Müller, Technischer Geschäftsführer

HEITKAMP
Ingenieur- und Kraftwerksbau GmbH

Langekampstraße 36
44652 Herne

Tel.: +49 (0) 23 25/57-28 76
Fax: +49 (0) 23 25/57-28 74

ingenieur-kraftwerksbau@hdh-online.com
Internet: www.heitkamp-ikb.de

Ausführende Firmen Anzeige

W. EXNER
Stuck- und Akustikbau GmbH & Co. KG

Innen- und Außenputz
Trocken- und Akustikbau
Vollwärmeschutz
Altbausanierung
Maurerarbeiten

Tiroler Straße 48
45659 Recklinghausen

Telefon 0 23 61/37 71-0
Telefax 0 23 61/3 65 28

info@exner-stuck.de
www.exner-stuck.de

▶ Produktinfo

Urgestein beim Küchendesign

Ob Spüle oder Fliese: Keramik harmoniert mit verschiedensten Einrichtungsstilen

(djd/pt) Gerade war die Küchenlampe in quietschendem Retro-Orange noch hip und kaum ein Jahr später rümpfen Besucher bei ihrem Anblick verächtlich die Nase. Die Trends beim Einrichten sind schnelllebig und so verwundert es nicht, dass zeitlose Gestaltungselemente wie Keramik als Material für Boden- und Wandfliesen oder die Spüle hoch im Kurs stehen.

Renommierte Hersteller wie Villeroy & Boch haben in puncto Design auf nahezu jeden Wunsch die passende „keramische" Antwort. Da harmonieren warme Erdtöne natürlich bestens mit einer Landhausküche. Und in einer Küche mit reduzierter, puristischer Optik ist eine Keramikspüle in Tiefschwarz oder leichten Grautönen vielleicht genau jenes i-Tüpfelchen, das das Erscheinungsbild perfekt macht. Passend zu aktuellen Küchenfronten und bunten Elektrogeräten stehen beispielsweise ein maritimes Blau oder ein fröhliches Gelb zur Wahl. Doch auch mit Fliesen lassen sich ganz persönliche Akzente setzen.

Klar ist auch, dass Hygiene in der Küche eine entscheidende Rolle spielt. Egal ob für die Wand, für den Boden oder den Spülenarbeitsplatz: Die Keramik ist ein hervorragendes Material für die Küche. Denn Gerüche, Geschmacks- oder Farbstoffe können ihr nichts anhaben. Hinzu kommt, dass sich die Keramik besonders leicht reinigen lässt. Mehr Infos unter www.villeroy-boch.com.

Foto: djd/Villeroy & Boch

Enorme Wertschöpfungsmöglichkeiten im Bürobereich

Von Diplom-Betriebswirt Paul J. Franke, Gründer der Beratersozietät Franke & Partner, Herdecke

In der Vergangenheit wurde der Produktionsbereich immer weiterentwickelt und ist mittlerweile fast perfektioniert. Dort hat jedes Schräubchen seinen festen Platz, den *jeder* Mitarbeiter kennen muss. In den Büros hingegen stapeln sich trotz Computereinsatz Unterlagen, die nur *einer* kennt – der jeweilige Mitarbeiter!

Nach der Studie „The high cost of not finding information" des weltweit führenden IT-Marktforschungsunternehmens IDC wird 15–30 Prozent der Arbeitszeit für die Suche nach Informationen verbraucht, lediglich die Hälfte davon ist erfolgreich. Nur 20 Prozent der Unternehmensdaten liegen nach dem „Gilbane Report on Open Information and Dokument Systems" in strukturierter Form (z.B. in Datenbanken) vor, 80 Prozent hingegen sind unstrukturiert (z.B. E-Mails). **Die Büros sind also ohne Struktur!**

Zwar wird viel über neue Büroformen diskutiert, passiert hingegen ist nicht viel. Warum rangiert der Bürobereich noch immer weit hinter dem Produktionsbereich, obwohl ja gerade durch die Veränderung zur Dienstleistungsgesellschaft in Zeiten einer nicht mehr aufzuhaltenden Globalisierung der Wirtschaft vor allem in den Büros die größten Wertschöpfungsmöglichkeiten liegen? Werden die dafür erforderlichen Veränderungsprozesse durch Führungskräfte blockiert oder sogar verhindert? Hierarchiedenken und Besitzstandswahrungen sind sicherlich nicht wegzudiskutierende Aspekte. So sind zum Beispiel in der so genannten RLBau (Richtlinie für die Durchführung von Bauaufgaben von 1996, die sogar noch in 2003 für den Freistaat Sachsen novelliert wurde) immer noch Raum- und Flächenvorgaben pro Arbeitsplatz in Abhängigkeit zur Hierarchie verbindlich verankert (s. Tabelle unten links).

Derartige Vorgaben sind funktionell unbegründet, führen zu erheblichen Einschränkungen der Nutzungsflexibilität von Büroflächen/-gebäuden und Unwirtschaftlichkeiten in kommunalen Verwaltungsgebäuden. Leider ist diese „Denke" auch in der Wirtschaft – vor allem bei Konzernen – anzutreffen.

Ein weiteres, nicht zu unterschätzendes Hemmnis liegt in der häufig anzutreffenden Übermöblierung der Büros, die zum Teil mit den vorgenannten Planungsmustern in Zusammenhang steht, im Wesentlichen jedoch mit unzureichender Kompetenz der Entscheider begründet ist.

Wie bereits im Produktionsbereich erfolgreich praktiziert, ist auch im Bürobereich die Transparenz über Nutzungen, Flächen und Kosten unabdingbar. Dafür ist eine ganzheitliche Betrachtung des „Arbeitssystems Büro" erforderlich:

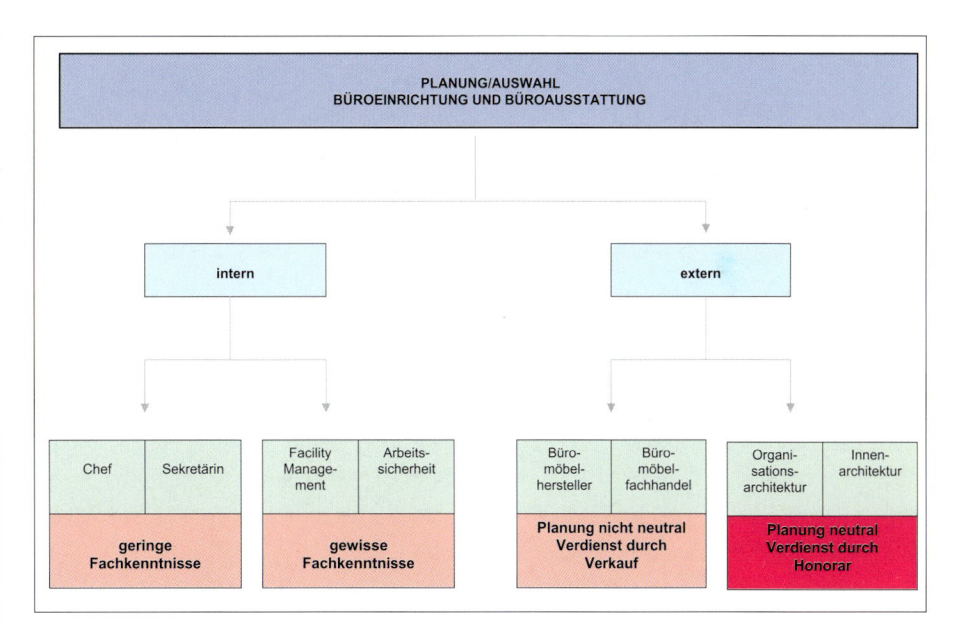

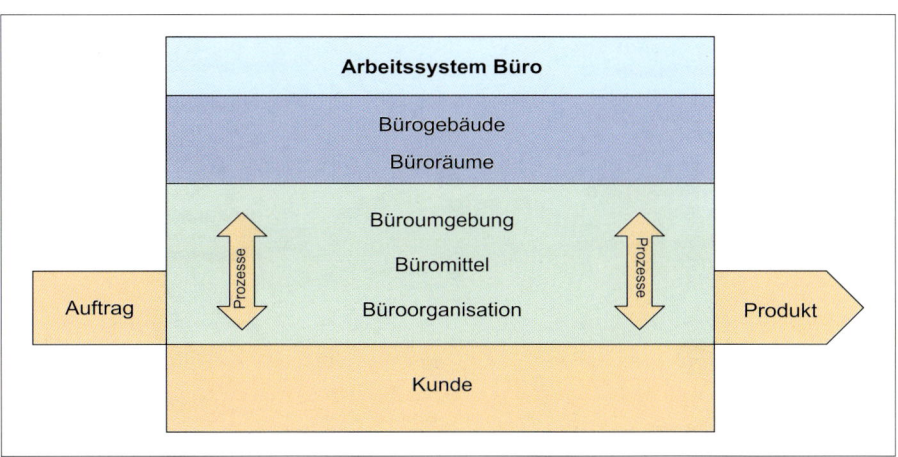

Raum- und Flächenvorgaben nach der RLBau von 1996/2003	
Fläche/Arbeitsplatz in Mehrpersonenbüros	6 m²
Doppelzimmer für Schreibkräfte	12 m²
Doppelzimmer für Mitarbeiter/Sachbearbeiter	18 m²
Einzelzimmer für Mitarbeiter	9 m²
Einzelzimmer für Sachbearbeiter	12 m²
Einzelzimmer für Sachgebietsleiter	18 m²
Einzelzimmer für Abteilungsleiter	24 m²
Einzelzimmer für Verwaltungsleiter	30-36 m²

Im Blickpunkt

Um die Kernfrage dieses Beitrages besser beantworten zu können, wird zunächst ein Blick auf die Entwicklung der Bürokosten in den letzten vier Jahren geworfen (s. Tabelle rechts). Danach sanken die Bürokosten um 12 Prozent. Wichtiger jedoch ist die unveränderte Relation von 70 Prozent Mietkosten zu 30 Prozent Betriebs- und Unterhaltungskosten. Mit anderen Worten: Die Miete oder besser gesagt die Nutzung ist entscheidend, nicht so sehr die Kosten für Betrieb und Unterhaltung.

Insofern ist zunächst eine grundsätzliche Nutzungs- bzw. Flächenanalyse notwendig. Dabei haben sich in der Praxis Datenermittlungen in Anlehnung an die DIN 277 und die daraus abgeleitete so genannte GIF-Richtlinie (Gesellschaft für Immobilienwirtschaftliche Forschung) bewährt.

Wesentliche Ursachen für überhöhte Miet- bzw. Nutzungskosten sind:

Gebäudespezifische Faktoren:

- Lage und Ausstrahlung,
- Erschließung und Orientierbarkeit,
- Ver- und Entsorgung,
- Technische Infrastruktur und Innenarchitektur.

Nutzerspezifische Faktoren:

- Raumkonzept und Grundrissorganisation,
- Flächenverhältnisse und Flächenrelationen,
- Servicedienste und Sonderfunktionen,
- Ergonomie und Arbeitsplatzqualität.

Da mit den gebäudespezifischen Faktoren die Hoch-/Innenarchitektur und Haus-/Bautechnik angesprochen und somit nicht Kernthemen dieses Beitrags sind, wenden wir uns den nutzerspezifischen Faktoren zu (s. Grafik unten).

Bürokostenentwicklung 2002 - 2005 (€/m² pro Monat)				
Art	2002	2003	2004	2005
Instandsetzung/Unterhaltung nutzerspezifische Kosten	3,15	3,00	2,35	2,60
auf den Mieter umlegbare Kosten	2,85	2,85	3,05	2,90
Betrieb + Unterhaltung auf Vollkostenbasis	6,00	5,85	5,40	5,50
Mieten	14,50	13,50	12,50	12,50
Bürokosten	**20,50**	**19,35**	**17,90**	**18,00**

Quelle: Mittelwerte von rund 800 Bürogebäuden in deutschen Großstädten mit 10 Mio. m² aus Key-Report-Office von ATIS REAL Müller und OSCAR von Jones Lang LaSalle

Allein durch die schematische Darstellung werden die wesentlichen Nachteile von **Großraum- und Gruppenbüros** deutlich:

- enorme Arbeitsplatzqualitätsunterschiede zwischen den Innenzonen mit wenig Tagesbelichtung und Außenzonen an der Fassade,
- hoher haustechnischer Aufwand mit Teil- bzw. Vollklimatisierung,
- geringe Erfüllbarkeit von Anforderungen der so genannten „Drei L's" = Licht, Luft und Lärm.

Traditionelle Zellenbüros mit unterschiedlich großen Räumen schränken vor allem die Nutzungsflexibilität ein, während standardisierte Formen das verhindern. Insofern sollte eine Weiterentwicklung dieses „Plattform-Prinzips" – wie z.B. im Automobilbau – mit alternativen Ausstattungsvarianten bei gleicher Grundstruktur verfolgt werden.

Kombi-Bürolösungen und daraus weiterentwickelte **Business-Clubs** führen zu

- höherem Verkehrsflächenbedarf und somit zu ungünstigen Nutzflächenverhältnissen,
- Schwierigkeiten bei späteren Umnutzungen von in Mittel- bzw. Gemeinschaftszonen liegenden Flächen zu Räumen mit 1A-Qualität direkt an der Fassade,
- haustechnischem Mehraufwand für die Innenzonen in Bezug auf Teilklima und Brandschutz.

Hinzu kommt, dass eine ausgeprägte „Klosterarchitektur" mit Einzeldenkerstrukturen den heutigen, vor allem aber den zukünftigen Kommunikationsanforderungen eher nicht entsprechen dürfte. Fehlt noch der Hinweis, dass sich die zunehmend diskutierten „Flex-Office"- oder „Desk-Sharing"-Modelle als so genannte non-territorale Bürolösungen in allen Büroformen realisieren lassen, also keine eigenständigen Lösungen darstellen.

Neben dem Büroraumkonzept spielt die Grundrissorganisation eine nicht zu unterschätzende Rolle. Erwähnt seien hier nur folgende Einflussgrößen, die sich auf Raumqualität, Funktionalität und Wirtschaftlichkeit auswirken:

- Orientierbarkeit und Tagesbelichtung,
- Erreichbarkeit und Teilbarkeit von Flächen,
- Wandelbarkeit und Nutzungsflexibilität.

Wichtige Indikatoren für Wertschöpfungsmöglichkeiten im Büro sind zweifelsfrei die Flächenver-

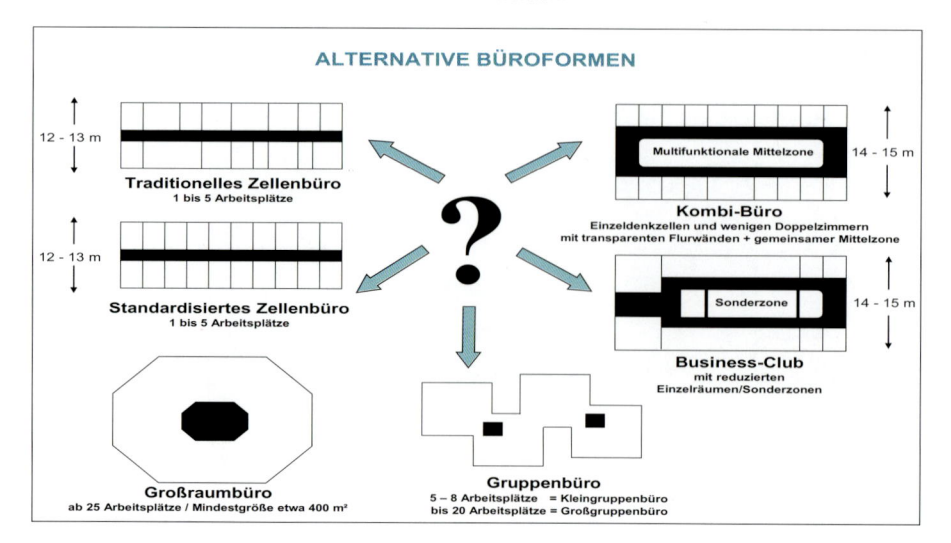

Im Blickpunkt

hältnisse und Flächenrelationen. Parallel ist die Flächennutzung zu analysieren. Nach den Erfahrungen des Verfassers liegen die Wertschöpfungspotentiale flächentechnisch vor allem in folgenden Bereichen:

- Abbau traditioneller Denkmuster und Besitzstandswahrungen mit überdimensionierten und unkontrollierbaren Büroflächenzuweisungen mit hohen Einzelraumanteilen,
- Vermeidung abteilungsbezogener Sekretariate und dezentraler Räume für Besprechung, Ablage, Kopier-/Bürotechnik sowie Teeküchen,
- Organisation der zentralen Dienste (Empfang, Poststelle etc.) und Sonderfunktionen (Meeting, Konferenz, Restaurant etc.),
- Umnutzung von Nebennutz- und Verkehrsflächen.

Allein diese Potentiale liegen etwa bei rund 10 Prozent der Mietfläche oder bei etwa 3 m^2 pro Arbeitsplatz. Unter Zugrundelegung der aktuellen Gesamtbürokosten mit etwa 18 Euro pro m^2 pro Monat ergibt sich somit eine Ressource von etwa 650 Euro pro Arbeitsplatz und Jahr. Darüber hinaus ist noch auf die eingangs bereits erwähnte und in der Praxis häufig anzutreffende Übermöblierung von Büroräumen mit aufwändigen Arbeitsplatzkonfigurationen und teuren Schränken für Ablage hinzuweisen. Die Begründung liegt in unzureichender und nicht neutraler Fachkompetenz bei den Entscheidern und an ausbleibenden Analysen der Arbeitsorganisationen (Stichwort: Dokumenten-Management-Systeme mit reduzierter Originalablage). Die einfach erreichbaren Einsparpotentiale durch reduzierte Möblierungen von etwa 1.000 Euro pro Arbeitsplatz müssten Anstoß geben, sich diesem Thema schnell zu widmen.

Die Frage „Warum werden die enormen Wertschöpfungsmöglichkeiten im Bürobereich kaum oder nur unzureichend genutzt?" kann wie folgt beantwortet werden: Auch heute erfolgen noch viele Büroplanungen und Bürosanierungen ohne Analysen der Arbeitsorganisation, häufig nur auf der Grundlage von Wunschzetteladditionen der Abteilungen. Wenn also die organisatorischen Einflussgrößen, die sich auf den Raum- und Flächenbedarf auswirken, nicht untersucht werden, ist der Misserfolg quasi vorprogrammiert. Wer nicht „von innen nach außen plant", auf Nutzungs-, Flächen- und Kostentransparenz verzichtet und kein qualifiziertes Bedarfsmanagement durchführt, kann die enormen Ressourcen auch nicht nutzen.

Die klassische Bedarfsplanung ist nachfrageorientiert mit Fortschreibung alter Gewohnheiten und dem Ziel der **Bedarfsdeckung**. Die zukünftige Bedarfsplanung ist angebotsorientiert unter Einbeziehung von nutzerspezifischen, neuen Arbeitsformen und Visionen und dem Ziel der Bedarfsdeckung und **Bedarfsweckung**. Dafür ist ein intelligentes Projektmarketing über Hauszeitschriften, Infomärkte, Veranstaltungen, Befragungen, Foren, Workshops, Intranet etc. erforderlich.

Vielfach ist das spezielle Wissen für derartige Projekte nicht vorhanden, vor allem bei kleineren und mittleren Unternehmen bzw. Verwaltungen. Insofern ist die Einschaltung externer Spezialisten ratsam, zumal damit auch Sachverhalte objektiviert werden. Dadurch können eher traditionelle Denkmuster und Besitzstandswahrungen aufgebrochen werden.

Um abgesicherte Konzepte entwickeln zu können, sind also Inventuren der Verwaltungs- und Gebäudeorganisation zwingend erforderlich. Nur wer den ganzheitlichen Planungsansatz (s. Grafiken) mit der Teildisziplin „Organisationsarchitektur" akzeptiert, wird auch die enormen Wertschöpfungsmöglichkeiten im Bürobereich nutzen, die Arbeitsplatzqualitäten verbessern und das Büro auch als Marketinginstrument einsetzen können. Das Büro der Zukunft sollte also auch eine Unverwechselbarkeit bzw. Einmaligkeit mit eigenständigem Charakter aufweisen statt als Einheitsimmobilie nicht wahrgenommen zu werden. Effizienz ist nämlich auch die Betrachtung in Relation zum Wohlbefinden und zur Arbeitsplatzqualität oder das Wirkungsgefüge von Architektur, Innenausbau, Büroform, Möblierung, Arbeitsorganisation und Mitarbeitermotivation.

Der Einfluss der Gestaltung von Büros auf die Produktivität und Qualität der Arbeit zeigt nach einer Untersuchung von Michael Brill bei über 13.000 Mitarbeitern in einem Zeitraum von sechs Jahren (1994–2000) folgende Rangfolge:

1. Rückzugsmöglichkeiten für konzentriertes Arbeiten.
2. Förderung informeller Begegnungen.
3. Unterstützung von Besprechungen und ungestörter Team-/Projektarbeit.

Erst danach folgen Komfort, Ergonomie und Technologie.

Das Management von Raum ist vielleicht (noch) das am wenigsten beachteste, jedoch wirksames Werkzeug für **Büros mit Struktur**, um aus dem Kostenfaktor Büro einen **Erfolgsfaktor Büro** zu machen.

GANZHEITLICHER PLANUNGSANSATZ FÜR BÜROS

Unternehmen - Kunde Verwaltung - Bürger	Unternehmenskultur Inhaber - Mitarbeiter
Planung + Gestaltung ■ Städtebau ■ Hochbau ■ Innenräume ■ Außenanlagen	**Statik + Haustechnik** ■ Konstruktion ■ Elektrotechnik ■ Akustik ■ Klima
Arbeitswissenschaft ■ Arbeitsmedizin ■ Arbeitspsychologie ■ Arbeitsphysiologie ■ Regelungen	**Organisationsarchitektur** ■ Verwaltungsorganisation ■ Gebäudeorganisation ■ Bedarfsmanagement ■ Nutzungsmanagement Entwicklung von Leitlinien für die Planung und Nutzung von Büros

---

GANZHEITLICHER PLANUNGSANSATZ FÜR BÜROS

Die wünschenswerte Nutzungsflexibilität wird durch eine intelligente Standardisierung des Büro- und Einrichtungskonzeptes unterstützt. Das gilt zunehmend auch für die Gebäudeinfrastruktur, um mit geringem Aufwand auf künftige Nutzungsanforderungen und die Alterung von Gebäudesystemen reagieren zu können:

- Klare Trennung von Teilsystemen mit leicht zugänglichen Nahtstellen
- Vermeidung von Heizungsrohren und Kabeln in Trennwänden und Heizkörpern, die Fensterachsen überschreiten, und Trennwände, deren Umbau Eingriffe in abgehängte Decken erfordern
- Bürotrennwände als Organisationsmobiliar frei von Installationen
- Sicherstellung einfacher, späterer Belegungsänderungen und Umwandlung von Büroräumen in Sonderräume und umgekehrt

Vorausdenken hilft also Ressourcen sparen, was an wahrscheinlichen Systemwechseln für Bürogebäude verdeutlicht werden soll:

Rohbau	=	Plattform etwa 50 Jahre
Ausbau	=	Betriebssystem etwa 15 - 25 Jahre
Bürokonzept	=	Programm etwa 10 Jahre
Einrichtung	=	Anwendung etwa 5 - 10 Jahre
IT-System	=	Werkzeug etwa 3 - 5 Jahre

Die Wirtschaftlichkeit von Bürogebäuden wird durch folgende Relationen verdeutlicht:
- etwa 75 % der Folgekosten sind auf die Qualität der Erstellungsplanung zurückzuführen
- Betriebskosten entsprechen nach einer Nutzungsdauer von 30 Jahren den Investitionskosten, zum Teil schon vorher
- Nutzungskosten betragen ein Vielfaches der Investitionskosten bei 100-Jahr-Bewertung
  20 % Investitionskosten - 80 % Nutzungskosten (Betriebskosten und Renovierungs-/Umnutzungskosten)
- Anteil Betriebs- und Unterhaltungskosten lediglich rund 30 %, Miet- und Nutzungskosten hingegen rund 70 % der Gesamt-Bürokosten

Gewerbebauten

FORUM Duisburg setzt innerstädtische Maßstäbe
Neubau eines modernen Shopping-Centers als Erweiterung in Duisburgs Innenstadt

Gestaltung der „Lebensader" von Duisburg

Mit dem FORUM Duisburg entsteht an einem der zentralsten innerstädtischen Orte in Duisburg, dem König-Heinrich-Platz, ein architektonisch hochwertiges und attraktives Einzelhandelszentrum. An der Haupteinkaufsstraße Königstraße gelegen, ist es perfekt in das Umfeld integriert und fügt sich harmonisch in die gewachsene Duisburger Struktur und Einzelhandelslandschaft ein. Durch sehr offen angelegte Ladenpassagen, die einen regelrecht straßenähnlichen Charakter haben werden, wird an dieser Stelle eine Galerie entstehen, die Großzügigkeit und den Eindruck eines Stadtviertels vermittelt. Über insgesamt drei Ladenstraßen und Haupteingänge ist das FORUM hervorragend mit dem Umfeld vernetzt und führt die Besucher auch in die unmittelbare Nachbarschaft und zu den dortigen Einkaufsmöglichkeiten.

Durch das vielfältige Angebot aus den Bereichen Einkauf, Gastronomie und Freizeit erfährt die Königstraße mit dem FORUM eine deutliche Aufwertung; sie wird sich zukünftig noch stärker als Duisburgs Einkaufspromenade etablieren. Zusammen mit der Entwicklung des City-Palais, das dem FORUM Duisburg gegenüber liegt und ein Spielkasino, Gastronomie und auch Einzelhandel beherbergt, entsteht hier somit ein städtebaulicher Kristallisationspunkt, der als starker Impuls für weitere Maßnahmen der Innenstadtrevitalisierung dienen wird. Das FORUM wird eines der modernsten innerstädtisch integrierten Shopping-Center Deutschlands.

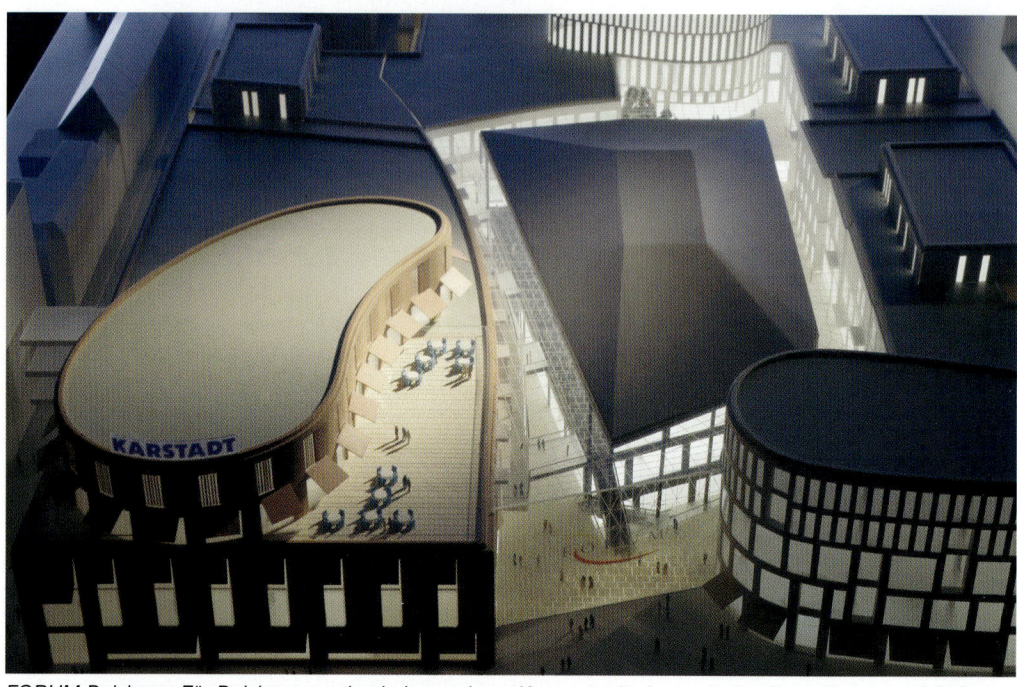

FORUM Duisburg: Für Duisburg wurde ein besonderes Konzept mit einem einzigartigen Raum- und Aufenthaltsbereich entwickelt

Das Konzept von T+T Design

Das Designteam von T+T Design, das alle Konzepte der Multi Development entwirft, arbeitet stets nach der Firmenphilosophie des „Design and Development". Dabei geht es nicht nur um die Konzipierung einer gleichzeitig attraktiven und wirtschaftlichen Handelsimmobilie, sondern auch um die Schaffung eines Konzeptes, das ein hohes Identifikationspotenzial bietet – sowohl für die Besucher und Nutzer als auch für das gesamte Umfeld. Die Konzepte sind höchst individuell auf die jeweiligen Standorte abgestimmt und finden in dem komplizierten Gesamtgefüge eines Stadtbildes stets ihren idealen Raum. Konzepte von T+T Design entstehen auf Grund von intensiven Studien der Historie, des Umfeldes und der lokalen Gegebenheiten.

Für Duisburg hat das Designteam von T+T Design ein besonderes

An einer der zentralsten innerstädtischen Orte von Duisburg entsteht das FORUM als eines der modernsten Shopping-Center Deutschlands

Gewerbebauten

Konzept mit einem einzigartigen Raum- und Aufenthaltsbereich entwickelt. Im Inneren des dreigeschossigen FORUM erlebt der Besucher zukünftig einen überdimensionalen „Mall"-Bereich, versehen mit einem tageslichtdurchfluteten Glasdach. Terrassen und Balkone, aufgelockerte Fassadenstrukturen mit Loggien und pavillonartigen Baukörpern lassen darüber hinaus einen lebendigen und urbanen Raum im Inneren des FORUM entstehen.

Workshop zur Fassadengestaltung

Anfang 2005 fand unter Beteiligung mehrerer örtlicher und überregionaler Architekturbüros ein Wettbewerb zur Fassadengestaltung des FORUM Duisburg statt. Im Fokus des Fassadenworkshops stand im Wesentlichen die Gestaltung zur Königstraße aber auch die Fassadenabwicklung hin zur Claubergstraße unter Integration des dort vorhandenen denkmalgeschützten Bankgebäudes. Als Sieger aus dem Workshop ging das Büro Ortner & Ortner hervor. Mit seiner herausragenden neuen städtebaulichen Silhouette gibt das Konzept dem Ort ein angemessenes, aber auch eigenständiges, neues FORUM Duisburg. Die Höhenentwicklung und die Möglichkeit der unterschiedlich gestalteten Fassaden waren eine der Stärken des Entwurfs. Die differenzierten Gestaltungen spiegeln den Verlauf einer innerstädtischen Straße wider, wobei der Neubau des Karstadt Warenhauses separat markant gestaltet wird. Die Bereiche der Sondernutzungen in Form von Büro- und Fitnessangeboten heben sich deutlich von den Bereichen für Einzelhandelsnutzungen ab. Der Entwurf respektiert auf sehr überzeugende Weise die Kontinuität des Ortes und schafft gleichzeitig auch seine Identität.

Das FORUM als Einkaufs- und Handelsimmobilie

Ziel ist es, mit dem FORUM in Duisburg eine Einkaufs- und Handelsimmobilie mit Alleinstellungsmerkmalen zu realisieren. Neben der zentralen Mall und den in der Kopfzone der Erdgeschoss- und Obergeschossebenen zugeordneten Bausteinen des neuen Karstadt-Warenhauses sowie aller ergänzenden kleinen und großen Shopflächen ist ein Büroflächenangebot im 3. Obergeschoss vorgesehen. Das Konzept sieht darüber hinaus im Untergeschoss eine Nutzung für Frischemarkt, Gastronomie und ergänzende Handelsangebote vor. Das 1. Untergeschoss des FORUM wird darüber hinaus zukünftig eine großzügige und großstädtische Anbindung an die Verteilerebene des Stadtbahn-Bahnhofes „König-Heinrich-Platz (Ostseite)" erhalten. Das FORUM wird damit auch in der Untergeschossebene zu einem neuen modernen Einkaufs- und Erlebnisbereich ausgebaut. Über die Linien U 79, 902 sowie 903 ist das FORUM vor allem für die südlichen Duisburger Stadtgebiete schnell zu erreichen. Die Situation im Untergeschoss, die mit der zentralen Erdgeschoss-Konzeption korrespondiert, ermöglicht eine ebenfalls tagesbelichtete Situation und einen immensen Komfortgewinn.

Der Neubau des FORUM ist eine perfekte Antwort auf die städtebaulichen Anforderungen an ein Projekt in dieser markanten Lage und bietet spektakuläre Architektur, ein besucherfreundliches und konsumorientiertes Konzept sowie ein hohes Maß an Identifikationspotenzial. Mit dem FORUM gelingt eine echte Erweiterung der Innenstadt durch Schaffung von neuen Wegebeziehungen und komplett neuer Führung der Besucherströme.

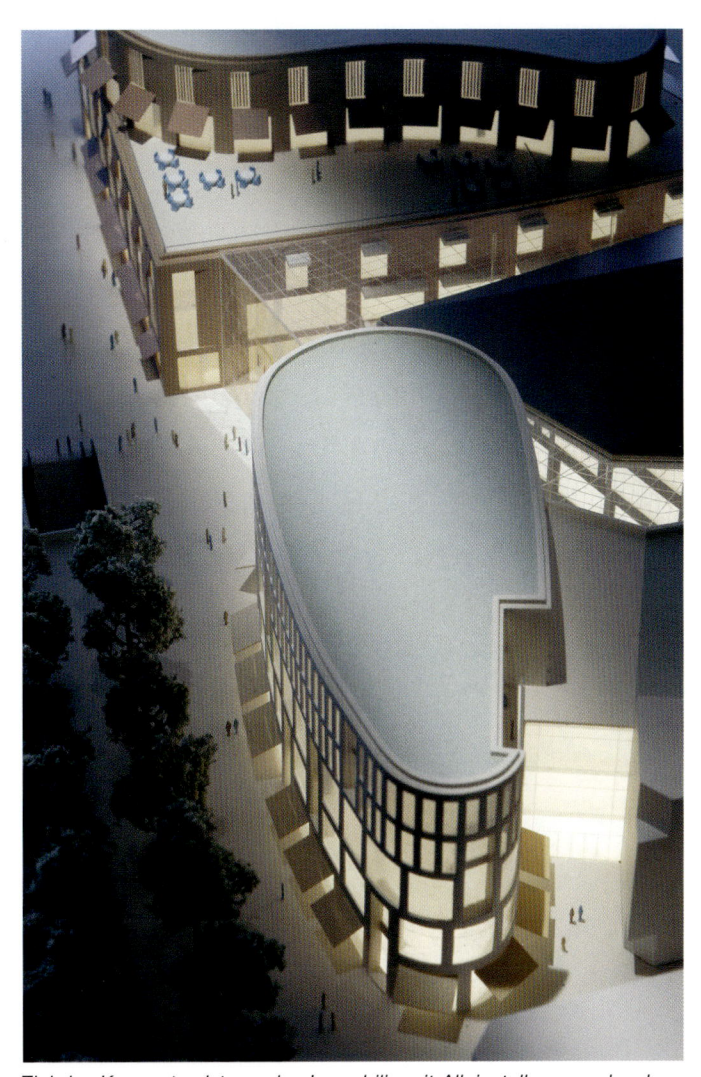

Ziel des Konzeptes ist es, eine Immobilie mit Alleinstellungsmerkmalen zu errichten

Energetische Besonderheiten beim FORUM

Ein Maximum an Besucher- und Nutzerqualität wird auch durch ein komplexes Energiekonzept für das FORUM erreicht. In der Planung werden verschiedene Varianten der Energieversorgung untersucht. Die Analysen setzen hierbei auf eine abgestimmte Kombination aus Bauwerk und technischer Gebäudeausrüstung. Die Bereiche Energieerzeugung, -verteilung und -nutzung werden getrennt untersucht und einem ganzheitlichen Konzept zugeführt. Für die Energieversorgung kommen hierbei alternative Energieformen wie Geothermie, Fotovoltaik oder Erdwärmetauscher in Frage. Alle Verfahren der Energieversorgung werden auf den Prüfstand gestellt und im Hinblick auf Nutzungskomfort und Wirtschaftlichkeit untersucht. Eines der Ziele ist es, den Primärenergieverbrauch im FORUM Duisburg um mindestens 30 Prozent gegenüber vergleichbaren Objekten zu senken. Unter Berücksichtigung der Gebäudegröße und Infrastruktur ergibt sich hieraus ein erhebliches Einsparpotenzial an CO_2-Emmisionen.

Bauherr:
AM Forum Duisburg Projektentwicklung GmbH
ein Unternehmen der
Multi Development Germany GmbH
Düsseldorf

Konzeption:
T+T Design
Gouda

Planung und Entwurf:
Chapman Taylor Architekten
Düsseldorf

Fassadengestaltung:
Ortner & Ortner
Berlin

Partner am Bau:
- Chapman Taylor CTA Planer GmbH Architektur und Städtebau
- DU Diederichs Projektmanagement AG & Co. KG
- Ambrosius-Blanke Verkehr Infrastruktur Ingenieurbüro
- simuPlan Dipl. Met. Georg Ludes Ingenieurbüro für Numerische Simulation

Ausführende Firmen Anzeige

heine bau: Mehr als 85 Jahre Innovationen am Bau

Unternehmensprofil

Die august heine baugesellschaft ist eine Familienaktiengesellschaft mit mehr als 80-jähriger Erfahrung in allen Bereichen anspruchsvoller Bauaufgaben. Zu den Bausparten gehören mit besonderer Spezialisierung der allgemeine Hochbau, der Industriebau und der Schlüsselfertigbau sowie seit mehr als 20 Jahren die Projektentwicklung hochwertiger Verwaltungsgebäude, Einkaufszentren, Wohn- und Geschäftshäuser sowie Sonderbauten.

Innovative Anpassungen an sich schnell ändernde Marktverhältnisse, absolute Vertragstreue und hohe Qualität, starke Kundenorientierung, Pflege eigener, gut ausgebildeter Mitarbeiter sowie wirtschaftliche Unabhängigkeit sind die Fundamente des Unternehmenserfolgs.

NRW-Bank, Düsseldorf

„beraten - entwickeln - planen - bauen" Bei diesem Projekt trafen alle Faktoren zusammen, die die august heine baugesellschaft ag ausmachen. Hier konnte das Unternehmen beweisen, wie flexibel eine mittelständische Bau AG sein kann und welche Leistungsstandards dabei gesetzt werden.

Den städtebaulichen Wettbewerb zur Gestaltung des neuen Regierungsviertels in Düsseldorf gewann die Architektengemeinschaft RKW. Die Realisierung der hochwertigen Planung übernahm dann die Projektentwicklungsgesellschaft animo grundstücksgesellschaft GmbH & Co. KG, deren Gesellschafter die august heine baugesellschaft ag sowie die Aristron-Nord-West-Ring e.G. sind.

Im Oktober 2003 hatte man mit der NRW.BANK den geeigneten Mieter für das Objekt gefunden, und im Februar 2004 begann heine bau als Generalunternehmer mit den Bauarbeiten.

Seit Anfang 2006 ist die erfolgreiche Projektentwicklung fertig gestellt und der Mieter hat das Gebäude bezogen. Der dreiteilige Bürokomplex an der Rheinkniebrücke integriert sich hervorragend in das Regierungsviertel Düsseldorfs. Das markante 14-stöckige Hochhaus ist verbunden mit einem siebengeschossigen Gebäudekörper und wird durch einen repräsentativen Konferenzpavillon im rückwärtigen Bereich des Grundstücks ergänzt.

NRW-Bank, Düsseldorf: Die Hightech-Fassade schluckt den Schall und bietet optimalen Sonnenschutz Fotograf: Tomas Riehle

Generalsanierung Höhenbergbad

Im April 2006 wurde die Generalsanierung eines Freizeitbades im Kölner Stadtteil Höhenberg erfolgreich abgeschlossen. Hier erwies sich das Know-how aus dem Bäderbau der Eifeltherme Zikkurat in Mechernich im Geschäftsjahr 2004 als Ausschlag gebend für die Auftragsvergabe an heine. Seit ihrem Bestehen hat die august heine baugesellschaft ag bereits mehr als 20 Bäder gebaut und sich im Bereich dieses Segmentes eine Kernkompetenz erarbeitet.

Referenzobjekte:

Sea Life Centre, Oberhausen
ESPRIT Headquarter Europe, Ratingen
TheatrO, Oberhausen
Stryker Howmedica GmbH, Duisburg
Stadtsparkasse, Düsseldorf
Stadttor, Düsseldorf

Höhenbergbad: Nach der Generalsanierung wieder ein Publikumsmagnet in Köln-Höhenberg Fotograf: Manfred Hanisch

Anzeige

Ausführende Firmen

Innovationen im Bau

august heine baugesellschaft ag
oberhausen hamm düsseldorf dresden

heine

- beraten
- entwickeln
- planen
- bauen

wir sind unabhängig | das macht uns **flexibel**

wir sind dialogfähig | das macht uns **kundennah**

wir sind etabliert | das macht uns **erfahren**

wir sind innovativ | das sichert uns **vorsprung**

Mehr Informationen unter | www.heine-bau.de

Anzeige

Chapman Taylor

CTA Planer GmbH
Architektur und Städtebau

Königsallee 60 C
40212 Düsseldorf
Tel. +49 (0)211 88 28 69-0
Fax +49 (0)211 88 28 69-30
mail@chapmantaylor.de
www.chapmantaylor.com

CityPalais Duisburg, Eröffnung Frühjahr 2007

✓ Projektentwicklung

✓ Projektmanagement

✓ Facility Management

✓ Gutachten

✓ Generalplanung

Berlin · Wuppertal · München · Frankfurt · Bonn · Darmstadt · Hamburg

Laurentiusstraße 21 · 42103 Wuppertal
fon: 0202. 2 45 71-0 · fax: 0202. 2 45 71-45
info@du-diederichs.de · www.du-diederichs.de

DU Diederichs Projektmanagement AG & Co. KG

---

ambrosius blanke verkehr.infrastruktur
INGENIEURBÜRO FÜR VERKEHRS- UND INFRASTRUKTURPLANUNG

- Verkehrsuntersuchungen/ -Gutachten
- Konzeptionelle Verkehrsplanung
- Objektplanung und Entwurf von Verkehrsanlagen
- Baubetreuung und Bauüberwachung

blanke ambrosius

Westring 25 · 44787 Bochum
Fon: 0234 / 9130-0
Fax: 0234 / 9130-200
mail: info@ambrosiusblanke.de
web: www.ambrosiusblanke.de

■ Bauphysik   ■ Gebäudemeteorologie

■ Gebäudesimulation   ■ Immissionsschutz

simuPLAN®

Dipl. Met. Georg Ludes
Ingenieurbüro für Numerische Simulation

simuPLAN · Dipl. Met. Georg Ludes · Heroldstraße 26 · 46284 Dorsten
Tel. 02362 50800 · Fax 02362 50888 · info@simuplan.de · www.simuplan.de

Im Blickpunkt

Bauvertrag: Auf was sollte der Handwerker achten?

Von Bernd Ebers,
Rechtsanwalt und Notar in Limburg/Lahn

Erst dann, wenn es zum Rechtsstreit kommt, werden die Fehler offenkundig, die vorher gemacht wurden, obwohl sie vermeidbar waren. Diese Fehler können sich, falls es zum Rechtsstreit vor Gericht kommt, zum Nachteil des Handwerkers auswirken. Der folgende Beitrag will auf Fehler, die häufig gemacht werden, hinweisen und Wege aufzeigen, wie diese Fehler vermieden werden können.

Die Stundenlohnarbeiten geben häufig Anlass zum Streit

Ein Beispiel:

Verschiedene handwerkliche Leistungen können nur in Stundenlohnarbeiten ausgeführt werden. Wenn diese Stunden dann in Rechnung gestellt werden, kommt es häufig zum Streit.

Im Keller des neu errichteten Einfamilienwohnhauses zeigen sich Feuchtigkeitsflecken an den Wänden. Der zu Rate gezogene Architekt vermutet, dass die Außenisolierung schadhaft ist und/oder die Drainage. Ein Aufspüren/Beseitigen des/der Fehler/s macht es erforderlich, rund um das Haus herum bis zur Kellersohle freizugraben. Das Haus liegt an einem Hang, die Außenanlagen sind soweit fertig, die Arbeiten können nur per Hand und nicht mit Bagger – auch nicht mit einem kleinen – ausgeführt werden.

Der Bauhandwerker nimmt den Auftrag an. Er weist nicht darauf hin, dass diese Arbeiten nur im Stundenlohn ausgeführt werden können. Als er später seine Rechnung erstellt, verweigert der Bauherr die Zahlung mit der Begründung, dass Stundenlohnarbeiten nicht vereinbart worden seien, sowie, dass die Anzahl der in Rechnung gestellten Stunden überhöht sei, und schließlich, dass der eingesetzte Stundenlohn zu teuer sei. Der Bauhandwerker muss jetzt vor Gericht klagen. Er muss darlegen und beweisen, dass die Arbeiten nur im Stundenlohn haben ausgeführt werden können und, dass die Anzahl der berechneten Stunden auch tatsächlich angefallen und notwendig waren und dass die Höhe des Stundensatzes angemessen ist.

Den Beweis dafür, dass die Arbeiten nur im Stundenlohn haben ausgeführt werden können, wird der Bauhandwerker führen können, indem er sich auf die Einholung eines Sachverständigengutachtens oder auf die Aussage eines Sachverständigen beruft, was auch gilt, soweit es um die Höhe des Stundensatzes geht. Soweit es aber um die Anzahl der in Rechnung gestellten Stunden geht, hilft dem Bauhandwerker hier weder das Gutachten noch die Aussage eines Sachverständigen, denn der Sachverständige kann hier nur schätzen. Mit einer Schätzung aber führt der Bauhandwerker keinen Beweis. Beweis könnte der Bauhandwerker führen, indem er seine Mitarbeiter, die damals die Arbeiten ausgeführt haben, als Zeugen benennt. Ob die Mitarbeiter des Bauhandwerkers sich in einem Prozess noch im Einzelnen daran erinnern können, an welchem Tag sie wie viele Stunden gearbeitet haben, erscheint mehr als fraglich. In diesem Fall könnte lediglich der Richter, dem diese Möglichkeit gegeben ist, nach freiem Ermessen schätzen.

Mein Ratschlag:

Zunächst vor der Ausführung der Arbeiten schriftlich anbieten, welche einzelnen Arbeiten zu welchem Preis im Stundenlohn ausgeführt werden und sich dies vom Bauherrn unterschreiben lassen, also eine Vereinbarung in schriftlicher Form herbeiführen und sodann – ganz wichtig – Stundenlohnnachweise führen in Form von Rapportzetteln oder Tagesberichten und sich auch diese und zwar zeitnah, abzeichnen lassen und zwar vom Bauherrn, von dessen Architekten oder vom Bauleiter.

Ein großes Ärgernis bieten oft die bereits geleisteten – allerdings schlecht geleisteten – Vorarbeiten, auf die die weiteren Arbeiten aufbauen

Auch hierzu ein Beispiel:

Der Schreiner erhält die Baupläne und die Baubeschreibung und wird aufgefordert, ein Angebot abzugeben über die Anfertigung, Lieferung und Einbau von Zargen und Türen. Er gibt sein Angebot ab und erhält den Auftrag.

Daraufhin beginnt er, Zargen und Türen in der Werkstatt zu fertigen. Als er dies dann später vor Ort einbauen will, stellt er fest, dass die Maße, wie aus den Plänen ersichtlich, von den Maurern und Verputzern nicht eingehalten wurden, die Türöffnungen sind teilweise zu hoch, und die Wände sind in unterschiedlicher Stärke verputzt, so dass die Türen teilweise zu klein und die Zargen teilweise zu schmal sind.

Dennoch baut der Schreiner Zargen und Türen ein, die vorhandenen Mängel kaschiert er dadurch, indem er zusätzliche Zierleisten anbringt. Als der Schreiner mit dem Einbau fertig ist und seine Rechnung erteilt, verweigert der Bauherr die Abnahme der Werkleistung mit der Begründung, die Arbeiten seien mangelhaft ausgeführt worden, die Rechnung zahlt er nicht. Ein Rechtsstreit erscheint aussichtslos, denn die Mängel sind tatsächlich vorhanden und eine Abnahme ist bisher nicht erfolgt.

Mein Ratschlag:

Falls die Arbeiten des Vorunternehmers mangelhaft sind, dies schriftlich anzeigen – es besteht eine so genannte Hinweispflicht. Sodann mit dem Bauherrn oder dessen Architekten oder Bauleiter die Dinge im Einzelnen erörtern und Möglichkeiten aufzeigen, wie die Mängel der Vorarbeiten beseitigt werden können und hierüber – schriftlich – ein Nachtragsangebot abgeben und sich dieses gegenzeichnen lassen. Erst dann, wenn klar ist, wie die Arbeiten letztendlich ausgeführt werden und dies auch – schriftlich – vereinbart ist, mit der Ausführung der Arbeiten beginnen.

Merke:

Im Falle eines Prozesses muss in der Regel derjenige, der etwas behauptet, dies auch beweisen. Beweise sind oft schwer zu führen, daher vorzeitig entsprechende Vereinbarungen nachweisbar, also schriftlich, herbeiführen, dies vermeidet oft Prozesse.

Prozesse sind teuer, sie dauern lange; ob man einen Prozess gewinnt, weiß man nicht, und selbst dann, wenn man gewonnen hat, hat man noch nicht sein Geld.

Sanierung / Wohnungsbau

Geradlinige und kräftig akzentuierte Architektur

Wohnhaus Steinbrinkstraße, Dortmund-Wickede / Fassadensanierung und Eingangsgestaltung Wohn- und Geschäftshaus Harkortstraße, Dortmund-Hombruch / Wohnhaus Oberer Ahlenbergweg, Herdecke-Ahlenberg

Wohnhaus Steinbrinkstraße

Der Entwurfsprozess zwischen einer Zweite-Reihe-Bebauung, engen Grundstücksgrenzen und Abstandsflächen führte zu einem dynamischen Baukörper. Der spitz zulaufende Bug entlang der Nachbarparzelle wird von einem Staffelgeschoss mit Flugdach überragt. Einer sehr geschlossenen Fassade zur Straße hin steht die weit geöffnete Gartenseite gegenüber.

Harkortstraße Dortmund

Die baukonstruktiv mangelhafte Fassade aus den 70er Jahren wurde durch ein System aus Metallschienen gesichert, wärmegedämmt und mit Alucubond-Platten verkleidet. Die Sanierung umfasste u.a. auch eine Neugestaltung der Eingangssituation mit einem repräsentativen Vordach und großen Glasflächen. Die farbliche Gestaltung nimmt Bezug auf die ehemalige Fassade.

Die Fassade des Gebäudes in der Harkortstraße (unten) wurde nicht nur baukonstruktiv aufgewertet, sie erhielt auch eine freundliche Farbgebung. Die Eingangssituation wird durch großzügige Verglasung, eine Freitreppe und ein Vordach aufgewertet (unten rechts)

Das Wohnhaus in der Steinbrinkstraße (oben) besticht durch seine klare Kubatur. Die große Dachterrasse bietet einen besonderen Wohnkomfort (rechts oben). Einen starken, farblichen Akzent setzt die Trennwand neben der Eingangstür, die auch gleichzeitig den Übergang zur Nachbarbebauung schafft (rechts)

Die Fassade des Wohnhauses in der Steinbrinkstraße zeigt einen klaren Bezug zum Bauhaus (oben) Die alte Fassade des Gebäudes in der Harkortstraße (rechts) war sowohl baukonstruktiv wie auch in gestalterischer Hinsicht mangelhaft

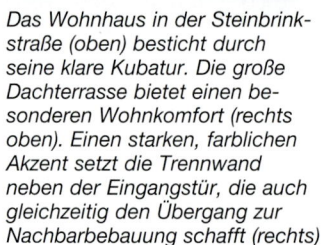

Die neue Eingangssituation des Wohn- und Geschäftshauses in der Harkortstraße wurde von den Architekten sorgfältig geplant und mitsamt dem Vorplatz am Computer visualisiert (unten). Materialität und Farbgestaltung sind auf die Fassade abgestimmt

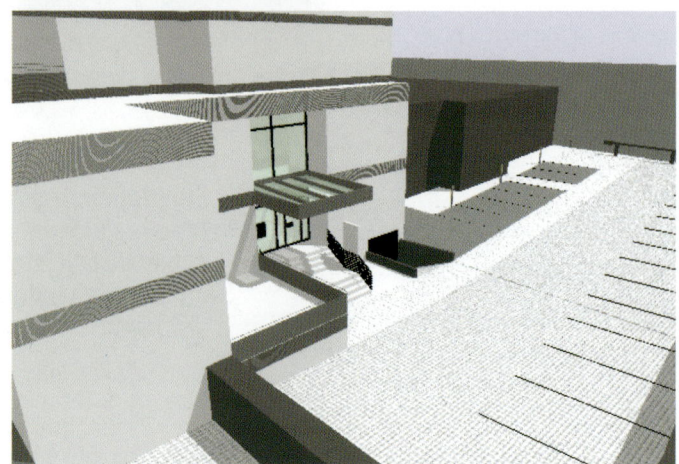

Sanierung / Wohnungsbau

Wohnhaus Oberer Ahlenbergweg

Von der Dachterrasse des zweieinhalbgeschossigen Neubaus bietet sich ein weiter Ausblick ins Tal. Eingang und Erschließung liegen in einer Glasfuge zwischen dem Baukörper und einer 9 m hohen Sichtbetonwand.

Das Wohnhaus am Oberen Ahlenbergweg bietet raumhohe Fensterflächen, die für lichtdurchflutete Räume sorgen und einen ungestörten Ausblick gewähren (rechts)

Bei diesem Gebäude findet die farbliche Akzentuierung im Inneren statt, wie mit dieser roten Wand (links), der verglaste Eckbereich erinnert an den Bauhausstil (unten)

Die Anordnung des Eingangsbereichs und der Erschließung außerhalb des Hauptbaukörpers sorgt für eine klare Gliederung und optimale Raumzuschnitte (unten)

Planung:
BAUART GMBH & CO. KG
Funktionale Architektur,
Dortmund

Partner am Bau:
- Thomas Schneider Fliesenfachgeschäft
- Volgmann & Sohn GmbH & Co. KG
- Schaumann GmbH Fenster, Türen, Fassaden, Wintergärten
- Thomas Hesse Haustechnik GmbH
- Elektrotechnik Heine

Anzeige

Fliesen und Naturstein in größter Vielfalt

Die vielfältigen Möglichkeiten der Gestaltung mit Fliesen, Platten und Natursteinen sind das Know-how der Firma Fliesen Schneider, die 1993 von Fliesen-, Platten- und Mosaiklegermeister Thomas Schneider gegründet wurde. Die Angebotspalette ist umfangreich und reicht von Natursteinarbeiten, über Altbausanierung, bis hin zur Modernisierung von Bädern. Weiterhin übernimmt der Betrieb auch stilvolle Fassadengestaltungen und den Bau von Glasbaustein-Trennwänden.

Jedoch liegt die Leistungsfähigkeit des Unternehmens nicht nur bei den Verlegearbeiten, sondern auch in der fachkundigen und individuellen Beratung der Kunden, wenn es um die jeweiligen Fliesen geht. Dafür sorgen neben dem Firmenchef neun bestens geschulte Fachkräfte, die alle anfallenden Leistungen mit viel Liebe zum Detail und handwerklichem Können ausführen. Zahlreiche zufriedene Auftraggeber dokumentieren dies immer wieder.

Schneider
Planung · Verkauf · Verlegung · Design
Fliesen- Fachgeschäft

Ideenreiche Arbeit von Meisterhand

Berghofer Straße 76 • 44269 Dortmund
Telefon und Fax: (02 31) 48 24 22
kontakt@fliesen-schneider-do.de
www.fliesen-schneider-do.de

Ausführende Firmen   Anzeige

Lassen Sie Ihre Fassaden nicht im Regen stehen!

Die **Volgmann & Sohn GmbH & Co. KG** ist ein erfolgreicher Familienbetrieb, der großen Wert auf Qualität, Flexibilität und kompetente Beratung legt.

Mit insgesamt 22 Mitarbeitern bietet sie ihren Kunden Fassadendämmungen, Außenputze, Betonsanierungen, Fassadenanstriche und dekorative Bodenbeschichtungen. Eigene Gerüste ermöglichen eine sehr schnelle Bearbeitung der Aufträge, die 75 km rund um Dortmund und bei Großprojekten auch bundesweit ausgeführt werden.

Volgmann & Sohn
GmbH & Co. KG

V&S

Referenzobjekte:
- Dortmund, Harkortstraße 29, Fassadendämmung und Balkonsanierung
- Südbad, Dortmund, Fassadendämmung
- Springforum, Bochum, Fassadendämmung

✓ Maler- und Stukkateurbetrieb
✓ Vollwärmeschutz
✓ Betonsanierung

Volgmann & Sohn GmbH & Co. KG
Freigrafenweg 17
44357 Dortmund
Tel. 02 31/93 69 73 30
Fax 02 31/93 69 73 39
info@volgmann-fassaden.de
www.volgmann-fassaden.de

Gerüstbau • Betoninstandsetzung • Fassadenanstricharbeiten • WDVS-Systeme • Außensanierung

Schaumann

Schaumann GmbH Im alten Dorf 9 · 59192 Bergkamen
Telefon 0 23 07/96 40 10 · Telefax 0 23 07/96 40 122
Internet: www.schaumann-fenster.de

Fenster
Türen
Fassaden
Wintergärten

Thomas Hesse Haustechnik GmbH

Unterer Heideweg 28
59069 Hamm
Telefon 0 23 85/6 85 16
Telefax 0 23 85/91 33 49
haustechnik_hesse@t-online.de

~ ökologische Haustechnik
~ sparsame und wirtschaftliche Wärmesysteme
~ Erdwärmepumpen incl. Bohrung aus einer Hand
~ Solartechnik
~ Bäder aus einer Hand

---

heine EIB PARTNER
Küchenstudio · Elektroinstallation
Zeitgemäßer Entwurf · Perfekte Montage

Kieferstraße 26
44225 Dortmund
Telefon 02 31/79 22 05-0
Telefax 02 31/79 22 05-19
www.heine-elektrotechnik.de

Unser Leistungsspektrum:
- Installationstechnik
- Fernmeldetechnik
- Beleuchtungstechnik
- SAT- und Antennentechnik
- Wohnungsmodernisierung
- Neubauinstallation
- Kundendienst
- Sprech- und Videoüberwachung
- Wärmespeicheranlagen
- EIB-Partner

Öffentliche Bauten

Eine Schule gebaut für individuelles Lernen
Neubau Gymnasium Steinhagen für 750 Schüler Erlebnisraum in Ostwestfalen

Funktion und Gestaltung

Das neue Gymnasium liegt am südlichen Ortsrand von Steinhagen, inmitten einer typisch ostwestfälischen Feld- und Wiesenlandschaft. Dem frei in den Landschaftsraum gestellten Gebäudeensemble liegt das Leitbild einer unregelmäßig sternförmigen Figur mit einem darüber schwebenden Kreisring zu Grunde. Hierdurch entstand nicht nur ein attraktives, vielfältig nutzbares Schulgebäude, sondern ein Erlebnisraum für rund 750 Schüler verschiedener Altersklassen. Das Entwurfskonzept der Essener Architekten Knirr + Pittig sieht vor, einen Ort der Identifikation und der Integration zu schaffen, der den Sinn der Gemeinschaft erweckt und verstärkt.

Ausgehend von der Halle führen im Erdgeschoss strahlenförmig ausgerichtete Wege zu den Unterrichtsräumen der Unterstufe, den naturwissenschaftlichen Fachräumen und in die Schulverwaltung. In den Obergeschossen der Kreisfigur befinden sich die Kursräume der Oberstufenschüler. Der hier täglich mehrfach stattfindende Wechsel der Unterrichtsräume wird durch die kreisförmige Anordnung praktisch unterstützt und gestalterisch symbolisiert.

Die sensiblen landschaftsarchitektonischen Maßnahmen verstärken die Symbiose von Lernort und Landschaft.

Gymnasium Steinhagen: Regenwasser wird in einem See aufgefangen, der das Umfeld des Neubaus bereichert

Planung und Entwurf:
Knirr + Pittig Architekten
Essen

Bauherr:
Gemeinde Steinhagen

Partner am Bau:
- Burckhard Schröder & Partner Beratende Ingenieure VBI für Elektrotechnik
- IngenieurGesellschaft Schultz mbH Beratende Ingenieure für Bautechnik
- Specht Sonnenschutz GmbH

— Anzeige

●●●●● Burckhard Schröder & Partner
Beratende Ingenieure VBI für Elektrotechnik

Beratung Planung Bauleitung

- Elektrische Anlagen
- Beleuchtungstechnik
- Fernm.- u. Informationstechnik
- Aufzugsanlagen
- Blitzschutz

Steubenstraße 6
33609 Bielefeld

Telefon:
0521-93212-01

Telefax:
0521-93212-59

Internet:
info@ib-schroeder.de
www.ib-schroeder.de

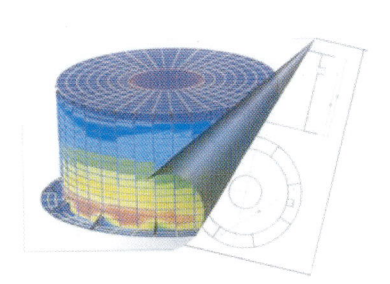

IGS

INGENIEURGESELLSCHAFT SCHULTZ mbH
Beratende Ingenieure für Bautechnik
Otto-Brenner-Straße 247 – 33604 Bielefeld
Tel./ Fax: 05 21 – 4 17 13 -0 / -50
info @ igs-bielefeld.de

Bautechnische Prüfung
Baustellenkontrollen
Objekt- und Tragwerksplanung
Gutachten, Bauwerksprüfung
Energieberatung

Ingenieurkammer-Bau
Nordrhein-Westfalen

vpi
Bundesvereinigung
der Prüfingenieure für Baustatik e.V.

Sanierung / Wohnungsbau / Gewerbebauten

Architektonische Maßnahmen für die Wohnkultur

Sanierung „Spicherner Dreieck", Dortmund / Neubau Stadtkrone-Ost, Dortmund / Neubau Blankensteiner Straße, Bochum

Sanierung „Spicherner Dreieck"

„Spicherner Dreieck" heißt die Hochhaussiedlung der Spar- & Bauverein eG. Das im Dortmunder Westen gelegene Areal wurde 1972/73 in Dortmund Dorstfeld bebaut und besteht aus fünf Häusern, die zwischen vier und 15 Geschossen hoch sind. Die insgesamt 150 Wohneinheiten unterliegen überwiegend einer öffentlichen Bindung; lediglich 16 dieser Wohnungen sind frei finanziert. Die Wohnungsgrößen der 2- bis 4-Zimmer-Wohnungen betragen zwischen 63 und 89 m².

Das Image dieses Objekts als sozialer Brennpunkt belastet viele Bewohner. Dies hat Fluktuation zur Folge und hält viele Mietinteressenten fern. Die schlechte Bausubstanz, eine eintönige, wenig individuelle Architektur, die hochgeschossige Bauweise und die geringe Qualität des öffentlich zugänglichen Raumes verhindern die Identifikation der Bewohner mit dem Objekt und die Herausbildung kollegialer Nachbarschaftsnetzwerke.

Die hohe Leerstandsquote und die Gefahr eines noch höheren Leerstandes veranlassten die Spar- & Bauverein eG zur Beauftragung des Architekturbüros KFD mit der Erarbeitung eines Sanierungskonzeptes. Über die reine Sanierung der Bausubstanz hinaus werden die Schwachpunkte beseitigt und die Stärken des Objekts hervorgehoben. Die fünf Häuser werden individuell behandelt. Jedem Haus wird eines der fünf Elemente: Metall, Erde, Holz, Feuer und Wasser zugewiesen. Die Elemente spiegeln sich in allen öffentlichen Räumen wider. Die dem Element zugehörige Farbe wird in den Eingängen, Etagenfluren und Balkonen eingesetzt. So erhalten die einzelnen Häuser eine eigene Identität, die von außen gut ablesbar ist. Damit wird die Anonymität der Großstruktur aufgebrochen. Jeder Bewohner erhält die Möglichkeit, sich sowohl zum Gesamtensemble zugehörig zu fühlen als auch von den anderen Häusern abzugrenzen. Die Zugänge und die Foyers der Häuser werden großzügiger angelegt. Entsprechend der Anzahl der Bewohner wird die Fläche des Eingangsbereichs bemessen.

Die Eingangssituation selbst wird vor das Gebäude gezogen. Alle Häuser können von zwei Seiten betreten werden. Die Eingangsbereiche werden verglast, um Licht einzulassen und Durchblicke zu gewähren. Im zentralen Bereich befinden sich die Räume des Hausmeisters, der mit seiner Aufgabe als Concierge nicht nur die Funktion des Handwerkers innehat, sondern viel mehr als Quartiermanager dem Komplex ein Gesicht als Ansprechpartner geben soll. Darüber hinaus werden Räume angeboten, in denen sich die Bewohner treffen können, um soziale Kontakte zu knüpfen und zu vertiefen.

Im Außenbereich werden die vorhandenen Betonstrukturen aufgebrochen und durch organische Formen ersetzt. Hierbei werden durch unterschiedlichen Materialeinsatz, z.B. Ziegelpflaster, Rasenwabe, Grauwacke etc., Zonierungen erzeugt. Dadurch können verschiedene Nutzungen voneinander getrennt und Identifikationspunkte erzeugt werden. Auch hier werden Möglichkeiten zu gemeinsamen Treffen geschaffen und Kinder-Spielflächen angelegt. Ein zentraler Platz als Kommunikationsplattform bietet die Möglichkeit von Bewohnerfesten.

Durch das Zusammenfassen von Wohnungen zu Maisonetten entstehen vertikale Verbindungen in der Fassade. Weitere Wohnungen werden durch die Nutzbarmachung der Flachdächer mit Dachterrassen oder Wintergärten aufgewertet. Entsprechend der Höhenentwicklung des Gebäudes nimmt die Intensität der Dachbegrünung ab. Auf der Höhe des Materialwechsels wird lediglich extensiv begrünt (Baumgrenze). Der Sockel wird mit einem freundlichen robusten Material gegebenenfalls in Naturstein ausgestaltet.

Die Gliederung der Fassade durch den Materialwechsel schafft eine wohltuende Teilung der Höhe des Gebäudes. Die Teilung entwickelt sich entsprechend der Höhenstaffelung in einem Verhältnis der Fibonacci-Folge (Goldener Schnitt), um angenehme Proportionen zu erzeugen. Der obere Teil erhält eine Lochblech-Bekleidung, die hinterleuchtet wird und das Gebäude zum Glühen bringen kann. Darüber hinaus reflektiert das Metall den Himmel und unterstützt so die Demateria-

Sanierung / Wohnungsbau / Gewerbebauten

lisierung der oberen Geschosse. Die untere Fassade wird in weißem Putz gehalten. Bei den auskragenden Balkonen wird der Wechsel zu bodentief verglasten Wintergärten vorgenommen, da freie Balkone in der Höhe schlecht nutzbar sind. Anhand der Farbgebung der Balkone können die fünf Häuser des Ensembles unterschieden werden. Die geschlossenen Fassaden werden gesondert behandelt, da sie nicht durch Fenster oder dergleichen strukturiert werden. Die große Westansicht wird mit Photovoltaik- und Solarthermieelementen versehen, um Energiegewinne zu erzielen. Die anderen Häuser erhalten eine entsprechend ihrer Farbzuordnung und Symbolik gestaltete Fassade. Zur Auflockerung werden die angrenzenden Balkone um die Gebäudeecken herumgeführt. Die bestehenden Fensterbänder werden durch Einzelfenster ersetzt.

Stadtkrone-Ost

Mit völlig unterschiedlichen Vorgaben entstanden 2005 an der Stadtkrone Ost in Dortmund zwei gemischt genutzte Gebäude in direkter Nachbarschaft. Beide Objekte genießen die herrliche Aussicht über das Emschertal. Das Architekturbüro KFD plante das Objekt des privaten Bauherrn im Stile einer mediterranen Villa auf quadratischem Grundriss. Farben und Formen ordnen sich einer schlichten und schnörkelosen Eleganz unter. Die eingesetzten Materialien sind im wesentlichen Stahl, Glas, Naturstein und Putz. Das Gebäude enthält auf 550 m² drei Wohn- und zwei Büroeinheiten, die der Bauherr zum Teil selbst nutzt. Die Einheiten gruppieren sich um ein Atrium, das dafür sorgt, dass auch die tiefer liegenden Räume mit Tageslicht versorgt werden. Die Belichtung erfolgt über den verglasten Firstpunkt des Zeltdachs. Um eine möglichst große Flexibilität bei der Aufteilung zu verschiedenen Einheiten zu erzielen, wurde ein vielschichtiges Spiel von Treppen, Ebenen und Lufträumen erzeugt, das einen ganz besonderen Reiz ausmacht. Das zweite Gebäude wurde für die EFH-Bau GmbH als Bauträgermaßnahme errichtet. Der lang gestreckte Baukörper beherbergt vier Maisonette-Wohnungen mit Garten-Terrassen von 95–120 m² Wohnfläche und zwei Penthouse-Wohnungen von 85–105 m² Wohnfläche. Die Modulbauweise ließ den Erwerbern viel Gestaltungsfreiraum bei der Aufteilung der Wohnungen, so dass alle Wohnungen sehr unterschiedlich ausgefallen sind. Die Lage wie auch die Architektur waren die Gründe für den schnellen Verkauf der Wohnungen.

Oben: die Wohnanlage in der Blankensteiner Straße

Unten: die Gebäude an der Stadtkrone. Links das lang gestreckte Haus und rechts daneben die Stadtvilla mit dem Zeltdach und dem Lichteinlass (rechts) über dem Atrium

Blankensteiner Straße

In Bochum-Sundern, einer bevorzugten Wohnlage, entstand 2004 diese Eigentumswohnungsanlage. Sieben Wohnungen unterschiedlicher Typologie sind hier unter einem Dach vereint. Drei Maisonette-Wohnungen von 100–140 m² Wohnfläche, zwei Etagenwohnungen mit 85 und 95 m² sowie zwei Penthouse-Wohnungen mit 115 und 125 m² Wohnfläche befinden sich in der Anlage. Alle Wohnungen haben entweder Gartenanteile, einen großen Balkon oder eine großzügige Dachterrasse (30 m²). Die Komfort-Ausstattung reicht vom Granitbelag im Treppenhaus, über Edelstahlgeländer, bis zu Edelkratzputz und Verblendern in der Fassade. Eine Tiefgarage schafft mehr bepflanzte Außenfläche.

Planung:
KFD Architekten
M. Heyng und A. Fock,
Dortmund

Partner am Bau:
- Diekert GmbH Bauunternehmen
- Zimmerei Meiko G.b.R.
- Martin Reigers Putz- und Stuckgeschäft
- Bönninger Maler GmbH & Co. KG
- Dipl.-Geol. B. Blankmeister
- Niedieker Bedachungen
- Detlef Daszenies (vormals W. Wittsieker) Putz und Trockenbau
- Lederhose, Witter & Partner GbR Tragwerksplanung

Ausführende Firmen   Anzeige

diekert GMBH
BAUUNTERNEHMEN

Hochbau, Beton- und Stahlbetonbau
Planung und Ausführung schlüsselfertiger Häuser

Orthöver Weg 51 • 46286 Dorsten-Wulfen
Telefon: (0 23 69) 60 38 • Telefax (0 23 69) 2 31 19 • Handy: (0170) 932 13 04

Zimmerei MEIKO G.b.R.

Inhaber Paul Koch und Michael Meißner

Scharnhorststraße 13b · 44532 Lünen
Telefon: 0 23 06/9 40 46 64 · Telefax: 0 23 06/9 40 46 70
www.zimmerei-meiko.de · info@zimmerei-meiko.de

MARTIN REIGERS
STUKKATEURMEISTER
PUTZ- UND STUCKGESCHÄFT

VOLLWÄRMESCHUTZ	FASSADEN- UND BETONSANIERUNG
ALTHAUSSANIERUNG	STUCK UND RESTAURATION
MALERARBEITEN	KALK- UND LEHMPUTZE

Bittermarkstraße 4 • 44229 Dortmund

Telefon 02 31/7 25 91 84
Telefax 02 31/7 25 91 85

BÖNNINGER
Maler GmbH & Co.KG
Immobilienwert steigern · Wohnqualität verbessern

MALERBETRIEB seit 1945

Weiße-Ewald-Straße 40
44287 Dortmund
Tel. 02 31 / 945 388 30
Fax 02 31 / 945 388 399
E-Mail: info@boenninger.com
www.boenninger.com

Anzeige · Ausführende Firmen

- Baugrund
- Regenwasser/Grundwasser
- Altlasten
- tagesnaher Bergbau
- Sondierungen
- Verdichtungsüberprüfungen

Dipl.-Geol. B. BLANKMEISTER
Beratende Ingenieurin · Mitglied der Ingenieurkammer-Bau NRW
Büro für Ingenieur- und Hydrogeologie
Labor für Erdbau

Dickebankstr. 36 · 44866 Bochum (Wattenscheid)
Tel 02327/88224 · Fax 02327/15852
e-mail buero@blankmeister.de

Niedieker Bedachungen
Alles unter Dach & Fach
mehr als Dächer decken

Steildach
Flachdach
Fassaden
Dachrinnen
Reparaturen

Büro: Kupferstraße 20 · 59067 Hamm
Tel. 0 23 81/98 78 368 · Fax 0 23 81/98 78 369
Lager: Adolf-v.-Hatzfeldstraße 19 · 59457 Werl
Tel. 0 29 22/91 20 05 · Fax 0 29 22/91 20 06
E-Mail: info@niedieker.de

Detlef Daszenies
vormals W. Wittsieker

Putz und Trockenbau

Hövelstraße 102 • 45326 Essen • Telefon 02 01/32 10 15 • Telefax 02 01/32 10 15

Produktinfo ◄

Brandschutz mit System

(djd/pt) „Rauchmelder retten Leben", darauf weist die Feuerwehr immer wieder hin. Von den ca. 600 Menschen, die in Deutschland jährlich an den Folgen von Bränden sterben, verunglücken die meisten zu Hause. Und weil Brände meist mit einer Schwelphase beginnen, fällt die Mehrzahl von ihnen einer Rauchvergiftung zum Opfer. Das geht schnell – schon zehn Atemzüge genügen. Umso wichtiger sind Rauchmelder, die durch ihren Signalton sogar im Schlaf rechtzeitig vor der Gefahr warnen. Allerdings nur, wenn sie in allen Stockwerken und Räumen gut zu hören sind. Mit dem neuen Hightech-Rauchmelder RM 100 BiDi von ELV (mehr Infos: www.sicherheitstechnik.elv.de) ist das kein Problem.

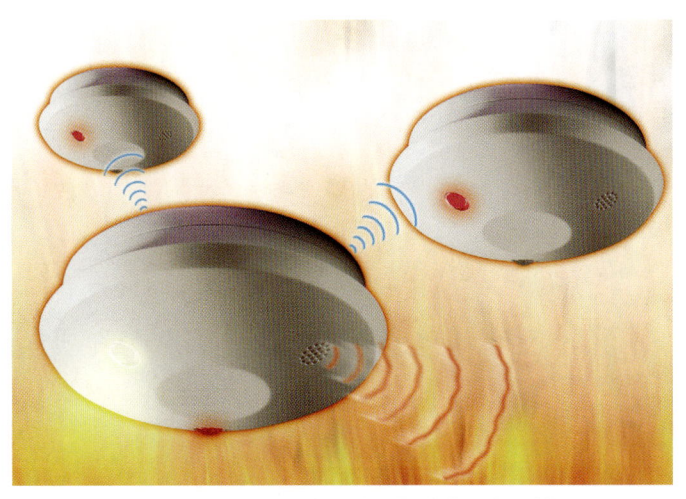

Der RM 100 lässt sich mit beliebig vielen Funk-Rauchmeldern vernetzen. So löst aufsteigender Rauch überall sofort Alarm aus

Dieser Funk-Rauchmelder hat ein bidirektionales Funkmodul an Bord – da können beliebig viele RM 100 BiDi als vernetztes System installiert werden. Wird ein Rauchmelder ausgelöst, alarmieren auch die anderen. So kann selbst für weit entfernte Räume, große Flächen oder mehrere Etagen eine sichere Überwachung realisiert werden und das ohne jegliche Verkabelung. Im Alarmfall wird außerdem neben der akustischen und optischen Alarmierung eine helle, weiße LED-Notbeleuchtung zugeschaltet.
Über die vorhandene Zweidraht-Schnittstelle ist weiterhin eine Vernetzung von z.B. zwei Rauchmelder-Gruppen bei schwierigen Funkbedingungen möglich.

Gewerbebauten

Richtungweisendes PPP-Modell „ComIn"
„Büros der Zukunft" in Essen als neue Leitbilder für modernes Arbeiten

Förderung der IT-Branche in Essen

Das „ComIn", Kompetenzzentrum für Kommunikation und Informationstechnologie in Essen besteht aus einem modularen, 3-geschossigen Bürokomplex, der über insgesamt ca. 12.900 m^2 Bruttogeschossfläche verfügt. Zielgruppe des Neubaus sind vornehmlich IT-orientierte Unternehmen, die sich hier ansiedeln können. Im Rahmen einer Public-Private-Partnership (PPP) haben sich für dieses neue Kompetenzzentrum die RWE Systems Immobilien Gruppe, das BfZ Berufsförderungszentrum Essen e.V., das Essener Technologie- und Entwicklungszentrum (ETEC) und die Essener Wirtschaftsförderungsgesellschaft (EWG) zusammengeschlossen. Des Weiteren unterstützen die Stadt Essen, das Land Nordrhein-Westfalen und die Europäische Union das „ComIn" mit Fördergeldern. Entsprechend der vielseitigen Interessen und Kompetenzen der Initiatoren und Förderer entwickelte sich das „ComIn" zu mehr als einem nur modernen Bürokomplex. Hinter dem Zentrum steht das weit reichende Konzept einer integrativen Qualifikation, Technologie- und Existenzgründungsinitiative für die IT-Branche am Standort Essen.

Brückenschlag zum Entwicklungsgebiet

Städtebaulich betrachtet bildet das „ComIn" ein Pilotprojekt auf dem Weg zu einer hochwertigen Stadtstruktur im Süden des Stadtteils Altenessen. Sichtbares Zeichen des Gebäudekomplexes wurde ein Zentralgebäude mit ausgeprägtem Brückenkopf und einer Freitreppe. Eine 68 m lange Brückenkonstruktion verbindet das Zentralgebäude mit dem gegenüber liegenden Berufsförderungszentrum. Angrenzend an das Zentralgebäude arrangieren sich riegelförmig die einzelnen 3-geschossigen Büromodule, zentral verbunden durch eine weitere Glasbrücke, die in ein großes glasüberdachtes Atrium mündet.

„ComIn": Transparenz durch Glas im Innen- und Fassadenbereich spielt bei dem Neubau eine entscheidende, stilprägende Rolle
Foto: © Jochen Helle, Dortmund

Foto: © BuM, Nordhorn

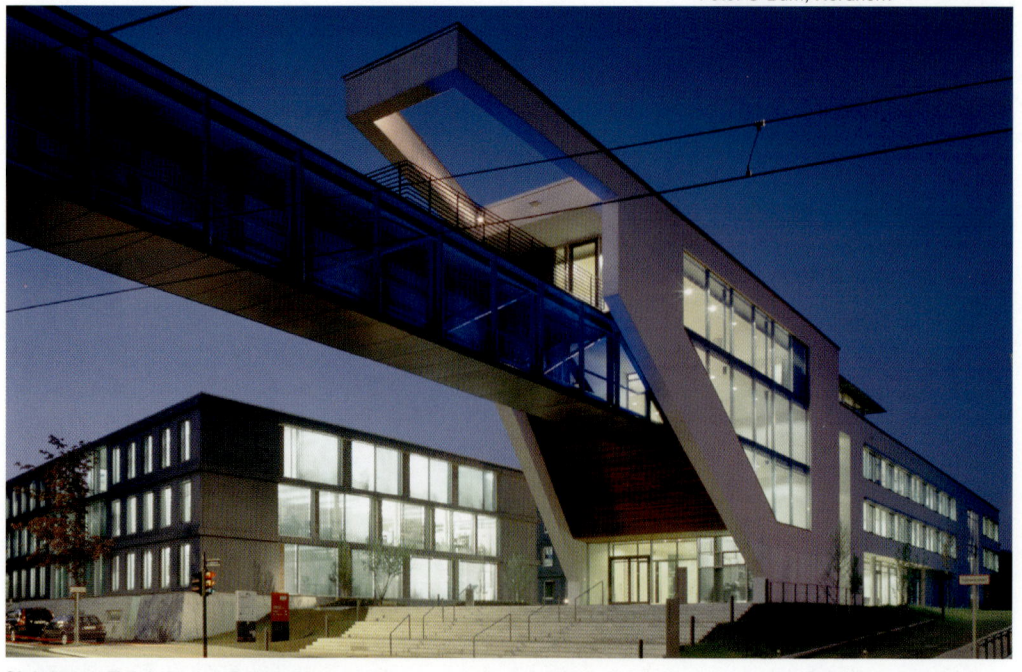

Kommunikation, Innovation und Technologie werden symbolisiert durch moderne Baustoffe und eine offene Raumgestaltung.
Das Architekturbüro Schröder & Kamm, Sieger des ausgelobten Architekturwettbewerbs, beantwortete den Anspruch einer differenzierten Nutzung in Form einer kompakten, in sich geschlossenen Modulstruktur, die variable Großraumbüros, Kleinbüros für Start-ups, Schulungsräume, Event- und Begegnungsflächen integriert und dennoch den Charakter eines einheitlichen Gebäudeensembles bewahrt. Die fein abgestimmte Kombination gesäuerter Betonfertigteilfassaden mit neutralen Glasflächen, filigranen Aluminium- und Stahlprofilen sowie lamellenartigen

Sichtbares Zeichen des Gebäudeensembles wurde die rund 68 m lange Brückenkonstruktion, die das Zentralgebäude mit dem Berufsförderzentrum verbindet
Foto: © Jochen Helle, Dortmund

Gewerbebauten

Transparenz, Offenheit und Kommunikation erfüllen den Neubau mit Leben und werden durch die entsprechenden Materialien wie Glas und Licht symbolisiert Foto: © Jochen Helle, Dortmund

Verbindende Glaselemente dokumentieren die Offenheit auch nach außen

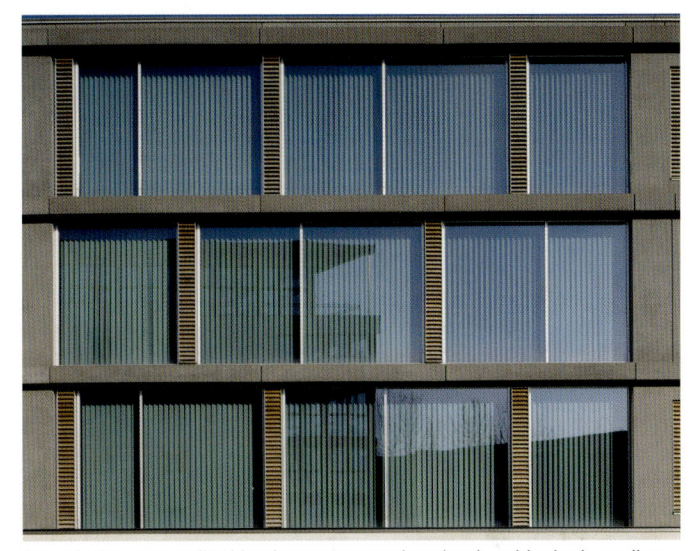

Raumhohe, ungeteilte Verglasungen werden durch schlanke Lamellenelemente aus Naturholz unterbrochen
Fotos: © Identity Development GmbH, Essen

Naturholzelementen übersetzt diesen Anspruch in eine unprätentiöse Architektur, die sich in jeder Hinsicht auch mit dem Umfeld als dialogfähig erweist.

Komplexe Funktionsglastechnik

Glas spielt im gestalterischen wie funktionalen Kontext des „ComIn" eine entscheidende, stilgeprägte Rolle. Wesentliche Leitbilder des Entwurfes beziehen sich auf Begriffe wie Transparenz, Offenheit, Kommunikation, Teamwork und Präsentation. Die interne, modulare Gliederung der IT-Offices in Hallen/Teamwork- und Präsentationsflächen für kommunikatives Arbeiten sowie Flächen für konzentriertes Arbeiten gründet in Teilen auf einer Studie des Fraunhofer-Instituts zu neuen Formen der Arbeit. Diese Strukturen des Büros der Zukunft übersetzten die Architekten in ein äußeres Erscheinungsbild, das sich dem Betrachter als ein rhythmisches Wechselspiel zwischen geschlossenen und transparenten Fassadenbereichen präsentiert. Ein durchgängiges, lediglich in der Elementbreite unterschiedliches Gestaltungsmittel wurde dabei die raumhohe Verglasung, die allerorts ohne unterteilende Querriegel eingesetzt wurde.

Äußerlich nicht wahrnehmbar, übernehmen die großflächigen Glaselemente der Lochfassaden, Glasfassaden und gläsernen Brücken unterschiedlichste Funktionen. Zu berücksichtigen waren Anforderungen an Wärmedämmung, Sonnen- und Schallschutz sowie hohe Sicherheitsanforderungen auf Grund der raumhohen Verglasungen. Das transparente, auf Kommunikation ausgerichtete Konzept des „ComIn" verzichtet im Wesentlichen auf außen liegende Sonnenschutzelemente, stattdessen wurde ein hochwertiges Sonnenschutzglas eingesetzt. Über eine differenzierte Bemusterung wurde im Vorfeld sichergestellt, dass eine optimale Harmonie zwischen der Außenfassade und der Ansicht des Glases besteht.

Zusammenfassend kann man den Bürokomplex mit folgenden Worten umschreiben: Die Architektur des „ComIn" in Essen interpretiert neue Leitbilder für modernes Lernen und kommunikatives Arbeiten. Äußerlich homogen und im Dialog mit dem sich entwickelnden Umfeld, entfaltet sich im Innern des Gebäudes seine variable und transparente Struktur.

Bauherr:
RWE Systems Immobilien GmbH, Essen,

Essener Technologie- und Entwicklungszentrum (ETEC GmbH),

BfZ Berufsförderungszentrum Essen e.V.

Planung/Bauleitung:
Schröder & Kamm Architekten Essen

Partner am Bau:
- Zeppenfeld Ingenieurgesellschaft mbH
- August Neugebauer GmbH Elektro-Montagen
- ABM Akustik-Brandschutz Moers
- Lederhose, Wittler & Partner GbR Tragwerksplanung
- Metallbau Lamprecht GmbH

Anzeige

Planung ist die Basis für außergewöhnliche Leistung

Stahlbeton- und Mauerwerksbau
- Ortbetonbau
- Fertigteilbau
- Verbundkonstruktionen
- Wasserundurchlässige Konstruktionen

Ingenieurholzbau

Stahlbau
- Industriebau
- Stahlwasserbau
- Eigenfrequenzanalysen
- Erzwungene Schwingungen

Sondergebiete
- Umbau- und Sanierungsplanung im Industrie-, Verwaltungs- und Wohnungsbau
- Schall- und Wärmeschutzplanung durch anerkannten Sachverständigen
- Sicherheits- und Gesundheitsschutz-Koordination
- Brandschutzplanung

VBI | Ingenieurkammer-Bau Nordrhein-Westfalen

ZEPPENFELD
für wirtschaftliche Baukonstruktionen

Zeppenfeld Ingenieurgesellschaft mbH • Voßbergring 72 • 45259 Essen
T: 0201.46883.0 • F: 0201.46883.33 • E: mail@zeppenfeld.de • www.zeppenfeld.de

Anzeige   Ausführende Firmen

AUGUST NEUGEBAUER GMBH
ELEKTRO-MONTAGEN

Mit **Power** zu Ihrer individuellen **Lösung**

Neubau • Renovierung • Instandhaltung
Planung • Ausführung • Dokumentation

www.neugebauer.net

Referenzen:

Audi Zentrum, Altendorferstr., Essen
Elektro-Installation, EIB, Video-,
Einbruch- und Brandmeldetechnik

COMIN Zentrum, Karolingerstr., Essen
Mittelspannungsanlage, Elektro-Installation,
Gefahrenmeldetechnik, LED Beleuchtungstechnik

Europa Center, III. Hagen, Essen
Elektro-Installation, EIB, Netzwerktechnik,
Einbruchmeldeanlage

EON Ruhrgas AG, Huttropstr., Essen
Umbau der Hauptverwaltung, Beleuchtung,
LWL Datentechnik, Nachrichtentechnik

Porsche Zentrum, Altendorferstr., Essen
Elektro-Installation, EIB, Video-,
Einbruch- und Brandmeldetechnik

RWTÜV, Rechenzentrum CUBIS, Natorpstr., Essen
Strom- und Notstromversorgung, LWL- und
Kupferdatentechnik, Kälte- und Klimatechnik

AUGUST NEUGEBAUER GMBH
Am Zehnthof 171 • 45307 Essen
fon 0201 - 59 21 60 • fax 0201 - 59 21 699

Akustik-Brandschutz-Moers
ABM

Schwanenring 19 · 47441 Moers
Telefon 0 28 41/8 80 78 82 · Telefax 0 28 41/8 80 78 83

Produktinfo ◄

Von der Sirius Patrouille lernen: richtig Feuer machen

(djd/pt) Bevor im Kamin die Flammen so richtig fröhlich lodern, heißt es erst einmal fachmännisch Feuer machen. Und jeder Kamin- oder Kaminofenbesitzer hat da so seine spezielle Methode, wie es am besten geht. Angefangen bei den Anzündern, bis hin zur richtigen Aufschichtung der Holzscheite. Keinesfalls sollte man den Kamin mit Spiritus oder gar Benzin entzünden.

Die Hundeschlitten-Garnison der Königlich Dänischen Armee verlässt sich im kalten Grönland seit Jahren voll und ganz auf Renommee Kaminanzünder (www.renomme.com). Denn wie Lars Ulsø, Chef der Sirius Patrouille, betont, sind die Sicherheitsanzünder selbst unter schwierigsten Witterungsbedingungen leicht zu entzünden und können überall gefahrlos gelagert werden. Ein Beutelchen reicht aus, um ein Kaminfeuer schnell, sicher, sauber und äußerst zuverlässig zu entfachen, denn es brennt mit kraftvoller Flamme ganzflächig acht bis zehn

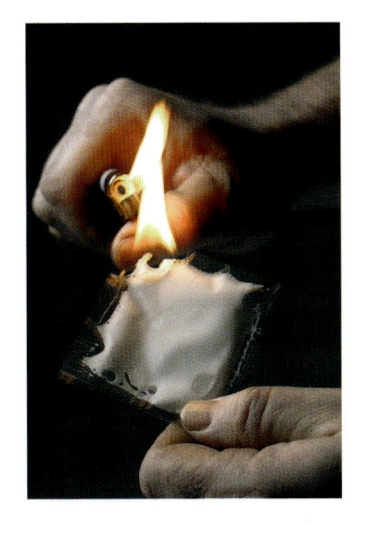

Ein Zündbeutel reicht aus, um ein Kaminfeuer schnell, sicher und sauber zu entfachen

Minuten lang – ohne Qualm oder Gestank. Im Gegensatz zu flüssigen Anzündern besteht keine Verpuffungsgefahr, außerdem werden bei der Verbrennung der Zündbeutel keinerlei umweltschädliche Stoffe freigesetzt. Die geprüften Anzünder sind zudem ungiftig und verursachen, sollten sie beispielsweise von einem Kind versehentlich gegessen werden, höchstens einen unangenehmen Durchfall.

Erhältlich in gut sortierten Baumärkten, zum Preis von 7,95 Euro pro Dose mit 100 Stück.

Gewerbebauten

Architektonisches Highlight in Essen

Das neue Audi Zentrum Essen / Vier rot gerahmte Erker verleihen dem Komplex eine markante Struktur

Auf dem ehemaligen Industriegelände der ThyssenKrupp AG westlich der Essener Innenstadt entsteht eine neue Automeile. Auf einer über 15.000 m² großen Fläche wurde dort von Schormann Architekten für Gottfried Schultz das architektonisch herausragende Audi Zentrum Essen als Verkaufs- und Servicebetrieb errichtet.

Prägnanter Mittelpunkt des Neubaus und Ausdruck der Corporate Identity von Audi ist der Hangar für die Ausstellungs- und Verkaufsflächen. Eine Wandscheibe aus rotem Glas, die entlang des Bereichs der „Fahrzeugübergabe" auf die Kreuzung Hans-Böckler-Straße/Altendorfer Straße ausgerichtet ist, hat einen hohen Wiedererkennungswert und wurde schnell zum Markenzeichen des Audi Zentrums

Farbakzente in der homogenen Aluminiumfassade werden von vier roten Erkern gesetzt (links)

Essen. Auf der Ebene des Haupteingangs befindet sich die Präsentationsfläche für neue Audi-Fahrzeuge. Im ebenerdig zugänglichen Untergeschoss sind über 200 Gebrauchtwagen ausgestellt, und auf der Empore befinden sich verschiedene Büros und Besprechungsräume.

An den Hangar angrenzend, zwischen Ausstellung und Werkstatt, befindet sich die Serviceannahme. Transparente Dialogboxen ermöglichen ein angenehmes und vertrauliches Gespräch zwischen Kunden und Servicemitarbeitern – ein wichtiger Teil der Firmenphilosophie. Das Ersatzteillager konnte im Kern des Komplexes auf kleiner Fläche über zwei Ebenen untergebracht werden. Dies ermöglicht kurze Wege innerhalb der recht großflächigen Anlage.

An diesen zentralen Bereich schließt sich die zweigeschossige Werkstatt für Service- und Reparaturarbeiten an. Die vier großen, rot gerahmten Erker der Fassade sind zur Hans-Böckler-Straße ausgerichtet und verleihen dem gesamten Komplex eine prägnante Struktur.

Planung:
Schormann Architekten GmbH, Düsseldorf
Bauherr:
Gottfried Schultz GmbH & Co. KG, Ratingen

Eine filigrane Konstruktion überspannt den großzügigen Ausstellungsraum
Fotos: Deimel und Wittmar, Essen

Partner am Bau:
- EBM Ingenieurgesellschaft mbH
- Dipl.-Ing. N. Turrek VDI Ing.-Büro für Tief- und Straßenbau
- Dipl.-Ing. J. U. Kügler
- TERRACHEM Essen GmbH
- SINA GmbH Heizung, Lüftung, Sanitär
- Ingenieurbüro Dipl.-Ing. H. Schmitt
- elan Beleuchtungs- und Elektroanlagen GmbH
- Kaldunski + Löhr Tortechnik GmbH
- August Neugebauer GmbH Elektro-Montage
- Power Systems GmbH Technische Gebäudeausrüstung

Anzeige

DER RICHTIGE PARTNER FÜR DIE TECHNISCHE GEBÄUDEAUSRÜSTUNG MIT DREI BUCHSTABEN?

EBM
Ingenieurgesellschaft mbH

Als Planungsbüro für die technische Gebäudeausrüstung ist es unser Ziel, technisch optimale Lösungen für unsere Kunden zu finden und diese kosteneffizient in die betriebliche Realität umzusetzen. Wir informieren Sie gern!
EBM Ingenieurgesellschaft mbH · Weseler Straße 593 · 48163 Münster
Telefon 02 51 / 97 16-0 · Telefax 02 51 / 97 16-160 · www.e-b-m.de · info@e-b-m.de

Straßenbau, Kanalbau, Gleisbau und Baukonstruktion, von der Planung bis zur Bauleitung – damit kennen wir uns aus. Zu sehen z.B. am Audi Zentrum für Neu- und Gebrauchtwagen in Essen.

Dipl. Ing. N. Turrek VDI
Ing.-Büro für Tief- und Straßenbau
Benderstraße 110
40625 Düsseldorf
Tel.: 0211 / 20 97 821
E-Mail: mail@ibturrek.de

INGENIEURBÜRO TURREK – TIEFBAU AUS EINER HAND

Anzeige Ausführende Firmen

Dipl. Ing. J. U. Kügler

– Erstellung von Sanierungsplänen zur Bebauung von Altstandorten zwecks Flachgründung
– Innovative erdbautechnische Verfahren zur Verwertung von Abfallstoffen als Baustoffe
– Qualitätskontrollen und Abnahmen

Im Teelbruch 61 • 45219 Essen
Tel. 0 20 54/95 40 0 • Fax 0 20 54/95 40 90

TERRACHEM Essen GmbH

– Generalübernehmer zur Baureifmachung von Altstandorten für Flachgründungen
– Innovative Erdbauverfahren
– Chemie- und Altlastenlabor

Im Teelbruch 61 • 45219 Essen
Tel. 0 20 54/95 40 40 • Fax 0 20 54/95 40 90

E-Mail: ib.kuegler@t-online.de

SINA HEIZUNG LÜFTUNG SANITÄR

Frielingsdorfweg 12 · 45239 Essen-Werden
Tel. 02 01/49 16 17 · Fax 02 01/49 10 16
info@sina-essen.de · www.sina-essen.de

SINA kommt!

SINA kommt - schnell, pünktlich kompetent. Denn für Ihre Wünsche läuft unser Engagement auf Hochtouren. Welche Aufgaben auch immer auf uns warten, wir bringen die Lösung ins Rollen.

Unsere Kompetenz – für Ihre Zufriedenheit

SINA ist ein Unternehmen mit viel Tradition in den Bereichen Heizung, Lüftung, Sanitär, Regenwassernutzung, Solarenergie und Bäderbau.
Seit über 90 Jahren in Essen ansässig steht SINA für Kompetenz, Know-how und Kundenzufriedenheit - Kommunen, staatlichen Baubehörden, Industrie und Privatkunden.

Dafür sorgt unser leistungsstarkes Team, das sich aus jungen und erfahrenen Mitarbeitern zusammensetzt. Und auch was den Einsatz und die Verwendung der Materialien betrifft, legen wir großen Wert auf hochwertige, langlebige Qualität. Ein entsprechendes Service-Paket – von der Beratung über Planung bis zum Kundendienst – rundet unser Leistungsprogramm optimal ab, so dass Sie mit SINA in jeder Hinsicht auf Nummer Sicher gehen.

Ihre Partner für Tragwerksplanung & bautechnische Prüfung
Ingenieurbüro Dipl.-Ing. H. Schmitt

Prüfingenieure für Baustatik
Dr.-Ing. Theo Beisel
Dr.-Ing. Berend Mainz

40479 Düsseldorf, Gartenstraße 53-55
Tel. 0211/9894448-0, Fax 0211/494160
ibschmitt@web.de

Planung

Beratung

Ausführung

elan Beleuchtungs- und Elektroanlagen GmbH

Schanzenstraße 36 - 51063 Köln - Tel. 0221-96 566 0 - 0221-96 566 99 - info@elan-gmbh.de - www.elan-gmbh.de

KALDUNSKI + LÖHR TOR-SYSTEME

Hafenstraße 13
45881 Gelsenkirchen
Tel.: 0209/94122-0
Fax: 0209/43084

Es ist eine Freude, mit uns Geschäfte zu machen

Die Firma Kaldunski + Löhr Tortechnik GmbH wurde im März 1987 gegründet und beschäftigt zur Zeit 20 gewerbliche Mitarbeiter, die von 4 Handwerksmeistern betreut werden. Reaktionszeiten bei Störungen an den Toranlagen von 2 Stunden und eine Ersatzteillagerhaltung von mehr als 2000 Teilen hat das Unternehmen in NRW zu einem der führenden Dienstleistungsanbieter im Bereich Sektionaltore werden lassen. Als Betreiber von Toranlagen nutzen neben der Gottfried-Schultz-Gruppe u. a. auch die Stadtwerke Oberhausen, die Deutsche Bahn und der RWTÜV (mit mehr als 400 Toren) die Beratung unserer Firma, das technisch ausgereifte Produkt sowie die Dienstleistung.

Gewerbebauten

Herausragende Architektur für Autohäuser
„Porsche Zentrum Essen" / „Volkswagen Zentrum Leverkusen"

Innovative Architektur mit funktionalem Anspruch zeigt die Schormann Architekten GmbH am Beispiel moderner Autohäuser. Im Zentrum steht die harmonische Verbindung repräsentativer Verkaufs- und Ausstellungsräume mit kundenfreundlichen Service-, Büro- und Werkstattbereichen.

Porsche Zentrum Essen

Angrenzend an das Audi-Zentrum wurde an der Altendorfer Straße das neue Porsche Zentrum Essen innerhalb von neun Monaten fertig gestellt. Der gerundete Baukörper gliedert sich in zwei Bereiche: eine geschlossene Rotunde mit einer Sichtschlitzfassade für die wirkungsvolle Präsentation der Neuwagen und eine mit schwarzem Trapezblech verkleidete „Black Box", in der sich Werkstatt und Teilelager befinden. Zwischen der Ausstellungsfläche und der Werkstatt liegt ein Servicebereich für die Kundenbetreuung, die Fahrzeugübergabe, eine so genannte „Fitting Lounge", in der Ausstattungsvarianten gezeigt werden, ein Shop und ein Café. Diese Anordnung ermöglicht einen effizienten Personaleinsatz und spart weite Wege. Durch die Hanglage ist das Untergeschoss ebenerdig zugänglich und wird für weitere Ausstellungsräume sowie für eine Tiefgarage genutzt.

Im Innenraum betonen hochwertige, dezente Materialien und eine abgestimmte Mischung aus natürlicher und künstlicher Beleuchtung die Wirkung der Sportwagen. In der Mitte des Gebäudes erhebt sich eine Bürogalerie, die zur Ausstellung hin verglast ist. Zu öffnende Dachoberlichter über der Ausstellung und über der Werkstatt sorgen für eine optimale Belüftung und eine lichtdurchflutete Inszenierung.

Volkswagen Zentrum Leverkusen

Das VW-Gebäude an der Robert-Blum-Straße in Leverkusen wurde in nur acht Monaten Bauzeit bei laufendem Betrieb zu einem modernen Volkswagen Zentrum erweitert. Das Bauvorhaben bestand aus der Neuerrichtung einer Ausstellungshalle sowie der Anbindung und Erneuerung der bestehenden Verkaufs- und Werkstattbereiche. Eine Neugestaltung der Außenanlagen zur Präsentation der Gebrauchtwagen war ebenso erforderlich. Der Kundenverkehr war Dank ausgefeilter Bauablaufplanung und betriebsinterner Logistik kaum behindert. Die 1.700 m² große, helle und freundliche Ausstellungshalle wird überschirmt von einer leichten Dachkonstruktion, die sich auf nur vier Stahlpfeiler stützt. Eine freistehende, radiale Wandscheibe mit linsenförmigem Vordach bildet das Portal des Volkswagen-Zentrums. Die gegenüber liegende Wandscheibe in einem warmen Gelbton verleiht dem Verkaufsraum eine sonnige Atmosphäre. Ein Kundenbistro, ein Shop sowie der Servicebereich ergänzen das Angebot.

Oben: Das Porsche Zentrum Essen hat ein markantes Erscheinungsbild und strahlt auch im Inneren technische Kompetenz aus (links)
Alle Fotos: H. Knauf, Düsseldorf

Das Volkswagen Zentrum Leverkusen bietet jetzt außen wie innen repräsentative Flächen (unten und rechts)

Planung:
Schormann Architekten GmbH, Düsseldorf

Partner am Bau:
- Power Systems GmbH Technische Gebäudeausrüstung
- Küster Straßen- und Tiefbau GmbH & Co. KG
- STRABAG AG Direktion Straßenbau Düsseldorf, Bereich Düsseldorf
- IBB – Ingenieur Büro Brieden Energie- & Haustechnik
- Möbeltischlerei Bernd Gehlert
- ThyssenKrupp Real Estate GmbH
- Gödiker GmbH Indoor Constructions
- Ingenieurbüro Reinard Statik, Konstruktion, Stahlbau, Stahlbetonbau
- Dipl.-Ing. Bernd Jeschonneck Entwurf und Statik von Baukonstruktionen im Hoch- und Tiefbau
- Parkett Strehl GmbH
- elan Beleuchtungs- und Elektroanlagen GmbH
- gbk Geologisches Büro Dr. Georg Kleinebrinker
- Paul Kamrath GmbH Abbruchtechnik und Entsorgung
- Brandschutz Dr. Heins
- August Neugebauer GmbH Elektro-Montagen

Anzeige　　　　　　　　　　　　　　　　　　　　　　　　　　　　　　　　Ausführende Firmen

Technische Gebäudeausrüstung mit Power

Der Leistungs-, Planungs- und Ausführungsumfang der Power Systems GmbH reicht von der Heizung, Lüftung, Brandlüftung, über Tageslichtarchitektur, bis hin zu Glasdachsanierungen und Sonnenschutzanlagen.

Die Gesellschaft für technische Gebäudeausrüstung betreut Kunden aus den Bereichen Industrie, Handel und Gewerbe, die individuell erarbeitete Komplettlösungen erhalten.

Als vom VdS anerkannte Errichterfirma plant und führt Power Systems GmbH natürlich wirkende Brandlüftungsanlagen aus, eine der wirksamsten Methoden des vorbeugenden Brandschutzes. Brandgasventilatoren werden mit einem Fördervolumen bis zu 100.000 m^3/h installiert. Auch Be- und Entlüftungssysteme mit Jalousien, Mehrzwecklüftern und Ventilatoren können angeboten werden.

Neben zahlreichen Autohäusern gehören namhafte Industrieunternehmen und viele weitere Firmen an bundesweiten Standorten zu dem Kreis zufriedener Kunden. Natürlich ist Power Systems GmbH zertifiziert nach DIN EN ISO 9001.

Shed-Glaskonstruktion, Lichtbänder, RWA und Lüftung beim Porsche Zentrum Essen

Power Systems GmbH
Hüthumer Str. 230-234
46446 Emmerich am Rhein
Tel. 0 2822 / 2073
Fax 0 2822 / 2074
info@power-systems-gmbh.de

Küster Straßen- und Tiefbau GmbH & Co. KG
Wilhelm-Heinrich-Weg 1
40231 Düsseldorf
Tel.: 0211 / 92 19 5-0
Fax: 0211 / 92 19 5-33

**STRABAG AG,
Direktion Straßenbau Düsseldorf,
Bereich Düsseldorf**
Schiessstraße 45
40549 Düsseldorf
Tel.: 0211 / 59 96-403
Fax: 0211 / 59 96-400

Innovative Ingenieurleistungen für alle wichtigen Bereiche der technischen Gebäudeausrüstung – zur effizienten Nutzung von Energie und Wasser.

IBB - Ingenieur Büro Brieden
Dellbrücker Straße 204 · 51469 Bergisch Gladbach
Fon: 0 22 02/5 55 16 + 95 19 78 · Fax 0 22 02/25 45 99
Mail: ib.brieden@netcologne.de · Web: www.ibb-gl.de

INGENIEURBÜROBRIEDEN

ENERGIE- & HAUSTECHNIK

PLANUNG/BERATUNG

Ausführende Firmen   Anzeige

Mit Gespür für individuelle Wünsche

Seit 1995 werden in der Möbeltischlerei Bernd Gehlert individuelle Entwürfe für Möbel und Treppen sowie Fenster und Türen gefertigt. Entwurfsbezogene Beratung und Flexibilität gehören zu den Stärken des Meister- und Ausbildungsbetriebs. Aus der Fülle der Referenzobjekte soll an dieser Stelle ein kürzlich realisiertes Projekt aus dem Bereich Treppenbau die Fähigkeiten der Firma repräsentieren.

Porsche Zentrum Solingen
Ein weiteres realisiertes Projekt mit Schormann Architekten GmbH, Düsseldorf

Foto: Holger Knauf, Düsseldorf

- **Innenausbau**
- **Planung**
- **Beratung**
- **Ausführung**

Fertigung von individuellen
- Möbeln
- Treppen
- Fenstern
- Türen
- Montage

Meister- und Ausbildungsbetrieb

Möbeltischlerei Bernd Gehlert

www.moebeltischlerei-gehlert.de

Am Handwerkerhof 6
45701 Herten
Tel.   0 23 66/93 66 17
Fax   0 23 66/93 66 18
info@moebeltischlerei-gehlert.de

**Perspektiven:
Viel Raum für expansive Geschäftsideen**

Lassen Sie sich über unsere Immobilienangebote informieren.

ThyssenKrupp Real Estate GmbH
Altendorfer Straße 120, 45143 Essen
info.realestate@thyssenkrupp.com

ThyssenKrupp Real Estate

www.thyssenkrupp-realestate.com

ThyssenKrupp

INDOOR CONSTRUCTIONS GÖDIKER GMBH

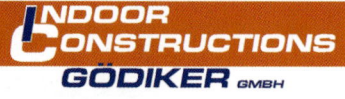

Ihr Generalunternehmen in Sachen Ausbau

Ob Modehaus, Hotel, Autohaus, Lebensmittelmarkt
oder Ihr privates Wohnhaus, wir schaffen
"Raum für Visionen".

RAUM FÜR VISIONEN

49740 Haselünne   Kreuzweg 4   Tel. +49 5961/94310   www.indoor-constructions.com   info@indoor-constructions.com

---

Ingenieurbüro Reinard
Statik · Konstruktion · Stahlbau · Stahlbetonbau

Stormstraße 1 · 47226 Duisburg-Rheinhausen
Telefon 0 20 65/99 27-0 · Telefax 0 20 65/99 27 27
E-Mail: Verwaltung@IBReinard.de

Anzeige Ausführende Firmen

Weitere Bauten mit Schormann Architekten GmbH

Audi-Zentrum in Leverkusen   Audi-Zentrum in Essen

Bernd Jeschonneck
Dipl.-Ing.

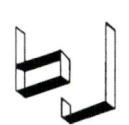

Entwurf und Statik
von Baukonstruktionen
im Hoch.- und Tiefbau
Friedenstr. 10
40667 Meerbusch
Telefon (02132) 4777
Telefax (02132) 4681
e-mail jesch1501@aol.com

Ständige Parkettausstellung
- Besichtigung
- Beratung
- Verkauf

www.parkett-strehl.de

PARKETT STREHL
ESSEN · DÜSSELDORF

Essen: Ruhrbruchshof 3 · Tel. 0201 / 502250 • Öffnungszeiten: Täglich 08.00-17.00 Uhr · Donnerstags 08.00-18.30 Uhr · Samstags 10.00-13.00 Uhr
Düsseldorf: Spangerstraße 38 · Tel. 0211 / 7404153 • Öffnungszeiten: Täglich 08.00-12.00 Uhr und 13.00-17.00 Uhr · Samstags 10.00-13.00 Uhr

---

Planung

Beratung

Ausführung

elan
Beleuchtungs- und Elektroanlagen GmbH

Schanzenstraße 36 - 51063 Köln - Tel. 0221-96 566 0 - 0221-96 566 99 - info@elan-gmbh.de - www.elan-gmbh.de

---

Altlasten- und
Gebäudeuntersuchung
Sanierungsplanung
Baugrundgutachten
Geothermie

gbk
Geologisches Büro
Dr. Georg Kleinebrinker

Große Telegraphenstr. 9-11 • 50676 Köln • Tel.: 02 21 - 580 06 28 • Fax: 02 21 - 476 79 09 • E-mail: G.Kleinebrinker@t-online.de

---

Paul Kamrath
GmbH

Abbruchtechnik
und Entsorgung

Hamburger Straße 97
44135 Dortmund
Telefon (02 31) 57 97 51 / 2
Telefax (02 31) 57 97 53

Öffentliche Bauten

Begegnung und Dialog unter der Kuppel
Neubau einer Begegnungsstätte und Moschee mit Minarett in Duisburg-Marxloh

Das „Wunder von Marxloh"

... reicht bis in die 50er Jahre zurück. Die Stadt Duisburg boomte dank der Eisen- und Stahlindustrie, so dass hunderttausende Gastarbeiter eingeladen wurden, in Deutschland zu arbeiten und zu leben. Im Stadtteil Marxloh siedelten sich im Laufe der Jahrzehnte zahlreiche türkische Familien an, die mittlerweile in der zweiten und dritten Generation dort leben. Um sich eine geistige und kulturelle Heimat zu schaffen, wurde vor vielen Jahren bereits eine alte Hüttenkantine zu einer Moschee umgebaut. Äußerlich nicht als Moschee zu erkennen, entwickelte sich an der Warbruckstraße ein Ort des Zusammentreffens fern der Heimat als Treffpunkt der Gläubigen.

Nachdem sich die Eisen- und Stahlindustrie immer weiter reduzierte, fand auch ein Wandel im Leben in Duisburg und Umgebung statt. Handel und Freizeit sollten verlorene Wirtschaftskraft zurückgewinnen. Der Wunsch nach einer geistigen und kulturellen Heimat der türkischen Einwanderer wurde in die nächste Generation getragen. Viele Vorstellungen, Träume und Wünsche mussten über Jahre zusammengetragen werden, ehe im März 2005 der erste Spatenstich für den Neubau der Begegnungsstätte und Moschee erfolgen konnte. Im Beisein zahlreicher türkischer und deutscher Vertreter aus Politik und Kultur wurde so der Grundstein zu einem Ort des Friedens gelegt. Auf dem Gelände der zur Moschee umgebauten alten Hüttenkantine wird im Laufe von knapp zwei Jahren der prächtige Neubau entstehen. Das Planungsteam des Bauherren war für die Leistungsphase 1–5 zuständig. Die Leistungsphasen 6–9 übernahm die Ropertz & Partner Planungsgesellschaft mbH aus Duisburg. Die herausragende Besonderheit bei diesem Projekt ist die Zusammenlegung von Begegnungsstätte für Muslime, Nichtmuslime und Christen und der größten Moschee von Deutschland in einem Gebäude. Der Entwurf der Begegnungsstätte basiert auf vier Säulen: Zum einen wird es ein muslimisch-geprägter öffentlicher Raum werden, zum anderen gilt der Neubau als Zentrum interreligiösen Dialogs. Die dritte Säule beinhaltet die eigentliche Begegnungsstätte für Muslime und Gäste. Und letztendlich entsteht unter dem gleichen Dach eine Moschee als Ort der muslimischen Religion. Der innenarchitektonisch prächtige Gebetsraum bildet den Mittelpunkt unter den Kuppeln. Religion, Kultur, Handwerk und Kunsthandwerk vereinigen sich bei der Gestaltung. Im Gegensatz zu der ehemals umgebauten Hüttenkantine signalisiert der traditionelle Baustil des Neubaus schon von weitem seine Bestimmung. Die Visionen sehen einen Treffpunkt unterschiedlicher Kulturen und Religionen aus Duisburg und über die Grenzen Deutschlands hinweg vor. Was die Großväter sich einst erträumten, können die Enkel ab Ende des Jahres mit Leben erfüllen, wenn sich die Türen zum „Wunder von Marxloh" öffnen.

Begegnungsstätte und Moschee: In dem Neubau werden sich Religion, Kultur, Handwerk und Kunsthandwerk treffen und es zu einem Haus der Freundschaft entwickeln

Bauherr:
DITIB Türkisch Islamische Gemeinde zu Duisburg-Marxloh e.V., Duisburg

Planung
Ropertz & Partner Planungsgesellschaft mbH
Duisburg

Partner am Bau:
- Kissel-Rapid GmbH Generalunternehmer, Rohbauleister, Teil- und Schlüsselfertigbauten
- Fülling Beratende Geologen GmbH Büro für Umweltgeologie
- Fülling Kühn Baugrund Beratung GmbH
- Ingenieurbüro Dr.-Ing. Niederstein Nachf. Dipl.-Ing. Hahn · Dipl.-Ing. Schiffmann

Anzeige Ausführende Firmen

Kissel-Rapid GmbH

IHR KOMPETENZ-ZENTRUM FÜR BAUEN UND SANIEREN

Unsere Leistungen erbringen wir für Sie als Generalunternemer, reiner Rohbauleister oder für Teil- bzw. Schlüsselfertigbauten in den Bereichen:

- Ingenieurbau
- Industriebau
- Verwaltungsbau
- Wohnungsbau

- Modernisierung
- Instandhaltung
- Sanierung
- Umbau

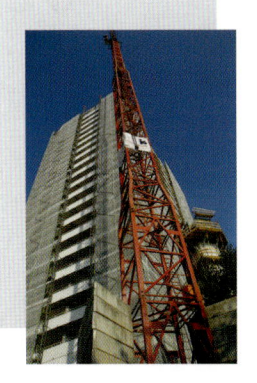

Unsere Leistung - Ihr Erfolg

Kissel-Rapid GmbH
Felder Straße 74, 42651 Solingen
Telefon: 02 12 / 24 01 -0
Telefax: 02 12 / 24 01 -180
www.kissel-gruppe.de
info@kisselnet.de

KISSEL-RAPID

Anzeige

FÜLLING
Beratende Geologen GmbH
„Ihr Ansprechpartner für Altlastuntersuchungen"

BÜRO FÜR UMWELTGEOLOGIE

In der Krim 42 • 42369 Wuppertal
Telefon 0 21 91/94 58-0
Telefax 0 21 91/94 58 60
www.geologen.de • fuelling@geologen.de

FÜLLING KÜHN
Baugrund
Beratung GmbH

„Ihr Ansprechpartner für Baugrunduntersuchungen"

Birker Weg 5 • 42899 Remscheid
Telefon 0 21 91/94 81-0 • Telefax 0 21 91/94 81 93
www.baugrund.web.de • fuelling_kuehn@t-online.de

Ingenieurbüro
Dr.-Ing. Niederstein Nachf.
Dipl.-Ing. Hahn
Dipl.-Ing. Schiffmann

info@nhs-ingenieure.de

Beratende Ingenieure VBI, IK-Bau NW
Tragwerksplanung-Brandschutzplanung
*Staatlich anerkannter Sachverständiger für Schall- und Wärmeschutz, Prüfung Brandschutz

TÜV CERT
DIN EN ISO 9001 : 2000
44 100 060346

Hildegardstraße 21 · **45130 Essen** · Telefax (02 01) 77 45 28 · ☎ **87 89 82-0**

▶ Produktinfo

Wirtschaftlich heizen und kühlen

Wenn die Heiztechnik im Verborgenen wirkt, bleibt umso mehr Raum für gestalterische Freiheit. Vor allem bei bodenbeheizten Parkett- und Steinfußböden weiß der Bauherr das zu schätzen: die Freiheit bei der Auswahl des „Traumbodens".

Der KlimaBoden TOP 2000" benötigt durch seine Schichtbauweise lediglich eine dünne Estrich-Schicht. Das macht das Sys-tem zu einer schnell regelbaren Bedarfsheizung mit geringer Speicherwirkung. Der vorgefertigte KlimaBoden von Joco, Achern, ist durch seine niedrige Aufbauhöhe ab 50 mm inkl. Fliesenbelag im Neubau, aber auch für die Altbausanierung und das Niedrigenergiehaus interessant. Markant und einzigartig sind die vollflächigen Wärmeleitbleche auch im Rohrumlenkbereich. Sie sorgen für gleichmäßige Wärmeverteilung und hohe Wärmeleistung – ohne diese Wärmeleitbleche entstehen Kältelöcher am Boden. Der Rohrbedarf ist dabei 40 Prozent geringer als bei der Nassverlegung.

Schnelle Regelfähigkeit und dünne Schichtbauweise ermöglichen eine weitere Funktion: das wirtschaftliche Kühlen im Sommer per Kaltwasser.

Das hochwertige Metallverbund- oder Kunststoffrohr (15 mm) liegt mit der Aluminium-Wärmeleitebene in der Dämmschicht und nicht im Estrich. Damit ist die Heizebene vollständig von der Estrichebene getrennt und bürgt für maximale Sicherheit – ein Gebäudeleben lang.

Weitere Infos:

JOCO Wärme in Form
Schleif 11
77855 Achern
Tel. 0 78 41/207-131
Fax 0 78 41/207-130
info@joco.de
www.joco.de

Bauvertrag: Auf was sollte der Handwerker achten?

Von Bernd Ebers,
Rechtsanwalt und Notar in Limburg/Lahn

Erst dann, wenn es zum Rechtsstreit kommt, werden die Fehler offenkundig, die vorher gemacht wurden, obwohl sie vermeidbar waren. Diese Fehler können sich, falls es zum Rechtsstreit vor Gericht kommt, zum Nachteil des Handwerkers auswirken. Der folgende Beitrag will auf Fehler, die häufig gemacht werden, hinweisen und Wege aufzeigen, wie diese Fehler vermieden werden können.

Häufige Fehler sind unklare vertragliche Regelungen

Hierzu ein Beispiel:

Der Schreiner soll eine Einbauküche anfertigen, liefern und einbauen. Er nimmt diesen Auftrag an. Während der Schreiner einige Tage später die Küche vor Ort montiert, erhält er den zusätzlichen Auftrag, noch einen Eckschrank anzufertigen, zu liefern und zu montieren. Dieser Zusatzauftrag wurde dem Schreiner nicht vom Bauherrn unmittelbar erteilt, sondern von dessen Lebensgefährtin. Nachdem der Schreiner die Küche einschließlich Eckschrank komplett geliefert und auch eingebaut hat, erteilt er dem Bauherrn seine Rechnung. Dieser bezahlt die Rechnung auch – bis auf den Eckschrank. Zur Begründung führt dieser an, den Auftrag für den Einbau des Eckschranks habe er nicht erteilt. Ob dies seine Lebensgefährtin gewesen war oder nicht, wisse er nicht. Im Übrigen habe er sich von dieser zwischenzeitlich getrennt, und darüber hinaus sei er während des Einbaus auf einer Reise gewesen, er sei erst zurückgekommen, nachdem alles komplett eingebaut gewesen war.

Mein Ratschlag:

Werden Zusatzaufträge erteilt, dies nicht kommentarlos hinnehmen und ausführen, sondern dem Bauherrn hierüber ein Nachtragsangebot mit Preisangabe erstellen, die Werkleistung genau beschreiben und sich dies vom Bauherrn gegenzeichnen lassen.

Unklare vertragliche Regelungen sind häufig insbesondere über Art und Umfang der handwerklichen Leistung gegeben

Hierzu ein Beispiel:

Nach einer Ortsbesichtigung bietet der Schreiner an: „1/2 gewendelte Treppe, Kirschbaum, 3 x oberflächenvergütet, Stufendicke 40 mm, mit Montage 7.000 Euro". Auf dieses Angebot hin erhält er den Auftrag.

Der Schreiner führt jetzt aus und zwar eine solche Treppe vom Keller zum Erdgeschoss und eine weitere vom Erdgeschoss in das Obergeschoss und stellt dann in Rechnung: „2 Stück gewendelte Treppen, Kirschbaum, 3 x oberflächenversiegelt, Stufendicke 40 mm, geliefert und montiert zu je 7.000 Euro, insgesamt 14.000 Euro".

Der Bauherr zahlt nur 7.000 Euro, mit der Begründung, dies sei der Angebotspreis. Der Schreiner müsste jetzt vor Gericht die restlichen 7.000 Euro einklagen. In einem solchen Fall muss er beweisen, dass ein Vertrag über den Einbau von zwei Treppen geschlossen wurde, obwohl das Angebot sich nur über eine Treppe verhält.

Mein Ratschlag:

Das Angebot so genau wie möglich formulieren, d.h., alle Leistungen, die der Schreiner schuldet, also die, die der Bauherr erwartet, im Angebot aufführen.

Im Übrigen, was die Preise anbelangt, gilt Folgendes:

Beruft sich der Handwerker auf das Bestehen eines Einheitspreises, und macht er eine entsprechende Vergütung geltend, dann muss er das Vorliegen eines solchen Vertrages beweisen. Behauptet umgekehrt der Kunde des Handwerkers eine bestimmte Preisvereinbarung, so muss der Handwerker dies widerlegen.

Hierzu mein Ratschlag:

Am besten vorher alles schriftlich vereinbaren, dann hat man es schwarz auf weiß und kann es beweisen.

Merke:

Im Falle eines Prozesses muss in der Regel derjenige, der etwas behauptet, dies auch beweisen. Beweise sind oft schwer zu führen, daher vorzeitig entsprechende Vereinbarungen nachweisbar, also schriftlich, herbeiführen, dies vermeidet oft Prozesse.

Prozesse sind teuer, sie dauern lange; ob man einen Prozess gewinnt, weiß man nicht, und selbst dann, wenn man gewonnen hat, hat man noch nicht sein Geld.

Gewerbebauten

Bankgebäude in bester Innenstadtlage von Rheine
Die Volksbank Nordmünsterland eG errichtet ein zentrales Verwaltungsgebäude

Im Februar 2005 begannen die Arbeiten am Neubau in Rheine, der die bisher noch im Geschäftsgebiet verteilten „Backoffice-Bereiche" an einem Standort zentralisiert.

Die Planung, die von der Architektengemeinschaft Dr. Dirk Terhechte/Robert Höfker sowie Aloys und Winfried Schwerdt erarbeitet wurde, sieht einen so genannten „Kammbau" vor, drei parallel gestellte Riegel, die durch rechtwinklig dazu gestellte Gebäudetrakte miteinander verbunden werden. Die gesamte Nutzfläche beträgt 13.000 m^2, davon sind 10.000 m^2 als Bürofläche nutzbar. Die übrige Verkehrsfläche wird von der Tiefgarage eingenommen, die 73 Stellplätze für Kunden und Mitarbeiter bietet.

Im Untergeschoss befindet sich auch die zentrale Heizungsanlage, die mit umweltfreundlicher und kostenloser Erdwärme für die Gebäudeklimatisierung sorgt. 52 Erdsonden wurden bis zu 130 m tief in die Erde getrieben. Sie sind mit drei Wärmepumpen verbunden, die über eine jeweilige Leistung von 290 kW Leistung verfügen. So wird dem Boden im Winter Wärme und im Sommer Kälte entzogen, die über eine Fußbodenheizung mit einer Heiz- bzw. Kühlfläche von ca. 6.000 m^2 im Gebäude verteilt werden. Außerdem wird über ein Frischluftsystem in jedem Raum zweimal pro Stunde die Luft ausgetauscht. Beste klimatische Verhältnisse also für die 180 Mitarbeiter, die Anfang Dezember 2006 in das neue Gebäude einziehen werden.

Aber nicht nur die Verwaltungsstellen werden zusammengeführt, es wird auch eine neue Filiale eingerichtet mit einem 24-Stunden SB-Center, in das als Neuerung eine Tresorfach-Mietanlage integriert ist. Auch wird hier ein Tagungs- und Veranstaltungsraum für maximal 195 Personen entstehen. Beides wird im ersten Riegel an der verlängerten Matthiasstraße untergebracht. Dieser Teil wird durch Arkaden besonders hervorgehoben und kundenfreundlich gestaltet. Mit der Neubaumaßnahme sollen Arbeitsabläufe – vor allem in der Sachbearbeitung – optimiert werden. So gewinnen Servicemitarbeiter und Kundenberater mehr Zeit für den Kunden. Die Volksbank erwartet, dass damit die Service - und Beratungsqualität in allen Geschäftsstellen weiter verbessert wird.

Das Bauvorhaben ist schon sehr weit fortgeschritten, der Arkadenbereich ist fast fertig (ganz oben). Gut gelaunt wurde der Grundstein gelegt (oben). Der gesamte Baukörper ist beeindruckend (links)

Bauherr:
Volksbank Nordmünsterland eG., Rheine

Partner am Bau:
- Schomakers GmbH Fliesen Fachmarkt
- Ingenieurbüro Temmen VDI
- INS Ingenieurgesellschaft mbH
- Laukötter Malerfachbetrieb GmbH & Co. KG
- Dobermann GmbH & Co. Akustik-Wärme-Feuerschutz
- BEWE GmbH & Co. KG Stahl- und Metallbau
- Arning Bauunternehmung GmbH
- Hofschröer Bauunternehmen GmbH & Co. KG

Anzeige　　　　　　　　　　　　　　　　　　　　　　　　　　　　Ausführende Firmen

FLIESEN SCHOMAKERS MEISTERBETRIEB

BERATUNG • VERKAUF • VERLEGUNG

Täglich von 8 - 18 Uhr geöffnet!
Samstags von 8 - 16 Uhr

Jeden Sonntag **SCHAUTAG** von 14 - 18 Uhr mit Kaffee & Kuchen

Thüringer Str. 1 · 48529 Nordhorn
Telefon 0 59 21/72 33 73 · Fax 0 59 21/72 33 76

www.schomakers-fliesen.de
info@schomakers-fliesen.de

Kompetenz & Qualität in Sachen Fliesen!

Ingenieurbüro Temmen VDI

HEIZUNG - LÜFTUNG - SANITÄR - PLANUNG

Waldstraße 2　Tel.: 0591 96302-0	Devesburgstraße 81　Tel.: 05971 91448-3	rheine@temmen-vdi.de
49808 Lingen　Fax: 0591 96302-33	48431 Rheine　Fax: 05971 91448-50	lingen@temmen-vdi.de

INS INGENIEURGESELLSCHAFT mbH
H. Nordhoff　　E. Schäpermeier

Elektrotechnik • Lichttechnik • Netzwerktechnik • Gebäudeleittechnik

Zertifiziert nach DIN EN ISO 9001　VdS
Nr. S 804034
VdS-zertifizierte Fachfirma für Brandmeldeanlagen nach DIN 14675
VdS anerkannter Sachverständiger

An der Kleinmannbrücke 98 • 48157 Münster • Tel. 02 51/9 32 06-0 • Fax 02 51/9 32 06-10 • www.ins-ms.de • e-mail: info@ins-ms.de

---

Ausführung der Malerarbeiten Neubau Verwaltungsgebäude als Arbeitsgemeinschaft

malerfachbetrieb laukötter
Kompetenz in Sachen Farbe

FOULLOIS
MALER + TROCKENBAU

GEORG SCHÜTTE GMBH

NIEHUES GmbH
MALERWERKSTÄTTEN FACHGESCHÄFT

Laukötter Malerfachbetrieb GmbH & Co.KG
Münsterstraße 78
48431 Rheine
Telefon 0 59 71/8 03 69 00
Telefax 0 59 71/16 23 32
Mobil 01 72/531 00 12
Mail: plr@maler-laukoetter.de

Foullois Maler + Trockenbau KG
Offlumer Straße 4-6
48431 Rheine
Telefon 0 59 71/6 60 83
Telefax 0 59 71/6 60 84
Mail: info@foullois.de

Malerwerkstätte Georg Schütte GmbH
Hansaallee 73
48429 Rheine
Telefon 0 59 71/9 80 47-0
Telefax 0 59 71/9 80 47-18
Mobil 01 72/740 02 91
Mail: markus.schuette@t-online.de

Maler Niehues GmbH
Friedenstraße 21
48485 Neuenkirchen
Telefon 0 59 73/24 32
Telefax 0 59 73/54 15
Mail: info@maler-niehues.de

Ausführende Firmen   Anzeige

Denken Sie daran... Trockenbau von DOBERMANN

Wand-, Decken-, Brand- und Schallschutzsysteme

DOBERMANN
AKUSTIK – WÄRME – FEUERSCHUTZ

48159 Münster
Haus Uhlenkotten 8
Telefon (02 51) 2 02 06-0
Telefax (02 51) 2 02 06 66
www.dobermann-trockenbau.de
E-mail: info@dobermann-trockenbau.de

Stahl- und Metallbau nach Maß sowie Spezialanfertigungen nach Kundenwunsch zeichnen das attraktive Profil der Firma BEWE Stahl- und Metallbau Beckonert aus. Es handelt sich hierbei um eine 1988 von Hubert Beckonert gegründete Firma. Das Leistungsangebot ist vielfältig und reicht von der Beratung und Planung über die Fertigung bis hin zur fachgerechten Montage. Erfahrung und Fachwissen bei der Herstellung von Balkon- und Treppengittern, Geländern, Zäunen, Toren, Toranlagen, Vordächern und sonstigen Überdachungen in Metall zeichnen das engagierte Unternehmen aus. Auch Lohnarbeiten sowie Fertigungen von Baugruppen in Stahl und Edelstahl jeglicher Art werden ausgeführt. Für den reibungslosen Arbeitsablauf sorgen neben dem Firmenchef 20 qualifizierte und motivierte Mitarbeiter.

BEWE
Stahl- u. Metallbau
Beckonert
Türen · Tore · Toranlagen
Treppen · Geländer u.a. · NE-Verarbeitung
BEWE GmbH & Co. KG
Hollefeldstraße 21b · 48282 Emsdetten
Tel. 0 25 72/8 61 36 · Fax 0 25 72/8 50 68
Internet: www.bewe-stahlbau.de · E-Mail: BEWE-Stahlbau@t-online.de

ARNING

Arbeitsgemeinschaft
Volksbank Nordmünsterland eG – Rheine

HOFSCHRÖER

Arning Bauunternehmung GmbH
48541 Steinfurt
Tel.: 02551 / 9388-0

Hofschröer Bauunternehmen GmbH & Co. KG
49808 Lingen
Tel.: 0591/ 80049-0

Z w e i   s t a r k e   P a r t n e r   ü b e r z e u g e n   d u r c h   Q u a l i t ä t

---

▶ Produktinfo

Tageslicht auch ohne Fenster

(djd/pt) Licht ins Dunkel zu bringen, das ist in vielen Fällen gar nicht so einfach. Dabei brauchen wir Sonnen- und Tageslicht beim Arbeiten und in der Freizeit auch drinnen wie die Luft zum Atmen. Nur leider ist es aus baulichen Gründen oftmals nicht möglich oder auch zu teuer, in allen Zimmern eines Gebäudes Fenster einzubauen. In solchen Fällen musste man sich bisher notgedrungen mit unnatürlichem Kunstlicht zufrieden geben. Sonnenlicht ins Dunkel kann man aber auch ohne Fenster bringen, wie die Firma Etapart beweist. Mit ihrem System ETAlux (Infos unter www.etapart.de) lässt sich auch in fensterlose Räume Tageslicht zaubern. Dazu wird zunächst auf dem Dach oder der Hauswand eine Domkuppel montiert. Eine innen stark versilberte Aluminiumröhre reflektiert nun das Tageslicht gerade oder mit Bögen bis maximal 90 Grad zu den gewünschten Räumlichkeiten. An der Zimmerdecke endet das Tageslichtrohr mit der abschließenden Diffuserscheibe, die dann das ankommende Licht in den darunter liegenden Raum gleichmäßig streut und verteilt. Je nach Raumgröße und Lichtintensitätswunsch stehen vier Röhrengrößen zur Auswahl. Mit dem System spart man Energiekosten und bekommt natürliches Licht – vom Sonnenaufgang bis zum Sonnenuntergang.

Tageslicht wirkt wohltuend – ETAlux bringt die Sonne auch in fensterlose Räume

Wohnungsbau / Gewerbebauten

Leben und Arbeiten in Essen-Bredeney

Frankenstraße: Ungewöhnlicher Bürostandort und attraktive Einfamilienhäuser mit gut durchdachtem Raumkonzept

Frankenstraße TopOffice Bredeney

Der Essener Stadtteil Bredeney gehört zu den renommierten und prominenten Adressen im Wirtschaftsraum Rhein-Ruhr. Die Verkehrsanbindungen sind optimal, so trennt die Anlieger eine nur 20-minütige Autofahrt vom internationalen Düsseldorfer Flughafen.

Das Bürogebäude, in dem für ein Bürogebäude untypischen, vornehmen Wohnstandort Bredeney, entstand in den Jahren 2003/2004. Es beherbergt auf ca. 2.000 m² Bürofläche die Elster Group, vormals Ruhrgas Industries GmbH, einen Beratungsstandort für den Privatkundenbereich der Sparkasse Essen und das Physiotherapiezentrum Novotergum. Im modernen Staffelgeschoss arbeitet in luxuriös ausgestatteten Büros die Geschäftsführung der Elster Group. Das Bürogebäude dient der Abschirmung der im rückwärtigen Bereich gelegenen hochwertigen Einfamiliendoppelhäuser, die, wie das Bürogebäude, ebenfalls vom Essener Architekten Frank Burgartz entworfen wurden.

TopOffice Bredeney: Das Bürogebäude dient der Abschirmung der dahinter liegenden Wohnbebauung

Frankenstraße Wohngebäude

Die Wohnanlage mit einem frei stehenden Einfamilienhaus und hochwertigen Einfamiliendoppelhäusern entstand in den Jahren 2004–06. Die Häuser bieten auf einer Grundfläche von jeweils 7 m mal 12 m Wohnflächen von 135–220 m², je nach Ausbau des Dachgeschosses. Ein gut durchdachtes Raumkonzept mit zwei Bädern im Obergeschoss, bodentiefen Fenstern für viel Licht und die praktische, 8 m lange Einzelgarage direkt am Haus fand sofort Anklang bei den Bauherrn.

Die Hopf IEG hat bereits ein neues attraktives Projekt vor Augen: Ab Frühjahr 2007 werden im urbanen Stadtteil Rüttenscheid 49 Einfamilienhäuser und einige Eigentumswohnungen entstehen.

Bauherr:
Hopf Immobilien-Entwicklungs-GmbH & Co. KG
Essen

Generalunternehmer:
August Heine Baugesellschaft AG

Planung und Entwurf „TopOffice Bredeney":
Architekturbüro
Frank Burgartz
Essen
und
Architekturbüro P16
Günther Wagner
Düsseldorf

Planung und Entwurf Wohngebäude:
Architekturbüro
Frank Burgartz
Essen

Partner am Bau:
- August Heine Baugesellschaft AG

Wohngebäude Frankenstraße: Die Doppelhaushälften können im Innenraum noch individuell gestaltet werden

Öffentliche Bauten / Wohnungsbau

Bauen für die Designweltausstellung „Entry"

Umbau der ehemaligen Kohlenwäsche Zeche Zollverein in Essen / Wohnbebauung Dilldorfer Höhe in Essen

Kohlenwäsche: Das ehemalige Industriegebäude wird als RuhrMuseum und Besucherzentrum des Ruhrgebietes einer neuen Nutzung zugeführt

Umwandlung der ehemaligen Kohlenwäsche

Die Kohlenwäsche ist das größte und komplexeste Übertagegebäude der Zeche Zollverein Schacht 12. Die Erkundung ihrer baulichen und funktionalen Struktur war Grundlage der Überlegungen der Planer vom Essener Architekturbüro Heinrich Böll zur Umwandlung. Das Konzept der Umnutzung reagiert auf die gegenläufigen Forderungen nach größtmöglichem Erhalt aller bestehenden Maschinen sowie frei und flexibel nutzbaren Räumen für die museale Nutzung als RuhrMuseum. Für den oberen Teil des Gebäudes gilt die Regel, den maschinellen Bestand inklusive der verbindenden Infrastruktur soweit wie möglich zu erhalten und die neue Nutzung dem unterzuordnen. In diesem Bereich wird ein Besucherzentrum entstehen. In den unterhalb dieser Eingangsebene gelegenen Ebenen gilt die Regel, dass die alte Ausstattung der neuen Nutzung als Ruhr-Museum weicht.

Planung und Entwurf:
Dipl.-Ing. Heinrich Böll
Architekt BDA DWB
Dipl.-Ing. Hans Krabel, Essen,
in Arbeitsgemeinschaft mit
O.M.A., Rotterdam

Neues Wohngebiet Dilldorfer Höhe

Auf dem Gelände der ehemaligen Ruhrlandkaserne in Essen entwickelte das Architekturbüro Böll eine neue Wohnbebauung oberhalb des Baldeneysees. Der städtebauliche Entwurf schließt kleine Querstraßen mit Einfamilienhausbebauung an eine senkrecht dazu verlaufende Haupterschließung an. Auf nahezu quadratischem Grundriss entstand ein städtischer Haustyp mit großzügigen Balkonen und einem mit Holz verkleidetem Penthouse.

Planung und Entwurf:
Dipl.-Ing. Heinrich Böll
Architekt BDA DWB
Dipl.-Ing. Hans Krabel
Essen

Partner am Bau:
- Schindler Aufzüge und Fahrtreppen GmbH, Geschäftsbereich Neuss
- STAHLTEC RHEIN LIPPE GmbH & Co. KG
- Ingenieurpartnerschaft Karvanek-Thierauf
- Dipl. Ing. Heinrich Surmann
- Dipl. Ing. Horst R. Grün
- Bosch Sicherheitssysteme GmbH

Wohngebiet Dilldorfer Höhe: Der städtebauliche Entwurf wurde bei dem von der Stadt Essen ausgelobten Wettbewerb mit dem 4. Preis honoriert

Foto: Stephan Pegels, Essen

Anzeige Ausführende Firmen

Trendsetter

Mit Schindler Maßstäbe setzen. In Raum, Ruhe und Design.
Die neue Generation von Personenaufzügen für Wohn- und Geschäftshäuser.

www.schindler.de

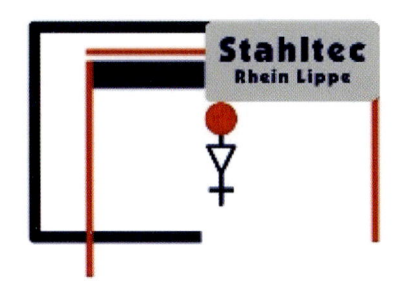

Schindler 3300
Schindler 5300

Schindler

STAHLTEC RHEIN LIPPE GmbH & Co. KG

Industriegelände MITTAL STEEL GERMANY

Blech- und Rohrbearbeitung Stahlbau
Industrieservice Schweißkonstruktionen
Anlageninstandsetzung Engineering
Photovoltaikanlagen

STAHLTEC RHEIN LIPPE GmbH & Co. KG
Vohwinkelstraße 107 • 47137 Duisburg
Telefon 02 03-44 99 96 16 • Telefax 02 03-44 99 96 18
www.stahltec-rhein-lippe.de • mail: info@stahltec-rhein-lippe.de

RWTÜV Schweißfachbetrieb DIN 18800 - 7
TÜV CERT DIN EN ISO 9001:2000 ZERTIFIKAT 09 100 80105

Hoch- und Tiefbau
Brückenbau
Industriebau
Wasserbau
Sanierungskonzepte
Bauüberwachungen

Weltkulturerbe Zollverein: Umbau Kohlenwäsche

Ingenieurpartnerschaft
KARVANEK-THIERAUF
Beratende Ingenieure für Bauwesen
Prüfingenieure für Baustatik
staatlich anerkannte Sachverständige

Prüfung ✓
Gutachten ✓
Aufstellung ✓
Optimierung ✓

Tel.: 0201/827430, Fax: 0201/8274340, www.karvanek-thierauf.de, Hollestr. 1, 45127 Essen

Anzeige

DIPL.-ING. HEINRICH SURMANN
INGENIEURBÜRO FÜR BAUPLANUNG
-TRAGWERKSPLANUNG-

BERATENDER INGENIEUR INGENIEURKAMMER BAU NW

STAATLICH ANERKANNTER SACHVERSTÄNDIGER
FÜR SCHALL- UND WÄRMESCHUTZ

IM EICHHOLZ 22
45768 MARL
TEL (02365) 7 11 23
FAX (02365) 29 55 001
E-MAIL: ing.surmann@t-online.de
www.ingsurmann.de

Tragwerksplanung im
- Massivbau
- Stahlbau
- Holzbau
- Bauen im Bestand

konstruktive Beratung bei
- Konzeptentwicklung
- Entwurf

Bestandserfassung
Sanierungsplanung
Bauüberwachung

Dipl.-Ing. Horst R. Grün

Von der Industrie- und Handelskammer für die Stadtkreise Essen, Mülheim an der Ruhr und Oberhausen
zu Essen öffentlich bestellter und vereidigter Sachverständiger für Schall-, Wärme-, Feuchteschutz und
damit zusammenhängende Baustoffe und Bindemittel.

Von der Ingenieurkammer Bau NW
staatlich anerkannter Sachverständiger für Schall- und Wärmeschutz.

Großenbaumer Straße 240 • 45479 Mülheim an der Ruhr • Telefon 02 08/46 65 333 • Telefax 02 08/46 65 334

▶ Produktinfo

Mit dem richtigen Pflasterstein verlieren Herbst und Winter ihren Schrecken

(djd) Gepflegte Grünflächen verwandeln sich in ein schlammiges Etwas, Keller laufen voll – heftige Regenfälle können für Eigenheimbesitzer rasch zum Alptraum werden.

Es gibt aber auch eine wachsende Zahl von Hausherren, die – dank eines neuartigen Pflastersystems – der „Regenzeit" ganz gelassen entgegensehen können. So verfügt z.B. der Pflasterstein „Hydrovario" über ein Auffangvermögen von bis zu 1.500 l Wasser pro Sekunde und Hektar. Die Speicherkammern in Kombination mit dem Oberbau machen es möglich. Das daraus resultierende Zwischenspeichervolumen kann problemlos auch große Wassermengen aufnehmen.

Darüber hinaus weist der „Hydrovario" noch eine große Zahl handfester Vorzüge auf: Er ist preiswerter als Naturstein, lässt sich im Do-it-yourself-Verfahren verlegen und kann bei passendem Unterbau die teuren Kanalgebühren sparen, die viele Kommunen für versiegelte Flächen erheben.

Winterlichen Verhältnissen trotzt der clevere Pflasterstein durch seine Widerstandsfähigkeit gegenüber Frost und Tausalzen.

Mit dem Hydrovario Pflasterstein verlieren Herbst und Winter ihren Schrecken

Weitere Infos:

HYDROVARIO Marketing GmbH

Ringinger Straße 29
89061 Schelklingen

Telefon 0 73 94/91 66 125
Telefax 0 73 94/91 66 126
Mail: info@hydrovario.de
www.hydrovario.de

Wohnungsbau

Erstes generationenübergreifendes Wohnprojekt
Das „WohnreWIR Tremonia" Am Tremoniapark in Dortmund

Der Verein „W.I.R. - Wohnen - Innovativ - Realisieren" widmet sich der Förderung des generationenübergreifenden Wohnens in Dortmund. Um eine entsprechende Wohnanlage zu realisieren, lobte der Verein einen begrenzten Wettbewerb für drei Architekturbüros aus, den das Dortmunder Büro Post & Welters gewann. Nach dem Motto „So viel Gemeinschaft wie möglich – so viel Privatsphäre wie nötig" haben die Architekten eine Wohnanlage mit öffentlichen und nichtöffentlichen Bereichen entwickelt, die große Flexibilität aufweist.

Auf einem mehr als 3.000 m² großen Teil des innerstädtischen Geländes der ehemaligen Zeche Tremonia wurde die Wohnanlage errichtet. 21 individuell geplante Wohneinheiten wurden in der Form von Etagenwohnungen, Maisonetten und Reihenhäusern für 41 Bewohner eines generationenübergreifenden Altersmix, der in seiner Parität festgelegt ist, errichtet. Die Gebäude gruppieren sich in L-Form um einen gemeinschaftlichen Wohnhof, in dessen Mitte ein Gemeinschaftshaus platziert wurde. In dessen Erdgeschoss befinden sich ein Waschraum, eine Werkstatt und Fahrradabstellplätze. Im Obergeschoss gibt es einen 60 m² großen Gemeinschaftsraum mit Balkon zum Hof sowie ein Gästeappartement.

Es sind 21 individuell gestaltete Wohnungen entstanden, die im Geschosswohnungsbau eine Größe von 55–123 m² haben und in den Reihenhäusern eine Wohnfläche von 140–165 m² besitzen. Alle Wohnungen bieten private Freibereiche mit Balkonen oder vorgelagerten Gärten. Die Erschließung erfolgt über Laubengänge, die so viel Platz bieten, dass sie als kommunikative Zone dienen und auch für Feiern zu nutzen sind.

Das Projekt ist mit einem hohen Dämmstandard („Drei-Liter-Haus"), BHKW, Fotovoltaik und Regenwassernutzung ökologisch orientiert. Das WohnreWIR Tremonia hat zahlreiche Preise und Auszeichnungen erhalten.

Links: der gemeinschaftliche Wohnhof mit dem Gemeinschaftshaus, das über Laubengänge und die Fahrstuhlanlage mit den Wohngebäuden verbunden ist

Planung:
Post • Welters, Architekten & Stadtplaner BDA/SRL, Dortmund

Partner am Bau:
• Diplom-Geologe Stephan Brauckmann

Anzeige

Diplom-Geologe
Stephan Brauckmann
Beratender Umwelt-
und Ingenieurgeologe
Sachverständiger für
Baugrund
und Altlasten

Büro Fröndenberg:
Von-Nell-Breuning-Str. 32
58730 Fröndenberg
Tel. (0 23 73) 178 03-00
Fax (0 23 73) 178 03-20
info@stephan-brauckmann.de

Regionalbüro Lippstadt:
Am Siek 18-22
59557 Lippstadt
Tel. (0 29 41) 20 25 201
Fax (0 29 41) 20 25 202
info@stephan-brauckmann.de

Büro Bad Salzungen:
Sulzberger Str. 3
36433 Bad Salzungen
Tel. (0 36 95) 62 12 26
info@stephan-brauckmann.de
www.stephan-brauckmann.de

Von Grund auf sicher planen und bauen

Baugrundgutachten • Gründungsberatung
Tief- und Straßenbauüberwachung
Bodenmanagement
Hydrogeologische Gutachten
Versickerungsanlagen-Konzepte
Umweltgeologische Gutachten
Gefährdungsabschätzung
Sanierungsuntersuchung
Gutachterliche Sanierungsbegleitung

Öffentliche Bauten / Gewerbebauten

Neues in bewusstem Kontrast zu Altem

Gemeindezentrum Johannis-Kirchengemeinde Witten / Dortmunder Volksbank eG / FH Gelsenkirchen, Fachbereich Materialtechnik und Wirtschaftsingenieurwesen

Fotos: Hans Jürgen Landes, Dortmund

Gemeindezentrum der Ev.-Luth. Johannis-Kirchengemeinde Witten (2003): Die kleinteiligen Gebäude greifen die Strukturen der ursprünglichen Bebauung auf und interpretieren diese mit modernen Mitteln

Neben der Aufgabenstellung des Bauherren sind das Herleiten aus der Besonderheit des Ortes, seiner Geschichte, seiner umliegenden Bebauung, seiner Topographie, das Klima und die Erschließung weitere wichtige Parameter für die Entwurfsarbeiten der Gerber Architekten aus Dortmund. Inhaber Prof. Eckhard Gerber gründete das Architekturbüro im Jahr 1966. Heute sind insgesamt 55 Mitarbeiter in den Arbeitsbereichen Architektur, Städtebau, Innendesign sowie Landschaft und Freianlagen tätig. Neben den drei im Folgenden vorgestellten Projekten zählen auch das Harenberghaus in Dortmund, die Neue Messe Karlsruhe, die Nationalbibliothek des Königreiches Saudi-Arabien in Riad oder der nachfolgend beschriebene RWE-Tower in Dortmund zu den Referenzen des Büros.

Gemeindezentrum der Ev.-Luth. Johannis-Kirchengemeinde Witten

Die kleinteiligen Gebäude des neuen Gemeindezentrums greifen die Strukturen der ursprünglichen Bebauung rund um die Johanniskirche auf und interpretieren diese mit modernen Mitteln. In radialer Anordnung gruppieren sie sich, den ehemals dort gelegenen, einfachen Bürgerhäusern gleich, um die im Mittelpunkt stehende Kirche und formulieren so einen starken Kontrast zu ihrem unmittelbaren Kontext.

Die polygonalen Formen der sechs Gebäudeteile folgen den früheren, heterogenen Grundstückszuschnitten. Die verschiedenen Nutzungen des Gemeindezentrums teilen sich auf die einzelnen Häuser auf: Der dreigeteilte Saal erstreckt sich entsprechend über drei Gebäudeflügel, während die drei verbleibenden, etwas größeren Gebäudeteile im Osten die Räume für die Erwachsenen, für die Jugendlichen sowie die Hausmeisterwohnung beherbergen. Die dazwischen liegenden Fugen sind verglast und nehmen das Eingangsfoyer und die Nebeneingänge mit den Treppenhäusern auf. Sie gliedern das Gesamtvolumen und verbinden gleichzeitig die unterschiedlichen Nutzungen miteinander. Im Südwesten führt im Erd- und Obergeschoss ein verglaster Arkadengang entlang der Fassade durch alle Häuser mit Ausblick auf die benachbarte Kirche; im Obergeschoss wird er im Saal als Galerie weitergeführt. Mittelpunkt des Gemeindezentrums ist das sowohl von der Straße als auch vom Kirchplatz erschlossene Eingangsfoyer, das sich mit Doppeltüren zum Saal öffnet.

Die Außenanlagen mit ihren strahlenförmigen Linien im Bodenbelag verbinden optisch das moderne Gemeindezentrum mit der alten Kirche. Die unterschiedlichen Farben der sechs Häuser stehen für die neue Lebendigkeit der Gemeindearbeit.

Hauptstelle der Dortmunder Volksbank eG

Eine markante, ausladende Dachscheibe fasst den Altbau aus den 1960er Jahren und den Neubau zu einer Einheit zusammen. Diese zeigt die historische Entwicklung des Bankhauses und integriert den Bestand als sichtbares Relikt seiner Geschichte in das moderne, transparente Konzept. Es entsteht ein Dialog zwischen Alt und Neu, den Ausgangspunkt für die räumliche Disposition und die Wahl der Materialien bildet.

Dem winkelförmigen Altbau wird ein zweiter Gebäudewinkel gegenübergestellt, der sich am Straßenverlauf und der östlichen Nachbarbebauung orientiert. Eine große, über alle Geschosse reichende Kundenhalle unter einem verglasten Dach verbindet die beiden L-förmigen Baukörper. Zwischen den Gebäudewinkeln verbleiben gläserne Fugen, die die Kundenhalle zum Stadtraum öffnen und einen Ausblick zu den beiden nahe gelegenen Kirchen bieten. Der Neubau ist an der Betenstraße/Ecke Viktoriastraße gegenüber dem Altbau zurückgesetzt, während das flache Dach weit auskragt und eine eindeutige Eingangssituation formuliert. Der öffentliche Raum fließt somit gleichsam in das Bankgebäude hinein und verleiht der Kundenhalle den Charakter einer halböffentlichen Piazza. Erreichte man den Altbau früher nur über eine Treppe, ist die Kundenhalle nun ebenerdig zugäng-

Öffentliche Bauten / Gewerbebauten

Hauptstelle der Dortmunder Volksbank eG (2001): Eine markante, ausladende Dachscheibe scheint über dem Altbau und dem Neubau zu schweben

lich. Das Sockelgeschoss des Altbaus bleibt jedoch auch im Innenraum sichtbar erhalten, so dass die unterschiedlichen Ebenen einen spannungsvollen Gesamtraum formen, aber gleichzeitig eine barrierefreie Erschließung gesichert ist.

Das filigran anmutende Dach ist vom bestehenden Gebäude durch ein zurückspringendes Fensterband getrennt und scheint über dem Ensemble aus Alt und Neu zu schweben. Die mit Naturstein verkleideten Lochfassaden des Altbaus stehen im bewussten Kontrast zu den modernen Glasfassaden. Dieser Gegensatz von Geschlossenheit und Transparenz, Massivität und Leichtigkeit setzt sich im Innenraum fort und prägt das gesamte Gebäude.

FH Gelsenkirchen, Abteilung Recklinghausen

Die Fachhochschule Gelsenkirchen, Abteilung Recklinghausen liegt am Übergang zwischen Stadtraum und freier Landschaft am Fuß des Fritzbergs, der durch seine Topographie und Weite einen besonderen Ort im Stadtgebiet von Recklinghausen darstellt. Dem vorhandenen, den Berg hinaufführenden Hohlweg folgend, gruppieren sich die drei Neubauten entlang eines ansteigenden, schmalen Forums. Die Anordnung aller Baukörper im Westen des Grundstücks in direkter Nachbarschaft zur bestehenden Siedlung belässt weite, zusammenhängende Flächen frei von Bebauung und stellt die solitäre Lage der Justizakademie auf dem Berg nicht infrage.

Den Auftakt zum Forum und den Übergang vom Stadtgebiet zum Campus bildet im Südwesten das Zentralgebäude mit Mensa und Bibliothek. Im Anschluss daran folgt das Hauptgebäude mit den Räumen der Chemieingenieurwissenschaften, der Materialtechnik und des Wirtschaftsingenieurwesens. Der Gebäuderiegel für Wirtschaft, Verwaltung und das Sprachenzentrum befindet sich nördlich des Forums, das mit seinen breiten Stufen nach Westen ausgerichtete Sitzgelegenheiten bietet, die zum Verweilen und zur Kommunikation einladen.

Alle Bereiche der Fachhochschule werden von hier aus auf unterschiedlichen Niveaus erschlossen.

Neben den Stufen und den landschaftsplanerischen Elementen prägen in erster Linie die mit großformatigen Holztafeln verkleideten Hörsäle das Forum. Sie treten aus der Flucht der schlichten, weiß verputzten Baukörper nach außen und innen als besondere Elemente hervor. Gliedernde Holzfensterbänder und große Glasflächen strukturieren darüber hinaus die einzelnen Bauten und betonen deren Eingänge.

FH Gelsenkirchen, Abteilung Recklinghausen (1999): Drei Neubauten für den Fachbereich Materialtechnik und Wirtschaftsingenieurwesen gruppieren sich entlang eines ansteigenden, schmalen Forums

Bauherren:
Ev.-Luth. Johannis Kirchengemeinde, Witten

Dortmunder Volksbank eG

Land Nordrhein-Westfalen, vertreten durch das Staatl. Bauamt Recklinghausen

Entwurf, Genehmigungsplanung, Ausführungsplanung, teilweise Ausschreibung und Objektbetreuung:
Gerber Architekten, Dortmund

Partner am Bau:
- Vogt GmbH & Co. KG Reinigung, Bewachung
- Siemens Building Technologies Zutrittskontrollsysteme

Ausführende Firmen Anzeige

Ihr Partner für Reinigung und Bewachung

- Bauschlussreinigung
- Baufeinreinigung
- Baubewachung
- Glas- und Fassadenreinigung
- Unterhaltsreinigung
- Teppichreinigung
- Garten- und Landschaftspflege
- Winterdienste
- Facility Management

VOGT-GRUPPE
Kompetenz addiert sich

24 STUNDEN ERREICHBAR

Telefon (02 31) 79 32-0
www.vogt-gruppe.de

VOGT GmbH & Co. KG, Stockumer Straße 167, 44225 Dortmund · VOGT GmbH, Havelstraße 21, 39126 Magdeburg · WOLF GmbH, Tullastraße 4, 69126 Heidelberg · GRENZLAND Gebäudereinigung GmbH, Karl-Friedrich-Straße 74, 52072 Aachen · TECHNOCLEAN Vogt Industriereinigungs- und Wartungsgesellschaft mbH, Stockumer Straße 167, 44225 Dortmund · OBJEKTCONTROL Sicherheitsdienste Vogt GmbH, Stockumer Straße 167, 44225 Dortmund

▶ Produktinfo

Lebendige Farbenspiele im eigenen Heim

Lebensqualität und Individualität stehen bei der Raumgestaltung im Vordergrund

(djd/pt) Ganz in Weiß begehen Verliebte heute vielleicht noch den schönsten Tag im Leben. Was die Gestaltung von Wohnräumen betrifft, so geben jetzt klangvolle Namen wie Mango, Papaya, Limone, Cashmere oder Cotto den Farbton an. Sie tauchen Wände und Decken in ein faszinierendes, harmonisches Licht und sind außerdem auch noch perfekt miteinander kombinierbar. Damit der Griff in den Farbtopf gelingt, hilft Schöner Wohnen Farbe mit dem Trendfarbensortiment, das insgesamt 22 aktuelle und zeitlos schöne Farbtöne enthält. Sie bilden die ideale Basis für eine individuelle und stilsichere Raumgestaltung, und sie genügen auch in der Qualität höchsten Ansprüchen: So tragen die Wand- und Deckenfarben den „Blauen Engel", weil sie emissionsarm sind. Die Seidenmattlacke werden ohne aromatische Kohlenwasserstoffe hergestellt, was der Verbraucher am Signet „Geruchsmild und aromatenfrei" erkennt. Maler und die Umwelt dürfen also aufatmen. Und wer sein trautes Heim entgegen dem Farbtrend doch ganz in Weiß halten möchte, wird bei Schöner Wohnen Farbe ebenfalls fündig. „Polarweiss softcolor" heißt das Programm für die zarte, feinfühlige Wohnraumgestaltung. Informationen findet man im Internet unter www.schoener-wohnen-farbe.de. Hier kann auch die kostenlose Broschüre „Inspirationen" angefordert werden, die hilfreiche Ratschläge und Ideen vermittelt.

Ganz in Weiß ist out – stattdessen: warme Harmonie mit Schöner Wohnen Farbe

Produktinfo

Alles über Hardware, Bytes und Multimedia

„Brockhaus – Computer und Informationstechnologie" auch für Computer-Nutzer in der Baubranche hilfreiches Nachschlagewerk

Was ist Active Scripting? Was kann eine Edutainment-Software? Was ist ein Distiller? Immer ausgefeilter, immer schneller, immer bunter: Die Vereinnahmung durch die multimediale Welt der Kommunikation schreitet unaufhaltsam voran. Der Computer ist aus vielen Lebensbereichen nicht mehr weg zu denken. Die Geschwindigkeit, mit der sich Hard- und Software sowie ihre Anwendungen weiterentwickeln, ist dabei mittlerweile so groß, dass jeder Einzelne nur noch in kleinen Teilbereichen Schritt halten kann.

„Brockhaus – Computer und Informationstechnologie"

Der neu erschienene „Brockhaus – Computer und Informationstechnologie" hat deshalb zum Ziel, allen, die beruflich oder privat häufig mit dem Computer als Werkzeug umgehen, einen möglichst umfassenden Überblick über alle wichtigen Aspekte der Informations- und Kommunikationstechnik zu verschaffen. Mit 13 500 Stichwörtern bietet das derzeit umfassendste Computerlexikon von A wie „Active Desktop" bis Z wie „ZIP-Format" fachlich fundierte, verständliche Informationen zu allen Begriffen und sachlichen Zusammenhängen aus dem Bereich Computertechnologie sowie Hintergrundinformationen über Firmen und Personen aus der IT-Branche. Die Stichwortliste umfasst sowohl klassische Softwarethemen (z.B. Anwendungsprogramme, Betriebssysteme, Datensicherung, Grundlagen der Programmierung bis hin zur theoretischen Informatik) als auch Hardwarefragen (Aufbau und Funktion von Computersystemen, Speicher- und Prozessortechnologie etc.). Einen großen Teil des Lexikons nehmen die Artikel zur Kommunikationstechnik und zum Internet ein.

Alle Artikel sind gut strukturiert und verständlich geschrieben. 25 Schwerpunktthemen, wie z.B. „Datenverschlüsselung" oder „Spracherkennung" werden auf mehreren Seiten ausführlich behandelt und bieten dem Leser die Möglichkeit, sich „am Stück" genauer in einen Bereich einzulesen. Mehr als 600 Praxistipps helfen dem Rat suchenden bei Problemen im Umgang mit Geräten, Programmen und Fehlermeldungen und weisen auf Fallen hin.

Eine für die Praxis besonders hilfreiche Idee ist die Übersetzung von englischen Fachbegriffen, die dem Computerfreund beim Lesen von englischen Programminformationen oder Internetseiten häufig begegnen. 1.100 aktuelle und geprüfte Weblinks weisen ihm den Weg zu speziellen Detailinformationen.

Ob als Nachschlagewerk, Problemlöser oder Übersetzungshilfe: Der neue „Brockhaus – Computer und Informationstechnologie" ist ein sehr hilfreiches und informatives Nachschlagewerk in bewährter Brockhausqualität für alle Computernutzer. Das Werk erscheint im Medienpaket zusammen mit einer CD-ROM und ist für 34,90 Euro im Handel erhältlich.

„Der große Brockhaus in einem Band"

Bei Fragen, die über die übliche Berufsroutine hinaus gehen, hilft manchmal das Schulwissen nicht weiter. Für alle, dieses wissen müssen, aber auch für alle, die gern ein paar Wissenslücken stopfen möchten, hat Brockhaus nun mit dem neuen Titel „Der Große Brockhaus in einem Band" die richtige „Medizin" auf den Markt gebracht.

Mit dem völlig neuen, einbändigen Lexikon präsentiert der Verlag ein Nachschlagewerk, das in puncto Allgemeinbildung keine Fragen offen lässt und sowohl klassisches als auch modernes Wissen zu allen Fachgebieten beinhaltet. Durch die beiliegende CD-ROM mit dem kompletten Stichwortbestand und über 10.000 Weblinks, eignet sich „Der Große Brockhaus in einem Band" auch hervorragend fürs schnelle Nachschlagen bei der Computerarbeit.

Mit 70 000 Stichwörtern bietet das Schwergewicht unter den Einbändern neben einem hohen Anteil an aktuellen Begriffen auch alles Wesentliche aus den Bereichen Informations- und Telekommunikationstechnik sowie aus Kunst und Kultur, Geographie und Geschichte, Wirtschaft und Finanzen, Sport und Freizeit. In bewährter Brockhaus-Tradition wurden alle Themenbereiche sorgfältig recherchiert und zu gut verständlichen Texten zusammengestellt. In Inhalt, Ausstattung und Format übertrifft der neue Titel dabei den Klassiker „Brockhaus in einem Band". Durch das durchgehend vierfarbige Layout und die gut lesbare Typographie ist der Band äußerst benutzerfreundlich. So wird das Nachschlagen und Finden von Informationen zum Vergnügen.

Der Titel ist ab sofort für 49,90 Euro im Handel erhältlich.

Bezug über Buchhandel:

„Der Brockhaus – Computer und Informationstechnologie"
Hardware, Software, Multimedia, Internet, Telekommunikation
1. Auflage 2002
Buch plus CD-ROM
1.008 Seiten
Dudenverlag Mannheim, Leipzig, Wien, Zürich 2002
ISBN 3-7653-0251-1
Ladenpreis: 34,90 €

„Der Große Brockhaus in einem Band"
1. Auflage.
Buch plus CD-ROM
1.176 Seiten
Brockhaus Verlag Mannheim, Leipzig, Wien, Zürich 2002
ISBN 3-7653-3141-4
Ladenpreis: 49,90 €

Gewerbebauten

Dortmunds höchstes Bürogebäude

Der RWE-Tower in Dortmund dominiert die Silhouette der Stadt, brilliert architektonisch und überzeugt mit einem effizienten Energiekonzept

Fotos: Hans Jürgen Landes, Dortmund

Mit dem 22-geschossigen RWE-Tower in Dortmund gelingt eine Arrondierung der städtebaulich bisher unbefriedigenden Situation zwischen Hauptbahnhof und Innenstadt

Neben den im vorangestellten Beitrag beschriebenen Projekten Dortmunder Volksbank, Gemeindezentrum der Johanniskirche in Witten und Fachhochschule Gelsenkirchen zeichneten Gerber Architekten auch für Entwurf, Genehmigungsplanung, Ausführungsplanung, Ausschreibung, Objektbetreuung des RWE-Tower in Dortmund verantwortlich. In direkter Nachbarschaft zum Hauptbahnhof prägt seit Mitte 2005 dieses neue Bürohochhaus des Energieversorgers RWE die Stadtsilhouette. Vom Beginn der Rohbauarbeiten im November 2003 bis zur Übergabe an die RWE Westfalen Weser Ems AG wurde nur eine Bauzeit von 20 Monaten benötigt.

Am Platz von Amiens, nur wenige Schritte entfernt von der Dortmunder Stadtbibliothek, dem Museum für Kunst- und Kulturgeschichte, dem Konzerthaus sowie dem ebenfalls aus der Feder von Gerber Architekten stammenden Harenberg City-Center und der Fußgängerzone gelingt mit dem 22-geschossigen Hochhaus eine Arrondierung der städtebaulich bisher unbefriedigenden Situation zwischen Hauptbahnhof und Innenstadt.

Mit dem benachbarten, bereits vorhandenen Hochhaus der Sparkasse und dem IWO-Hochhaus aus den 1960er Jahren entsteht eine neue städtebauliche Komposition, die wesentlich zur Verdichtung und Belebung des Umfeldes beiträgt. Mit seiner diagonalen Stellung auf dem Grundstück stärkt der im Grundriss linsenförmige RWE-Tower das bestehende Wegegeflecht und lässt interessante stadträumliche Beziehungen entstehen.

Aus der Linsenform herausdrehend entwickelt sich im Erdgeschoss eine um das Hochhaus herumführende, eingeschossige Bebauung, die einerseits die Rampen zur Tiefgarage umhüllt und andererseits Flächen für fremdvermietete Läden und ein Café bietet, so dass der Platz eine zusätzliche städtische Belebung erfährt. Im weiteren Verlauf um das Gebäude herum löst sich dieser Sockelbau im Nordosten, am Platz von Amiens, in ein gläsernes Vordach auf, das den Haupteingang zum Foyer im Erdgeschoss des Hochhauses markiert.

Darüber folgen 20 Büroge-

Mit seiner diagonalen Stellung auf dem Grundstück stärkt der im Grundriss linsenförmige RWE-Tower das bestehende Wegegeflecht und lässt interessante stadträumliche Beziehungen entstehen

Gewerbebauten

Der Hochpunkt des oberen, gebogenen Fassadenabschlusses liegt bei etwa 90 m Höhe. Mit Antenne ist der Tower insgesamt 100 m hoch. 1.680 Einzelfenster, die sich in allen Büros öffnen lassen, sorgen für ein angenehmes Innenklima und große Transparenz

schosse, von denen 18 als Regelgeschosse ausgebildet sind. Die beiden oberen Büroetagen sind den Konferenzräumen sowie den Büros des Vorstands vorbehalten. Im 22. und 23. Obergeschoss bietet die bis zu 17 m hohe Kantine einen Panoramablick über die ganze Stadt. Des Weiteren sind hier die Küche sowie Technikräume untergebracht.

Den oberen Abschluss des Hochhauses bildet ein asymmetrischer Keilausschnitt mit zwei nach innen abfallenden Pultdachflächen, von denen die höhere und stärker geneigte als Glasdach die Kantine zusätzlich von oben belichtet.

Der Hochpunkt des oberen, gebogenen Fassadenabschlusses liegt bei etwa 90 m Höhe. Mit Antenne ist der Tower insgesamt 100 m hoch.

Auf Grund des mittig angeordneten, aussteifenden Betonkerns und der tragenden Stützen in der Fassadenebene ergibt sich ein einfaches Tragwerkskonzept, bei dem alle Büroräume stützenfrei an den Fassaden liegen und natürlich belichtet werden. Die Linsenform erlaubt im Gegensatz zur Ellipse eine pragmatische, nahezu orthogonale Raumaufteilung. Der Gebäudekern nimmt sämtliche Nebenräume auf, wie Treppenhäuser, Aufzüge und Versorgungsschächte der Haustechnik sowie die WC-Anlagen und Archivräume. Die gesamte Außenfassade bleibt somit gänzlich der Anordnung von Büroräumen vorbehalten. Mit einer vermietbaren Fläche von 22.000 m^2 bei einer Bruttogeschossfläche von 27.300 m^2 stellt der linsenförmige Grundriss eine optimale Bürostruktur dar.

Fassadengestaltung

Statt einer heute oft verwendeten Ganzglas-Doppelfassade sorgen 1.680 Einzelfenster, die sich in allen Büros öffnen lassen, für ein angenehmes Innenklima und große Transparenz.

Die tragende äußere Stahlbetonkonstruktion bildet das Skelett der Fassade. Als Deckenrandverstärkung beträgt die Höhe der Brüstungen lediglich 50 cm. Sie sind zurückversetzt und nicht in der Fassade sichtbar. Zusammen mit dem ebenfalls etwa 50 cm starken Deckenpaket können somit die bauordnungsrechtlichen Anforderungen hinsichtlich des Feuerüberschlags mit 1 m von Geschoss zu Geschoss auf einfache Weise gelöst werden.

Als Verkleidung der schlanken senkrechten Stützenpfeiler und schmalen sichtbaren, horizontalen Deckenränder dienen hinterlüftete Natursteinplatten aus schwarzem, hochglanzpoliertem Granit.

Die Doppelfassade mit einem Achsraster von ca 1,45 m ist nach dem Kastenfensterprinzip aufgebaut: Raumseitig sind zu öffnende, thermisch getrennte Aluminiumfenster mit Wärmeschutz-Isolierverglasung angeordnet, während in der Ebene der Natursteinverkleidung Prallscheiben als VSG-Verglasung oberflächenbündig eingebaut sind. Diese dienen gleichzeitig als Absturzsicherung vor den niedrigen Fensterbrüstungen und erlauben darüber hinaus das Öffnen der

Gewerbebauten

Fenster auch in den oberen Geschossen, trotz der dort zu erwartenden hohen Windgeschwindigkeiten und des damit verbundenen Winddrucks. Unten und oben lassen die Prallscheiben schmale Lüftungsschlitze frei, die eine natürliche Belüftung der dahinter liegenden Büroräume ermöglichen.

Energiekonzept

Da die RWE AG bereits zu Beginn der Planung als Mieter des Hochhauses feststand, konnten die Wünsche und Vorgaben des überregionalen Energieversorgers im Entwurf berücksichtigt werden. Hierzu gehört in erster Linie das Energiekonzept des Gebäudes: Mit niedrigen Verbrauchswerten nimmt die RWE mit ihrem eigenen Verwaltungsgebäude eine Vorbildfunktion ein. Bereits zu Beginn der Planungsphase wurden die Eckdaten für Heiz- und Kühlenergie sowie den für die Beleuchtung benötigten Strom festgelegt, die nun im laufenden Betrieb einzuhalten sind.

Wichtiger Bestandteil des wirtschaftlichen und ökologischen Energiekonzepts ist die granitverkleidete, großzügige Lochfassade, die mit 40 Prozent nur einen geringen Glasanteil im Vergleich zu den sonst üblichen Ganzglasfassaden mit fast 100 Prozent Glas- bzw. Fensterfläche hat. Auf Grund der verbleibenden großen Speichermasse schützt die Fassade das Hochhaus sowohl vor Überhitzung als auch vor übermäßiger Auskühlung.

Über die bereits erwähnte Möglichkeit der individuellen natürlichen Belüftung aller Büroräume hinaus verfügt das Gebäude über eine unterstützende Lüftungsanlage, die in den Büros der Regelgeschosse bei extremer Witterung einen zweifachen Luftwechsel gewährleistet. Heizkörper vor den Fensterbrüstungen sorgen im Winter für die nötige Erwärmung, während die Räume im Sommer mit Hilfe einer Betonkernaktivierung in den Geschossdecken gegebenenfalls gekühlt werden können.

Die einzigen Ausnahmen von diesem Konzept bilden das Casino und die Vorstands- und Konferenzebenen, in denen abgehängte Kühldecken die erhöhten Anforderungen an Raumtemperatur und Akustik erfüllen.

Mit seiner großzügigen Lochfassade gehört der RWE-Tower zu einer neuen Generation von Hochhäusern, die bereits in der äußeren Gestaltung ein ökologisch-energetisches Konzept verfolgt und eine Gegenposition zu den aufwändigen Ganzglas-Doppelfassaden einnimmt. Der RWE-Tower zählt damit zu den kostengünstigsten Hochhäusern der letzten 20 Jahre in Deutschland und leistet mit seinem effizienten Energiehaushalt einen wichtigen Beitrag zur Nachhaltigkeit.

Bauherr:
DIAG GmbH & Co. KG II, Dortmund

Entwurf, Genehmigungsplanung, Ausführungsplanung, Ausschreibung, Objektbetreuung:
Gerber Architekten, Dortmund

Partner am Bau:
- AGS Weckermann & Partner Ingenieurbüro für Baustellenkoordination, Arbeitssicherheit und Gesundheitsschutz
- Ingenieurbüro Düffel Ingenieurgesellschaft für Tragwerksplanung mbH
- Vermessungsbüro Dipl.-Ing. Ch. Sommerhoff
- Ingenieursozietät Schürmann-Kindmann und Partner GbR
- Fuhrmann + Keuthen Ingenieurbüro – Technische Gebäudeausrüstung
- ITAB GmbH Ingenieurbüro für technische Akustik und Bauphysik
- Schindler Aufzüge und Fahrtreppen GmbH, Geschäftsbereich Neuss
- Siemens Building Technologies Zutrittskontrollsysteme

Optimale Bürostruktur: 22.000 m² vermietbare Fläche bei einer Bruttogeschossfläche von 27.000 m²

Anzeige

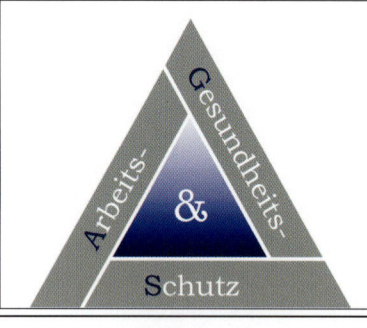

AGS WECKERMANN & Partner

Ingenieurbüro für Baustellenkoordination, Arbeitssicherheit und Gesundheitsschutz

Westfalendamm 241 · 44141 Dortmund
Tel. 0231/42 57 80-0 · Fax 0231/42 57 80-51/52 · Mobil: 0172/2 34 53 97
E-Mail: info@agsweckermann.de · Internet: www.agsweckermann.de

INGENIEURBÜRO DÜFFEL
INGENIEURGESELLSCHAFT FÜR TRAGWERKSPLANUNG MBH

Hermannstraße 4/6 - 44263 Dortmund
Telefon: 0231/449601 - Telefax: 0231/449611 - e-mail: dueffel.trag@t-online.de

Anzeige

Vermessungsbüro
Dipl.-Ing. Ch. Sommerhoff

Öffentlich bestellter
Vermessungsingenieur

Katastervermessung (Grundstücksvermessung)
Lagepläne, Bestandspläne
Geodatenerfassung
Gebäudevermessung
Baubegleitende Vermessung
Geoinformationssysteme

Fon 0231 / 73 00 01   Fax 0231 / 73 02 05   Olpketalstraße 14   44229 Dortmund (Kirchhörde)
e-mail info@messpunkt.biz   www.messpunkt.biz

SKP INGENIEURSOZIETÄT
SCHÜRMANN-KINDMANN UND PARTNER GBR
BERATENDE INGENIEURE • STAATLICH ANERKANNTE SACHVERSTÄNDIGE • PRÜFINGENIEURE

MASSIVBAU • STAHLBAU • VERBUNDBAU
SCHALL- UND WÄRMESCHUTZ
BRANDSCHUTZ

PLANEN   BERATEN
BEGUTACHTEN   PRÜFEN

GOEBENSTRASSE 9
44135 DORTMUND
TEL. 0231 / 95 20 77 – 0   Fax. 0231 / 55 43 82
skpdortmund@skp-ing.de   www.skp-ing.de

---

fuhrmann + keuthen
ingenieurbüro - technische gebäudeausrüstung

Gruftstraße 1
47533 Kleve

Girardetstraße 3–5
45131 Essen

Telefon: 02821-72 90-0
Telefax: 02821-72 90 99
info@fuhrmann-keuthen.de
www.fuhrmann-keuthen.de

Telefon: 0201-79 98-290
Telefax: 0201-79 98-299
info@fuhrmann-keuthen.de
www.fuhrmann-keuthen.de

ITAB

- Bauakustik
- Raumakustik
- Schallimmissionsschutz
- Schallschutz am Arbeitsplatz
- Bauphysik
- Wärmeschutz
- Feuchteschutz
- Luftdichtigkeit
- Blower-Door

INGENIEURBÜRO FÜR TECHNISCHE AKUSTIK UND BAUPHYSIK
ITAB GmbH, Schüruferstr. 309A, 44287 Dortmund

Tel.: 0231 948017-0
E-Mail: itab@itab.de

Fax: 0231 948017-23
Internet: www.itab.de

Wohnungsbau / Gewerbebauten

Bauunternehmen und Immobilienvermarktung

Marktforum Duisburg-Rheinhausen / Wohnungsbau am Innenhafen, Duisburg / Fachmarkt-Zentrum Kommandantenstraße, Duisburg-Neudorf / Nahversorgungs-Zentrum Austraße, Duisburg-Laar / Umbau und Neubau „Glaspalast", Dinslaken

Seit 1932 ist die Hellmich Unternehmensgruppe im Baugewerbe tätig. Das Familienunternehmen wurde nach 1968 unter der Leitung des heutigen Firmenchefs Walter Hellmich zu einem deutschlandweit agierenden Konzern ausgebaut. Bereits Ende der 60er und im Verlauf der 70er Jahre machte sich das Unternehmen einen Namen bei großen Autobahn-Projekten in den Bereichen Tief-, Straßen- und Brückenbau. In den 80er Jahren dehnte das Unternehmen sein Leistungsspektrum auf die Bereiche Industrie-, Hoch- und Schlüsselfertigbau sowie den bepflanzbaren Lärmschutz aus.

Die Anforderungen an ein modernes Bauunternehmen sind vielfältig, und die Hellmich Unternehmensgruppe hat auf diese Herausforderung reagiert: Bei allen hier vorgestellten Projekten ist die Hellmich Projektentwicklung der Bauherr, erbaut wurden sie von der Hellmich Baugesellschaft als Generalunternehmer und vermarktet werden die Objekte auch durch die Hellmich Unternehmensgruppe, die sich damit als leistungsfähiger Allrounder zeigt.

Marktforum Duisburg-Rheinhausen

Das Baugebiet für das Marktforum befindet sich auf einer städtischen Grünfläche südlich des Hochemmericher Marktes. Der Marktplatz liegt an der Nahtstelle zwischen einer geschlossenen Blockrandbebauung im Westen und einer eher offenen Bauweise im Norden und Osten. Im Zusammenspiel mit diesen vorhandenen Strukturen bildet das Fachmarktzentrum im Süden des Platzes die vierte noch fehlende Raumkante und stärkt bzw. komplettiert damit die urbanen Strukturen der Rheinhausener Innenstadt an diesem Standort.

Die Planung des renommierten Düsseldorfer Büros RKW Architektur + Städtebau orientiert sich an bestehenden Linien und Fluchten. Das Marktforum verlängert nördlich die Straßenflucht aus der Hans-Böckler-Straße auf den Hochemmericher Markt und westlich die Baumreihe an der Atroper Straße. Südlich begrenzt die Abstandsfläche zur Grundstücksgrenze das Bauvorhaben, und östlich bleibt die markante Baumreihe als Wegeverbindung und Puffer zum eher offenen grünen Wohnbereich bestehen. Die das Straßenbild prägende Baumreihe entlang der Atroper Straße bleibt weitestgehend erhalten und wird an sinnvoller Stelle ergänzt. Im nördlichen Bereich wird die Baumreihe als Arkadengang fortgeführt und findet dort Anschluss an den Hochemmericher Markt.

Der Gebäudekörper setzt sich horizontal betrachtet aus drei Schichten zusammen. Das Erdgeschoss wird durch den Einzelhandel genutzt; Hauptmieter ist hier die Edeka Rhein-Ruhr; im 1. Obergeschoss befindet sich ein offenes Parkdeck und im 2. Obergeschoss sind Praxen und Büros mit dahinterliegendem Parkdeck untergebracht; Hauptmieter ist die AOK Rheinland.

Die lichtdurchflutete dreigeschossige Shoppingmall im westlichen Teil des Gebäudes verknüpft diese Ebenen vertikal. Mit ihrer länglichen Bauform, die in die Tiefe des Grundstücks ragt,

Die Modellfotos zeigen die jetzt deutliche Begrenzung des Hochemmericher Marktes und die Aufnahme der Fluchtlinien von Straßen und Baumreihen

(Modell und Modellfotos: RKW Architektur + Städtebau)

öffnet sie sich sowohl zu den Einzelhandelsgeschäften im Inneren des Centers als auch über ihre große Glasfassade zu den Geschäften an der Atroper Straße und integriert somit vorhandene mit neuen Strukturen. Der markante Ecklangang wendet sich sowohl zur Atroper Straße als auch zum Hochemmericher Markt. Eine Außengastronomie an dieser Stelle trägt zur Erhöhung der Aufenthaltsqualität auch an marktfreien Tagen auf dem Marktplatz bei.

Das offene zweigeschossige Parkdeck präsentiert sich zum Hochemmericher Markt als „Bikinigeschoss" (Luftgeschoss). Durch die Möglichkeit, auf zwei Ebenen in der neuen Bebauung zu parken, kann der Marktplatz das ganze Jahr über und nicht nur an Markttagen autofrei gehalten werden. Eine großzügige Freitreppe führt direkt vom Marktplatz auf die Ebene des 1. Parkgeschosses. Der darüber befindliche Gebäuderiegel im 2. Obergeschoss schafft in Richtung Hochemmericher Markt die der Umgebung angemessene Traufhöhe von etwa 14 m. Die Gebäude bieten eine Mietflächen von mehr als 10.000 m^2 und 400 Parkplätze.

Wohnungsbau am Innenhafen, Duisburg

Der Innenhafen Duisburg begrenzt die Innenstadt im Nordwesten. Er war geprägt durch Speicher, Silos und Mühlengebäude, denn er wurde in erster

164

Wohnungsbau / Gewerbebauten

Linie für den Getreideumschlag genutzt. Mit dem Verlust der wirtschaftlichen Bedeutung und der Abwanderung der Unternehmen begann das Nachdenken über eine neue Nutzung der Flächen und auch der Großbauten. 1990 wurden die Innenhafen-Planungsaufgaben für interdisziplinäre Teams ausgeschrieben. Das Rennen machte das Büro Sir Norman Foster aus London mit einem Entwurf, der die Umnutzung der markanten alten Speichergebäude vorsieht, das Medium Wasser betont und die Anlage eines neuen Wohnquartiers und eines sichelförmigen, bis zu elf Geschossen hohen und dennoch transparenten Bürogebäudes namens „Eurogate" am ehemaligen Holzhafen vorsieht. Der von Foster und Partnern vorgelegte Masterplan ist ein geschlossenes und schlüssiges Konzept, das dennoch offen angelegt ist für eine schrittweise Verwirklichung der einzelnen Elemente.

Inzwischen sind große Teile des Konzepts umgesetzt, und der Innenhafen hat sich zu einem beliebten, urbanen Stadtquartier entwickelt. Hier hat Hellmich ein Wohngebäude mit 26 Eigentumswohnungen errichtet, das von RKW Architekten + Stadtplanern, Düsseldorf, entworfen wurde. Die 3,5- und 4,5-Zimmer-Wohnungen sind modern, hochwertig und komfortabel ausgestattet. Durch die praktische Aufteilung der Räume lassen sich zahlreiche Einrichtungsvarianten realisieren. Im geräumigen Schlafzimmer ist neben einer Schranknische noch viel Platz für das Bett und Kommoden. Ein weiteres Zimmer (bei den 4-Zimmer-Wohnungen sind es zwei)

Eine Wohnung am Duisburger Innenhafen (oben) ist sehr begehrt, denn hier werden ständig verschiedene Events geboten, wie zum Beispiel der Innenhafen-Lauf, der schon zum siebten Mal stattfindet, oder Drachenbootrennen

liegt auf der Südseite und kann sowohl als Kinderzimmer, Arbeitszimmer oder Gästezimmer genutzt werden. Ebenso auf der Südseite liegt das großzügig angelegte Wohn- und Esszimmer, das keine Wünsche offen lässt. Alle Küchen haben einen Zugang zur Loggia. Die Bäder der Wohnungen sind sehr komfortabel und modern ausgestattet. In Flur und Diele ist ausreichend Platz für eine Garderobe und die nötigen Schränke. Alle Wohnungen haben Zugang zur Südseite und sind mit geräumigen Balkonen bzw. Terrassen ausgestattet.

Zum Komfort im Gebäude gehören neben den Fahrstühlen auch die PKW-Tiefgaragenstellplätze (ein Platz pro Wohnung), die Ausrichtung der Balkone und Terrassen an den Wohnzimmern nach Süden, der Sonnenschutz, hochwertige Fliesen und Steinbeläge sowie das anspruchsvolle Design und die Erfüllung der Wärmeschutzverordnung durch die Gaszentralheizung, die Verwendung modernster Baustoffe, die gedämmte Klinkerfassade sowie die wunderschöne Grünoase im Innenhof.

Individuelle Änderungen der Eigentümer waren je nach Baufortschritt möglich soweit die Bauphysik dies zuließ. Es war auch möglich, zwei Wohnungen miteinander zu verbinden und zu einer Großraumwohnung auszu-

Das Marktgebäude (Ostansicht) im typischen Penny-Design stellt zwar keine großen Anforderungen an die Gestaltungsvisionen des Architekten, aber es muss funktional sein (unten; Zeichnung: dd Projektplanung)

bauen, auch in Form einer Maisonette-Wohnung über zwei Etagen.

Das Konzept hat sich so gut bewährt, dass Hellmich einen 2. Bauabschnitt mit weiteren 27 Wohnungen folgen lässt.

Nahversorgungs-Zentrum Austraße

Ein Fachmarkt-Gebäude hat die Hellmich Baugesellschaft auf einem Grundstück von 4.750 m² in Duisburg-Laar errichtet. Die Mietfläche von 1.430 m² teilen sich ein Penny-Markt und die Firma „KiK". Das Gebäude hat die dd Projektplanung, Duisburg, entworfen.

Fachmarkt-Zentrum Kommandantenstraße

In Duisburg-Neudorf hat die Hellmich Baugesellschaft auf einem 5.900 m² großen Grundstück ein weiteres Fachmarkt-Gebäude errichtet, in dem sich die Firmen

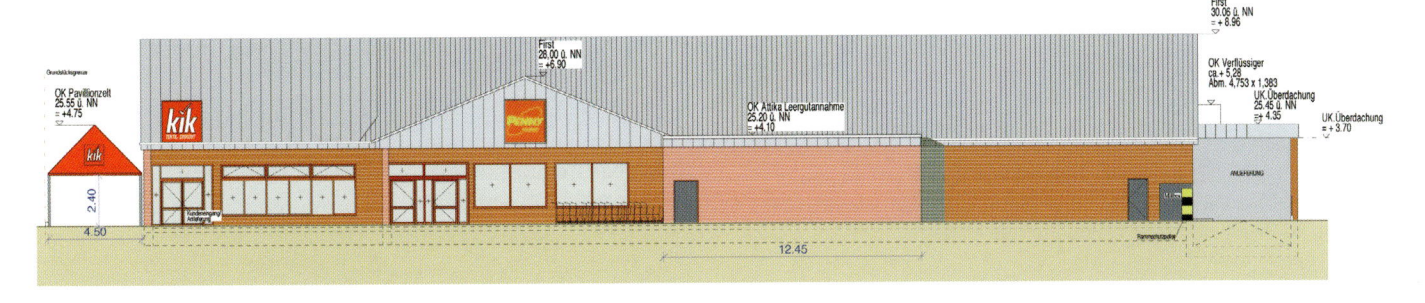

Wohnungsbau / Gewerbebauten

„Plus", „Schlecker", „KiK" sowie ein Bäcker eingemietet haben. Es wurde vom Architekturbüro Wrocklage, Dülmen, entworfen. Am Fachmarkt stehen etwa 100 Parkplätze zur Verfügung, und offenbar ist die Geschäftslage so gut, dass eine Erweiterung der Geschäftsfläche geplant wird.

„Glaspalast" Dinslaken

In Dinslaken gab es zwei Probleme, die sich durch Zusammenführung lösen ließen. Ein Problem war das Gebäude der nicht mehr genutzten Groß-Discothek „Glaspalast", das der Firma Hellmich gehört und längere Zeit leer stand. Das andere Problem hatte die Stadtverwaltung, die feststellen musste, das das Neue Stadthaus am Bahnhofsvorplatz, in dem sich die Stadtverwaltung befand, schon nach 30 Jahren so marode war, dass es nicht mehr genutzt werden konnte und abgetragen werden muss.
Beide Probleme wurden damit gelöst, dass die Stadt Dinslaken den „Glaspalast" für erst einmal 15 Jahre anmietet. Da die Stadt alle technischen Ämter an einem Standort hier in unmittelbarer Nachbarschaft zu den Stadtwerken konzentrieren wollte, reichte der Platz im Gebäude nicht aus. So ergab sich für die Firma Hellmich der positive Effekt, nicht nur eine leer stehende Immobilie vermietet zu haben, sondern auch einen Erweiterungsbau an den „Glaspalast" anzufügen. Natürlich musste auch die ehemalige Diskothek so umgebaut werden, dass sie den Anforderungen an ein modernes Bürogebäude entsprach. Die Planungen für den Neu- und Umbau lieferte das Dinslakener Büro Husmann Architekten und Diplomingenieure. Für den Neubau wurden die Geschosshöhen des „Glaspalastes" aufgenommen, und die Fassaden erhielten durch ihre Verkleidung ein gleiches Aussehen. Die Jalousien zum Sonnenschutz runden das Er-

Die strenge, horizontale Gliederung mit gleichen Materialien in der Fassade verbindet Neu- und Altbau zu einer Einheit

scheinungsbild ab. So präsentiert sich das Ensemble als eine Einheit und wird in dieser Gestaltung auch dem neuen Namen „Technisches Rathaus" gerecht. Es sind fast 5.000 m² moderner Büroraum entstanden.

Generalunternehmer:
Walter Hellmich Baugesellschaft GmbH, Dinslaken

Partner am Bau:
- F.F. System-Bau GmbH
- Rehms GmbH
  Sanitär, Heizung, Klima
- Bauunternehmer
  Salvatore Gandolfo
- Schindler Aufzüge und Fahrtreppen GmbH, Geschäftsbereich Neuss

Anzeige

Zügige Realisierung großer Bauvorhaben in erstklassiger Qualität

Die F. F. System-Bau GmbH hat sich mit ihrer großen Leistungsfähigkeit und der hervorragenden Qualität ihrer Arbeit einen guten Namen gemacht. Das Unternehmen hat in Kooperation mit namhaften Firmen etliche Großprojekte realisiert und daneben auch viele kleinere Bauvorhaben termingerecht fertig gestellt. Der Betrieb genießt so viel Vertrauen, dass er auch für Maurer-, Schalungs- und Stahlbetonarbeiten an Brückenbauwerken herangezogen wird. Im Verkehrsbereich fallen auch häufiger Nachtarbeiten an, die von den qualifizierten Mitarbeitern klaglos erledigt werden.

Der Neubau des Marktforums in Duisburg-Rheinhausen ist nur eines der vielen Projekte, an denen die F. F. System-Bau GmbH beteiligt ist (Illustration: RKW Architektur + Städtebau, Düsseldorf)

F. F. System-Bau GmbH
Maurerarbeiten • Schalung • Abbrucharbeiten • Hochbau

Kirchbachstraße 40, 45476 Mühlheim/Ruhr
Telefon 02 08 - 444 22 22, Telefax 02 08 - 444 22 14
Mail f.f.system-bau@freenet.de

Anzeige

Ausführende Firmen

Sanitär, Heizung und Klima

Um haustechnische Anlagen kostengünstig zu betreiben, bedarf es nicht nur maßgeschneiderter Anlagen nach dem neusten Stand der Technik, sondern auch regelmäßiger Kontrollen, die eine optimale Energieausnutzung gewährleisten.

Die Gas- und Wasserinstallateure, Zentralheizungs- und Lüftungsbauer der Rehms GmbH aus Borken installieren und warten haustechnische Anlagen im öffentlichen, gewerblichen und privaten Bauvorhaben für Architekten, Ingenieure, Bauträger, Kirchen und Verbände. Die Auftraggeber wissen die handwerkliche solide und technisch ausgereifte Arbeit der Rehms GmbH zu schätzen, weil sie sich sicher sind, dass:

- ihre haustechnischen Anlagen fachgerecht installiert und gewartet werden
- die Kosten durch laufende Überprüfung und Optimierung der Betriebsfunktionen niedrig gehalten werden
- eine hohe Sicherheit durch den Einsatz von gut ausgebildeten Fachkräften gewahrt wird.

Zum Dienstleistungsservice des ca. 150 Fachkräfte starken Unternehmens zählt außerdem die intensive und individuelle Beratung der Kunden. In der 800 m^2 großen Sanitärausstellung mit Fachmarkt in der Siemensstraße stellen die Mitarbeiter z.B. Brennwerttechnik und Regenwassernutzung in Funktion dar, sie beraten zudem auch direkt vor Ort. Selbst bei allen Fragen der Nutzung ist die Rehms GmbH Beratungspartner. Die Firma ist an Bauvorhaben in ganz Nordrhein-Westfalen beteiligt. Beispielsweise beim Weststadt Carré in Essen und Neubau der Messehallen Köln-Messe. Von den Kunden wird die Firma wegen ihrer Termintreue, Flexibilität und ihres stimmigen Preis-Leistungs-Verhältnisses sehr geschätzt.

REHMS GmbH

Siemensstr. 16
46325 Borken
Tel. 0 28 61/9 42 00
Fax 0 28 61/94 20 25

- **Fliesen/Marmor**
- **Maurer und Beton-Naturstein legen**
- **Trockenbau stemmen und schlitzen**

Tiergartenstr. 243

42117 Wuppertal

Tel: 02 02 / 2 57 13 15

Fax: 02 02 / 2 57 13 14

Handy: 0170-8117887

E-Mail: salvatore@villani-net.de

Bauunternehmer Salvatore Gandolfo

Produktinfo

Neuartiges Außenöl schützt Holzwerk im Freien

(djd) Ob Alt- oder Neubau, ob Fenster, Türen, Fassade oder Zaun – Bauelemente aus Holz verleihen jedem Haus eine besondere Note. So etwas Schönes soll natürlich lange Freude machen. Die richtige Pflege hilft dabei. Damit Holzwerk im Freien trotz Wind und Wetter sein gutes Aussehen behält, haben Holzpflege-Experten jetzt ein spezielles Pflegemittel entwickelt, das FAXE Außenöl.

Das Besondere daran: Das lösungsmittelfreie FAXE Außenöl ist aus reinem Naturöl hergestellt, dem ein UV-Filter zugesetzt wurde. Eine Kombination, die Holzoberflächen im Freien so richtig wasser- und wetterfest macht, wenn man sie zweimal je Saison mit dem Außenöl pflegt. Und das geht ganz leicht. Vor der Behandlung muss das Holz sauber, trocken und schmutzfrei sein. Altes Holzwerk sollte man daher mit dem zugehörigen Spezialreiniger vorbehandeln. Dann mit dem Pinsel das Außenöl in Faserrichtung auftragen, die Prozedur wiederholen, bis das Holz gesättigt ist – fertig!

Übrigens: Die Farbnuancen des Außenöls – Klar, Teak und Gold – lassen nicht nur jede Holzart in ihrem Naturton erstrahlen. Die Varianten Teak und Gold schützen besonders effektiv gegen UV-Strahlung und eignen sich daher bestens für stark bewitterte Hölzer. Erhältlich in allen Fachmärkten.

<u>Weitere Infos:</u>

*Fachmärkte
oder
Holz-Roll
Voltastr. 32
50129 Bergheim
www.holz-roll.de*

Gewerbebauten

Industriearchitektur steht Pate für Neubau
„Jahrhunderthaus" als modernes Büro- und Kommunikationszentrum

Jahrhunderthaus nahe der Jahrhunderthalle

Auf dem Gelände des ehemaligen Stahlwerkplateaus in Bochum entstand von Sommer 2004 bis September 2005 das „Jahrhunderthaus" als modernes Bürogebäude mit historischen Bezügen. Die Grundsatzentscheidung für das Bürohaus wurde bereits im Jahr 2000 getroffen. Initiiert durch einen der heutigen Mieter, die Bochumer Verwaltungsstelle der IG Metall, und in Verbindung mit dem Bauherrn Treuhandverwaltung IGEMET GmbH aus Frankfurt/Main wurde seinerzeit ein Entwurfswettbewerb mit vier Architekturbüros durchgeführt. Durchsetzen konnte sich das Bochumer Büro Archwerk Generalplaner KG, das sich intensiv mit den historischen Bezügen des Areals auseinander setzte. Der Entwurf des Bochumer Architekten erinnert mit den Materialien Ziegel, Stahl und Glas an die typische, funktionale Industriearchitektur des Ruhrgebietes. Zwei gegenüber liegende, neun- und viergeschossige Gebäuderiegel in Nord-Süd-Richtung sind durch eine gläserne Eingangshalle miteinander verbunden. Im kleineren Gebäuderiegel bieten eine Kantine bzw. ein Gastronomiebetrieb und ein großer Saal Platz für Tagungen sowie soziale und kulturelle Begegnungen.

Da das ambitionierte Projekt in seiner ursprünglichen Planung zu kostenintensiv war, konnte sich die Bauwens GmbH & Co. KG aus Köln schließlich mit einem zuverlässigen Gesamtangebot durchsetzen, das durch zahlreiche Einzelmaßnahmen die Baukosten in die gewünschte Größenordnung brachte. So überarbeitete ein auf Bürohäuser spezialisiertes Team der Kölner Unternehmensgruppe in enger Abstimmung mit dem Bauherrn die Planung Gewerk für Gewerk. Entstanden ist ein modernes Büro- und Kommunikationszentrum für etwa 200 Büroarbeitsplätze, das alle Anforderungen der aktuellen und zukünftigen Mieter abdeckt. Individuell einteilbar sind Büroflächen zwischen 225 m^2 und 1.150 m^2 möglich – insgesamt stehen knapp 4.000 m^2 Bürofläche zur Verfügung. In der Ausführungsphase war Bauwens als Generalunternehmer und auch für die Überarbeitung und Weiterführung der gesamten Ausführungsplanung verantwortlich.

Die transparente Halle verbindet die beiden Gebäuderiegel

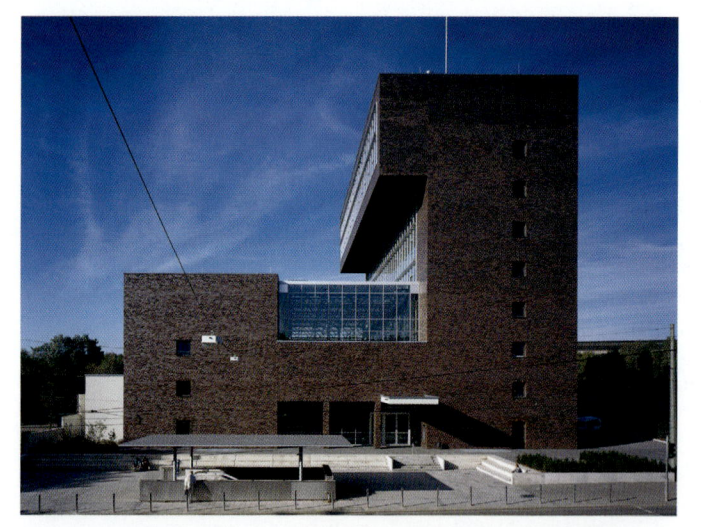

Das Jahrhunderthaus setzt eine Landmarke im Bochumer Westpark

Bauherr:
Treuhandverwaltung IGEMET GmbH, Frankfurt am Main

Entwurf, Ausführungsplanung, Ausschreibung, Vergabe und Bauleitung:
Prof. Krenz Architekten
Archwerk Generalplaner KG
Bochum

Generalunternehmer:
Bauwens GmbH & Co. KG, Köln

Partner am Bau:
- Weber & Partner Ingenieurgesellschaft für technische Gesamtplanung mbH
- Brendebach Ingenieure GmbH
- Rinkens GmbH Sanitär Trennwände
- Buschenhofen + Partner GmbH Brandschutzsysteme

Anzeige

Funktionalität auf höchstem Niveau

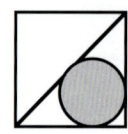

Weber & Partner
Ingenieurgesellschaft für
technische Gesamtplanung mbH

Wir haben Verwaltungsgebäude, Produktionshallen, Wohnanlagen und Schulen ebenso realisiert, wie die ersten beiden Hochsicherheitslabore der Schutzstufe 4 in Deutschland geplant.

Siegesstraße 42 · 50679 Köln · Telefon 0221/91 27 62-0 · Telefax 0221/91 27 62-99
e-mail: webmaster@weber-und-partner.de · Internet: www.weber-und-partner.de

Anzeige Ausführende Firmen

Ingenieurdienstleistung für Alt-, Um- und Neubau

Das Unternehmen BRENDEBACH INGENIEURE GmbH hat sich in den über drei Jahrzehnten seines Bestehens zu einem zuverlässigen Partner für private, gewerbliche und öffentliche Auftraggeber entwickelt. Mit über 70 Mitarbeitern an den vier Standorten in Bonn, Wissen, Siegen und Montabaur wird ein breit gefächertes Spektrum an Ingenieurleistungen in den Schwerpunktbereichen Tragwerksplanung für Hoch- und Ingenieurbau, Tiefbau, Bauphysik und Brandschutz geboten. Es werden Lösungen für Projekte jeder Größenordnung aus den Aufgabengebieten Altbau, Umbau und für Neubauten aller denkbaren Sparten erarbeitet. Dabei profitieren sowohl die Bauherren wie die weiteren am Bau beteiligten Fachplaner als auch die ausführenden Firmen von dem hohen Maß an Flexibilität des Unternehmens, das mit projektbezogener und disziplinübergreifender Zusammenarbeit zur Förderung von Synergieeffekten beiträgt.

Zu den zahlreichen Referenzprojekten zählen neben vielen anderen auch der Neubau des Bürogebäudes der IG Metall in Bochum, der Neubau des Stadions Mönchengladbach und der Neubau des Bürogebäudes VARIOFFICE für die Nordrheinische Ärzteversorgung in Köln.

BRENDEBACH INGENIEURE
Brendebach Ingenieure GmbH
Dürenstraße 33 · 53173 Bonn
Tel. 0228 40006-0 · Fax 0228 40006-66
info@brendebach.de · www.brendebach.de

Tragwerksplanung · Bauphysik
Brandschutz · Bauleitplanung
Verkehrsplanung · Umweltschutz
SiGe-Koordination · Abwasseranlagen
Landespflege · Talsperrenbau
Bauwerksanierung · Vermessung
Geoinformationssysteme

Firmen-Profil

Seit 1972 fertigt Rinkens Trennwände für den WC- und Duschbereich. Mit Know-how und Engagement setzen wir alles daran, unsere Kundenforderungen in jeder Hinsicht zu erfüllen. Beratung, Planung, Montage und Service gehen auf Ihre individuellen Vorstellungen ein.

Rinkens Sanitär-Trennwände sind praktisch und pflegeleicht. Ausgestattet mit funktionalen und modernen Beschlägen sind sie zeitlos im Design. Unsere Wände fügen sich harmonisch in fast alle Umgebungen ein. Eine Lösung also, an der Sie lange Freude haben werden.

Unternehmens-Philosophie

Wir erfüllen höchste Ansprüche! Beste Qualität in jedem einzelnen Arbeitsschritt ist die Grundlage für die hohe Zuverlässigkeit unserer Produkte und Leistungen.

Durch individuelle Beratung finden wir innovative Lösungen, die genau auf Ihre persönlichen Anforderungen zugeschnitten sind. Unsere umfangreiche Produktpalette lässt keine Wünsche offen.

Wir verwenden ausschließlich hochwertige Materialien von renommierten Herstellern. Mit Hilfe modernster Fertigungstechnik und Dank strenger Qualitätskontrollen steht am Ende ein überzeugendes Produkt.

Unsere umfassende Kompetenz und die jahrzehntelange Erfahrung sind Ihr Nutzen. Wir realisieren Ihre Vorstellung einer Sanitär-Trennwand. Qualität und Service – made in Germany – und das auf höchstem Niveau!

Rinkens
Sanitär Trennwände

Rinkens GmbH

Von-Liebig-Straße 11-13
33428 Marienfeld

Telefon: 0 52 47/98 64-0
Telefax: 0 52 47/98 64 44

E-Mail: info@rinkens.net
Internet: www.rinkens.net

Buschenhofen+Partner GmbH
Brandschutzsysteme

Essener Straße 277A
44793 Bochum

Telefon 02 34/1 44 77
Telefax 02 34/1 44 89

Wohnungsbau

Individuelle Architektur für Einfamilien- und Doppelhäuser

Bauvorhaben in Castrop-Rauxel, Dortmund, Schwerte und Iserlohn

Die BauContor Wohnbau GmbH ist seit über sechs Jahren als regionaler Bauträger im Raum Dortmund und Umgebung tätig. Innerhalb dieser Zeit hat BauContor durch die Errichtung von individuell geplanten, frei stehenden Einfamilienhäusern und Doppelhaushälften eine solide Marktposition erobert und gefestigt.

Bauvorhaben in Castrop-Rauxel

In den Jahren 2004 und 2005 wurden in einer Anliegerstraße im Castrop-Rauxeler Ortsteil Schwerin zwölf Häuser errichtet.
Auch hier gelang es BauContor, individuelle Entwürfe von der Doppelhaushälfte mit zwei Vollgeschossen über das klassische Einfamilienhaus mit normalem Dachüberstand (siehe Bild oben) bis hin zur repräsentativen „Villa" im mediterranen Stil (siehe Bild unten) zu einem harmonischen Ganzen zu fügen.

Castrop-Rauxel: klassisches Einfamilienhaus mit Satteldach

Bauvorhaben in Dortmund und Schwerte

In Dortmund und Schwerte (siehe Bild unten) schuf BauContor bislang für 28 Eigentümer ein neues Zuhause, die Errichtung von zehn weiteren Häusern im Dortmunder Ortsteil Kirchlinde steht unmittelbar bevor.
Wenn es der Bebauungsplan zulässt, kann auch ein markantes Gebäude mit Pultdach und frischen Farben entstehen.

Castrop-Rauxel: mediterraner Baustil

Dortmund/Schwerte: Der Bebauungsplan kann auch Pultdächer zulassen

Wohnungsbau

Iserlohn-Hennen: Zwei symmetrische Baukörper mit Zeltdach und etwa 360 m² Wohn- und Nutzfläche

Bauvorhaben in Iserlohn

Im Iserlohner Ortsteil Hennen wurden seit 2001 bislang über 30 frei stehende Einfamilienhäuser und Doppelhaushälften errichtet.
Als eines der markanten Beispiele individueller Architektur ist hier ein Wohngebäude aus Iserlohn-Hennen mit zwei Wohneinheiten zu sehen (siehe Bild oben und unten).

Der Bauherr hat hier zwei symmetrische Baukörper mit zwei Vollgeschossen und Zeltdächern mit einem flacheren Gebäudeteil verbunden und so ein harmonisches Gebäudeensemble entstehen lassen.

Die zukünftige Bautätigkeit der BauContor Wohnbau GmbH wird sich neben der Errichtung weiterer Baumaßnahmen in Dortmund und Umgebung auch weiter in südliche Gegenden entwickeln; zurzeit ist BauContor in einem Baugebiet in Sprockhövel tätig, wo die ersten beiden Einfamilienhäuser bereits im Bau sind.

Planung und Entwürfe:
BauContor Wohnbau GmbH
Dortmund

Partner am Bau:
- Soester Bau GmbH
- M.M.H. Hochbau GmbH
- Dachdeckermeister Frank Müller
- Gebr. Möller Containerdienst • Tiefbau • Baustoffe • Transporte
- H. Hölscher Akustik • Innenausbau • Trockenbau • Vollwärmeschutz • Wärmedämmung

Iserlohn-Hennen: Durch die Verbindung mit dem flacheren Gebäudeteil konnte ein harmonisches Ensemble entstehen

Ausführende Firmen — Anzeige

Soester Bau GmbH

- **Industriebau**
- **Wohnungsbau**
- **Stahlbetonbau**
- **Schalungstechnik**
- **Statische Berechnungen**

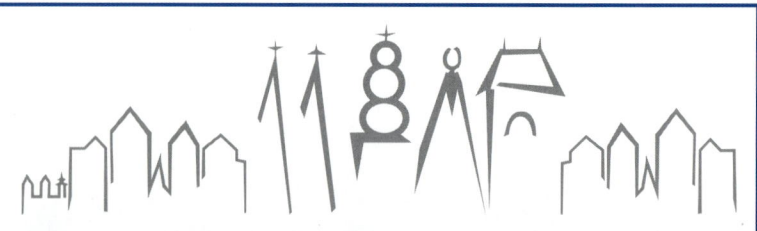

Soester Bau GmbH • Schillingsweg 49a • 59581 Warstein
Fon: 0 29 25 - 81 75 92 • Fax: 0 29 25 - 81 79 49 • E-mail: soesterbaugmbh@t-online.de

M.M.H. Hochbau GmbH
Verklinkerungen - Bauunternehmung

Gahenstraße 5 - 33142 Büren-Hegensdorf
Telefon 0 29 51 - 45 16 + 47 06 • Telefax 0 29 51 - 38 96
Internet: www.mmh-hochbau.de • e-mail: info@mmh-hochbau.de

Dachdeckermeister Frank Müller · Bedachungen

Wagenfeldstr. 62
59394 Nordkirchen

Telefon 0 25 96 - 93 86 20
Telefax 0 25 96 - 93 86 20

GEBR. MÖLLER

Wir bauen auf...

CONTAINERDIENST · TIEFBAU · BAUSTOFFE · TRANSPORTE

Kreuzstraße 132
44532 Lünen
Tel. 0 23 06/16 00-0
Fax 0 23 06/16 00-16
www.gebr-moeller.de
info@gebr-moeller.de

H. HÖLSCHER

Akustik • Innenausbau • Trockenbau
Vollwärmeschutz • Wärmedämmung

Bergstr. 4
59394 Nordkirchen

Telefon: 0 25 96 - 98 6 42
Fax: 0 25 96 - 98 6 43
www.helmut-hoelscher.realxxl.de

Gewerbebauten

„Märkisches Tor" wertet Ostwall auf
Der Neubau des BüroCenters Dortmund als Bindeglied am Innenstadt-Ring

Märkisches Tor in Dortmund

Das in diesem Sommer fertig gestellte BüroCenter Dortmund liegt an einer repräsentativen City-Lage am Innenstadt-Ring (Ostwall). Der Entwurf des Bochumer Architekturbüros Vinzelberg Lebender Architekten sah deshalb auch eine harmonische Abstimmung zum bestehenden Gebäudeensemble im Quartier vor. Der Neubau stellt die Verbindung zwischen Märkischer- und Löwenstraße her und bietet mit seiner ansprechenden Freiraumplanung und der Anlage des Innenhofes eine hohe Aufenthaltsqualität. Fußläufig zur Innenstadt und vielen wichtigen Verwaltungseinrichtungen bietet der Neubau eine perfekte Infrastruktur mit Einkaufsmöglichkeiten, Freizeit- und Kulturangeboten.

Die vom Bauherrn gewünschte vielseitige Gebäudestruktur steht für Nutzungen von groß- und kleinteiligen Flächen auf vier Etagen, einem Staffelgeschoss und Büros mit Dachterrassen zur Verfügung. Mit ca. 13.500 m^2 Büromietfläche sind autarke Einheiten schon ab 200 m^2 darstellbar. Eine innovative Gebäudetechnik reduziert die Nebenkosten. Klimatechnische Einrichtungen können nachgerüstet werden, wobei vorwiegend eine natürliche Be- und Entlüftung vorgesehen wurde.

Die 2-geschossige Tiefgarage des „Märkischen Tores" kann über die Zufahrt Töllnerstraße genutzt werden. Zudem befinden sich zusätzliche oberirdische Kurzzeitparkplätze auf dem Areal.

Seit Sommer 2006 verbindet das BüroCenter in Dortmund die Löwenstraße mit der Märkischen Straße

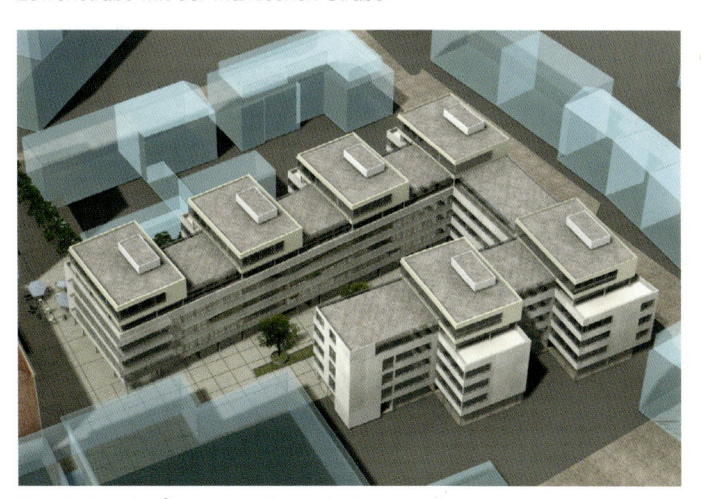

Rund 13.500 m^2 moderne Büromietfläche befinden sich an einem der repräsentativsten Standorte von Dortmund

Bauherr:
UBS Real Estate KAG mbH
München

Planung und Entwurf:
Vinzelberg Lebender
Architekten
Bochum

Partner am Bau:
- FHW-Aufzüge Geschäftsbetrieb der C. Haushahn Aufzüge GmbH & Co. KG
- Siemens Building Technologies Zutrittskontrollsysteme

Anzeige

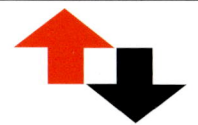

FHW-AUFZÜGE
Geschäftsbetrieb der C. Haushahn Aufzüge GmbH & Co. KG
Am Leveloh 18 • 45549 Spockhövel
Tel. 02324/97340 • Fax 02324/973428
Ihr Partner für Aufzuganlagen

• Neubau • Wartung •
• Modernisierung •
• Notruf •

Zertifiziert gemäß DIN ISO 9001 - 95/16/EG
Fachbetrieb gemäß §19 I WHG

www.fhw-aufzuege.de

Gewerbebauten

Hauptverwaltung ADAC Westfalen e.V., Dortmund
Ein Bauwerk mit architektonischer Substanz und Authentizität

Die Nordfassade des Gebäudes. Der Bau formuliert mit seiner architektonisch, plastischen Konzeption und Dominanz die östliche Torsituation Dortmunds als unübersehbares Entree dieser Stadt direkt an der A44
Fotos: Florian Monheim

Im März 2004 wurde das neue Gebäude der Hauptverwaltung des ADAC Westfalen e.V. in Dortmund nach 17-monatiger Bauzeit fertig gestellt. Drei Jahre zuvor hatten die Architekten stegepartner Architektur und Stadtplanung BDA SRL, Dortmund, die Bauherren ADAC Westfalen e.V. und Johann Freundlieb GmbH & Co. KG überzeugt und waren aus dem Wettbewerb mit ihrem Entwurf für ein Gebäude mit Büro- und Serviceflächen, Zentrallager, Fahrzeugtechnik und einer Tiefgarage mit 260 Stellplätzen (HNF 14.450 m^2, BRI 110.525 m^3) als Sieger hervorgegangen.

Der Bau formuliert mit seiner architektonisch, plastischen Konzeption und Dominanz die östliche Torsituation Dortmunds als unübersehbares Entree dieser Stadt direkt an der A44. An dieser prominenten städtebaulichen Situation sollte das Gebäude bewusst eindrucksvolle Visitenkarte einerseits der Stadt und andererseits selbstbewusster Ausdruck der Zentrale des ADAC Westfalen sein. Ziel der Architekten war, ein Bauwerk mit architektonischer Substanz und Authentizität zu schaffen. Ein monolithischer, in sich kompakter Baukörper aus einem Guss, der mit seiner Größe und Baumasse von 23.000 m^2 BGF dennoch differenziert auf die unterschiedlichen städtebaulichen (Teil-)-Situationen eingeht.

Die beiden rechteckigen Atrien des Baus bergen die Haupterschliessungen der Bürobereiche in sich und verhalten sich in ihrer räumlichen Qualität ähnlich derer italienischer Renaissancepaläste. Das östliche Atrium wird darüber hinaus noch über eine breite Freitreppe erschlossen, die die prominente Ecksituation als „Tor" adäquat unterstreicht. Auch hier ist die gestalterische Geste ein Produkt der Funktion: Unter dem Atrium befinden sich Teile der zweigeschossigen Warendisposition für ganz Westfalen. Die Erschliessung des ADAC-Kundenbereichs erfolgt direkt an der Spitze des Baukörpers in eine fünfgeschossige Halle, um deren Luftraum sich Großteile der

Ein monolithischer, in sich kompakter Baukörper aus einem Guss

Gewerbebauten

Ansicht Gartenfassade/Technikhof

ADAC-Servicehalle: Ordnungssystem mit architektonischem Anspruch

ADAC-Verwaltung gruppieren. Dieser großzügige Luftraum öffnet sich in voller Gebäudehöhe zur A44.

Entstanden als Quintessenz aus dem hier ungünstigen Grundstückszuschnitt, ist von einem „Zweibund" quasi ein Bürobund zur östlichen Grundstücksgrenze abgespreizt worden. Zwischen beiden Bünden entwickelt sich der Hallenraum. Eine Restgrundstücksfläche wird so zur Servicehalle und zum eindrucksvollen Innenraum für die ADAC-Zentrale Westfalen. Die plastisch, monolithische Architektur, entstanden aus einer subtraktiv, nicht additiv gedachten Entwurfstypologie, war auch Grundlage für die (innen-)architektonische Konzeption der Halle, mit der die Architekten im Laufe der Planung zusätzlich beauftragt wurden. Die Sprache der Architektur fortführen, den roten Faden weiterspinnen war dabei das Anliegen gewesen. Erlebnis „Halle" als Teil der Architektur, in gleicher Qualität, als verkaufsfördernder Ansatz war das Konzept. Die Entmaterialisierung der Möbel und die konsequente Zurückhaltung zur Architektur war das Ziel, damit der Raum der Halle in seiner Ruhe und seinem Ausdruck so wenig wie möglich gestört würde.

Und die Angst der Architekten, dass vielleicht doch das „Warenhaus ADAC" die Architektur empfindlich stören oder gar den räumlichen Eindruck zerstören könnte, war der gestalterische „Motor". Eine nicht ganze einfache Aufgabe, bedenkt man das äusserst heterogene Warenangebot, die schier unzähligen Werbedisplays und Plakate, wie sie sich heute reizüberflutend in fast allen ADAC-Kundencentern Deutschlands darstellen. Schnell war das Konzept der unterschiedlichsten „Monolithen" geboren. Reinweiss wie die Halle, entmaterialisiert, in ihrer Sprache und Oberfläche Teil der Architektur nehmen sie auf vielfältigste Weise als rigides „Ordnungssystem mit architektonischem Anspruch" das differenzierte Warenangebot des ADAC auf und wirken überzeugend der bekannten Reizüberflutung entgegen. Wie Ausstellungskuben stehen die „Monolithe" in der Halle und stören trotz ihrer Größe den Raum nur marginal – vielleicht wird er durch sie sogar bereichert. Sie bieten mehr Platz, als der ADAC in all seinen anderen Kundencentern zur Warenpräsentation hat. Die bunte und schillernde Produktpalette des ADAC fällt kaum noch auf.

Unter den Galerien sind an einem 40 m langen Counter 17 Servicearbeitsplätze angeordnet. Dahinter, über die gleiche Länge, eine (Schrank-)Wand, die vielfältigste Dinge eines Kundencenters aufnimmt. Darunter fast 300 Reisekatalogfächer, Vitrinen, Ausstellungsfächer und ca. 30 m Schranktüren, mit Griffleisten so gearbeitet, dass das Thema der Entmaterialisierung auch hier wieder Einzug hält. Alles, einschließlich sämtlicher Drucker, ist wegschließ- oder wegklappbar – ganz im Sinne des Entwurfsthemas und zu Gunsten der Architektur der Halle. Auch diese Möbel nehmen sich zurück und ordnen sich konsequent der Architektur unter.

Das Ergebnis kann zu Recht als die Synergie aus Architektur und Innenarchitektur bezeichnet werden.

Das östliche Atrium wird über eine breite Freitreppe erschlossen

Entwurf/Planung:
stegepartner
Architektur und Stadtplanung
BDA SRL,
Dortmund

Partner am Bau:
- Bosch Sicherheitssysteme GmbH

Gewerbebauten

Repräsentative Architektur mit hohem Anspruch
Neubau eines Bank- und Verwaltungsgebäudes für die KD-Bank eG. in Dortmund

Klare Formen und klare Farben bestimmen das Äußere der KD-Bank und unterstützen die geforderte Staffelung (oben)

Der Bauherr dieses Gebäudes in Dortmund ist die KD-Bank eG., die Bank für Kirche und Diakonie. Die KD-Bank wünschte sich ein modernes, in die Zukunft orientiertes Bank- und Verwaltungsgebäude mit hellen und freundlichen Arbeitsplätzen. Dieses wurde nach etwa 20-monatiger Bauzeit im März 2006 fertig gestellt.

Das Grundstück hat einen dreieckigen Zuschnitt und bietet eine Grundfläche von 905 m², die nahezu vollständig bebaut wurde. Die Anforderungen des Bauherrn wurden mit einer Nutzfläche von ca. 3.600 m², einer Nettogrundrissfläche von 5.130 m² und der Einrichtung von 120 Arbeitsplätzen voll erfüllt.

Die angespannte Parksituation im Stadtgebiet von Dortmund führte dazu, dass im Baurecht der Nachweis einer entsprechenden Anzahl von Parkplätzen verankert ist, die durch Zahlungen abgelöst werden müssen, wenn sie nicht vorhanden sind. Die Parkplätze wurden im 2. Untergeschoss geschaffen und mit einem automatischen Parksystem ausgestattet. Im 1. Untergeschoss sind Einrichtungen der Bank untergebracht. Tiefer in den Untergrund zu gehen, war nicht möglich, da sich unter dem 2. Untergeschoss eine Lage aus massivem Fels befindet.

Für die angestrebte ruhige und repräsentative Gebäudeform war es nötig, in Verhandlungen mit der Stadt Dortmund einzutreten, denn der geltende Flächennutzungsplan und die allgemeinen Bauvorschriften ließen an dieser Stelle nur einen stark gestaffelten Baukörper zu. In enger Zusammenarbeit mit der Stadt wurde ein spezifischer, vorhabenbezogener Bebauungsplan aufgestellt, der eine Begradigung der extremen Staffelung zu Gunsten eines ruhigeren Baukörpers ermöglichte.

Die Fassadenfarben der Bank setzen sich im Inneren mit weißen Wänden, anthrazitfarbenen Türrahmen und rotem Teppichboden fort (links und rechts)

Gewerbebauten

Der Haupteingang des Bank- und Verwaltungsgebäudes mit Zugang zur Kundenhalle wird durch ein vertikales, dunkles Glasband markiert und ist zum Schwanenwall orientiert. Im 6. Obergeschoss erweitert sich das Glasband zu dem rundum verglasten Staffelgeschoss, in dem sich die Konferenzräume befinden, die einen schönen Blick über die Stadt bieten. Erschlossen werden die sieben Ober-, zwei Unter- und das Technikgeschoss über einen mit terrakottaroten Keramikplatten verkleideten Treppenturm. Das Erdgeschoss mit den kundenrelevanten Bereichen und die Vorstandsetage darüber sind durch eine Sockelzone aus schwarzem Granit zusammengefasst. Diese Sockelzone gibt dem Gebäude eine repräsentative Grundlage und bildet einen sinnvollen Kontrast zu der nach oben lichter werdenden Fassadenkonstruktion.

Damit auch das Innere der KD-Bank dem neuen Erscheinungsbild entspricht, wurde außen wie auch innen bis ins Kleinste detailliert gestaltet, zum Beispiel die Möbelfesteinbauten wie die SB-Zone, die Information und das Sekretariat im Vorstandsbereich. In enger Zusammenarbeit zwischen den Architekten und dem Hersteller wurde extra für die KD-Bank ein Teppichboden entworfen.

Das Gebäude der KD-Bank ist ein seltener Fall von gestalterischer Identität von Fassadenfarben mit der inneren Farbgebung. Ebenso ist die geradlinige Formgebung der Fassade im Inneren fortgesetzt. Die KD-Bank hat ein repräsentatives Bank- und Verwaltungsgebäude erhalten, das jedem Mitarbeiter eine besondere Identifizierung mit dem Unternehmen ermöglicht.

Planung:
K2 PLAN architektur innenarchitektur, Vechta

Partner am Bau:
- Norbert Post, Hartmut Welters Architekten & Stadtplaner BDA/SRL
- Planungsbüro Bruno Wilmer
- Erlei GmbH & Co. KG Raum und Design

Anzeige

Norbert Post Hartmut Welters
Architekten & Stadtplaner BDA/SRL

Arndtstraße 37, 44135 Dortmund
Tel. 02 31. 47 73 48. 60
Fax 02 31. 55 44 44

Hachenburger Straße 20, 51105 Köln
Tel. 02 21. 98 33 43 1
Fax 02 21. 98 33 43 2

E-Mail: info@post-welters.de
www.post-welters.de

Architektur
- Innovativer Wohnungsbau
- Modernisierung/ Umnutzung
- Projektsteuerung aus einer Hand
- Baukostensteuerung/ Kostencontrolling

Städtebau
- Städtebauliche Entwürfe
- Beratung
- Rechtssichere Bebauungspläne/ Vorhabenbezogene Bebauungspläne
- Konversion

»WohnreWIR am Tremoniapark«
mehrfach ausgezeichnetes Gemeinschafts-Wohnprojekt für Jung & Alt in Dortmund
Foto: Cornelia Suhan

Tagebaubedingte Umsiedlung Borschemich – Erkelenz-Nord
Städtebaulicher Entwurf (1.Preis)   Bebauungsplan (40 ha)

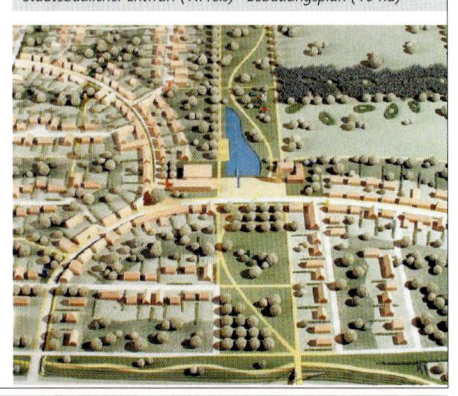

Planungsbüro Bruno Wilmer

Kanalstraße 4 – 59192 Bergkamen
Telefon: 0 23 89/92 41 62 – Telefax: 0 23 89/92 41 64

Öffentliche Bauten

„WARSTEINER HockeyPark" im Nordpark

Deutschlands einziges WM-taugliches Hockeystadion

Seit Ostern 2006 Sportstätte auf internationalem Niveau

In unmittelbarer Nachbarschaft zum Borussia-Park, dem neuen Fußballstadion des Bundesligisten Borussia Mönchengladbach, entstand Europas größtes und modernstes Hockeystadion: der WARSTEINER HockeyPark. Bauherrin dieser zweiten bedeutenden Sportstätte im Nordpark war die EWMG, die Entwicklungsgesellschaft der Stadt Mönchengladbach mbH. Sie baute auf einem EWMG-eigenen, rund 55.000 m² großen Grundstück Deutschlands zurzeit einziges WM-taugliches Hockeystadion. Vom 6.–17. September 2006 war der WARSTEINER HockeyPark Austragungsort des BDO Hockey World Cup, der Hockey-Weltmeisterschaft der Herren. Zudem ist das Hockeystadion der neue Sitz des Deutschen Hockey-Bundes (DHB). Die Nationalmannschaft des DHB sowie die Teams des Westdeutschen Hockeyverbandes werden den WARSTEINER HockeyPark regelmäßig als Trainingsquartier nutzen.

Markenzeichen des WARSTEINER HockeyPark sind die verschiedenfarbigen Sitzschalen

Platz für bis zu 12.000 Zuschauer

Das Markenzeichen des neuen Stadions sind die verschiedenfarbigen Sitzschalen. Auf der Haupttribüne finden 2.932 Zuschauer einen überdachten Sitzplatz. Die Zuschauerkapazität des Hauptspielfeldes beträgt 9.024 Sitzplätze, die durch zwei mobile Tribünen auf insgesamt ca. 12.000 Plätze erweiterbar sind. Das dreigeschossige, verglaste Stadiongebäude nimmt Umkleidekabinen, Konditionsräume, Pressezentrum, Büro- und Serviceräume, Gästebetreuung und Sanitäranlagen auf. Für die Wettbewerbe stehen zwei Kunstrasen-Spielfelder und fünf Tribünen mit Flutlichtbeleuchtung zur Verfügung. Ein Nebenspielfeld mit modellierter Erdtribüne (Rasenstufen) für ca. 850 Zuschauer kann für kleinere Wettbewerbe und Trainingseinheiten genutzt werden.

Das vom Architekturbüro Dr. Schrammen und Partner aus Mönchengladbach entwickelte Entwurfskonzept sieht auch zwischen den Sport-Großereignissen und Spitzensport-Lehrgängen sportliche Nutzungsmöglichkeiten vor. So ist noch eine multifunktionale Veranstaltungshalle geplant. Die „WARSTEINER Sportsbar" hat auch außerhalb der Spieltage geöffnet und bietet einen interessanten Blick über das ganze Stadion.

Top-Technik für Top-Leistung

Die Betreibergesellschaft wird den HockeyPark einerseits dem Schulsport und der Nachwuchs- und Talentförderung zur Verfügung stellen, andererseits aber auch internationale und nationale Sport-Events in den Nordpark holen, darunter die Top-Spiele der beiden Mönchengladbacher Bundesligavereine GHTC und RSV. Das neue Stadion eignet sich auch als Austragungsort für Landesmeisterschaften im Rahmen des Bundeswettbewerbes „Jugend trainiert für Olympia". Die technische Ausstattung des WARSTEINER HockeyParks wurde entsprechend aufwändig gestaltet. Neben einer optimalen Beschallung des Haupt- und Nebenfeldes erfolgt eine automatische Bewässerung durch eine Brunnenanlage. Die drehbare Audiowand am Hauptfeld ermöglicht den Zuschauern den Spielverlauf aus vielen Perspektiven. Die Projektsteuerung während der knapp zweijährigen Bauzeit lag beim Architekturbüro Assmann & Partner aus Dortmund.

Die Sportstätte wird künftig Gastgeber für die Hauptspiele der acht Nationalmannschaften sein

Öffentliche Bauten

Das Funktionsgebäude des WARSTEINER HockeyPark

Bauherr:
EWMG Entwicklungsgesellschaft der Stadt Mönchengladbach mbH, Mönchengladbach

Generalunternehmer:
Langen Projektentwicklung GmbH & Co. KG, Mönchengladbach

Projektsteuerung:
Assmann & Partner, Dortmund

Planung und Entwurf:
Architekturbüro Dr. Schrammen+Partner, Mönchengladbach

Partner am Bau:
- Christoph Heinen GmbH Audio und Licht Technik
- Ingenieurbüro Rolf Besten
- pslandschaft.de - freiraumplanung Dipl.-Ing. Joachim Schulze Freie Landschaftsarchitekten bdla

Anzeige

AUDIO UND LICHT TECHNIK
CHR. HEINEN GMBH

Heinz-Nixdorf-Str. 18 · Nordpark
41179 Mönchengladbach
Tel.: 02161/307730

info@heinengmbh.de
www.heinengmbh.de

Systemhaus für Medien- und Bühnentechnik

Wir integrieren folgende Gewerke zu kundenspezifischen Projektlösungen:

- ➤ Beschallungsanlagen
- ➤ Ruf- u. Gefahrenmeldeanlagen
- ➤ Digitale Kreuzschienentechnik
- ➤ Vernetzung von Anlagen
- ➤ Beleuchtungsanlagen für Versammlungsstätten und Bühnen
- ➤ Daten- und Videoprojektionen
- ➤ Leinwandtechnik

- ➤ Videoüberwachung
- ➤ Bühnenbau und Podesterie
- ➤ Traversenanlagen
- ➤ Prospekt- und Kettenzüge
- ➤ Vorhang- und Verdunkelungstechnik
- ➤ Medientechnik
- ➤ Mediensteuerungssysteme mit Touch- Panels

- ➤ Anbindung und Integration von Audio-, Video-, Licht- und Haustechnik auf frei programmierbare Bedienoberflächen
- ➤ Mietpark Beschallung, Licht, Bühne und Video
- ➤ Ausbildungsbetrieb zur Fachkraft für Veranstaltungstechnik

Planung und Bauleitung der technischen Gebäudeausrüstung

Bergstraße 58 • 41063 Mönchengladbach
Telefon 0 21 61/24 39 00 • Email info@ib-besten.de

Ingenieurbüro Rolf Besten ®

**Heizung Klima
Lüftung Elektro
Sanitär Tiefbau**

pslandschaft.de - freiraumplanung
Dipl.-Ing. Joachim Schulze
Freie Landschaftsarchitekten bdla

Wollenhausweg 5
D-40822 Mettmann

fon (02104) 95 97 2 - 0
fax (02104) 95 97 2 - 16
mail info@pslandschaft.de
www.pslandschaft.de

Gewerbebauten / Geschäftsbauten

Ein „Wolkenbügel" verbindet Bauteile

„Adressbildende" Architektur an der Saarlandstraße in Dortmund

Büro- und Geschäftshaus „Saarlandstraße"

Im Süden der Dortmunder City projektierte die Objektgesellschaft Saarlandstraße mbH mit vermietbaren Büroeinheiten von ca. 250 m^2 bis rund 7.000 m^2 das Büro- und Geschäftshaus „Saarlandstraße". Die Objektgesellschaft besteht aus den Gesellschaften Rheinbau Entwicklung GmbH und Freundlieb Projektentwicklung GmbH. Das Gebäude bildet den Abschluss einer zusammenhängenden innerstädtischen Bebauung, mit Blick auf eine ansprechend gestaltete Parkanlage, das „Stadewäldchen".

Das Bürogebäude, nach einem Entwurf des Architekturbüros Gerhardt Ebrecht, besteht aus insgesamt vier Bauteilen: Drei viergeschossige Gebäudekörper sind im Winkel zueinander angeordnet; sie bilden zur angrenzenden Wohnbebauung einen Innenhofbereich. Ein zweigeschossiger „schwebender" Gebäudeteil, der „Wolkenbügel", verbindet die beiden unterschiedlich gestalteten Baukörper miteinander und markiert mit seiner Architektur „adressbildend" die besondere städtebauliche Situation des Standortes. Entsprechend der städtebaulichen Situation und Orientierung der Bauteile sind die Fassaden unterschiedlich gestaltet. Entlang der Saarlandstraße werden mit einem Natursteinsockel und einer Putzfassade in den Obergeschossen Gestaltungselemente des Bestandes übernommen. Die mehrgeschossige Öffnung der Durchfahrt zum Innenhof und zur Tiefgarage trennt den Neubau in zwei Bereiche, die Straßenrandbebauung an der Saarlandstraße und den Gebäudewinkel, der nach Osten auf den anschließenden Park und nach Norden zur Innenstadt orientiert ist. Dieser Bauteil ist komplett in Naturstein ausgeführt. Besonderes Merkmal ist das viergeschossige verglaste Treppenhaus. Ein scheinbar schwebender zweigeschossiger „Wolkenbügel" mit einer Metall-Glasfassade verbindet wie eine Brücke die beiden Gebäudeflügel.

Büro- und Geschäftshaus „Saarlandstraße": Ein „schwebender Wolkenbügel" verbindet zwei der insgesamt vier Bauteile des modernen Projektes. Unterschiedliche Fassadengestaltungen dokumentieren auch nach außen die architektonische Individualität des Neubaus

Individualität wird groß geschrieben

Die Konstruktion des Neubaus ermöglicht durch flexible Grundrisse verschiedene Typen moderner Büros. Je nach Flächenbedarf und Ausstattungswünschen der Mieter, können verschieden große Bereiche entstehen. Die unterschiedliche Gestaltung und Anordnung der Eingänge erlaubt eigenständige, in sich geschlossene Mieteinheiten. Alle Geschosse verfügen über eine direkte Verbindung zur Tiefgarage unterhalb des Gebäudekomplexes, in der neben ca. 90 Pkw-Stellplätzen auch Archiv- und Lagerflächen Platz fanden. Der Außenbereich des Büro- und Geschäftshauses bietet nochmals Platz für rund 20 Fahrzeuge.

Mit der Märkischen Straße und der Ruhrallee verfügt der Standort über eine direkte Anbindung an die B1. Mit dem S-Bahn-/U-Bahn-Haltepunkt „Dortmund Stadthaus" und der Bushaltestelle „Südbad" erschließt der öffentliche Personennahverkehr (ÖPNV) den Neubau ebenfalls optimal. Und in acht Minuten erreicht man die Dortmunder City zu Fuß.

Nach gut einem Jahr Bauzeit konnte das Gebäude Ende 2005 übergeben werden.

Bauherr:
Objektgesellschaft Saarlandstraße mbH, Dortmund

Planung und Entwurf:
Dipl.-Ing. Gerhardt Ebrecht Dortmund

Partner am Bau:
- Metallbau Lamprecht GmbH
- Dipl. Ing. Uwe Bieber VBI Staatl. annerk. Sachverständiger für Wärme- und Schallschutz
- Astroh Küchen GmbH & Co. KG ASTROH objekt
- Tacke + Lindemann Baubeschlag- und Metallhandel GmbH + Co. KG

Anzeige

Ausführende Firmen

Metallbau in hervorragender Qualität

Produktpalette:
Türen und Fenster aus Aluminium, Alu-Glas-Fassaden, Lichtdachkonstruktionen, Vordächer, Portale, Alu-Brandschutztüren und -wände, Sonnenschutz, Solarsysteme

Seit fast 40 Jahren ist die Metallbau Lamprecht GmbH als Familienbetrieb für Privatkunden und im Objektbau tätig. Mit derzeit etwa 60 Mitarbeitern können wir mit eigenem Konstruktionsbüro, Fertigung und Montage auch umfangreiche Projekte zügig realisieren. Seit unserer Mitarbeit an der „Arena AufSchalke" (Veltins-Arena) sind wir offizieller Schalke-Partner. Unseren Nachwuchs qualifizieren wir selbst in den Ausbildungsberufen Metallbauer/-in, Techn. Zeichner/-in und Bürokaufmann/-frau.

METALLBAU **LAMPRECHT**
FENSTER
TÜREN
FASSADEN Solarsysteme

Metallbau Lamprecht GmbH
Rudolf-Diesel-Str. 4, 45711 Datteln
Telefon: (02363) 3805-0
Telefax: (02363) 3805-20
Email: info@lamprecht-metallbau.de
Internet: www.lamprecht-metallbau.de

Dipl.-Ing. Uwe Bieber VBI
Staatlich anerkannter Sachverständiger für Wärme- und Schallschutz

Hagener Straße 31 · 44225 Dortmund
Tel. 02 31/79 22 77-0 · Fax 02 31/79 22 77-22

E-Mail: info@bieber-ingenieure.de
Internet: www.bieber-ingenieure.de

Wir sind seit über 20 Jahren mit innovativen Ideen und Vorschlägen im Wohn-, Büro-, Krankenhaus und Hallenbau tätig.
Unsere Planungen erstrecken sich sowohl über den Massivbau als auch über den Stahl- und Holzbau.

Produktinfo

„Und wo ist dein Bett?" – Tipp für Singles

(djd/pt) Gerade in den deutschen Metropolen ist bezahlbarer Wohnraum kaum zu bekommen, und so ist die Einzimmerwohnung mit Küche/Bad unter Singles fast schon Standard. Unter derart beengten Bedingungen steigt der Anspruch an die Flexibilität des Mobiliars. Ein idealer „Mitbewohner" ist z.B. Nara von „die Collection": Es hat die Eigenschaften des klassischen Sofas, dient als Relax-Sofa dank Fußstützen und hochstellbaren Rückenkissen und ist „ganz nebenbei" ein vollwertiges Bett mit hohem Komfort

Ganz relaxed den Platz ausnutzen – mit Nara von „die Collection"

(Info: www.die-collection.de). Bereits in der preislich günstigsten Ausführung (ab 1.595 Euro) bietet Nara mit einer Sitztiefenverstellung und Liegefläche von 130 auf 205 cm Liegefläche dem beengt Wohnenden die Möglichkeit, auch mal einen Übernachtungsgast bei sich aufzunehmen. Wer es noch luxuriöser mag, gönnt sich die größere Variante mit einer Liegefläche von 150 auf 205 cm, die ausziehbaren Fußstützen und die hochstellbaren Kissen mit abnehmbaren Bezügen. Für das bequeme Sitzen stehen niedrige Rückenkissen oder optional hochstellbare Kissen mit mehrfach verstellbarem Rasterbeschlag zur Verfügung. Als angenehme Beinauflage dient die ausziehbare Fußstütze, die in verschiedenen Winkeln eingestellt werden kann, oder wahlweise ein Beistellhocker.

Info über „die Collection" unter Tel. 0 62 81/40 11 14.

Sanierung / Wohn- und Geschäftsbauten / Gewerbebauten

Architektonische Akzente im Ruhrgebiet

Umbau Büro- und Geschäftshaus am Cava-Platz in Schwerte / Rückbau Büro- und Geschäftshaus in Dortmund / Neubau am Altenbochumer Bogen / Tiefgarage am Dortmunder Stadthaus überrascht mit historischen Funden

Umbau/Erweiterung Büro- und Geschäftshaus Cava-Platz, Schwerte

Das ursprünglich im Jahre 1968 als Kaufhaus erbaute Gebäude wurde mit aufwändigen Mitteln von Grund auf modernisiert, umgebaut und erweitert und erstrahlt nun als modernes, repräsentatives Büro- und Geschäftshaus. Seine Lage ist unmittelbar am Cava-dei-Tirrenni-Platz und somit an einem der zentralen, an der Fußgängerzone angeschlossenen Plätze inmitten der Schwerter City. Wesentliche Bestandteile der Baumaßnahme sind die an die benachbarten Gebäudehöhen angepasste Aufstockung um ein weiteres Geschoss, die Einbringung eines innen liegenden, zweigeschossigen, mit einer Kupferfassade ausgestatteten Atriums als Licht- und Skulpturenhof sowie die Öffnung und Verglasung des Gebäudes zum Kopf hin. Der Entwurf des Architekturbüros Degener aus Dortmund sah weiterhin die Auflösung der größtenteils geschlossenen Wandflächen durch eine der Nutzung entsprechenden Anzahl von Fenstern, die Herstellung einer Tiefgarage mit 19 Stellplätzen aber auch die Veredelung des Objektes durch hochwertige Fassadenmaterialien wie Naturstein, großflächige Glasfassaden und Kupferflächen vor. Der Baukörper übernimmt in seiner neuen Konzeption aus städtebaulicher Sicht eine regulierende Funktion.

Büro- und Geschäftshaus Hermannstraße, Dortmund

Der Rückbau des neungeschossigen Hochhauses der Sparkasse aus dem Anfang der 70er Jahre gilt zumindest nach heutiger Auffassung als eine harmonisierende Regulierung der vorhandenen Maßstäblichkeit des übrigen umgebenden Stadtraumes. In der Zielplanung stellt sich das Gebäude als viergeschossiger Baukörper dar, mit einem Sockelgeschoss im Erdgeschoss, einem Technikgeschoss und zwei weiteren Obergeschossen. Der wesentliche Bestandteil des Entwurfsgedanken von Degener Architekten war die Herausarbeitung der vorhandenen Strukturelemente bestehend aus dem Sockelgeschoss im EG, das mit hellem Naturstein und großzügigen Glasfassadenflächen versehen wurde. Die hohe Transparenz zum Stadtraum ist kommunikativ und animierend. Der Zugang zur Geschäftsstelle der Sparkasse führt über die Hermannstraße über Eck, quasi als Schaufenster zur „Schlanken Mathilde".

Büro- und Geschäftshaus Cava-Platz, Schwerte: Der verglaste Gebäudekopf signalisiert Offenheit und Vitalität

Neubau des Altenbochumer Bogens

Der Altenbochumer Bogen ist ein multifunktionales Gebäude aus einem Gemeindehaus mit Gemeindesaal und Veranstaltungsflächen sowie Einzelhandelsflächen im übrigen Erdgeschoss mit ortstypischem Besatz wie Apotheke und Drogeriemarkt, Arzt- und Büroflächen im 1. und 2. Obergeschoss und seniorengerechten Wohneinheiten im 3. und 4. Obergeschoss. Wesentlicher Bestandteil des Entwurfsgedanken von Degener Architekten für den Neubau des Altenbochumer Bogens war die Erschaffung einer städtebaulichen Figur, die mit ihrer gleichsam harmonisierenden Erscheinung den stadträumlichen Schwerpunkt des Altenbochumer Zentrums entlang der Wittener Straße als einer der Haupteinfallstraßen in die Bochumer Innenstadt markiert. Eine Tiefgarage mit 59 Stellplätzen und weitere 81 oberirdische Stellplätze stellen den ablaufbedingten Funktionserhalt sicher. Die Wohnbereiche werden über eine zum Straßen-

Büro- und Geschäftshaus, Dortmund: Nach dem Rückbau präsentiert sich das Gebäude in einem zeitgemäßen Design

Altenbochumer Bogen: Die Glasgalerie der Wohngeschosse und das in den Stadtraum auskragende Flugdach verleihen eine individuelle Signifikanz

Sanierung / Wohn- und Geschäftsbauten / Gewerbebauten

raum hin, quasi als Stadtschaufenster angelegte, verglaste Wohnpromenade mit Galeriegeschoss erschlossen.

Tiefgarage auf historischem Boden

Im Zuge der Tiefbauarbeiten zur Herstellung der Baugrube der Tiefgarage am Dortmunder Stadthaus ergab sich die einmalige und erstmalige Möglichkeit auf Grund archäologischer Funde, Einblicke in ein Stadtquartier um 1200 und das Alltagsleben der Dortmunder zur Hansezeit zu erhalten. Diesen wichtigen Baustein als weiteres Dokument traditionsreicher Stadtgeschichte zu erhalten und zu dokumentieren, war die Aufgabe an das Planungsteam von Degener Architekten. Hieraus entstand die Idee und Konzeption für eine Passage und weitere Elemente des Ensembles. Besonderes Highlight sind zwei blitzförmige, 18 m hohe Stahlskulpturen, die in den Abfahrts-Rotunden installiert sind. Sie sind metaphorisch zu verstehen als überbrückende Elemente zwischen heute und der authentischen Vergangenheit dieses Ortes und somit auch als Synonym für dauerhafte Zugänglichkeit. Die Skulpturen ragen 8 m aus der Erdoberfläche heraus und markieren den Stadtraum weithin sichtbar. Die Spannung in der Konzeption entsteht aus der Gegenüberstellung und Korrespondenz von bis in das 14. Jahrhundert zurück gehendem historischen Kontext mit modernem Strichcode der Lichtinstallation als Hieroglyphen des 21. Jahrhunderts. Abgerundet wird das Ensemble durch die L-förmige Schilderbrücke im Zufahrtsbereich, die den Übergang auf ein besonderes Terrain verdeutlicht.

Tiefgarage am Stadthaus, Dortmund: Die Spannung des Projektes entsteht u.a. durch den Gegensatz von historischer Bedeutung und moderner Lichtinstallation

Planung und Entwürfe:
Degener Architekten und Generalplaner
Dortmund

Partner am Bau:
- Große-Bley Bauunternehmung GmbH
- Ingenieurbüro Landwehr GmbH
- Ingenieurbüro Düffel Ingenieurgesellschaft für Tragwerksplanung mbH
- Siemens Building Technologies Zutrittskontrollsysteme
- Metallbau Lamprecht GmbH
- AGS Weckermann & Partner Ingenieurbüro für Baustellenkoordination, Arbeitssicherheit und Gesundheitsschutz
- Tacke + Lindemann Baubeschlag- und Metallhandel GmbH + Co. KG

— Anzeige

GROSSE-BLEY BAUUNTERNEHMUNG GMBH

Hiltroper Str. 268
44805 Bochum

Telefon: 02 34/8 91 71-0
Mail: gb-bau@t-online.de

Bauunternehmen
Rohrleitungsbau
Straßenbau
Tiefbau

INGENIEURBÜRO LANDWEHR GMBH

Beratende Ingenieure · Technische Ausrüstung

Technische Gesamtplanung · Bauüberwachung · Technisches FM
Sachverständigenbüro Rudi, Fritz, Klaus Landwehr

Planetenfeldstraße 116 B · 44379 Dortmund
Tel.: 0231/96 10 10 – 0 · Fax: 0231/96 10 10 – 22
Mail: info@ib-landwehr.de · Web: www.ib-landwehr.de

Landwehr INGENIEURBÜRO GmbH

Gewerbebauten

Business Center in Duisburg
„Business Center Ruhrort" / Seniorenstift „Horstmann Haus Ruhrort"

„Business Center Ruhrort": Das Business Center ist Teil eines Gebäudeensembles für Haniel in Duisburg-Ruhrort und bietet eine Bruttogeschossfläche von ca. 7.700 m². Fotos: © Werner Huthmacher, Berlin

Business Center Ruhrort

Das Business Center Ruhrort gehört zu einem Gebäudeensemble von Eller + Eller Architekten für Haniel in Duisburg-Ruhrort. Bei dem Ensemble handelt es sich um ein Bürogebäude mit einer unterirdischen, eingeschossigen Tiefgarage (BCR Business Center Ruhrort, fertig gestellt), ein Ärztezentrum (MCR Medical Center Ruhrort, im Bau) und das Seniorenstift (Horstmann Haus Ruhrort, fertig gestellt) mit integriertem Kindergarten, die in verschiedenen Bauabschnitten realisiert werden.

Der U-förmige Baukörper des Business Centers liegt mit seiner Hauptseite an der Dr.-Hammacher-Straße zur Südseite des Vinckplatzes hin. Das fünf- bis sechsgeschossige, kubische Gebäude besitzt eine einheitliche Fassade, die sich über das gesamte Gebäude zieht. Zur Betonung der Gebäudevolumina sind im Erdgeschossbereich an zwei Ecken Rücksprünge in den Kubus hinein geschnitten. Hiermit wird der offizielle Eingangsbereich betont und in die Tiefgarageneinfahrt integriert. Das 6. Obergeschoss bildet sich asymmetrisch über einen Flügel aus, um die Körperhaftigkeit des Neubaus zu unterstreichen. Durch die strenge Elementierung der Fassade wird eine Homogenität erreicht, die dem heterogenen Erscheinungsbild der umliegenden Bebauung Akzente entgegensetzt. Die tief sitzenden, großen Fenster lassen die mit einem hellen, beige farbigen Naturstein bekleideten Fassaden plastisch und leicht zugleich wirken.

Die Grundrisse erlauben eine flexible, individuelle Aufteilung durch den Mieter. Zur Orientierung des Nutzers und Besuchers sowie zur Belebung des Gebäudes erhielt das Innere ein durchgängiges Farbkonzept.

Seniorenstift und Kindergarten „Horstmann Haus Ruhrort"

Durch die Auflösung des Ensembles der Düsseldorfer Architekten Eller + Eller Architekten in drei unterschiedliche Gebäude wird man der Maßstäblichkeit des Ortes gerecht, die historischen Straßenverläufe werden beibehalten, und es entsteht eine raumbildende Kante entlang der Dr.-Hammacher-Straße. Die Fassadenabwicklungen vermitteln auch um die Gebäudeecken und durch Abstaffelung nach Westen in die dahinter liegenden Wohngebiete.

Das Seniorenstift beinhaltet die Unterbringung des ehemals in einem Teilbereich des Grundstücks befindlichen Kindergartens. Der L-förmige Baukörper liegt mit seiner Hauptseite an der Dr.-Hammacher-Straße, der südwestliche Gebäudeteil ist halbkreisförmig ausgeführt und öffnet sich zum Park.

Die homogene Natursteinfassade gibt durch ihre strenge Elementierung dem heterogenen Erscheinungsbild der umliegenden Bebauung Halt. Die tief sitzenden Fenster lassen die Fassaden sehr plastisch wirken. Durch den zentralen, geschossübergreifenden Lichthof wird auch die Kernzone natürlich belichtet und ein hohes Maß an Aufenthaltsqualität erreicht. Zwischen den Gebäudeteilen entstehen in den einzelnen Geschossen aufgeweitete und mit natürlichem Licht durchflutete Aufenthaltsbereiche.

Im Horstmann Haus Ruhrort kommen behinderte und nicht behin-

„Business Center Ruhrort": Blick in den Innenhof

Gewerbebauten

„Horstmann Haus Ruhrort": Alt und Jung werden gemeinsam das Gebäude beziehen und in einem spannenden Umfeld leben derte Kinder in einem integrativen städtischen Kindergarten zusammen, während in den anderen Etagen alte Menschen in altersgerechten Wohnungen (80 Pflegeplätze) leben werden. Das Umfeld des Hauses setzt auf Entgrenzung. Im Garten wird eine Hochbeet-Anlage zur Therapie der Demenzkranken angelegt.

Architektur:
Eller + Eller Architekten, Düsseldorf
Bauherr:
Haus Ruhrort
vertreten durch
Haniel+Gebag, Duisburg

Partner am Bau:
- GFP Dr. Gärtner und Partner Ingenieurbüro für Geotechnik und Umweltplanung
- Hans Ulrich Wittphal Architekturbüro
- IbB Ing.-Büro Bleiker
- Ökotec Sachverständige Ingenieure E. Obst & Partner
- Michael Gödde Dipl.-Ing. Architekt

Anzeige

GFP
Dr. Gärtner und Partner
Ingenieurbüro für Geotechnik und Umweltplanung

BAUGRUND
ALTLAST
RÜCKBAU
DEPONIETECHNIK
UMWELTPLANUNG
SiGeKo
FLÄCHENRECYCLING
FACHBAULEITUNG
ERDSTATIK

Bürgerstraße 15
47057 Duisburg
Tel. (0203) 35 05 39
Fax (0203) 35 05 41
geotec@gfp-gbr.de

Architekturbüro Wittpahl
Architekten VFA
Dipl. Ing. TU
Heinz-Bäcker-Str. 24
45356 Essen

- Sachverständige für das Bauwesen
- Schadensforschung
- Entwurf
- Bauleitung

Tel.: 0201 86640-0
Fax: 0201 86640-16

Technische Gebäudeausrüstung
Beratung – Planung
Bauleitung

Tel. 0 23 63/21 90 · Fax 0 23 63/5 12 80 · e-mail: IB@Bleiker.de

Ing.-Büro Bleiker
Dipl.-Ing. Werner Bleiker
Dr.-Ing. Guido Bleiker

Mühlenrottstraße 15 · 45711 Datteln

Arbeitsschutz
Brandschutz
Gewässerschutz
Genehmigungsverfahren
Behördenengineering

41366 Schwalmtal
Galgheide 12

Telefon: 0 21 63/8 89 27-0
Telefax: 0 21 63/8 89 27-27
Mobil: 0172/8 97 77 72 oder
0171/3 24 10 34

ÖKOTEC SACHVERSTÄNDIGE
Ingenieure E. Obst & Partner
BERATENDE INGENIEURE UND GUTACHTER
Sachverständigenorganisation nach § 11 VAwS NW

E-Mail: obst@oekotec-sv.de · Internet: www.oekotec-sv.de

Wohnungsbau

Wohnen in der Stadt – der neue Trend

Innerstädtische Siedlung „Sonnengarten" in Oberhausen-Dümpten / Neues Wohngebiet Stiftsgarten in Essen-Stoppenberg mit 84 unterkellerten Einfamilienhäusern

Autofreie Siedlung Sonnengarten Oberhausen-Dümpten

Gemeinsam mit der Stadt Oberhausen hat die Wilma Wohnen Rheinland GmbH auf dem ca. 12.000 m² großen Grundstück des ehemaligen städtischen Fuhrparks Feldmannstraße die neue innerstädtische Siedlung Sonnengarten entwickelt. Die neue Nutzung des ehemals gewerblichen Geländes als Wohngebiet verleiht dem Stadtteil eine neue Homogenität.

Die „Siedlung Sonnengarten" ist ein besonders reizvolles Projekt, da die Integration der vorhandenen Tiefgarage in dem Gesamtkonzept autofreies Wohnen ermöglicht. Die unter dem Gelände liegende Tiefgarage mit 90 Stellplätzen bietet auf Grund der vorherigen gewerblichen Nutzung ein sehr großzügiges Platzangebot und eine ungewöhnliche Deckenhöhe. Der Platz um die Wohneinheiten kann nun besser genutzt werden für öffentliche Wege, Plätze und Straßen die zum Verweilen, Spielen und zu nachbarschaftlichen Aktivitäten einladen. Der Bau der insgesamt 44 Wohneinheiten wird voraussichtlich im September 2006 abgeschlossen sein. Vier unterschiedliche Haustypen nach Entwürfen der Architekten Post & Welters aus Dortmund bieten Wohnflächen von 111–144 m².

Stiftsgarten, Essen: 84 unterkellerte Einfamilienhäuser bieten auf modernen Grundrissen Wohnflächen von 116–144 m²

Neues Wohngebiet Stiftsgarten in Essen-Stoppenberg

Eine aktuelle Studie des Deutschen Instituts für Urbanistik (Difu) macht einen neuen Trend sichtbar: Innenstadtnahe Bezirke werden wieder als attraktive Wohnstandorte entdeckt. Dieser Entwicklung entsprechend erstellt die Wilma Wohnen Rheinland GmbH in direkter Nachbarschaft der bekannten Stiftsquelle und angrenzend an ein über 16.000 m² großes Waldstück in Essen-Stoppenberg ein neues Wohngebiet. Das städtebauliche Konzept sieht, aufgeteilt in vier Bauabschnitte, insgesamt 84 unterkellerte Einfamilienhäuser mit Wohnflächen von 116 m² bis 144 m² vor.

Bei der Gestaltung der verschiedenen Haustypen durch das Architekturbüro Sievers standen moderne Wohnbedürfnisse von Familien im Vordergrund. Die südwestlich ausgerichteten Gärten bieten zusätzlichen Freiraum und Lebensqualität. Jedes Haus verfügt zudem über eine Garage und einen Stellplatz. Die vorhandenen Grünflächen mit dem Waldstück – hier befinden sich die Brunnen der Stiftsquelle – bleiben erhalten und werden durch ergänzende Begrünungen zusätzlich aufgewertet. Die ausgezeichnete Infrastruktur kommt Menschen in jeder Lebensphase entgegen.

Sonnengarten, Oberhausen: Auf dem Gelände des ehemaligen städtischen Fuhrpark entstehen 44 Wohneinheiten unter Nutzung der ehemaligen Tiefgarage

Bauherr beider Projekte:
Wilma Wohnen Rheinland GmbH, Ratingen

Planung und Entwurf
-Proj. „Sonnengarten":
Architekturbüro
Post & Welters, Dortmund

-Proj. „Stiftsgarten":
Sievers
Architekturbüro, Oberhausen

Partner am Bau:
- Runden GmbH Bedachung, Metallfassaden
- SGS Rhein-Ruhr Gala Bau GmbH
- Ingenieurbüro für das Bauwesen Augustin-Noack, Grauten, von Stieglitz, Geburtig

Anzeige   Ausführende Firmen

Kompetenz für Bedachung und Metallfassaden

Die Runden GmbH bietet kundenspezifische Beratung, Planung, Ausführung und Montage von Dacheindeckungen, Fassadenbekleidungen und Abdichtungsarbeiten für überwiegend private und gewerbliche Auftraggeber im Umkreis von 100 Kilometern an. Besonderes Augenmerk wird auf die präzise Gewerk übergreifende Ausführung gelegt, um konstruktiv wie gestalterisch optimierte Ergebnisse zu erzielen. Zu der Vielzahl realisierter Arbeiten, die die Bandbreite des Leistungsspektrums des Handwerksbetriebs aufzeigen, zählen auch die im Folgenden benannten Projekte aus den Tätigkeitsfeldern Metallfassaden und Metalldacheindeckungen

- **Otto-Densch-Halle, Hagen**
  RHEINZINK QUICK STEP Treppendach
- **USC-VIP-Lounge, Münster**-
  KAL-ZIP-Dacheindeckung
- **Sonnengarten Oberhausen**-
  KAL-ZIP-Dacheindeckung
- **Paulinum-Gymnasium, Münster**
  Kupfer-Doppel-Stehfalzeindeckung

- Metallbedachungen
- Fassadenbekleidungen
- Flachdachabdichtungen
- Ziegeldacheindeckungen
- Bauklempnerarbeiten
- Abkantarbeiten

- Zink/Kupfer/Aluminium
- Betondachsteine
- Tonziegel
- Bitumenabdichtungen
- Folienabdichtungen

Runden GmbH

Haldenstraße 3
45966 Gladbeck
Tel.   0 20 43/40 12-3
Fax   0 20 43/40 12 59
info@runden-gmbh.de
www.runden-gmbh.de

SGS Rhein-Ruhr-Gala Bau GmbH

WIR FÜHREN SÄMTLICHE LANDSCHAFTSBAUARBEITEN, WIE:

- **WOHNUMFELDVERBESSERUNG**
- **NEUBAU**
- **SPIELPLATZBAU**
- **WASSER-, WEGE-, MAUER- UND ZAUNBAU**
- **NATURSTEINARBEITEN U.V.M. AUS.**

AM VÖINGHOLZ 48 • 46240 BOTTROP • TEL. 0 20 41 70 18 22 • FAX: 0 20 41 76 95 99 • E-MAIL: rhein-ruhr-galabau@t-online.de

Ingenieurbüro für das Bauwesen

Dipl.-Ing´e F.C. Augustin - K. Noack
N. Grauten - A. von Stieglitz - H. Geburtig

Pullerweg 47 • 40670 Meerbusch
Tel. 0 21 59/40 01 • Fax 40 02
E-Mail: augustin-partner@von-stieglitz.de

Gewerbebauten

Preisgekrönte Architektur für ein Bankgebäude

Neukonzeption für die Fassade der Märkischen Bank Hagen / Wissenspark Hagen, Projekt Fleyer Straße / Landesinstitut für Qualifizierung am Haus Harkort, Hagen

Neukonzeption für die Fassade der Märkischen Bank Hagen

Die Märkische Bank Hagen eG hatte 1998 einen beschränkten Wettbewerb für Fassadenneugestaltung der Hauptfiliale in Hagen als Reaktion auf die geänderten Vorgaben an Funktion und Ästhetik ausgeschrieben. Der Entwurf von Meier+Partner, Hagen, wurde mit dem 1. Preis ausgezeichnet und realisiert. Die markante Gliederung des Gebäudeensembles durch eine Natursteinfassade aus poliertem Granit in zwei unterschiedlichen Farbgebungen in Verbindung mit filigranen Fenster- und Erkerelementen konnte die Jury und den Bauherrn gleichermaßen überzeugen. Der Entwurf wurde unter Aufrechterhaltung des Kundenverkehrs umgesetzt und die neu gestaltete Volksbank im Jahr 2000 ihrer Bestimmung übergeben.

Die Gebäudegruppe, in der die Bank untergebracht ist, besteht aus einem historisch gewachsenen Gebäudeensemble aus drei Gebäudeteilen unterschiedlicher Baujahre und Geschosshöhen. Die konzeptionelle Leitidee des Entwurfs basiert auf der Erfordernis, in der Fassade eine unverwechselbare Außenwirkung als Bankgebäude zu vermitteln. Modernität und Eigenständigkeit gegenüber anderen Instituten mit einem hohen Wiedererkennungspotenzial im Stadtraum war Grundlage dieser Planung.

Das Eckgebäude an der Bahnhofstraße/Ecke Neumarktstraße bildet den dominanten Blickfang. Die Materialhaftigkeit des dunklen Natursteins spiegelt spannungsvoll das Farbspiel von Wolken, Licht und der Umgebung wider. Es wird ein Dialog mit der Umgebung aufgenommen, dessen Ziel es ist, das Gebäude zum maßstabsetzenden Bestandteil des städtebaulichen Umfeldes zu machen. Der Gebäudeflügel an der Bahnhofstraße bildet durch seine leicht und offen wirkende Stahl-Glas-Vorhangfassade einen spannungsvollen Kontrast zu der ruhigen Natursteinfassade des Eckgebäudes. Durch das Herausziehen über den Bürgersteig in den Straßenraum erhält das Gebäude eine Fernwirkung in beide Richtungen der Bahnhofstraße, die besonders nachts durch die Beleuchtung sehr eindrucksvoll wirkt.

Der Flügel zur Neumarktstraße markiert sich durch den Rücksprung aus der Straßenflucht. Aus diesem Versatz entwickelt sich über dem Erdgeschoss ein geschwungenes, filigranes Stahl-Glasdach bis über den Eingangsbereich. Der Bankeingang wird durch eine signifikante Glasrotunde gebildet, auf die der Blickbezug der Kunden durch das geschwungene Glasdach gelenkt wird.

Die Fassade erhielt filigrane Fensterbänder, die aus der Fassadenfläche heraustreten und die horizontalen Fensterformate des Bahnhofstraßenflügels aufnehmen. Die Außenwandflächen bestehen hier ebenfalls aus vorgehängten, polierten Granitplatten, die farblich hellgrau zum Eckgebäude kontrastieren.

Der Wissenspark Hagen (unten)

Die drei unterschiedlichen Fassadenteile der Märkischen Bank (links und oben) schaffen eine prägnante Eckbebauung, die bis ins Detail eine markante Gestaltung bietet

Wissenspark Hagen, Projekt Fleyer Straße

Der Wissenspark Hagen wird im Norden und Osten durch das weiträumige Areal der FernUniversität Hagen, im Süden und Westen durch die gehobenen Wohngebiete des Hochschulviertels begrenzt. Das Gelände liegt eingebettet in eine grüne, parkartige Umgebung, in kurzer Entfernung zur Stadt und fußläufig zu den infrastrukturellen Einrichtungen der FernUniversität Hagen und verschiedenen Versorgungseinrichtungen.

Die Gebäude sind als Kammstruktur geplant, welche sich zur Fleyer Straße hin öffnet. Einzelne Gebäudeabschnitte können den jeweiligen Nutzern klar zugeordnet werden, die Erschließungstreppenhäuser haben für die Besucher Wiedererkennungs- und Leitfunktion. Der Gebäudegrundriss bleibt dabei auf Grund seiner Flexibilität nutzungsneutral, er kann an die individuellen Arbeitsabläufe und

Gewerbebauten

Raumbedarfe der Nutzer angepasst werden. Die Einheiten sind horizontal und vertikal vernetzbar (Clusterstruktur). Zusammenhängende, große Versammlungs-, Schulungs- und Laborräume sind ebenso möglich wie Einzel-, Doppel- oder andere Büroraumkonzepte.

Die kompakte Bauform ist im Sinne niedriger Neben- und Unterhaltungskosten energetisch günstig. Die Planung der Architekten unterstreicht eine attraktive, positive und inspirative Arbeitsatmosphäre an der Schnittstelle zwischen Universität und Stadt. Der 1. Bauabschnitt ist als unterkellerter, 3-geschossiger Baukörper mit Staffelgeschoss und einer Bruttogeschossfläche von 4.470 m² sowie 70 Einstellplätzen geplant. Als 2. Bauabschnitt wurde ein teilunterkellerter, 4-geschossiger Baukörper mit Staffelgeschoss und einer Bruttogeschossfläche von 3.530 m² konzipiert.

Der Neubau für das Landesinstitut für Qualifizierung (links)

Landesinstitut für Qualifizierung

Einer der größten Söhne Hagens war Friedrich Harkort (1793–1880). Der Fabrikant war maßgeblich an der Einführung der Eisenbahn beteiligt und machte sich auch als Politiker einen Namen. Das Gut der Familie in Hagen-Haspe mit dem im bergischen Rokokostil erbauten Herrenhaus wurde vom Arbeits- und Wirtschaftsministerium NRW als Standort für das landeseigene „Institut für Qualifizierung" gewählt. Diese Wahl bietet der Stadt Hagen die einmalige Möglichkeit, dieses historische Ensemble zu erhalten und schrittweise zu einem Bildungsstandort auszubauen.

Die erste Baumaßnahme war die Errichtung eines Neubaus, der zusammen mit dem Gutshaus und dem „Ökonomiegebäude" den Gutshof umschließt. Der Neubau bietet Schulungs- und Veranstaltungsräume in verschiedenen Größen und fügt sich harmonisch in das historische Ensemble ein. In einer späteren Ausbauphase sollen gleiche Räumlichkeiten auch im Ökonomiegebäude entstehen. Das Herrenhaus soll repräsentativen Veranstaltungen, Konzerten, Ausstellungen, Vorträgen, Festen oder auch politischen Zusammenkünften vorbehalten bleiben. Die Stadt Hagen ist als Zentrum der Weiterbildung in NRW ständig um die Akquise von Bildungseinrichtungen bemüht.

Planung:
Meier + Partner Architekten, Hagen

Partner am Bau:
- Udo Pauli GmbH Malerbetrieb
- Meyer Fenster + Rollladen GmbH & Co. KG
- Ingenieurbüro Bild

— Anzeige

Udo Pauli GmbH
Malerbetrieb

	Malerarbeiten Lackierarbeiten	Anstrichsysteme für Innen und Außen **Wärmedämmverbundsysteme** Mineralische und organische Putze
Tapezierarbeiten Trockenbau **Bodenbelagsarbeiten**	Wupperstraße 3 • 58097 Hagen Tel. 02331-81946 • Fax 02331-880955 Email: info@udopauli.de www.udopauli.de	Riss-Sanierungssysteme **Beschichtungen nach §19 WHG**
Korrosionsschutz Brandschutz	**Betoninstandsetzung** Balkonsanierung	**seit 1933**

---

meyer
FENSTER + ROLLLADEN

e-mail: info@mcw-meyer.de
Selbecker Str. 48 · 58091 Hagen · Tel.: (0 23 31) 97 82 0

Ausstellungsetagen
Geöffnet:
Mo - Fr 9 - 12,
13 - 17.30 Uhr
Sa 8 - 12 Uhr

Kunststoff-Fenster & Alu-Haustüren ab Fabrik!

MCW Fenster

Wohnungsbau / Gewerbebauten

Gelungene Architektur für sinnvolle Neunutzungen

Nahversorgungsmarkt mit Verwaltungstrakt in Unna / Nahversorgungsmarkt in Remscheid / Betreutes Wohnen Harkortbogen in Dortmund-Hombruch

Lidl-Markt mit Backshop und Verwaltungstrakt in Unna

Die Planung und Konzeption des Nahversorgungsmarktes an dieser Stelle erfolgte in enger Zusammenarbeit mit der Stadt Unna, beginnend mit der Konzeption des Gesamtbebauungsplanes im Jahre 1999 auf dem Gelände der ehemaligen Bundeswehr-Hellweg-Kaserne. Auf dem Areal sollte gemäß Planung der Stadt Unna ein neues Wohngebiet entstehen. Für die Versorgung des Wohngebietes sollte an der Einmündung Iserlohner Straße ein Nahversorgungsmarkt gebaut werden. Für das Bebauungsplangebiet inklusive des Marktgebäudes waren Abbrucharbeiten in erheblichem Umfang und die entsprechende Entsorgung erforderlich, die in Regie der Entwicklungsgesellschaft Unna durchgeführt wurden.

Auf Grund der städtebaulich herausragenden Lage sollte sich das Objekt gestalterisch entsprechend hervorheben. Es entstand straßenbegleitend zur Iserlohner Straße im 1. Obergeschoss als Querriegel über dem Marktgebäude eine Büroetage mit ca. 350 m² Nutzfläche, die über eine akzentuierte, vorgelagerte Treppe erschlossen wird. Das Gebäude wurde im Jahre 2004 fertig gestellt und an den Betreiber übergeben. Gleichzeitig wurden bis zu diesem Zeitpunkt die verkehrstechnischen Maßnahmen für die Wohngebietserschließung vollendet und direkt vor dem Markt ein Verkehrskreisel erstellt. Durch Schallschutzwände, Bepflanzung und Gabionenwände erhielt der Markt eine Abschirmung zur Wohnbebauung.

Lidl-Markt Remscheid

An der stark befahrenen Kreuzungsanlage zweier Hauptverkehrsstraßen entstand im Jahre 2005 ein Nahversorgungsmarkt auf einer ehemaligen Gewerbegebietsbrache im vorderen Bereich. Auf dem Grundstück befanden sich ein altes Autohaus in eingeschossiger Pavillonbauweise und rückwärtig ein Produktionsbetrieb.

Da das Gelände topografisch sehr stark nach hinten abfiel, musste es nach dem Abbruch mit erhöhtem Aufwand durch Massenausgleich ins Niveau gebracht werden, um eine ebene Fläche für den Neubau zu erhalten. Der Bau wurde zweigeschossig geplant und erhielt ein frei gespanntes Tonnendach (Aluminium-Wellprofile). Das um eine Etage gestaffelt versetzte Lagergebäude erhielt ein extensiv begrüntes Dach. In Anlehnung an die alte Industriearchitektur wurde das gesamte Gebäude verklinkert. Die Giebelverglasung ist im oberen Bereich undurchsichtig. Auf Grund der Gebäudehöhe ist eine flexible Nutzungsmöglichkeit gegeben, sodass jederzeit bei einem möglichen Betreiber-/Nutzerwechsel eine zweite Ebene mit einer Zwischendecke statisch möglich ist bzw. eine Büroetage eingezogen werden kann. Die erforderlichen Fensterelemente sind dafür bereits vorgesehen.

Der Lidl-Markt in Unna: eine Komposition aus Pultdächern und sich entsprechenden Formen (oben). Links: die als Querriegel über dem Lagerbereich ausgeführte Büroetage

Der Lidl-Markt in Remscheid erfüllt einen hohen städtebaulichen Anspruch (unten)

„Harkortbogen": Betreutes Wohnen in Dortmund-Hombruch

Dieses Areal am Harkortbogen ist das ehemalige Produktionsgelände der Hoesch-Röhrenwerke, die hier bis zum Jahre 1995 gefertigt haben. Bei Planungsbeginn lagen Probleme der Kontamination durch diese Nutzung wie auch bergbauliche Einflüsse aus oberflächennahem Abbau vor. Nach erfolgreicher Problemlösung wurde im Jahre

Wohnungsbau / Gewerbebauten

2000 die Konzeption für eine Betreute Wohnanlage mit zwei darunter liegenden Geschäftshausetagen neben einem Einkaufszentrum und einer Tiefgarage entwickelt. Das Einkaufszentrum wurde bereits im Jahre 2003 fertig gestellt, sodass das Wohngebäude direkt angebaut werden konnte.

Es befinden sich ca. 2.700 m^2 Nutzfläche auf zwei Etagen für Geschäftseinheiten im Erd- und Untergeschoss des Gebäudes, ca. 50 Tiefgaragenplätze für die Wohnanlage, die mit Aufzügen vom Penthaus bis in die Tiefgarage erschlossen wird. 71 Wohnungen sind für Betreutes Wohnen entstanden mit den erforderlichen Nebenflächen wie Aufenthaltsräumen, Küchenanlagen, Sauna- und Fitnessbereichen sowie mehreren Arztpraxen, Physiotherapie etc.

Das Objekt entstand auf einem Grundstück der LEG mit entsprechenden Vorgaben der Stadt Dortmund bezüglich der Erstellung eines städtebaulichen Platzes in einer Größenordnung von 2.500 m^2. Dieser sollte für das Einkaufszentrum wie auch die Betreute Wohnanlage eine Belebung der städtebaulichen Integration und Aufenthaltsqualität bewirken. Zum Platz hin wurden im Erdgeschoss Restaurations- sowie Cafébetriebe eingerichtet, die ein urbanes Leben sicherstellen. Im 1. Obergeschoss erhielt die Anlage ein großzügig gestaltetes intensives Gründach mit Teichanlagen, Terrassen, Ruhezonen, Bänken und entsprechender Gastronomie als „ruhige Freifläche" für die Betreute Wohnanlage.

Direkt im Anschluss an das Einkaufszentrum errichtete man die Wohnanlage (oben).
Eine Fassade der alten Industriekultur wurde erhalten (rechts).
Durch die rechtwinklige Anordnung der Gebäude ist ein belebter Platz entstanden (links)

Planung:
Dipl.-Ing. Regina Bieber
Architekturbüro für Bauwesen,
Dortmund

Partner am Bau:
- M&P Mull und Partner Ingenieurgesellschaft mbH
- Wienströer Sanitär- und Heizungstechnik
- Astroh Küchen GmbH & Co. KG ASTROH objekt
- Dipl.-Ing. Uwe Bieber VBI Staatl. anerk. Sachverständiger für Wärme- und Schallschutz

— Anzeige

Mull und Partner Ingenieurgesellschaft mbH

- Standort- und Baugrunduntersuchungen
- Boden- und Altlastenuntersuchungen
- Flächenrecycling und -management
- Risikobewertung
- Sanierungsplanung und -überwachung
- Rückbauplanung und -überwachung
- Koordination (SiGeKo, TRGS 519, BGR 128)
- Wasserwirtschaft und Modelltechnik
- Hydrogeologie

Haldener Straße 12
58095 Hagen
Telefon (02331) 90000-5
Telefax (02331) 90000-7
Mobil (0172) 2488139
E-Mail Hagen@mullundpartner.de
Web www.mullundpartner.de

M&P Ingenieurgesellschaft

UMWELTBERATUNG PLANUNG BAULEITUNG

Können und Erfahrung. Ihr Partner.

Heizungstechnik
Neubau & Modernisierung
Heizen mit Holz
Wärmepumpen
Kraft-Wärme-Kopplung
Solaranlagen

Bäder & Sanitärtechnik
Neubau & Modernisierung
Baden ohne Barrieren
Wellness

Service & Kundendienst
24-Stunden-Notdienst
Wartung & Reparatur
Online-Shop
Online-Terminvereinbarung

Haustechnik
Kälte- & Klimaanlagen
Photovoltaik
Regenwassernutzung
Zentralstaubsauger
Bauklempnerei

Hülskamp 23
59073 Hamm
www.wienstroer.de

WIENSTRÖER
Sanitär- und Heizungstechnik

Tel. 02381/673586
Fax 02381/673581
Mail: info@wienstroer.de

Wohnungsbau

Architektur für unterschiedliche Anforderungen
Reiheneigenheime in Essen-Dellwig / Einfamilienhaus in Ratingen-Hösel

Die ARSATEC GmbH in Essen ist daraus entstanden, dass ein junger Architekt seinem Beruf nachgehen wollte und glücklicherweise in der Sparkasse einen Partner gefunden hat, der die nötige Finanzierung auf die Beine stellte. Aus dieser Zusammenarbeit erwuchs eine Firmengruppe mit jungen Architekten, die ein kompetentes Team mit vielfältigen Spezialisierungen bilden. Inzwischen geht die Tätigkeit des Unternehmens über die Planung von Bauwerken weit hinaus, u.a. ist es auch als Bauträger unternehmerisch tätig.

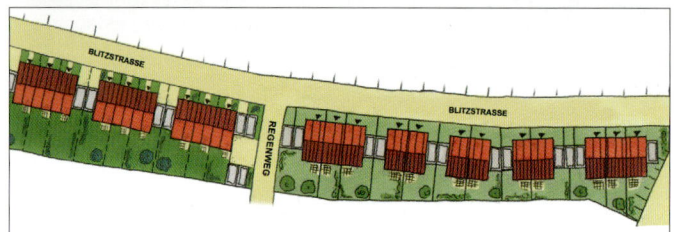

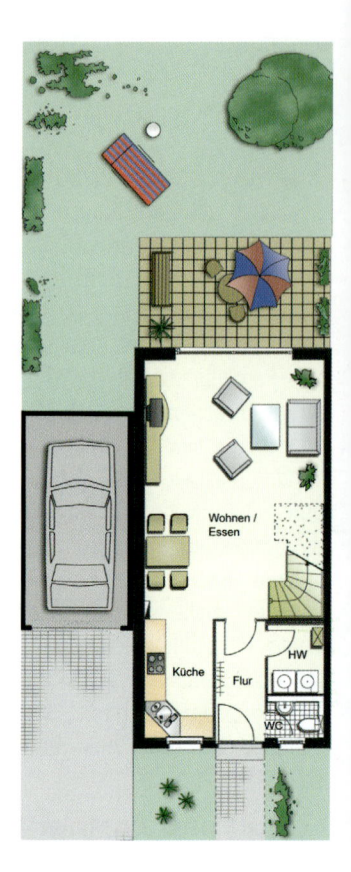

Reiheneigenheime in Essen-Dellwig

Der Neubau von insgesamt 26 Reiheneigenheimen in Essen-Dellwig ist ein Beispiel für die umfassende Tätigkeit der ARSATEC GmbH. Der Haustyp wurde vom Architekten Dipl.-Ing. van Gelder entworfen, der das Architekturbüro gegründet hat, und das Projekt wird von der ARSATEC GmbH als Bauträger realisiert.
Die Reihenhäuser sind für junge Familien mit Kindern konzipiert und wurden auch genau von dieser Zielgruppe angenommen. Sie sind zwar nicht unterkellert, bieten aber auf ca. 135 m² genug Raum auf zwei Vollgeschossen und einem bereits ausgebauten Dachgeschoss. Außerdem bieten die Häuser noch einen Spitzboden mit Stehhöhe. Die Eigenheime haben zwei große Vorteile: Der eine ist der erschwingliche Preis und der andere die außen liegende Statik. Durch die nicht tragenden Innenwände und die angebotene Sonderausstattung gibt es für die Erwerber so viele Gestaltungsmöglichkeiten, dass praktisch kein Haus dem anderen gleicht, obwohl es sich um Reihenhäuser handelt.
Die Häuser sind in konventio-

Ganz oben: die Reihenhäuser, wie sie in Essen-Dellwig gebaut werden.
Darunter: der Plan der Häuser an der Blitzstraße.
Rechts: Grundriss des Erdgeschosses

neller Bauweise errichtet mit Außenwänden aus Kalksandstein, die mit einem Wärmedämmverbundsystem versehen sind. Auch das Dachgeschoss erhält von vornherein eine Wärmedämmung. Als Sonderwunsch ist es möglich, Dachgauben zu ordern, Rollläden, ein Vordach oder auch Giebelfenster bei den Reihenendhäusern. Außerdem kann man zwischen Garage und Carport wählen und sich nach Belieben und Geldbeutel weitere Sonderwünsche erfüllen.
Genauso frei ist die Einteilung der Innenräume. Die Innenwände sind nach Belieben zu verschieben (natürlich vor dem Bau) und können später, wenn einmal die Kinder das Haus verlassen haben, entfernt werden. Das Konzept ist so erfolgreich, dass nach den 21 Eigenheimen an der Blitzstraße noch weitere fünf Reihenhäuser an der Ecke Regenweg und Luthestraße errichtet werden.

Einfamilienhaus in Ratingen-Hösel

Die Bandbreite der Entwurfsqualität, über die die ARSATEC GmbH verfügt, zeigt diese Planung für ein exklusives Atriumhaus im Bauhaus-Stil. Der Entwurf zeichnet sich durch seine Geradlinigkeit und klare Kubatur aus. Das Grundstück hat einen fast quadratischen Zuschnitt, der vom Grundriss des Gebäudes aufgenommen wird. Das Erdgeschoss ist U-förmig um ein Atrium angelegt und beinhaltet den Wohn-, Ess- und Küchenbereich, ein Arbeitszimmer sowie weitere Nutzflächen.
Das Gebäude verfügt über eine Grundfläche von etwa 330 m², die im Obergeschoss nicht wiederholt werden. Dieses besteht aus einem rechteckigen Riegel, der an der Südseite über das Erdgeschoss auskragt. Erreicht wird es über eine frei schwebende Treppe im Atriumbereich, der an die-

Die Visualisierung der Häuser in Essen-Dellwig

Wohnungsbau

ser Stelle über beide Stockwerke reicht und über die gesamte Höhe verglast ist. Dieses „Riesenfenster" an der Westfassade und auch die großzügigen Fensterflächen der Südseite schaffen lichtdurchflutete Räumlichkeiten. Im Obergeschoss befinden sich die Kinderzimmer, denen ein Bad zugeordnet ist, sowie ein großzügiger Elternbereich mit Schlafzimmer, Bad und Ankleideraum. Beiden Bereichen ist jeweils ein Freisitz auf dem Flachdach des Erdgeschosses zugeordnet. Das gesamte Gebäude bekommt nicht nur durch weitläufige Grundflächen, sondern auch durch beeindruckende Raumhöhen einen großzügigen Loft-Charakter.

Die Garage ist in ihrer Kubatur dem Gebäude angepasst und wird mit diesem durch ein etwa 20 m langes Vordach aus Stahl, Holz und Glas verbunden, das auch den Eingangsbereich schützt. Die Außengestaltung passt sich mit einer weiß verputzten Fassade und grauen Aluminiumfenstern an die reduzierte Formensprache des Bauwerks an.

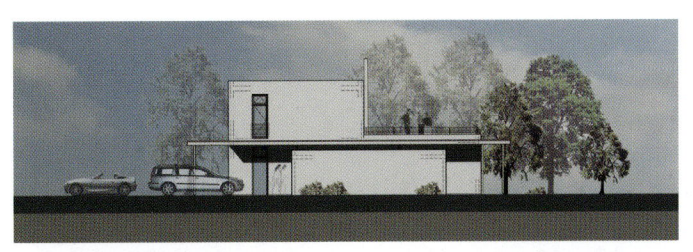

Links oben: Die Nordfassade ist geschlossen gestaltet und zeigt deutlich die strenge Kubatur. Darunter: die Westansicht mit der Fensterfront im Atrium und den beiden Seitenflügeln im Erdgeschoss.
Ganz unten: der Grundriss des Erdgeschosses

Planung:
ARSATEC GmbH, Essen

Partner am Bau:
- Kaminstudio Oberhausen
- HeWe GmbH & Co. KG Fensterfabrik

— Anzeige

Kaminbau, Kachelofen- und Schornsteinbau

Wir geben Ihnen Feuer in seiner schönsten Form

Besuchen Sie uns in unserer Ausstellung oder im Internet. Faszinierende und innovative Kamine und Öfen, individuell auf Ihre Bedürfnisse angepasst - für ein Stück mehr Lebensqualität in Ihrem Hause.

Kaminstudio Oberhausen

Mülheimer Strasse 66
46045 Oberhausen (nähe Centro)
Tel.: 0208-8832400   Fax:0208-8832260
Internet: www.kaminstudio-oberhausen.de
Email: u@kaminstudio-oberhausen.de

Unsere Öffnungszeiten:
Mo-Fr 9:00 - 12:30 Uhr
und 15:00 - 18:30 Uhr
Sa 10:00 - 14:00 Uhr
Mi nachmittags geschlossen

HeWe-Fenster-„8000"

Das Kunststofffenster mit **6-Kammerprofil** und **74** mm Bautiefe

Qualität seit 1977

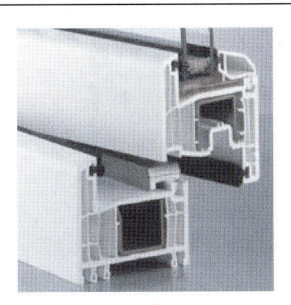

HeWe FENSTERFABRIK

Industriestr. 11
46354 Südlohn-Oeding
Telefon: 02862- 5011-0
Telefax: 02862-5011-11
www. HeWe. de
info@HeWe.de

Gewerbebauten

Neue Heimat für kreative Denker

Interessante Brand Architecture prägt das Infineon Development Center in Duisburg-Huckingen / Wirtschaftliche Bürolösungen im KAP am Südkai in Köln

Infineon Development Center Duisburg

Bereits im Jahr 2001 startete der Investorenwettbewerb für das neue Infineon Development Center (IDC) Duisburg. Die Infineon Technologies AG wollte ihre Abteilungen, die in NRW verteilt waren, in einem neuen Entwicklungszentrum bündeln. Für einen Standort im südlichen Duisburger Stadtteil Huckingen sprachen u.a. die Nachbarschaft zu ausgezeichneten Universitäten und dem Fraunhoferinstitut, woher sich der wissenschaftliche Nachwuchs der Firma speist, sowie die Nähe zum Düsseldorfer Flughafen, direkter Stadtbahnanschluss und die verkehrsgünstige Lage an der Düsseldorfer Landstraße. Die Wirtschaftlichkeit des Entwurfs der Erste PRIMUS Projekt GmbH überzeugte Infineon: 2003 wurde mit dem Bau des 10.700 m² großen Gebäudes begonnen, und seit 2005 nutzt der Technik-Konzern das IDC als Mieter.

Das 3-geschossige Entwicklungszentrum wurde von der tec Architecture Swiss AG nach den Maßgaben der weltweiten Corporate Identity von Infineon gestaltet. Es hat eine allseits gerundete Form und fällt besonders durch die ungewöhnliche Fassadengestaltung der nach außen gewölbten beiden Obergeschosse auf. Während sich das Erdgeschoss weitgehend durch transparente Fensterfronten auszeichnet, sind die Obergeschosse durch Holzschindeln verkleidet. Diese Schindeln bestehen aus Hochdruck-Laminat-Platten mit Echtholzfurnier, die eigens im Baskenland hergestellt wurden. Sie bestechen durch ihre ungewöhnliche Robustheit und behalten ihren warmen, braunen Farbton auch nach Jahrzehnten noch.

Das leicht amöbenförmige Gebäude umrundet einen Innenhof mit Bäumen und einem künstlichen See, der von Holzdecks eingefasst ist. Es ist zur Hofseite hin durch eine Pfosten-Riegel-Fassade und umlaufende Roste aus verzinktem Stahl bestimmt. Großen Wert legte die Firma bei der Gestaltung des 16-Mio.-Euro-Projektes auf eine kreative, kommunikative Atmosphäre der Arbeitsplätze – schließlich geht es ja darum, hier neue Ideen zu entwickeln. Deshalb wurden so genannte „Break Areas" und offene Kommunikationsflächen eingerichtet, Bambusparkett und Teppiche sorgen für Wohnlichkeit. Im Erdgeschoss entstanden Pausenräume und separierbare Besprechungsflächen. Die 300 Mitarbeiter arbeiten häufig in wechselnden Projektgruppen, deshalb musste die Innenausstattung flexibel angelegt sein. Die Struktur der Büroflächen in den Obergeschossen ist leicht veränderbar, für eine rasche Anpassungsfähigkeit des Raumangebots an neue Abläufe sorgen

Blickfang des Infineon Development Center in Duisburgs Süden sind die Holzschindeln, die die Außenfassade verkleiden. Ihr Material ist ungewöhnlich langlebig und garantiert die Farbechtheit für viele Jahrzehnte
Fotos (4): Stefan Schilling, Köln

Platz für kreative Pausen bietet der künstliche See im Innenhof. Eine kommunikative Arbeitsatmosphäre zu schaffen, ist eine wichtige Aufgabe des Gebäudes

Eine Pfosten-Riegel-Fassade und umlaufende Roste aus verzinktem Stahl bestimmen die innere Hofseite des Entwicklungszentrums

Gewerbebauten

Am Kölner Agrippinaufer bietet das lang gestreckte KAP am Südkai wirtschaftliche Büros mit schöner Aussicht auf den Rhein

u.a. Gangaufweiterungen, Kombizonen und Arbeitsplatzreserven, die für neue Projekte verfügbar sind. Im 2. Obergeschoss verstärken große, farbige Dachfenster die anregende Atmosphäre.

Neben den Büros sind auch Forschungs- und Entwicklungsräume im IDC eingerichtet, in denen die Mitarbeiter ihre neuen Technikideen an überdimensional großen Chip-Modellen erproben können. Diese so genannten Labore sind mit antistatischen Böden und besonderer Klimatisierung ausgestattet.

KAP am Südkai

Mitte 2003 begannen auch die Arbeiten am KAP am Südkai in Köln. Als Spezialist für Waterfront Real Estates hatte Primus-Vorstand Achim Nagel die Lage des Grundstücks direkt am linken Rheinufer, südlich von den berühmten Kölner Kranhäusern, gereizt. Nahe der Südbrücke, an der Agrippinawerft 26–30, errichtete die Objektgesellschaft KAP am Südkai mbH mit den Architekten der KSP Engel und Zimmermann GmbH und dem Generalunternehmer Hochtief Construction AG aus Köln bis Oktober 2004 das lang gezogene Bürogebäude. Der lange Grundriss und die innen liegenden Kerne ohne Treppenhäuser an der Außenfassade sorgen dafür, dass die Büros des Gebäudes im Schnitt 10–15 Prozent flächengünstiger und effizienter zu nutzen sind als vergleichbare Büroprojekte in der Innenstadt. Die Mietauslastung des 19-Mio.-Euro-Projektes liegt bereits bei 90 Prozent.

Zur Rheinseite hin prägt den Bau ein alternierendes Fassadenbild mit vorne liegenden Freischeiben. Die inneren Fenster lassen sich öffnen und haben doch durch die davor liegenden Scheiben einen Luft- und Lärmschutz. Das Klimakonzept des Gebäudes ist kostengünstig und Energie sparend: Durch Kunststoffschläuche in den Betondecken läuft permanent kaltes Wasser, das aus einem Tiefbrunnen stammt. So wird den Räumen permanent Wärme entzogen – und das ohne störenden Luftzug. Energie wird dabei lediglich für den Betrieb der Pumpen benötigt.

Bauherr „IDC":
Erste PRIMUS Projekt GmbH, Köln

Partner am Bau:
- Michael Gödde Dipl.-Ing. Architekt
- GeoTerra Geologische Beratungsgesellschaft mbH
- Siemenss Building Technologies Zutrittskontrollsysteme

— Anzeige

Gödde Architekt

Michael Gödde
Dipl.-Ing. Architekt

Hochstadenstr. 11
41469 Neuss

Fon 0 21 37 - 10 44 03
Fax 0 21 37 - 10 44 49

Fassaden Planung   Fassaden Beratung   Fassaden Qualitätsmanagement

Altlastenerkundung / -sanierung
Hydrogeologie
Baugrunderkundung
Gebäudeschadstoffkataster
Abwasserrecycling
Regenwasserbewirtschaftung
Forschen und Entwickeln

GEOTERRA
Geologische Beratungsgesellschaft mbH

Krantzstraße 7
52070 Aachen
Tel. 0241/9609630
Fax 0241/9609628

Am Bergwerkswald 3
35440 Linden
Tel. 0641/9203240
Fax 0641/9203242

Bachstraße 27
47877 Willich
Tel. 02156/912797
Fax 02156/912798

Internet: www.geoterra.de   eMail: contact@geoterra.de

Gewerbebauten

Vier Phasen führen zum Erfolg

Verwaltungsneubau als Grundstein für Essener Hafenaufwertung / Unternehmenszusammenführung im Nordpark Mönchengladbach

Aufwertung des Essener Stadthafens

In Zusammenarbeit mit den Stadtwerken Essen und der Infralogistik Ruhr GmbH konnte auf dem Essener Hafengelände ein repräsentatives Objekt entstehen. Mit dem Neubau wurde der Grundstein zur langfristigen Aufwertung des durch Schwerindustrie geprägten Stadthafens gelegt.

Die drei Geschosse des Verwaltungsbaus sind so konzipiert, dass sie unabhängig von einander genutzt werden können. Ein Foyer erschließt jeweils die Etage und dient gleichzeitig als Kommunikationszone und Meeting Point. Von dort aus schließen sich die Büros an, die mit Glastrennwänden unterteilt sind. Die Sichtverbindung untereinander ermöglicht so das Gefühl einer offenen Bürolandschaft. Die angrenzende Logistikhalle und das Außenlager von allen im Grundleitungsbau verwendeten Materialien, kann bei Bedarf erweitert werden. Das Gesamtkonzept wurde nach der Vollack-4-Phasen-Methode® entwickelt.

Bauherr:
Infralogistik Ruhr GmbH
Essen

Planung und Entwurf:
Vollack GmbH & Co. KG
Meerbusch

Besonderes Raumerlebnis in Mönchengladbach

Die van Laack GmbH, ein traditionsreicher Hersteller von hochwertigen Hemden und Blusen, hat ihr neues Büro- und Logistikzentrum in den Nordpark, nahe dem Borussiastadion in Mönchengladbach, verlagert. Hier werden Büro-, Shop-, Produktion- und Lagerbereich in einem markanten Architekturkonzept vereinigt. Daraus resultiert ein kompakter Baukörper mit umlaufender Führung der Linien und Kanten. Bei der Gestaltung ging es darum, die Optik und den Qualitätsanspruch der Firma van Laack gerecht zu werden. Daher sind vor allen Dingen hochwertige Materialien eingesetzt worden. Das außergewöhnliche äußere Markenzeichen des Gebäudes ist das vorgesetzte Lamellenportal, mit dem die Ganzglas-Fassade überschattet wird. Das besondere Raumerlebnis des Bürotraktes entsteht durch ein großzügiges, natürlich belichtetes Atrium mit einer frei stehenden Wendeltreppe, das als Kommunikationsfläche dient.

Neubau „van Laack": inzwischen ein Markenzeichen im Nordpark von Mönchengladbach – das vorgesetzte Lamellenportal

Bauherr:
FORESA Grundstücks-Vermietungsgesellschaft mbH & Co.
Mönchengladbach

Planung und Entwurf:
KKA Kasper Kraemer
Architekten BDA
Köln

Bauen mit der Vollack-4-Phasen-Methode®

Mit der Vollack-4-Phasen-Methode® beschreitet das Unternehmen neue Wege, um den richtigen Raum für optimale Geschäfte zu kreieren. In der PRE-Invest®/Phase NULL® wird durch Potenzialaufnahme eine Beratungsleistung für Bauinvestitionen in Bezug auf Funktion, Logistik, Kommunikation, Emotion und Architektur erbracht. Es folgt die Phase PRO® in der Projektentwicklung als Dienstleistung in Bezug auf Machbarkeit von Bauwerken bis hin zur Baugenehmigung erbracht wird. Die Phase BAU® ist die klassische Bauphase – mit Fertigstellung des Objektes endet für Vollack die Zusammenarbeit jedoch noch nicht: In der Phase PLUS® bietet Vollack Services wie PR-Arbeit, Mitarbeit beim Richtfest oder bei der Einweihung an. Die Bauherren werden in ein Netzwerk eingebunden, durch das sich Synergien ergeben.

Baudienstleister beider Projekte:
Vollack GmbH & Co. KG
Meerbusch

Infralogistik: Das farbliche Konzept trägt auch zu einer Aufwertung des Essener Hafens bei

Partner am Bau:
- Dipl.-Ing. (FH) Architekt Roland Kienzle
- Elektrotechnik Voussem GmbH

Anzeige

Ausführende Firmen

Dipl.-Ing. (FH) Architekt Roland Kienzle
Planung - Bauleitung - Projektmanagement

schlüsselfertige Ausführungen im Bereich Industrie- Kommunal- und Wohnbau mit nationaler und internationaler Erfahrung von über 25 Jahren

55129 Mainz	Fon	0 61 36 - 95 97 05
Effenspitze 8	Fax	0 61 36 - 752 39 21
e-mail: rk-baer@web.de	Mobile	01 72 - 340 60 83

Elektrotechnik VOUSSEM GMBH

Telefon 02253/3513
Telefax 02253/4027

Wartung und Kundendienst • Elektro-, Licht- und Kraftanlagen
Planung und Installation von Nachtstrom-Speicherheizungen
Wärmepumpen • Antennenanlagen • Alarmanlagen
Netzwerkverkabelung

Bendenweg 28a • 53902 Bad Münstereifel

Produktinfo ◄

Mikrowellenbackofen: heißer Helfer für den Haushalt

(djd/nl) Es ist ein Gerücht, dass sich nur Singles auf die Kunst der Mikrowellen-Cuisine verstehen. Auch und gerade Familien schätzen die praktische Technik, die es jedem Mitglied ermöglicht, etwas Warmes zwischen Hausaufgaben, Job, Hobby oder Abendterminen auf den Teller zu bekommen.

Gerade wenn es schnell gehen muss, weiß man zu schätzen, einen Alleskönner wie den neuen Mikrowellenbackofen aus dem Hause Bauknecht (www.bauknecht.de) zu besitzen. Dank seines kompakten Äußeren passt er bequem in Einbaunischen für Mikrowellengeräte in den Hochschrank. Doch trotz der schlanken Einbaumaße ist er in Sachen Kochvielfalt ein Großer: Auftauen und Erwärmen mit Mikrowellenfunktion sind ebenso möglich wie Grillen, Backen und sogar Garen mit Dampf. So bekommen Hobbyköchinnen und -köche professionelle Hilfe bei der Zubereitung von Entenbraten, Fischfilet oder unterschiedlichsten Beilagen.

Knusprige Bratenstücke gelingen mit der Kombination aus Mikrowelle und Grill im Handumdrehen. Sogar ernährungsbewusstes Dampfgaren ist möglich: In der „Steambox" gart der Weihnachtskarpfen mitsamt Gemüsebeilage besonders schonend und vitaminerhaltend. Und während des ganzen Jahres können sich Freunde und Verwandte dank des Rapid Heißluft-Systems über selbst gebackene Kekse oder Kuchen freuen.

Gerade wenn es beim Kochen schnell gehen muss, weiß man einen Mikrowellenbackofen als Alleskönner zu schätzen

Öffentliche Bauten / Gewerbebauten

Bauhistorisch bedeutsames Schloss

Umbau Schloss Borbeck in Essen / Umbau Industriehalle zu Großraumbüro / Offenheit und Transparenz im Neubau für Siemens in Krefeld

Neue Veranstaltungsebene für Schloss Borbeck

Schloss Borbeck gilt mit seiner bis ins 9. Jahrhundert zurückreichenden Geschichte als ein höchst bedeutsames bauhistorisches Gebäude der Stadt Essen. Für die neue Veranstaltungsebene im 1. Obergeschoss wurde der bestehende Mittelflur zu einem großzügigen Foyerbereich erweitert, der mit einer Rampe den Geschossversatz zum Bereich über dem Erdgeschosssaal behindertengerecht überwindet. Das Foyer erschließt und verbindet die drei Nutzungsbereiche: musealer Bereich, Konzert- und Veranstaltungssaal sowie Konferenzraum. Der neu geschaffene Musiksaal liegt mittig aus dem Foyer erschlossen im Kopfbereich des 1. Obergeschosses. Um für die musikalische Nutzung und adäquate andere Verwendungen geeignet zu sein, wurde der vorhandene unangemessen niedrige Raum durch das Entfernen der Decke erweitert. Im 2. Obergeschoss erweitert sich der Raum nach Norden über die erste Obergeschossebene und bildet eine Galerieebene im Saal. Mit dem realisierten Entwurf des Architekturbüros Brüning Klapp Rein wird die klar strukturierte Zuordnung der Funktionsbereiche in den beiden oberen Geschossen mit neuer Gestaltung geschaffen.

Schloss Borbeck: Schloss Borbeck gilt seit Jahrhunderten als höchst bedeutsames Ensemble

Opta-Data funktioniert Produktionshalle um

Der Umbau einer brachliegenden Produktionshalle zu einem Großraumbüro bezieht die charakteristischen Elemente der vorherigen Nutzung ein. Die erhöhte Laderampe wurde zu einem Laubengang, der mit horizontalen Gitterrosten und vertikalen Lamellenstores eine Sonnenschutzpergola vor den neuen vollverglasten Fassaden der beiden nicht angebauten Hallenseiten bildet. Das neue, hochwertige Großraumbüro nimmt den gesamten Hallenraum ein – nur auf der verglasten Stirnseite sind fünf Kombibürozellen abgetrennt. Weitere notwendige Nebenfunktionen befinden sich in fünf eingestellten Boxen vor der Längsrückwand. Ihre spiegelnden, schwarzen Hochglanzoberflächen lassen sie zu großen kubischen Möbeln im Raum werden.

Schloss Borbeck: Die Geschichte von Schloss Borbeck reicht bis ins 9. Jahrhundert zurück

Opta-Data: Der Umbau bezog die charakteristischen Elemente der vorherigen Nutzung ein

Öffentliche Bauten / Gewerbebauten

Der Entwurf von Brüning Klapp Rein Architekten aus Essen sah eine Anpassung mit allen Erfordernissen der neuen Nutzung vor, ohne jedoch den industriellen Hallencharakter zu vernachlässigen. Die gelochten Trapezblechunterschichten und das weiße Stahlträgerwerk blieben sichtbar.

Siemens-Neubau in Krefeld

Offen und modern soll das Gebäude den Besucher und die Mitarbeiter empfangen. Präzision und wohldosierte Reduzierung auf das Wesentliche sind die Themen, mit denen sich das Gebäude beschreiben lässt. Der Siemens-Neubau markiert den Eingang des Werkes zur Duisburger Straße und wird mit einem geplanten weiteren Bauabschnitt einen räumlich gefassten Vorplatz im Bereich der ehemaligen Topsstraße bilden. Das Gebäude gliedert sich in seinem zur Duisburger Straße gerichteten sechsgeschossigen Bürobau, in zwei verglaste Sockelgeschosse und vier darüber liegende Bürogeschosse. Das Erdgeschoss nimmt den Eingangsbereich und übergeordnete Funktionen des Werkes auf, im zurückspringenden Kopfbereich wurde der Werkseingang für Beschäftigte vom Baukörper überdacht angelegt. Über eine großzügige Treppe erreicht man das 1. Obergeschoss mit modernen Konferenz- und Besprechungsbereichen sowie dem Kasino.

Die Planung von Brüning Klapp Rein Architekten bezieht mit der Transparenz des Gebäudes die Schienenfahrzeuge visuell ein, indem die Gleisharfe als Außenbühne dient. Darüber befinden sich die vier gleichen Bürogeschosse, deren Grundrisse für flexible Nutzungen vorgesehen sind. Den zweiten Bereich des Gebäudes bildet die neue Werkskantine, die auch als Kommunikationszentrum dient. Der gläserne, zweigeschossige Kantinenraum mit eingehängter Galerie öffnet sich zu beiden Seiten.

Siemens: Das Gebäude gliedert sich in einen sechsgeschossigen Bürobereich, in zwei verglaste Sockelgeschosse und vier darüber liegende Bürogeschosse

Siemens: Der Neubau markiert den Eingang des Werkes

Bauherren:
- Schloss Borbeck, Essen
- Opta-Data, Essen
- Siemens AG Transportation Systems, Krefeld

Planung und Entwürfe:
Architekten
Brüning Klapp Rein
Essen

Partner am Bau:
- Volmer GmbH
  Bauen und Wohnen

Anzeige

Stark in Form und Funktion!

Ihr Tischler mit Ideen...   **Seit 1904**
Bauen und Wohnen.   **Einrichten und Leben.**

Das Tischler-Team der VOLMER GmbH versteht sein Handwerk und setzt auf Qualität. Eine Fachausstellung informiert über intelligente Technik für mehr Komfort, Wärmedämmung und Schallschutz im Fensterbau, ein attraktives Haustürenprogramm und bietet kompetente, umfassende und individuelle Beratung rund um's Bauen.

VOLMER
BAUEN UND WOHNEN

Dechenstraße 3
44147 Dortmund
Tel. 02 31/88 10 11
Fax 02 31/88 11 11
mail@tischlerei-volmer.de
www.tischlerei-volmer.de

Gewerbebauten

Fassade als Corporate Identity gestaltet
Verwaltungsgebäude „WestSide" in Essen für Großmieter flexibel entwickelt

Konsequente Blockrandbebauung

Gemäß den Vorgaben des städtebaulichen Masterplans wurde das Gebäude als konsequente Blockbebauung entwickelt. Ziel des Entwurfs war ein wirtschaftlich kompaktes Gebäude, das dem Anspruch an eine qualitätvolle Gestaltung an dieser signifikanten Ecke im Essener Stadtbild gerecht wird. Der u-förmige Baukörper orientiert sich zur viel befahrenen Hans-Böckler-Straße, der Block öffnet sich mit seinem Innenhof zum öffentlichen Raum. Eine gläserne Schallschutzfassade übernimmt die notwendige Abschirmung gegen den Straßenlärm.

Das Gebäude wurde für einen Großmieter entwickelt. Ein wirtschaftliches Stützenraster mit einem 1,35 m Fassaden- und Ausbauraster bildete die Grundlage des Entwurfs des Büros Bahl + Partner Architekten. Drei Festpunkte (Treppenhäuser) erschließen das Gebäude optimal. Eine kleinteilige Vermietung oder Untervermietung kann ohne weitere Änderungen vorgenommen werden.

Die Hanglage des Grundstücks ermöglicht eine ebenerdige Befahrung der Tiefgarage. Das sich dadurch ergebende Sockelgeschoss distanziert sich gestalterisch von den aufgehenden Geschossen. Die aus Betonfertigteilen bestehende Verkleidung wurde mit dem Binärcode als gestalterischem Element versehen, der in verschlüsselter Form auf den Tätigkeitsbereich des Hauptmieters hinweist. Die farbigen

Verwaltungsgebäude „WestSide": Die gläserne Schallschutzfassade übernimmt die Abschirmung gegen den Straßenlärm
Fotos (3): F. Krischer, Duisburg

Das u-förmige Gebäude öffnet sich mit seinem Innenhof zum öffentlichen Raum

Gewerbebauten

Fassadenelemente der aufgehenden Geschosse sind ebenfalls mit den Firmenfarben des Mieters abgestimmt. Somit leistet das Gebäude einen wichtigen Beitrag zur Corporate Identity und Außendarstellung des Nutzers.

Planung und Entwurf:
Bahl + Partner Architekten BDA
Hagen

Generalunternehmer:
Hochtief Construction
Niederlassung Essen

Partner am Bau:
- LWS Ingenieurgesellschaft für Tragwerksplanung mbH
- PGH Planungsgemeinschaft Haustechnik Klaus Stege
- Siemens Building Technologies Zutrittskontrollsysteme

Dank der flexiblen Einteilung kann jederzeit eine Untervermietung oder Umstrukturierung erfolgen

— Anzeige

PROF. DIPL.-ING. G. LEWENTON
PROF. DR.-ING. E. WERNER
DIPL.-ING. L. SCHWARZ

BERATUNG
STATIK
GESAMTPLANUNG
FACHBAULEITUNG

LWS

INGENIEURGESELLSCHAFT   FÜR   TRAGWERKSPLANUNG   MBH

Sonnenwall 64   47051 Duisburg   Tel. 02 03-2 11 46   Fax 02 03-2 30 12   E-Mail LWSing@t-online.de
                                                                                     Internet www.LWSing.de

Gesellschafter: Dipl.-Ing. M. Schnatenberg   ■   Dipl.-Ing. U. Fechner
Staatlich anerkannte Sachverständige für Schall- und Wärmeschutz   ■   Beratende Ingenieure IK-Bau NRW

PGH

Planungsgemeinschaft
Haustechnik
Klaus Stege
Asternweg 34
40468 Düsseldorf
Tel.: 02 11 / 47 20 80
Fax.: 02 11 / 47 20 844
info@pgh-duesseldorf.de

Mit unserem know-how zum Ziel Ihrer Ansprüche

Unsere Leistungen:
Projektentwicklung von der Beratung zur Systemfindung, Planung, Vergabe und Bauüberwachung mit Abnahme und Übergabe an den Bauherrn
Hierzu gehören: Kostenoptimierung, innovative Planung, Entwicklung von Energiekonzepten

Öffentliche Bauten

Gemeindehaus in Wetter an der Ruhr

Das neue Gemeindehaus der evangelischen Kirchengemeinde Wetter interpretiert das Thema der Stein-/Glasarchitektur aus der Gotik neu

Das neue Gemeindehaus bildet mit seinen glatten verglasten und geschlossenen Fassadenbereichen aus Sichtbetontafeln und Glaselementen sowie der quadratischen Kubatur einen Kontrast zu der unmittelbar benachbarten Kirche
Foto: Klemens Ortmeyer, Braunschweig

Das neue Gemeindehaus der evangelischen Kirchengemeinde Wetter steht in der Bismarckstraße 38 auf quadratischem Grundriss, kompakt, transparent, offen, umhüllt mit waagerechten Steinlamellen, die vor Sonne schützen, die neugierig machen auf das „Dahinter" und die aus dem gleichen Ruhrsandstein gearbeitet sind wie die Kirche. Das Gebäude schließt städtebaulich die Blockrandbebauung an der Bismarckstraße ab, leitet über in der Höhenentwicklung, hält den „Kirchberg" frei, baut die Kirche nicht zu, bewahrt das vorhandene Gelände und die Wegebeziehungen bei und ist als öffentliches Haus erkennbar.

Ein Ensemble ist entstanden, Zugehörigkeite werden ablesbar – Eigenständigkeit und unterschiedliche Entstehungszeiten bleiben jedoch erkennbar. Das Thema der Stein-/Glasarchitektur aus der Gotik wird neu interpretiert: Die Betonung der Senkrechten (Transzendenz) in der Kirche wird beim Gemeindehaus durch die Waagerechte (Ruhe, Geborgenheit) der Lamellen abgelöst. Das zwischen September 2004 und November 2005 für 1,569 Mio. Euro netto gebaute neue Gemeindehaus signalisiert Neubeginn und Kontinuität, bedient sich in der Fassaden- und Raumbildung einer früheren kirchlichen Architektursprache, interpretiert sie in unsere Neuzeit, weckt Assoziationen.

Dem Jugend-, Gruppen- und Saalbereich ist je ein eigenständig nutzbares und erschlossenes Geschoss zugeordnet. Ein gemeinsames Haus für alle Generationen unter einem Dach ist entstanden. Eine Dachloggia im Staffelgeschoss der Jugend rahmt den Blick nach Westen zum Harkortsee/Ruhrtal, rückt das obere Geschoss von der Kirche ab und bietet der Jugend einen attraktiven Außenraum.

Das Tragwerk bildet eine Stahlbetonkonstruktion aus Ortbetonwänden und vorgespannten Hohlkörperplattendecken, welche durch weite Spannweiten eine flexible Nutzung des stützenfreien Innenraumes zulassen. Die Treppen im Innenraum und die Treppenraumwände sind als Fertigteile mit Sichtbetonoberfläche eingebaut. Ein kleiner Pfarrgarten liegt zum Blockinnenbereich, bietet den grünen Rahmen für Gespräche oder Spiele in kleiner Runde und ist gestaltet mit geschnittenen Hainbuchenhecken. Durch die kompakte Bauform blieben alle vorhandenen Wegebeziehungen erhalten, ebenso wie alle Bäume im südlichen Teil. Der evangelischen Kirchengemeinde Wetter als Bauherr stehen nun 425 m^2 Nutzfläche bei einer Brutto-Geschossfläche von 835 m^2 und einem Brutto-Rauminhalt von 3.000 m^3 zur Verfügung. Ein vielfältig nutzbarer Platz entsteht zwischen der Kirche und dem neuen Gemeindehaus, der umschlossen wird von der bestehenden denkmalgeschützten Einfriedung.

Das neue Gemeindehaus bildet mit seinen glatten verglasten und geschlossenen Fassadenbereichen aus Sichtbetontafeln und Glaselementen sowie der quadratischen Kubatur einen Kontrast zu der unmittelbar benachbarten Kirche. Die vorgehängte Lamellenfassade aus Ruhrsandsteinplatten nehmen die Materialität der Außenwand der Kirche unmittelbar auf und schafft so eine optische Einheit. Es war dem Architekturbüro Schmidt -

Öffentliche Bauten

Schmersahl - Partner, Bad Salzuflen, wichtig, Bezug zu nehmen auf die Werte der vorhandenen Bausubstanz übersetzt in unsere Zeit und dabei heutige Bauprodukte zu verwenden, die wirtschaftlich sind, ihre bisherige Produktion zu verbessern, um das „Letzte" im Detail herauszuholen. Wie beim vorher geplanten und gebauten Gemeindehaus in Bielefeld, wo Schmidt - Schmersahl - Partner ebenfalls mit Betonfertigteilwänden gearbeitet hatten, erfolgte die Umsetzung in enger Zusammenarbeit mit einem Betonwerk aus Holzminden. Die Fassaden setzen sich aus Betonfertigteilen als Vorsatzschale zusammen. Folgende Anforderungen wurden formuliert und umgesetzt: Alle Fertigteilwände sind außen scharfkantig ausgeführt und in Sichtbetonqualität. Mit minimalen Toleranzen konnten sehr schmale Fugen ausgeführt werden. Der hohe Glasanteil bewirkt eine gewollte hohe Transparenz des Gebäudes, gleichwohl wird das Gebäude zu den verschiedenen Tageszeiten anders wahrgenommen. Abends, wenn es innen beleuchtet ist, ist die Fassade hoch transparent und das Geschehen innen erlebbar. Tagsüber wirkt die Lamellenfassade wie ein Filter und schafft Distanz und Schutz. Die besondere Fassade im Tag/Nacht-Rhythmus bewirkt eine klare Wahrnehmung des Gebäudes als öffentliches und natürlich auch offenen Hauses, was ganz wichtig ist für die kirchliche Gemeindearbeit.

Eine konstruktive Besonderheit sind die vorgehängten waagerechten Lamellen aus Ruhrsandstein. Ihre Vorstellung der „Steinlamellenfassade" aus hiesigem Ruhrsandstein hatten die Architekten in dem vorangegangen Architektenwettbewerb schon formuliert und die damalige Jury und Kirchengemeinde davon überzeugen können. Schmidt - Schmersahl - Partner erhielten den 1. Preis und danach den Planungsauftrag. Für die Ausführung konnten das Architekturbüro einen Spezialisten für Stahl-/Edelstahlverarbeitung gewinnen, und die Montage der Steine erfolgte durch ein Natursteinfachbetrieb. Die Steine kamen fertig gesägt und oberflächenbearbeitet vom Steinbruch direkt zur Baustelle. Die Fassade besteht aus 460 Riegelsteinen – 1,24 m lang, 25 cm tief und 8 cm dick –, die mit Hinterschnittanker auf eine Edelstahlkonstruktion befestigt worden sind. Die hohe Festigkeit des Steinmaterials kam den Architekten bei der Dimensionierung der waagerecht gelagerten Steine zugute. Die senkrechten Edelstahlstützen (Achsmaß 1,25 m) bestehen aus Flachstahl, die 10 cm hinter den Lamellen zurück liegen, um die waagerechte Grundhaltung nicht zu stark zu stören. Die Edelstahlteile wurden alle mattiert, damit sie besser zu der diamantgesägten, leicht gefasten Steinoberfläche passen. Der Sandstein hat den Architekten auch deshalb so gut gefallen, da er im Laufe der Zeit auf Grund seiner eisenhaltigen Karbonate eine Patina erhält. Der Verwitterungsprozess bewirkt eine Verfärbung der heute gleichmäßig grauen Steine hin zu den Farben Gelb bis Braun. Die Steinfassade des neuen Gemeindehauses wird also in den nächsten Jahren die Farben der vorhandenen Steinfassade der Kirche annehmen.

Architekten:
Schmidt – Schmersahl - Partner, Architekten BDA, Bad Salzuflen

Partner am Bau:
- Gestaltung Schäfer Fachwerkstätte, Malerbetrieb
- Ingenieurbüro Gerhard Riedel GbR
- Norbert Post, Hartmut Welters Architekten & Stadtplaner BDA/SRL

—— Anzeige

restaurator
fachbetrieb für denkmalpflege

gestaltung schäfer
fachwerkstätte für form - farbe - werbung - malerbetrieb seit 1907

FACHGRUPPE RESTAURATOREN IM HANDWERK E.V.

gartenstraße 17
58300 wetter
tel. (0 23 35) **53 41**
fax 1 75 24
wfhschaefer@web.de

Malerarbeiten · Vollwärmeschutz · Kunststoffputze
Bodenbeläge · Textile Wandbespannung
Teppichbodenreinigung · Restaurierungsarbeiten · Raumgestaltung
Stein- und Fassadenreinigung · Farbberatung · Beschriftungen
Planung - Beratung - Ausführung

GERHARD RIEDEL
Ingenieurbüro für technische Gebäudeausrüstung

Wärmeversorgungstechnik · Wassererwärmungstechnik
Raumlufttechnik · Gastechnik · Wassertechnik
Abwassertechnik · Feuerlöschtechnik

Ingenieurbüro Gerhard Riedel GbR
Kiefernweg 14
59439 Holzwickede
Telefon (0 23 01) 43 22
Telefax (0 23 01) 122 90
Internet: www.gerhard-riedel.de
E-mail: info@gerhard-riedel.de

Gewerbebauten

Formschöne, akzentuierte Architektur

Neubau eines Lager- und Bürogebäudes für „IRON MOUNTAIN" in Bochum

Die Firma „IRON MOUNTAIN" ist ein führendes Dienstleistungsunternehmen für die Archivierung und Sicherung von Firmenunterlagen. IRON MOUNTAIN nimmt Papierunterlagen sowie elektronische Dateien in Verwahrung und ermöglicht, dass der Kunde jederzeit Zugriff auf seine Unterlagen hat. Dieser Firmenzweck stellt natürlich in den Bereichen Sicherheit, Brandschutz und Logistik besondere Anforderungen an das Firmengebäude, die von den Architekten Peinelt & Partner bei der Planung berücksichtigt wurden.

Auf einer Grundfläche von rund 3.000 m² entstand in einer Bauzeit von sechs Monaten ein über 20 m hohes Hochregallager, an das ein zweigeschossiges Büro- und Sozialgebäude angegliedert ist. Das Archivgebäude mit einem Gesamtvolumen von 54.000 m³ umhüllt ein über fünf Ebenen eingebautes Regalsystem mit Fördertechnik und bietet ausreichend Platz für etwa 3.000.000 archivierte Akten und Datenträger. Das Gesamtobjekt wurde mit aufwändigen Sicherheitstechniken für Brandschutz und Gebäudeüberwachung ausgestattet.

Planung:
Peinelt & Partner Architekten, Bochum

Bauherr:
Grundstücksvermietungsges. Kappel & Co. Objekt Harpener Hellweg KG, Bochum

Partner am Bau:
- igb - Ingenieurgesellschaft für Bodenmanagement und Geotechnik mbH
- Humbert GmbH Transporte
- IGRT Ingenieurgesellschaft für Bautechnik Gathmann, Reyer + Teilhaber mbH
- B & H Bau GmbH
- STN Dach- und Fassadenbau GmbH
- Volker und Jörg Dehne GmbH

Anzeige

Anzeige · Ausführende Firmen

Ingenieurgesellschaft für Bautechnik
Gathmann • Reyer + Teilhaber mbH
Beratende Ingenieure · VBI · Mitglieder der Ingenieurkammer Bau NRW

unsere Leistungen:

- Tragwerksplanung
- Prüfung von Baustatik / Standsicherheit
- Leistungen für thermische Bauphysik, Feuchte- und Schallschutz
- Sanierung, Bauen im Bestand
- Instandsetzung historischer Bausubstanz
- Erstellung von Gutachten und Studien
- Beweissicherungen
- Koordination für Arbeitssicherheit und Gesundheitsschutz auf Baustellen
- Bauleitung
- Machbarkeitsstudien

Universitätsstraße 74
44789 Bochum
Tel.: 0234/93043-0
Internet: www.igrt.de

M. BUCHGEISTER & **A. HILGER**
MAURERMEISTER   MAURERMEISTER

B & H Bau GmbH
Meisterbetrieb

Telefon 02327/995605
Telefax 02327/995606
Mobil 0172/2824211

Rauks Feld 13
44869 Bochum
Mobil 0173/2920289

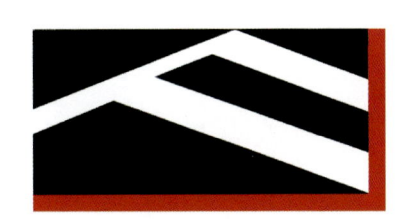

STN
Dach- und Fassadenbau GmbH

Carolinenglückstrasse 37
44793 Bochum

Telefon: 0234/9270280
Fax: 0234/9270278
Mobil: 0163/2702804
www.stn-dach-fassade.de

DEHNE
Das Bad. Die Heizung.

Volker und Jörg Dehne GmbH
Sprockhöveler Str. 103
58455 Witten
Fon: 02302/55073
Fax: 02302/27282
www.dehne-gmbh.de
v.dehne@dehne-gmbh.de

24 365 Tage Stunden Dienste

GaSi Tec
Meisterbetrieb der Gas-Sicherheits-Technik
Der Maßstab für Gas-Sicherheit

Im Blickpunkt

Mit Energieeffizienz Sinnvolles tun für alle

Von Dipl.-Ing. Albrecht Göhring,
Geschäftsführer der EnergieEffizienzAgentur Rhein-Neckar gGmbH, Ludwigshafen

Die ökologischen Probleme der Gegenwart mit ihren geradezu apokalyptischen Projektionen in die Zukunft, veranlassen Politik und Wirtschaft, ja alle gesellschaftlich verantwortlichen Kräfte, weltweit und im Besonderen in Deutschland, zu immer neuen Anstrengungen, um eine tief greifende ökologische und arbeitspolitische Wende herbeizuführen.

Bis dato haben wir Naturkatastrophen, bedingt durch den anthropogenen Klimawandel, gemütlich vor dem Fernseher sitzend, aus weit entfernten Regionen – Karibik, Indien, Südostasien – wahrgenommen. Der Jahrhundertsturm „Lothar" am 2. Weihnachtsfeiertag 1999 sowie die verheerenden Hochwasser an Elbe, Moldau und Inn im Sommer 2002, riesige Überschwemmungen im Alpenraum im Sommer 2005, die Wirbelstürme „Katrina", „Rita" und „Wilma" sowie die „neuen Jahrhunderthochwasser" an Elbe und Donau im März/April 2006 haben uns deutlich vor Augen geführt, dass der durch CO_2-Emissionen verursachte Klimawandel bittere Realität geworden ist.

Die Durchdringung der Gesellschaft mit den Themen „Klima- und Umweltschutz", „alternative Energieformen", „natürliche Lebens- und Ernährungsweisen", „emissionsarme Industrie", „schadstoffarmer, am besten schadstofffreier Verkehr" usw. macht vor niemandem, auch vor keiner Sache und keiner Branche Halt.

Klimaschutz – Chance und Herausforderung für Bauwirtschaft

Auch die Bauwirtschaft wird sich, um langfristig überleben zu können, um gänzlich neue Geschäftsfelder kümmern müssen, wird sich von der Neubautätigkeit abwenden müssen und wird sich verstärkt der Verbesserung der bestehenden Bausubstanz einschließlich der dringend notwendigen Revitalisierung der Innen- und Altstädte annehmen müssen. Hierbei spielt die energieeffiziente Altbaumodernisierung, welche die EnergieEffizienzAgentur Rhein-Neckar gGmbH propagiert, eine entscheidende Rolle. Sie stellt einen beinahe schon unerschöpflichen „Milliarden-Markt" dar. Es bedarf jetzt großer Anstrengungen dieses „schlafende Dornröschen" energetischer Altbaumodernisierung wach zu küssen.

Im Folgenden werden wir uns mit den bautechnischen Grundlagen der energetischen Wohngebäudesanierung und den darin liegenden ökologischen und beschäftigungspolitischen Potenzialen befassen:

47 Prozent der Nutzenergie werden für die Beheizung von Wohnräumen verwendet. 80 Prozent dieser Wärmeenergie werden auf Grund unzureichender baulicher Maßnahmen ungenutzt in die Atmosphäre „geblasen".

Mehr als 80 Prozent des in Deutschland vorhandenen Baubestandes besteht unter energetischen Gesichtspunkten aus Altbauten, also solchen Bauwerken, die vor der ersten Wärmeschutzverordnung 1978 entstanden sind – das sind ca. 30 Millionen Wohneinheiten.

Mit der handwerklichen Erbringung Energie sparender Leistungen könnten, hochgerechnet auf ganz Deutschland, nicht nur mehrere hunderttausend Arbeitsplätze in der Bauwirtschaft geschaffen, sondern auch gesichert werden. In Verbindung mit einer sinnvollerweise gleichzeitig stattfindenden Gebäudemodernisierung könnten sogar mehr als eine drei Viertel Million Dauerarbeitsplätze entstehen.

Zielsetzung der EnergieEffizienz-Agentur

Die EnergieEffizienzAgentur basiert auf einer Projektidee der „Initiative für Beschäftigung" in Verbindung mit der Kommunalpolitik der Metropolregion Rhein-Neckar. Diese fruchtbare Symbiose ließ, zusammen mit dem genannten

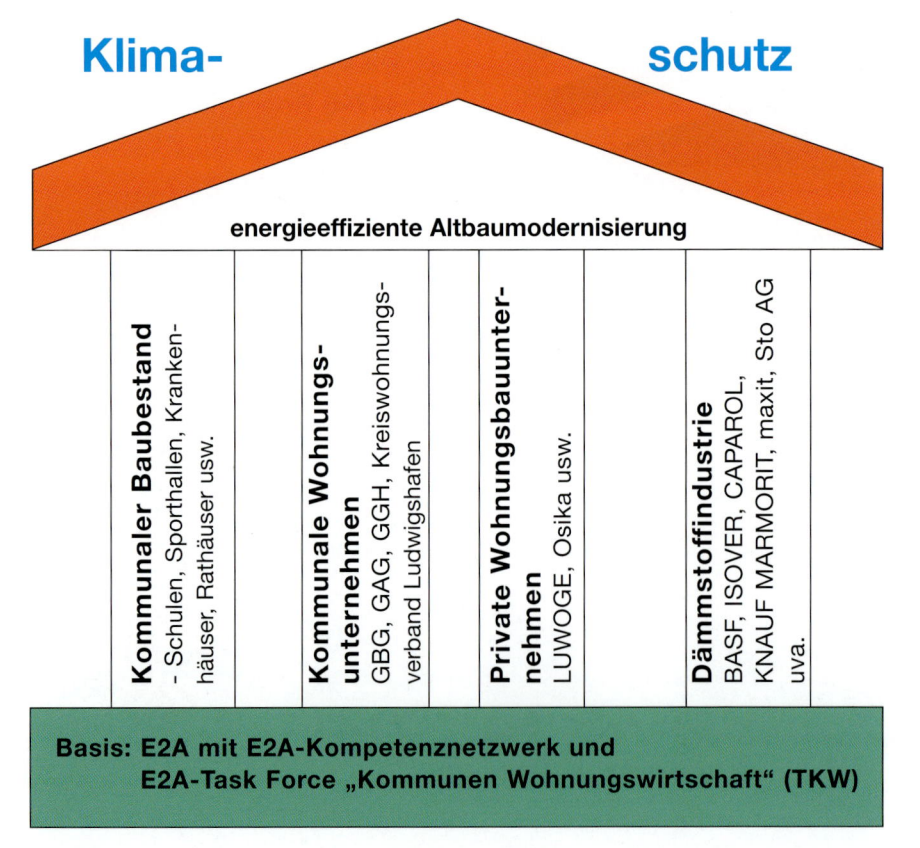

Das 4-Säulen-Programm der EnergieEffizienzAgentur Rhein-Neckar gGmbH für gebaute Energieeffizienz

Im Blickpunkt

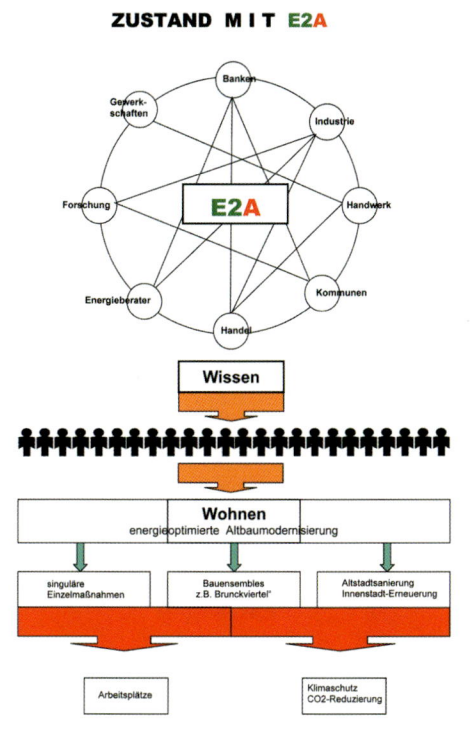

ZUSTAND MIT E2A

Prinzipielle Funktionsweise des Netzwerkes der EnergieEffizienzAgentur

großen Bedarf, die EnergieEffizienzAgentur Rhein-Neckar gGmbH entstehen, eine gemeinnützige GmbH, deren Gesellschafterkreis, der Komplexität des Themas entsprechend, pluralistisch besetzt ist. Die Politik ist im Gesellschafterkreis genauso vertreten wie Handwerk, Industrie, Wohnungswirtschaft, Freischaffende, der Raumordnungsverband und eine Stiftung.

Die im Februar 2001 gegründete Gesellschaft ist schnell in die Gänge gekommen, da sich ein großer Kreis von Netzwerkpartnern aus allen gesellschaftlichen Kräften gefunden hat und die EnergieEffizienzAgentur finanziell sowie mit Personal und Sachsponsoring und insbesondere mit Ideengebung und der Etablierung von Energieeffizienzprojekten unterstützt. Insbesondere der BASF Aktiengesellschaft muss an dieser Stelle Dank ausgesprochen werden.

Energieeffiziente Sanierungsmethoden, mit ihren positiven Auswirkungen auf den Arbeitsmarkt, sind nur dann richtig spannend, nachahmenswert und für Investoren, Planer und Handwerker greifbar, wenn Anschauungsunterricht im Maßstab 1:1 stattfinden kann. Konkrete Sanierungsprojekte in der Metropolregion Rhein-Neckar als Einzelbauvorhaben, Bau-Ensemble-Sanierungen oder die Revitalisierung ganzer Altstadtgebiete, sind u.a. auch im Internet unter www.e2a.de als Modellprojekte von E2A-Gesellschaftern, Sponsoren und Netzwerkpartnern aufgelistet.

Wichtigstes Element zur Fokussierung energieeffizienter Altbausanierung und -modernisierung ist das Engagement des vielgestaltigen Kompetenznetzwerkes mit Experten aus vielen Branchen und gesellschaftlichen Gruppierungen zur Entwicklung gemeinsamer Projekte. Die E2A hat mit ihren vitalen, ideenreichen E2A-Netzwerkpartnern die unterschiedlichsten Projekte in der Metropolregion Rhein-Neckar auf die Beine gestellt. Aus der Projektfülle werden einige von zwischenzeitlich weit mehr als 100 Einzelobjekten aufgelistet:

➢ Werbung und Beratung durch Fachtagungen und Vortragsveranstaltungen, z.B. zu den Themen „Ökonomie und Ökologie des Bauens", „Facility-Management – Energieeffizienz aus einer Hand", „Finanzierung energieeffizienten Bauens im öffentlichen und privaten Bestand", „Modernisierungscheck Heidelberg-Ziegelhausen/Schlierbach" u.v.m.;

➢ Best-Practice-Projekte der Netzwerkpartner, so z.B. das 3-Liter-Haus im Brunckviertel der LUWOGE, die Projekte Marienstraße und Gräfenaustraße von Osika GmbH, das Projekt Schillerschule in Ludwigshafen-Mundenheim der GAG;

➢ Beratungssprechstunden zur energieeffizienten Altbaumodernisierung pilotweise für die 15.000 Hausbesitzer der BASF, Projekttitel: „E2A-Anilin" sowie im März 2003 die Einrichtung eines Beratungsbüros für die Bürger Ludwigshafens und des Umlands im Urban II-Büro der Stadt Ludwigshafen. 2004 wurden die E2A-Beratungsstellen Frankenthal und Mannheim eröffnet;

➢ „Energieeffizienz zum Anfassen" durch fachspezifische Messen und Ausstellungen;

➢ Innovationsprojekte, wie z.B. die Implementierung der Wärmedämmung als Innendämmung in Gebäuden im denkmalwürdigen Bestand – ein Beitrag für die Stadtentwicklung und die Baukultur;

➢ Initiierung und Durchführung vielbeachteter und gänzlich ausgebuchter Kongresse in der Metropolregion Rhein-Neckar zu den Themen: Public-Private-Partnership (PPP), Energie-Einspar-Contracting, Energiepass, Wärmedämmung, neue Energien, Wohlfühlstadt u.v.m.;

➢ Mitwirkung beim ersten 3-Liter-Haus im Bestand in Baden-Württemberg, realisiert durch den E2A-Gesellschafter GBG Mannheimer Wohnungsbaugesellschaft mbH in Kooperation mit weiteren E2A-Partnern, z.B. BASF, MVV, LUWOGE u.v.a.;

➢ Begleitung des bundesweit ersten Passivhausprojektes im Bestand des E2A-Gesellschafters GAG in Ludwigshafen-Mundenheim, Hoheloogstraße;

➢ Vermarktung des innovativen Sanierungs- und Modernisierungsprojektes „Blaue Heimat" des E2A-Gesellschafters GGH in Heidelberg. Es handelt sich um ein Energieeffizienz-Gebäude mit „Zero-Haus-Zertifikat", also eine Mietwohnungsanlage „ohne Emissionen".

Sich an diesem Kompetenznetzwerk zu beteiligen, dazu ist jeder herzlich eingeladen!

Der Autor:

Dipl.-Ing. (TU) Albrecht Göhring wurde 1950 in Baden-Baden geboren. Er absolvierte ein Studium des Bauingenieurwesens an der Universität Karlsruhe und war dort als Wissenschaftlicher Mitarbeiter tätig.

Als Bauleiter bei verschiedenen Bauunternehmen, zeitweise auf Großbaustellen in Saudi-Arabien, Luxemburg, Libyen, Abu Dhabi, sammelte er vielfältige Erfahrungen. Der Autor zahlreicher Veröffentlichungen in Fachzeitschriften und Fachbüchern entwickelte und realisierte ein Sonderbauverfahren zur – in dieser Form – weltweit erstmaligen, stützenfreien Sanierung einer weit gespannten Spannbetonhalle.

Seit 1985 ist Albrecht Göhring Bauleiter in der BASF Aktiengesellschaft Ludwigshafen/Rhein, seit März 2001 Geschäftsführer der EnergieEffizienz Agentur Rhein-Neckar gGmbH.

Die Bauspezialisten

Gastautoren

Dr. Gerhard Langemeyer 8
Oberbürgermeister
der Stadt Dortmund
Rathaus, Friedensplatz 1
44122 Dortmund
Tel. 0231/5022062
Fax 0231/5027585

Dr. Wolfgang Reiniger 9
Oberbürgermeister
der Stadt Essen
Rathaus, Porscheplatz 1
45121 Essen
Tel. 0201/8888000
Fax 0201/8888010

Adolf Sauerland 10
Oberbürgermeister
der Stadt Duisburg
Burgplatz 19
47049 Duisburg
Tel. 0203/2832471
Fax 0203/2833975

Frank Baranowski 11
Oberbürgermeister
der Stadt Gelsenkirchen
Bochumer Straße 12-16
45875 Gelsenkirchen
Tel. 0209/1692301
Fax 0209/1692885

Prof. Eckhard Gerber 12
Gerber Architekten
Tönnishof 8
44149 Dortmund
Tel. 0231/90650
Fax 0231/9065111

Dipl.-Ing. Robert Dorff 13
Beratender Ingenieur BDB
Landesvorsitzender NRW
des Bundes Deutscher
Baumeister, Architekten
und Ingenieure
Bismarckstraße 85
40210 Düsseldorf
Tel. 0211/363171
Fax 0211/356141

Dipl.-Ing. Bernhard Spitthöver 14
Vorsitzender des
VBI-Landesverbandes
Nordrhein-Westfalen
Budapester Straße 31
10787 Berlin
Tel. 030/260620
Fax 030/26062100

Hans-Jürgen Best 16
Geschäftsbereichsvorstand
Planen der Stadt Essen
Lindenallee 10
45121 Essen
Tel. 0201/8861030
Fax 0201/8861111

Paul J. Franke 117
Diplom-Betriebswirt
Gründer der Beratersozietät
Franke & Partner
Horstkottenknapp 13
58313 Herdecke
Tel. 02330/74074
Fax 02330/74076

Bernd Ebers 125+147
Rechtsanwalt und Notar
Walderdorffstraße 20
65549 Limburg
Tel. 06431/981310
Fax 06431/981312

Dipl.-Ing. Albrecht Göhring 206
Geschäftsführer der
EnergieEffizienzAgentur
Rhein-Neckar gGmbH
Vierter Gartenweg 7 -
Gebäude Z 34
67056 Ludwigshafen
Tel. 0621/6047247
Fax 0621/6047077

Redaktionelle Mitarbeit

Bau- und 32
Liegenschaftsbetrieb NRW
Dortmund
Emil-Figge-Straße 91
44227 Dortmund
Tel. 0231/99535101
Fax 0231/99535190

Dortmunder Stadtwerke AG 38
Bauherr: Westfalentor 1 GmbH
Deggingstraße 40
44141 Dortmund
Tel. 0231/9552249
Fax 0231/9553415

Bau- und 44
Liegenschaftsbetrieb NRW
Niederlassung Duisburg
Lotharstraße 53
47057 Duisburg
Tel. 0203/3794300
Fax 0203/3794301

IMD Immobilien-Management 46
Duisburg
- Stadt Duisburg -
Königstraße 7-11, Eingang Am
Burgacker 3
47051 Duisburg
Tel. 0203/2833520
Fax 0203/2832927

Stadt Bochum 50
Stadtbahn GbR
Stümayerstraße 33
44787 Bochum
Tel. 0234/9103630
Fax 0234/9101586

Stadtwerke Bochum GmbH 54
Bauabteilung
Massenbergstraße 15-17
44787 Bochum
Tel. 0234/9602100
Fax 0234/9602109

Stadt Essen 58
Der Oberbürgermeister,
Immobilienwirtschaft
Lilienallee 59-67
45121 Essen
Tel. 0201/8860620
Fax 0201/8860501

Stadt Essen 58
Amt für Stadtplanung
und Bauordnung
Lindenallee 10 - Deutschlandhaus
45121 Essen
Tel. 0201/8861030
Fax 0201/8861111

Stadt Bottrop 60
Fachbereich Zentrale
Gebäudewirtschaft (65)
Ernst-Wilczok-Platz 2
46236 Bottrop
Tel. 02041/703378
Fax 02041/703812

Ruhrverband 62
Kronprinzenstraße 37
45128 Essen
Tel. 0201/1781160
Fax 0201/1781105

Assmann Beraten+Planen GmbH 66
Baroper Straße 237
44227 Dortmund
Tel. 0231/754450
Fax 0231/754455137

ar.te.plan 86
architektur + technik
Baroper Straße 237
44227 Dortmund
Tel. 0231/47634150
Fax 0231/476432150

Kresing GmbH 90
Gesellschaft für Architektur &
Planung
Lingener Straße 12
48155 Münster
Tel. 0251/987780
Fax 0251/9877825

STRABAG AG 101
Öffentlichkeitsarbeit
Siegburger Straße 241
50679 Köln (Deutz)
Tel. 0221/8242916
Fax 0221/8242385

BLFP Prof. Bremmer Lorenz 102
Frielinghaus
Planungsgesellschaft mbH
Strassheimer Straße 7
61169 Friedberg
Tel. 06031/60020
Fax 06031/600222

Ed. Züblin AG 107
Bauunternehmung
Düsseldorfer Straße 181-185
47053 Duisburg
Tel. 0203/2820247
Fax 0203/2820252

Freundlieb Bauunternehmung 108
GmbH & Co. KG
Beukenbergstraße 12-14
44263 Dortmund
Tel. 0231/43430
Fax 0231/4343190

KZA Koschany + Zimmer 112
Architekten und Generalplaner
Rüttenscheider Straße 144
45131 Essen
Tel. 0201/896450
Fax 0201/8964545

Multi Development 120
Germany GmbH
Tersteegenstraße 28
40474 Düsseldorf
Tel. 0211/4568616
Fax 0211/4568601

Funktionale Architektur 126
Bauart GmbH & Co. KG
Kirchhörder Straße 56
44229 Dortmund
Tel. 0231/9730770
Fax 0231/97307711

Architekten Knirr + Pittig 129
Max-Keith-Straße 29
45136 Essen
Tel. 0201/105380
Fax 0201/1053815

KFD Architekten M. Heyng 130
und A. Fock
Silberstraße 34
44137 Dortmund
Tel. 0231/5860304
Fax 0231/5863608

Schröder & Kamm Architekten 134
Annastraße 29
45130 Essen
Tel. 0201/7221929
Fax 0201/7221930

Audi Zentrum Essen 138
Gottfried Schulz GmbH & Co. KG
Altendorfer Straße 50
45143 Essen
Tel. 0201/83177
Fax 0201/8317602

Schormann Architekten GmbH 140
Höherweg 99
40233 Düsseldorf
Tel. 0211/5449000
Fax 0211/54490099

Diyanet-Türkisch 144
Islamischer Kultur Verein e.V.
Warbruckstraße 51
47169 Duisburg (Hamborn)
Tel. 0203/49108
Fax 0203/5521086

Die Bauspezialisten

Volksbank Nordmünsterland eG 148
Matthiasstraße 27
48431 Rheine
Tel. 05971/4060
Fax 05971/406105

Hopf Immobilien- 151
Entwicklungs-GmbH & Co. KG
Christophstraße 18-22
45130 Essen
Tel. 0201/7994500
Fax 0201/7994505

Dipl.-Ing. Heinrich Böll 152
Architekt BDA DWB
Nordsternstraße 65
45329 Essen
Tel. 0201/836380
Fax 0201/8363870

Post - Welters 155
Architekten & Stadtplaner BDA/SRL
Arndtstraße 37
44135 Dortmund
Tel. 0231/47734860
Fax 0231/554444

Gerber Architekten 156+160
Tönnishof 8
44149 Dortmund
Tel. 0231/90650
Fax 0231/9065111

Walter Hellmich 164
Baugesellschaft GmbH
Lanterstraße 20
46539 Dinslaken
Tel. 02064/970535
Fax 02064/970549

Bauwens Construction 168
GmbH & Co. KG
Richard-Strauss-Straße 2
50931 Köln
Tel. 0221/40084191
Fax 0221/40084159

Professor Krenz Architekten 168
Archwerk Generalplaner KG
Obere Stahlindustrie 4
44793 Bochum
Tel. 0234/9195700
Fax 0234/9195720

BauContor Wohnbau GmbH 170
Holtestraße 2
44388 Dortmund
Tel. 0231/6903568
Fax 0231/6903573

UBS Real Estate 173
Kapitalanlagegesellschaft mbH
Theatiner Straße 16
80333 München
Tel. 089/206095111
Fax 089/206095202

Stegepartner 174
Architektur und
Stadtplanung BDA SRL
ADAC Haus am Westfalendamm,
Freie-Vogel-Straße 393
44269 Dortmund
Tel. 0231/5897830
Fax 0231/58978399

K2 Plan 176
Architektur Innenarchitektur
Oldenburger Straße 240
49377 Vechta
Tel. 04441/910396
Fax 04441/910397

KD-BANK eG 176
- die Bank für Kirche und Diakonie -
Am Burgacker 37
47051 Duisburg
Tel. 0203/295420 o. 58444200
Fax 0203/2954161

EWMG Entwicklungs- 178
gesellschaft der
Stadt Mönchengladbach mbH
Regentenstraße 21
41061 Mönchengladbach
Tel. 02161/46640
Fax 02161/4664296

Architekt Gerhardt Ebrecht 180
Wandweg 1
44149 Dortmund
Tel. 0231/9751650
Fax 0231/97516520

DEGENER Architekten und 182
Generalplaner
Viktoriastraße 40
44135 Dortmund-City
Tel. 0231/4278240
Fax 0231/42782429

Eller + Eller GmbH 184
Augustastraße 30
40477 Düsseldorf
Tel. 0211/43520
Fax 0211/4352208

Wilma Wohnen Rheinland GmbH 186
Stadionring 16
40878 Ratingen
Tel. 02102/1560
Fax 02102/156101

Meier + Partner Architekten 188
Hilgenland 5
58099 Hagen
Tel. 02331/96970
Fax 02331/969713

Dipl.-Ing. Regina Bieber 190
Architekturbüro für Bauwesen
Hagener Straße 31
44225 Dortmund
Tel. 0231/79227720
Fax 0231/79227729

ARSATEC GmbH 192
Hufelandstraße 2
45147 Essen
Tel. 0201/560080
Fax 0201/5600819

PRIMUS Development AG 194
Agrippinawerft 30
50678 Köln
Tel. 0221/3566620
Fax 0221/35666210

Vollack GmbH & Co. KG 196
Meerbuscher Straße 64-78
40670 Meerbusch
Tel. 02159/96980
Fax 02159/969829

BKR Brüning Klapp Rein 198
Architekten
Robert-Schmidt-Straße 5
45138 Essen
Tel. 0201/28946-0
Fax 0201/28946-29

Bahl + Partner Architekten BDA 200
Hasencleverstraße 5
58135 Hagen
Tel. 02331/481270
Fax 02331/481270

Schmidt / Schmersahl + Partner 202
F. Schmersahl, F. Biermann,
H.-J. Prüßner
Friesenweg 12
32107 Bad Salzuflen
Tel. 05222/97510
Fax 05222/975130

Michael Peinelt & Partner 204
Architekten
Universitätsstraße 76 A
44789 Bochum
Tel. 0234/298390
Fax 0234/2983929

Architekten

Ingenieurbüro Hagen 36
Beratende Ingenieure VBI
Loconer Weg 15
58708 Menden
Tel. 02373/16070
Fax 02373/160743

Berendt + Teigelkötter 76
Architekten BDA
Westenwall 4
59065 Hamm
Tel. 02381/92450
Fax 02381/15213

IBR Ingenieurteam für 81
Brandschutz & Rettungswesen
Rembrandtstraße 2
59423 Unna
Tel. 02303/253477
Fax 02303/253479

Franke & Partner 82
Sozietät für Organisationsarchitektur
Horstkottenknapp 13
58313 Herdecke
Tel. 02330/74074
Fax 02330/74076

SAL Planungsgruppe GmbH 95
Stadtplanung, Architektur,
Landschaftsplanung
Hansaring 25
48155 Münster
Tel. 0251/686480
Fax 0251/6864829

bkp Kolde Kollegen 103
Planung GmbH
InnenArchitektur/Generalplanung
Brachtstraße 11
45133 Essen
Tel. 0201/827670
Fax 0201/8276720

Chapman Taylor 124
CTA Planer GmbH
Architektur und Städtebau
Königsallee 60 C
40212 Düsseldorf
Tel. 0211/8828690
Fax 0211/88286930

Norbert Post, Hartmut Welters 177
Architekten & Stadtplaner BDA/SRL
Arndtstraße 37
44135 Dortmund
Tel. 0231/47734860
Fax 0231/554444

pslandschaft.de - 179
freiraumplanung
Dipl.-Ing. Joachim Schulze
Freier Landschaftsarchitekten BDLA
Wollenhausweg 5
40822 Mettmann
Tel. 02104/959720
Fax 02104/9597216

Architekturbüro 185
Hans Ulrich Wittpahl
Architekt VFA Bausachverständiger
Heinz-Bäcker-Straße 24
45356 Essen
Tel. 0201/866400
Fax 0201/8664016

Michael Gödde 195
Dipl.-Ing. Architekt
Hochstadenstraße 11
41469 Neuss
Tel. 02137/104403
Fax 02137/104449

Dipl.-Ing. (FH) Architekt 197
Roland Kienzle
Effenspitze 8
55129 Mainz
Tel. 06136/959705
Fax 06136/7523921

Die Bauspezialisten

Anzeige

Ihr Ansprechpartner:
Thomas Stephan
Dipl.-Ing., Dipl.-Wirt. Ing. (FH)
Beratender Ingenieur IK-Bau NRW, VBI
Heerstr. 23, 40721 Hilden
Tel.: +49 (0) 21 03 / 26 38 38
Fax.: +49 (0) 21 03 / 26 38 39
www.build-ing.net | info@build-ing.net

build|ing
Ingenieurbüro | Stephan

- Fassadenberatung & -planung
- Bauphysik & Bauklimatik
- Bauen im Bestand
- konstruktiver Glasbau
- Sachverständigentätigkeit

Ingenieurbüros

VBI Verband 14
Beratender Ingenieure
Budapester Straße 31
10787 Berlin
Tel. 030/260620
Fax 030/26062100
www.vbi.de / vbi@vbi.de

Ingenieurbüro Hagen 36
Beratende Ingenieure VBI
Loconer Weg 15
58708 Menden
Tel. 02373/16070
Fax 02373/160743

Ingenieurbüro 39+183
Landwehr GmbH
Beratende Ingenieure - Technische
Ausrüstung
Planetenfeldstraße 116 B
44379 Dortmund
Tel. 0231/9610100
Fax 0231/96101022

Klaus Drücke Ingenieur- 41
gesellschaft mbH & Co. KG
Gebäude- und Versorgungstechnik,
Facility-Management
Westfalendamm 231
44141 Dortmund
Tel. 0231/9410740
Fax 0231/94107410

Dipl.-Ing. Uwe Bieber VBI 42+181
Staatl. anerkannter Sachverständiger
für Wärme- und Schallschutz
Hagener Straße 31
44225 Dortmund
Tel. 0231/7922770
Fax 0231/79227722

Engels Ingenieure GmbH 42
Seydlitzstraße 38
44263 Dortmund
Tel. 0231/9410130
Fax 0231/94101320

WISSBAU Beratende 45
Ingenieurgesellschaft mbH
Kruppstraße 82-100
45145 Essen
Tel. 0201/2486860
Fax 0201/2486862

geotec ALBRECHT 77
Ingenieurgesellschaft GbR
Ingenieurgeologie, Hydrogeologie,
Umweltgeologie
Baukauer Straße 46a
44653 Herne
Tel. 02323/92740
Fax 02323/927430

BRANDI IGH Ingenieure GmbH 79
Dipl.-Ing. Reinhard Heinze
Scharnhoststraße 40
48151 Münster
Tel. 0251/871110
Fax 0251/8711198

Franke & Partner 82
Sozietät für Organisationsarchitektur
Horstkottenknapp 13
58313 Herdecke
Tel. 02330/74074
Fax 02330/74076

ISRW Institut für Schalltechnik, 88
Raumakustik, Wärmeschutz
Dr.-Ing. Klapdor GmbH
Kalkumer Straße 173
40468 Düsseldorf
Tel. 0211/4185560
Fax 0211/420511

SAL Planungsgruppe GmbH 95
Stadtplanung, Architektur,
Landschaftsplanung
Hansaring 25
48155 Münster
Tel. 0251/686480
Fax 0251/6864829

bkp Kolde Kollegen 103
Planung GmbH
InnenArchitektur/Generalplanung
Brachtstraße 11
45133 Essen
Tel. 0201/827670
Fax 0201/8276720

Ingenieurbüro Bild 106
Beratende Ingenieure VBI
Emster Straße 25
58093 Hagen
Tel. 02331/55005
Fax 02331/55004

Heitkamp Ingenieur- und 115
Kraftwerksbau GmbH
Niederlassung Herne
Langekampstraße 36
44652 Herne
Tel. 02325/572876
Fax 02325/572874

DU Diederichs 124
Projektmanagement AG & Co. KG
Laurentiusstraße 21
42103 Wuppertal
Tel. 0202/245710
Fax 0202/2457145

Burckhard Schröder & Partner 129
Beratende Ingenieure VBI
für Elektrotechnik
Steubenstraße 6
33609 Bielefeld
Tel. 0521/9321201
Fax 0521/9321259

Dipl.-Ing. J. U. Kügler 139
Ingenieurbüro für
Erd- und Grundbau
Im Teelbruch 61
45219 Essen
Tel. 02054/95400
Fax 02054/954090

Ingenieurbüro Düffel 162
Ingenieurgesellschaft für
Tragwerksplanung mbH
Hermannstraße 4/6
44263 Dortmund
Tel. 0231/449601
Fax 0231/449611

Brendebach Ingenieure GmbH 169
Dürenstraße 33
53173 Bonn
Tel. 0228/400060
Fax 0228/4000666

Ingenieurbüro Rolf Besten 179
Bergstraße 58
41063 Mönchengladbach
Tel. 02161/243900
Fax 02161/14642

Vermessungsbüro Klein 210
Dipl.-Ing. Hans-Peter Klein
Öffentlich bestellter
Vermessungsingenieur
Fischerstraße 13
45128 Essen
Tel. 0201/221098
Fax 0201/221090

Dipl.-Ing. Ralf Arnscheidt 211
Öffentlich bestellter
Vermessungsingenieur
Veronikastraße 34
45131 Essen
Tel. 0201/231693
Fax 0201/231913

Anzeige

Vermessungsbüro Klein

Dipl.-Ing. Hans-Peter Klein
Öffentlich bestellter Vermessungsingenieur

Fischerstraße 13 • 45128 Essen
Telefon 02 01-22 10 98 • Telefax 02 01-22 10 90
e-Mail: Klein.Vermessung@t-online.de

Die Bauspezialisten

Ingenieurbüro für Akustik und Bauphysik

ITAB GmbH 163
Ingenieurbüro für Technische
Akustik und Bauphysik
Schüruferstraße 309A
44287 Dortmund
Tel. 0231/9480170
Fax 0231/94801723

Ingenieurbüro für Arbeitssicherheit

AGS Weckermann & Partner 162
Ingenieurbüro für
Baustellenkoordination,
Arbeitssicherheit und
Gesundheitsschutz
Westfalendamm 241
44141 Dortmund
Tel. 0231/4257800
Fax 0231/42578051

Ingenieurbüro für Bau

RIG Ruhrberg 65
Ingenieurgemeinschaft
Gehrke - Neumann - Schmitz
Beratende Ingenieure VBI
Homertstrasse 10
58091 Hagen
Tel. 02337/91850
Fax 02337/918522

Ingenieurbüro für Baugrund und Altlasten

Diplom-Geologe 155
Stephan Brauckmann
Von-Nell-Breuning-Straße 32
58730 Fröndenberg
Tel. 02373/1780300
Fax 02373/1780320

Ingenieurbüro für Baugrund, Grundwasser, Umwelt

Dr. Muntzos & Partner 76
Beratende Geologen
Heemanns Damm 3
49536 Lienen
Tel. 05484/96200
Fax 05484/962020

Ingenieurbüro für Baugrunduntersuchung, Baustoffprüfung, Tragwerksplanung, Bauwerkserhaltung

Roxeler 96
Ingenieurgesellschaft mbH
Otto-Hahn-Straße 7
48161 Münster
Tel. 02534/62000
Fax 02534/620032

Ingenieurbüro für Bauleitung, Bauüberwachung, Beratung, Arbeitsschutz, Abrechnung

BAUCON 42
Ingenieurgesellschaft mbH
Baumanagement im Ingenieurwesen
Nederhoffstraße 23
44137 Dortmund
Tel. 0231/22259800
Fax 0231/22259805

Ingenieurbüro für Bauphysik

Hansen - Ingenieure 96
Bauphysik, Akustik, Schallschutz
Lise-Meitner-Straße 5-9
42119 Wuppertal
Tel. 0202/9468787
Fax 0202/9468790

Ingenieurbüro für Bauphysik, Energieberatung, Fassadentechnik

BUILD ING Ingenieurbüro 210
Stephan Beratender Ingenieur
IK-Bau NRW, VBI
Heerstraße 23
40721 Hilden
02103/263838
02103/263839

Ingenieurbüro für Baustatik

Ingenieursozietät Schürmann - 163
Kindmann und Partner GbR
Goebenstraße 9
44135 Dortmund
Tel. 0231/9520770
Fax 0231/554382

Ingenieurbüro für Baustellenkoordination

AGS Weckermann & Partner 162
Ingenieurbüro für
Baustellenkoordination,
Arbeitssicherheit und
Gesundheitsschutz
Westfalendamm 241
44141 Dortmund
Tel. 0231/4257800
Fax 0231/42578051

Ingenieurbüro für Bautechnik

IGRT Gathmann, 205
Reyer + Teilhaber mbH
Ingenieurgesellschaft für Bautechnik
Universitätsstraße 74
44789 Bochum
Tel. 0234/930430
Fax 0234/9304343

Ingenieurbüro für Bauwesen

Ingenieurpartnerschaft 153
Karvanek-Thierauf
Hollestraße 1
45127 Essen
Tel. 0201/827430
Fax 0201/8274340

Brendebach Ingenieure GmbH 169
Dürenstraße 33
53173 Bonn
Tel. 0228/400060
Fax 0228/4000666

Ingenieurbüro für das Bauwesen 187
Augustin - Noack - Grauten -
von Stieglitz -Geburtig
Pullerweg 47
40670 Meerbusch
Tel. 02159/4001
Fax 02159/4002

Ingenieurbüro für Beweissicherung

Dipl.-Ing. Klaus-Peter Gentgen 106
Beratender Ingenieur
Marienstraße 1
58095 Hagen
Tel. 02331/28598
Fax 02331/24212

Ingenieurbüro für Brandschutz

Brandschutz Dr. Heins 55
Sachverständigenbüro
Tiergartenstraße 29
47533 Kleve
Tel. 02821/713980
Fax 02821/7139829

IB Brandschutz GmbH 78
Ingenieurbüro bautechnischer
Brandschutz
Rudolf-Diesel-Straße 8a
59425 Unna
Tel. 02303/773496
Fax 02303/942355

IBR Ingenieurteam für 81
Brandschutz & Rettungswesen
Rembrandtstraße 2
59423 Unna
Tel. 02303/253477
Fax 02303/253479

VSO Brandschutz - 82
Dipl-Ing. Volker Schultz-Ohmann
Ingenieurbüro für
Brandschutzberatung
Am Bach 23
59069 Hamm
Tel. 02385/921250
Fax 02385/921255

Ingenieurbüro für Brandschutzplanung

Zeppenfeld 136
Ingenieurgesellschaft mbH
für wirtschaftliche
Baukonstruktionen
Voßbergring 72
45259 Essen
Tel. 0201/468830
Fax 0201/4658333

Ingenieurbüro für Elektro

INS 77+149
Ingenieurgesellschaft mbH
H. Nordhoff - E. Schäpermeier
An der Kleimannbrücke 98
48157 Münster
Tel. 0251/932060
Fax 0251/9320610

———— Anzeige

Dipl.-Ing. Ralf Arnscheidt

Veronikastraße 34 • 45131 Essen
Telefon 02 01/23 16 93 • Telefax 02 01/23 19 13 • Mobil: 01 60/855 53 54
eMail: info@arnscheidt.de • Internet: http://www.arnscheidt.de

Die Bauspezialisten

Ingenieurbüro für Elektrotechnik

Burckhard Schröder & Partner 129
Beratende Ingenieure VBI für
Elektrotechnik
Steubenstraße 6
33609 Bielefeld
Tel. 0521/9321201
Fax 0521/9321259

Ingenieurbüro für Gastronomie

htc-projekt GmbH 106
Ingenieurbüro für Gastronomie
Goergesheideweg 138
40670 Meerbusch
Tel. 02159/911774
Fax 02159/911773

Ingenieurbüro für Geotechnik

GFP Dr. Gärtner und Partner 185
Ingenieurbüro für Geotechnik
und Umweltplanung
Bürgerstraße 15
47057 Duisburg
Tel. 0203/350539
Fax 0203/350541

ibg-Ingenieurgesellschaft für 204
Bodenmanagement
und Geotechnik mbH
Universitätsstraße 74
44789 Bochum
Tel. 0234/9302120
Fax 0234/93021238

Ingenieurbüro für Geotechnik und Umwelt

GeoTerra Geologische 195
Beratungsgesellschaft mbH
Krantzstraße 7
52070 Aachen
Tel. 0241/9609630
Fax 0241/9609628

Ingenieurbüro für Haustechnik

PGH Planungsgemeinschaft 201
Haustechnik
Klaus Stege
Asternweg 34
40468 Düsseldorf
Tel. 0211/472080
Fax 0211/4720844

Ingenieurbüro für Heizung, Klima, Lüftung, Sanitär

Giesen - Gillhoff - Loomans GbR 45
Haustechnik
Bismarckstraße 51
47799 Krefeld
Tel. 02151/607490
Fax 02151/6074929

Ingenieurbüro für Heizung, Lüftung, Sanitär

Ingenieurbüro Temmen VDI 149
Heizung - Lüftung - Sanitär -
Planung
Devesburgstraße 81
48431 Rheine
Tel. 05971/914483
Fax 05971/9144850

Ingenieurbüro für Hoch- und Industriebau

Dipl.-Ing. Bernd Jeschonneck 143
Friedenstraße 10
40667 Meerbusch
Tel. 02132/4777
Fax 02132/4681

Ingenieurbüro für Lichtplanung

START.Media.Projekte GmbH 53
Ingenieurbüro für Lichtplanung
Girardetstraße 2-38
45131 Essen
Tel. 0201/8203600
Fax 0201/8203620

Ingenieurbüro für Numerische Simulation

simuPLAN 124
Dipl.-Met. Georg Ludes
Ingenieurbüro für Numerische
Simulation
Heroldstraße 26
46284 Dorsten
Tel. 02362/50800
Fax 02362/50888

Ingenieurbüro für Schall- und Wärmeschutz

PMI Dipl.-Ing. Peter Mutard 96
Ingenieurgesellschaft für
Technische Akustik, Schall-
und Wärmeschutz mbH
Ottostraße 94
85521 Ottobrunn
Tel. 089/6060690
Fax 089/602045

Zeppenfeld 136
Ingenieurgesellschaft m.b.H.
für wirtschaftliche
Baukonstruktionen
Voßbergring 72
45259 Essen
Tel. 0201/468830
Fax 0201/4658333

Dipl.-Ing. Horst R. Grün 154
Bausachverständiger
Großenbaumer Straße 240
45479 Mülheim an der Ruhr
Tel. 0208/4665333
Fax 0208/4665334

Ingenieurbüro für SiGeKo

AGS Weckermann & Partner 162
Ingenieurbüro für
Baustellenkoordination,
Arbeitssicherheit und
Gesundheitsschutz
Westfalendamm 241
44141 Dortmund
Tel. 0231/4257800
Fax 0231/42578051

Ingenieurbüro für Sportplatzplanung

pslandschaft.de - 179
freiraumplanung
Dipl.-Ing. Joachim Schulze
Freier Landschaftsarchitekten BDLA
Wollenhausweg 5
40822 Mettmann
Tel. 02104/959720
Fax 02104/9597216

Ingenieurbüro für Stahlbau

Ingenieurbüro Reinard 142
Statik Konstruktion Stahlbau
Stahlbetonbau
Stormstraße 1
47226 Duisburg-Rheinhausen
Tel. 02065/99270
Fax 02065/992727

Ingenieurbüro für Statik, Tragwerksplanung

Ingenieurbüro 146
Dr.-Ing. Niederstein Nachf.
Dipl-Ing. Hahn,
Dipl.-Ing. Schiffmann
Hildegardstraße 21
45130 Essen
Tel. 0201/8789820
Fax 0201/774528

Ingenieurbüro für Statische Prüfungen

IngenieurGesellschaft 129
Schultz mbH
Beratende Ingenieure für Bautechnik
Otto-Brenner-Straße 247
33604 Bielefeld
Tel. 0521/417130
Fax 0521/4171350

Ingenieurbüro für technische Ausrüstung

ITS Ingenieur-Technik 64
Scholz GmbH
Müller-Breslau-Straße 30a
45130 Essen
Tel. 0201/895210
Fax 0201/261301

Ingenieurbüro für Technische Gebäudeausrüstung

Ingenieurbüro 39+183
Landwehr GmbH
Beratende Ingenieure - Technische
Ausrüstung
Planetenfeldstraße 116 B
44379 Dortmund
Tel. 0231/9610100
Fax 0231/96101022

Ingenieurbüro Klaus Krefft GbR 61
Von-Galen-Straße 16
46244 Bottrop
Tel. 02045/3670
Fax 02045/7393

EBM 138
Ingenieurgesellschaft mbH
Weseler Straße 593
48163 Münster
Tel. 0251/97160
Fax 0251/9716160

IBB - Ingenieur Büro Brieden 141
Energie- & Haustechnik
Dellbrücker Straße 204
51469 Bergisch Gladbach
Tel. 02202/55516
Fax 02202/254599

Fuhrmann + Keuthen 163
Ingenieurbüro - Technische
Gebäudeausrüstung
Gruftstraße 1
47533 Kleve
Tel. 02821/72900
Fax 02821/729099

IbB Ing.-Büro Bleiker 185
Dipl.-Ing. Werner Bleiker,
Dr.Ing. Guido Bleiker
Mühlenrottstraße 15
45711 Datteln
Tel. 02363/2190
Fax 02363/51280

Ingenieurbüro 203
Gerhard Riedel GbR
Kiefernweg 14
59439 Holzwickede
Tel. 02301/4322
Fax 02301/12290

Ingenieurbüro für technische Gesamtplanung

Weber & Partner 168
Ingenieurgesellschaft
für technische Gesamtplanung mbH
Siegesstraße 42
50679 Köln
Tel. 0221/9127620
Fax 0221/91276299

Die Bauspezialisten

Ingenieurbüro für Tief- und Straßenbau und Baukonstruktionen

Dipl.-Ing. N. Turrek VDI 138
Ingenieurbüro für Tief- und Straßenbau
Benderstraße 110
40625 Düsseldorf
Tel. 0211/2097821
Fax 0211/2097876

Ingenieurbüro für Tragwerk

ahw Ingenieure GmbH 95
Gildenstraße 2h
48157 Münster
Tel. 0251/141340
Fax 0251/1413450

Gantert + Wiemeler 95
Ingenieurplanung
Krögerweg 17
48155 Münster
Tel. 0251/626340
Fax 0251/6263434

Ingenieurbüro für Tragwerksplanung

Dipl.-Ing. Uwe Bieber VBI 42+181
Staatl. anerkannter
Sachverständiger für Wärme-
und Schallschutz
Hagener Straße 31
44225 Dortmund
Tel. 0231/7922770
Fax 0231/79227722

Lederhose, 78
Wittler & Partner GbR
Tragwerksplanung
Landgrafenstraße 153
44139 Dortmund
Tel. 0231/9823030
Fax 0231/98230330

Ingenieurbüro für Baustatik 79
Diplom-Ingenieur Karl-Heinz
Geldmacher BDB
Obermassener Kirchweg 45
59423 Unna
Tel. 02303/257720
Fax 02303/13609

Zeppenfeld 136
Ingenieurgesellschaft m.b.H.
für wirtschaftliche
Baukonstruktionen
Voßbergring 72
45259 Essen
Tel. 0201/468830
Fax 0201/4658333

Ingenieurbüro 139
Dipl.-Ing. H. Schmitt
Gartenstraße 53-55
40479 Düsseldorf
Tel. 0211/9894480
Fax 0211/494160

Dipl.-Ing. Heinrich Surmann 154
Ingenieurbüro für Bauplanung,
Tragwerksplanung
Im Eichholz 22
45768 Marl
Tel. 02365/71123
Fax 02365/2955001

Ingenieurbüro Düffel 162
Ingenieurgesellschaft für
Tragwerksplanung mbH
Hermannstraße 4/6
44263 Dortmund
Tel. 0231/449601
Fax 0231/449611

LWS Ingenieurgesellschaft 201
für Tragwerksplanung
Lewenton - Werner - Schwarz
Sonnenwall 64
47051 Duisburg
Tel. 0203/21146
Fax 0203/23012

Ingenieurbüro für Tragwerksplanung, Prüfstatik

Thomas & Bökamp 78
Ingenieurgesellschaft mbH
Beratende Ingenieure
im Bauwesen
Im Derdel 13
48161 Münster
Tel. 02534/6100
Fax 02534/610222

Ingenieurbüro für Umweltberatung

M & P Mull und Partner 191
Ingenieurgesellschaft mbH
Haldener Straße 12
58095 Hagen
Tel. 02331/900005
Fax 02331/900007

Ingenieurbüro für Umweltgeologie

Fülling Beratende 146
Geologen GmbH
Büro für Umweltgeologie
In der Krim 42
42369 Wuppertal
Tel. 0202/94580
Fax 0202/945860

Ingenieurbüro für Verkehrs- und Infrastrukturplanung

Blanke - Ambrosius 124
Verkehr - Infrastruktur
Ingenieurbüro für Verkehrs-
und Infrastrukturplanung
Westring 25
44787 Bochum
Tel. 0234/91300
Fax 0234/9130200

Ingenieurbüro für Vermessung

Dipl.-Ing. Dieter Michel 82
Öffentlich bestellter
Vermessungsingenieur
Mülheimer Straße 1 (Wasserturm)
46049 Oberhausen
Tel. 0208/8244890
Fax 0208/801336

Vermessungsbüro 163
Dipl.-Ing. Ch. Sommerhoff
Öffentlich bestellter
Vermessungsingenieur
Olpketalstraße 14
44229 Dortmund (Kirchhörde)
Tel. 0231/730001
Fax 0231/730205

Ingenieurbüro für Versorgungstechnik

Georg Thiemann Dipl.-Ing. 61
Heizungs-, Lüftungs-
und Sanitär-Technik
Mirkstraße 16
46238 Bottrop
Tel. 02041/730147
Fax 02041/730148

Unternehmen

▶ A

Abbruch

B. Mensing Abbruch & 37
Recycling GmbH
Bergstraße 13
48727 Billerbeck
Tel. 02543/932415
Fax 02543/932425

Beton-, Bohr- und 45
Sägetechnik Yildirim
Feldstraße 23
44867 Bochum
Tel. 02327/323415
Fax 02327/323416

Mann Diamanttechnik 56
GmbH & Co. KG
Harpener Hellweg 41
44805 Bochum
Tel. 0234/9507700
Fax 0234/9507722

Bamberger Bau-GmbH 64
Neue Straße 19-21
58135 Hagen
Tel. 02331/94810
Fax 02331/948171

THK GmbH 98
Frei- und Verkehrsanlagen,
Rückbau
Wilkinghege 42
48159 Münster
Tel. 0251/263320
Fax 0251/2633222

Münsterländer 99
Heinzelmännchen
Garten- und
Landschaftsbau GmbH
Hohenhorst 89
48341 Altenberge
Tel. 02505/2515
Fax 02505/3828

Prangenberg & Zaum GmbH 103
Abbruch und Rückbau
Vorster Straße 3-5
41748 Viersen
Tel. 02162/93220
Fax 02162/932250

Paul Kamrath GmbH 143
Abbruchtechnik und Entsorgung
Hamburger Straße 97
44135 Dortmund
Tel. 0231/579751
Fax 0231/579753

F.F. System-Bau GmbH 166
Kirchbachstraße 40
45476 Mühlheim/Ruhr
Tel. 0208/4442222
Fax 0208/4442214

GFP Dr. Gärtner und Partner 185
Ingenieurbüro für Geotechnik
und Umweltplanung
Bürgerstraße 15
47057 Duisburg
Tel. 0203/350539
Fax 0203/350541

Abdichtungen

Peter Straßburger GmbH 44
Dachdeckermeister
Eisfahrtstraße 1
45478 Mülheim
Tel. 0208/56368
Fax 0208/593024

213

Die Bauspezialisten

Dieter Friedrichs 99
Dach + Wand GmbH
Flaßkamp 1
48565 Steinfurt
Tel. 02552/4427
Fax 02552/61759

Dipl.-Ing. Horst R. Grün 154
Bausachverständiger
Großenbaumer Straße 240
45479 Mülheim an der Ruhr
Tel. 0208/4665333
Fax 0208/4665334

STN Dach- und 205
Fassadenbau GmbH
Carolinenglückstraße 37
44793 Bochum
Tel. 0234/9270280
Fax 0234/9270278

Abwasser

Klaus Deubner GmbH 56
Sanitär, Heizung, Klempnerei
Wohlfahrtstraße 117
44799 Bochum
Tel. 0234/770908
Fax 0234/771048

Abwasserrecycling

GeoTerra Geologische 195
Beratungsgesellschaft mbH
Krantzstraße 7
52070 Aachen
Tel. 0241/9609630
Fax 0241/9609628

Abwassertechnik

GVA Gesellschaft für 64
Verfahren der
Abwassertechnik mbH & Co. KG
Dieselstraße 6
42489 Wülfrath
Tel. 02058/92100
Fax 02058/72640

Akustik

WISSBAU Beratende 45
Ingenieurgesellschaft mbH
Kruppstraße 82-100
45145 Essen
Tel. 0201/2486860
Fax 0201/2486862

Innenwelt 88
Flächenbehandlung GmbH
Provinzialstraße 372
44388 Dortmund
Tel. 0231/693606
Fax 0231/693718

Hansen - Ingenieure 96
Bauphysik, Akustik, Schallschutz
Lise-Meitner-Straße 5-9
42119 Wuppertal
Tel. 0202/9468787
Fax 0202/9468790

Anzeige

Herdieckerhoff
Garten - und Landschaftsbau
Ralf Herdieckerhoff
Gartenbautechniker
Berliner Str. 17
59174 Kamen
Telefon: 02307 / 7780
Telefax: 02307 / 970654
e - mail
RHerdieckerhoff@aol.com

ABM Akustik - 137
Brandschutz - Moers
Schwanenring 19
47441 Moers
Tel. 02841/8807882
Fax 02841/8807883

Gödiker GmbH 142
Indoor-Constructions
Kreuzweg 4
49740 Haselünne
Tel. 05961/94310
Fax 05961/943131

H. Hölscher Akustik, 172
Innenausbau,
Trockenbau, Vollwärmeschutz,
Wärmedämmung
Bergstraße 4
59394 Nordkirchen
Tel. 02596/98642
Fax 02596/98643

Altlasten

geotec ALBRECHT 77
Ingenieurgesellschaft GbR
Ingenieurgeologie, Hydrogeologie,
Umweltgeologie
Baukauer Straße 46a
44653 Herne
Tel. 02323/92740
Fax 02323/927430

THK GmbH 98
Frei- und Verkehrsanlagen,
Rückbau
Wilkinghege 42
48159 Münster
Tel. 0251/263320
Fax 0251/2633222

Dipl.-Geol. B. Blankmeister 133
Büro für Ingenieur- und
Hydrogeologie
Dickebankstraße 36
44866 Bochum (Wattenscheid)
Tel. 02327/88224
Fax 02327/15852

gbk Geologisches Büro 143
Dr. Georg Kleinebrinker
Große Telegraphenstraße 9-11
50676 Köln
Tel. 0221/5800628
Fax 0221/4767909

Paul Kamrath GmbH 143
Abbruchtechnik und Entsorgung
Hamburger Straße 97
44135 Dortmund
Tel. 0231/579751
Fax 0231/579753

Diplom-Geologe 155
Stephan Brauckmann
Von-Nell-Breuning-Straße 32
58730 Fröndenberg
Tel. 02373/1780300
Fax 02373/1780320

GFP Dr. Gärtner und Partner 185
Ingenieurbüro für Geotechnik
und Umweltplanung
Bürgerstraße 15
47057 Duisburg
Tel. 0203/350539
Fax 0203/350541

ibg-Ingenieurgesellschaft für 204
Bodenmanagement
und Geotechnik mbH
Universitätsstraße 74
44789 Bochum
Tel. 0234/9302120
Fax 0234/93021238

Altlastensanierung

Dipl.-Ing. J. U. Kügler 139
Ingenieurbüro für Erd-
und Grundbau
Im Teelbruch 61
45219 Essen
Tel. 02054/95400
Fax 02054/954090

Anlagenbau

Siemens Building Technologies 35
GmbH & Co. oHG
Märkische Straße 8-10
44135 Dortmund
Tel. 0231/5760
Fax 0231/5761298

Imtech Deutschland 94
GmbH & Co. KG
Region West, Technische
Gebäudeausrüstung
Am Luftschacht 20
45307 Essen
Tel. 0201/85920
Fax 0201/8592199

Anlagenpflege

Ralf Herdieckerhoff 214
Gartenbautechniker
Garten- und Landschaftsbau
Berliner Straße 17
59174 Kamen
Tel. 02307/7780
Fax 02307/970654

Antennenbau

Elektro Jansen GmbH & Co. KG 79
Norbertstraße 22
48151 Münster
Tel. 0251/399200
Fax 0251/3992020

Imtech Deutschland 94
GmbH & Co. KG
Region West, Technische
Gebäudeausrüstung
Am Luftschacht 20
45307 Essen
Tel. 0201/85920
Fax 0201/8592199

Fischer + Oelze 106
Elektrotechn. Anlagen GmbH
Eilper Straße 88
58091 Hagen
Tel. 02331/79433
Fax 02331/75949

Elektro Heine GmbH 128
Küchenstudio -Elektroinstallation
Kieferstraße 26
44225 Dortmund
Tel. 0231/7922050
Fax 0231/79220519

Elektrotechnik Voussem GmbH 197
Bendenweg 28a
53902 Bad Münstereifel
Tel. 02253/3513
Fax 02253/4027

Antriebe

Hermann Jackson GmbH 83
Tore, Türen, Antriebe
Am Bauhof 41
48431 Rheine
Tel. 05971/16040
Fax 05971/160444

Die Bauspezialisten

Antriebstechnik

MOHS GmbH Stahlhandel, 80
Schweißfachbetrieb
Tore, Türen, Baugeräte, Zäune
Klutestraße 2
59063 Hamm
Tel. 02381/950560
Fax 02381/9505642

Arbeitsschutz

Tacke + Lindemann 110
Baubeschlag- und Metallhandel
GmbH + Co. KG
Beratgerstraße 31-33
44149 Dortmund
Tel. 0231/1777743
Fax 0231/1777775

Architekten s. auch
Verzeichnisbeginn

Asbestsanierung

Prangenberg & Zaum GmbH 103
Abbruch und Rückbau
Vorster Straße 3-5
41748 Viersen
Tel. 02162/93220
Fax 02162/932250

Aufzüge

INS 77+149
Ingenieurgesellschaft mbH
H. Nordhoff - E. Schäpermeier
An der Kleimannbrücke 98
48157 Münster
Tel. 0251/932060
Fax 0251/9320610

Marohn-Aufzüge GmbH 82
Siegenbeckstraße 3 a
59071 Hamm
Tel. 02388/301370
Fax 02388/301377

Pilz GmbH Bad, 114
Sanitär, Heizung,
Elektro, Solartechnik
Im Kattenbusch 16
44649 Herne
Tel. 02325/92720
Fax 02325/927225

Schindler Shared 153
Service GmbH
Marketing
Ringstraße 54
12105 Berlin
Tel. 030/70292591
Fax 030/70292406

FHW-Aufzüge 173
Geschäftsbetrieb der C. Haushahn
Aufzüge GmbH & Co. KG
Am Leveloh 18
45549 Spockhövel
Tel. 02324/97340
Fax 02324/973428

▶ B

Bäder

Ingenieurbüro Hagen 36
Beratende Ingenieure VBI
Loconer Weg 15
58708 Menden
Tel. 02373/16070
Fax 02373/160743

Glas Strack GmbH 56
Westenfelder Straße 76
44867 Bochum
Tel. 02327/98230
Fax 02327/87500

Klaus Deubner GmbH 56
Sanitär, Heizung, Klempnerei
Wohlfahrtstraße 117
44799 Bochum
Tel. 0234/770908
Fax 0234/771048

Föller GmbH 97
Heizung - Sanitär
Liebigstraße 10
48301 Nottuln
Tel. 02502/94090
Fax 02502/940939

Pilz GmbH Bad, 114
Sanitär, Heizung,
Elektro, Solartechnik
Im Kattenbusch 16
44649 Herne
Tel. 02325/92720
Fax 02325/927225

Schneider 127
Fliesen-Fachgeschäft
Berghofer Straße 76
44269 Dortmund
Tel. 0231/482422
Fax 0231/482422

Thomas Hesse 128
Haustechnik GmbH
Unterer Heideweg 28
59069 Hamm
Tel. 02385/68516
Fax 02385/913349

SINA GmbH 139
Heizung - Lüftung - Sanitär
Frielingsdorfweg 12
45239 Essen-Werden
Tel. 0201/491617
Fax 0201/491016

Wienströer Sanitär- und 191
Heizungstechnik GmbH
Hülskamp 23
59073 Hamm
Tel. 02381/673586
Fax 02381/673581

Volker und Jörg Dehne GmbH 205
Das Bad. Die Heizung.
Sprockhöveler Str. 103
58455 Witten
Tel. 02302/55073
Fax 02302/27282

Balkone

Schneider Fliesen-Fachgeschäft 127
Berghofer Straße 76
44269 Dortmund
Tel. 0231/482422
Fax 0231/482422

Balkoninstandsetzung

Franz Ernst GmbH & Co 89
Bautenschutz KG
Feldstraße 83
45661 Recklinghausen
Tel. 02361/63183
Fax 02361/375457

Bauabdichtungen

Peter Straßburger GmbH 44
Dachdeckermeister
Eisfahrtstraße 1
45478 Mülheim
Tel. 0208/56368
Fax 0208/593024

Franz Ernst GmbH & Co 89
Bautenschutz KG
Feldstraße 83
45661 Recklinghausen
Tel. 02361/63183
Fax 02361/375457

Dieter Friedrichs 99
Dach + Wand GmbH
Flaßkamp 1
48565 Steinfurt
Tel. 02552/4427
Fax 02552/61759

Dipl.-Ing. Horst R. Grün 154
Bausachverständiger
Großenbaumer Straße 240
45479 Mülheim an der Ruhr
Tel. 0208/4665333
Fax 0208/4665334

GFP Dr. Gärtner und Partner 185
Ingenieurbüro für Geotechnik
und Umweltplanung
Bürgerstraße 15
47057 Duisburg
Tel. 0203/350539
Fax 0203/350541

Baudekorationen

Franz Ernst GmbH & Co 89
Bautenschutz KG
Feldstraße 83
45661 Recklinghausen
Tel. 02361/63183
Fax 02361/375457

Baugrund

Diplom-Geologe 155
Stephan Brauckmann
Von-Nell-Breuning-Straße 32
58730 Fröndenberg
Tel. 02373/1780300
Fax 02373/1780320

Baugrundberatung

ibg-Ingenieurgesellschaft für 204
Bodenmanagement
und Geotechnik mbH
Universitätsstraße 74
44789 Bochum
Tel. 0234/9302120
Fax 0234/93021238

Baugrundgutachten

Dipl.-Geol. B. Blankmeister 133
Büro für Ingenieur- und
Hydrogeologie
Dickebankstraße 36
44866 Bochum (Wattenscheid)
Tel. 02327/88224
Fax 02327/15852

gbk Geologisches Büro 143
Dr. Georg Kleinebrinker
Große Telegraphenstraße 9-11
50676 Köln
Tel. 0221/5800628
Fax 0221/4767909

ibg-Ingenieurgesellschaft für 204
Bodenmanagement
und Geotechnik mbH
Universitätsstraße 74
44789 Bochum
Tel. 0234/9302120
Fax 0234/93021238

Baugrunduntersuchungen

geotec ALBRECHT 77
Ingenieurgesellschaft GbR
Ingenieurgeologie, Hydrogeologie,
Umweltgeologie
Baukauer Straße 46a
44653 Herne
Tel. 02323/92740
Fax 02323/927430

ibg-Ingenieurgesellschaft für 204
Bodenmanagement
und Geotechnik mbH
Universitätsstraße 74
44789 Bochum
Tel. 0234/9302120
Fax 0234/93021238

Die Bauspezialisten

Bauklempnerei

Rainer Teigel 111
Metallbedachungen,
Bauklempnerei, Dachdeckerei
Auf der Heide 6
59368 Werne
Tel. 02599/92311
Fax 02599/92312

Bauleitplanung

Ingenieurbüro Hagen 36
Beratende Ingenieure VBI
Loconer Weg 15
58708 Menden
Tel. 02373/16070
Fax 02373/160743

Bauleitung

Ingenieurbüro Hagen 36
Beratende Ingenieure VBI
Loconer Weg 15
58708 Menden
Tel. 02373/16070
Fax 02373/160743

Haus-Bau System GmbH 79
Hagener Straße 322
44229 Dortmund
Tel. 0231/732956
Fax 0231/7273396

Arbeitsgemeinschaft 104
Sparkassenkarree Hagen
Adolf Lupp GmbH + Co. KG
Bauunternehmen, Gustav Epple
Bauunternehmung GmbH, ABB
Gebäudetechnik AG
Grashofstraße 2
58095 Hagen
Tel. 06043/807225
Fax 06043/807171

Pilz GmbH Bad, 114
Sanitär, Heizung,
Elektro, Solartechnik
Im Kattenbusch 16
44649 Herne
Tel. 02325/92720
Fax 02325/927225

Kissel-Rapid GmbH 145
Generalunternehmer, Rohbauleister,
Teil- und Schlüsselfertigbauten
Felder Straße 74
42651 Solingen
Tel. 0212/24010
Fax 0212/2401180

GFP Dr. Gärtner und Partner 185
Ingenieurbüro für Geotechnik
und Umweltplanung
Bürgerstraße 15
47057 Duisburg
Tel. 0203/350539
Fax 0203/350541

Bauphysik

Engels Ingenieure GmbH 42
Seydlitzstraße 38
44263 Dortmund
Tel. 0231/9410130
Fax 0231/94101320

WISSBAU Beratende 45
Ingenieurgesellschaft mbH
Kruppstraße 82-100
45145 Essen
Tel. 0201/2486860
Fax 0201/2486862

Bauplanung

Dipl.-Ing. Heinrich Surmann 154
Ingenieurbüro für Bauplanung,
Tragwerksplanung
Im Eichholz 22
45768 Marl
Tel. 02365/71123
Fax 02365/2955001

Baustatik

Engels Ingenieure GmbH 42
Seydlitzstraße 38
44263 Dortmund
Tel. 0231/9410130
Fax 0231/94101320

Baustoffe

Dobermann GmbH & Co. 150
Akustik - Wärme - Feuerschutz
Haus Uhlenkotten 8
48159 Münster
Tel. 0251/202060
Fax 0251/2020666

Gebr. Möller 172
Containerdienst - Tiefbau -
Baustoffe - Transporte
Kreuzstraße 132
44532 Lünen
Tel. 02306/16000
Fax 02306/160016

Bautrocknungen

TOGO Bautrocknung 77
Matter GmbH
Walter-Welp-Straße 32
44149 Dortmund
Tel. 0231/1770001
Fax 0231/179783

Bauunternehmen

Bamberger Bau-GmbH 64
Neue Straße 19-21
58135 Hagen
Tel. 02331/94810
Fax 02331/948171

Schäfer-Bauten GmbH 74
Wilhelmstraße 80
49477 Ibbenbüren
Tel. 05451/50050
Fax 05451/500550

Hubert Riesenbeck 98
Bauunternehmung GmbH & Co.
Hohe Geest 232
48165 Münster
Tel. 0251/919930
Fax 0251/788123

Arbeitsgemeinschaft 104
Sparkassenkarree Hagen
Adolf Lupp GmbH + Co. KG
Bauunternehmen, Gustav Epple
Bauunternehmung GmbH, ABB
Gebäudetechnik AG
Grashofstraße 2
58095 Hagen
Tel. 06043/807225
Fax 06043/807171

August Heine 122
Baugesellschaft AG
Centroallee 277
46047 Oberhausen
Tel. 0208/8583163
Fax 0208/8583171

Kissel-Rapid GmbH 145
Generalunternehmer, Rohbauleister,
Teil- und Schlüsselfertigbauten
Felder Straße 74
42651 Solingen
Tel. 0212/24010
Fax 0212/2401180

Arning 150
Bauunternehmung GmbH
Sellen 38
48565 Steinfurt
Tel. 02551/93880
Fax 02551/5465

M.M.H. Hochbau GmbH 172
Verklinkerungen -
Bauunternehmung
Gahenstraße 5
33142 Büren-Hegensdorf
Tel. 02951/4516
Fax 02951/3896

Soester Bau GmbH 172
Schillingsweg 49a
59581 Warstein
Tel. 02925 817592
Fax 02925 817949

Große-Bley 183
Bauunternehmung GmbH
Hiltroper Straße 268
44805 Bochum
Tel. 0234/891710
Fax 0234/8917171

Bauwerksabdichtungen

Peter Straßburger GmbH 44
Dachdeckermeister
Eisfahrtstraße 1
45478 Mülheim
Tel. 0208/56368
Fax 0208/593024

Franz Ernst GmbH & Co 89
Bautenschutz KG
Feldstraße 83
45661 Recklinghausen
Tel. 02361/63183
Fax 02361/375457

GFP Dr. Gärtner und Partner 185
Ingenieurbüro für Geotechnik
und Umweltplanung
Bürgerstraße 15
47057 Duisburg
Tel. 0203/350539
Fax 0203/350541

Bedachungen

Peter Straßburger GmbH 44
Dachdeckermeister
Eisfahrtstraße 1
45478 Mülheim
Tel. 0208/56368
Fax 0208/593024

Dieter Friedrichs 99
Dach + Wand GmbH
Flaßkamp 1
48565 Steinfurt
Tel. 02552/4427
Fax 02552/61759

Rainer Teigel 111
Metallbedachungen,
Bauklempnerei, Dachdeckerei
Auf der Heide 6
59368 Werne
Tel. 02599/92311
Fax 02599/92312

Zimmerei MEIKO G.b.R. 132
Inhaber Paul Koch und
Michael Meißner
Scharnhorststraße 13b
44532 Lünen
Tel. 02306/9404664
Fax 02306/9404670

Dachdeckermeister 172
Frank Müller
Bedachungen
Wagenfeldstraße 62
59394 Nordkirchen
Tel. 02596/938620
Fax 02596/938620

Runden GmbH 187
Bedachung und Metallfassaden
Haldenstraße 3
45966 Gladbeck
Tel. 02043/40123
Fax 02043/401259

Die Bauspezialisten

STN Dach- und 205
Fassadenbau GmbH
Carolinenglückstraße 37
44793 Bochum
Tel. 0234/9270280
Fax 0234/9270278

Beleuchtungen

Siemens Building Technologies 35
GmbH & Co. oHG
Märkische Straße 8-10
44135 Dortmund
Tel. 0231/5760
Fax 0231/5761298

Rauschenberg Ingenieur 55
GmbH West
Beratende Ingenieure VBI,
Technische Ausrüstung
Waldring 63
44789 Bochum
Tel. 0234/3617272
Fax 0234/3617274

Ingenieurbüro Klaus Krefft GbR 61
Von-Galen-Straße 16
46244 Bottrop
Tel. 02045/3670
Fax 02045/7393

INS 77+149
Ingenieurgesellschaft mbH
H. Nordhoff - E. Schäpermeier
An der Kleimannbrücke 98
48157 Münster
Tel. 0251/932060
Fax 0251/9320610

Elektro Hering GmbH 78
Gebäudesystemtechnik
Hauptstraße 77
58730 Fröndenberg
Tel. 02378/910035
Fax 02378/1340

Elektro Jansen GmbH & Co. KG 79
Norbertstraße 22
48151 Münster
Tel. 0251/399200
Fax 0251/3992020

Haus-Bau System GmbH 79
Hagener Straße 322
44229 Dortmund
Tel. 0231/732956
Fax 0231/7273396

Imtech Deutschland 94
GmbH & Co. KG
Region West, Technische
Gebäudeausrüstung
Am Luftschacht 20
45307 Essen
Tel. 0201/85920
Fax 0201/8592199

Kerkhoff GmbH 99
Technische Gebäudeausrüstung
Bevergerner Straße 10
48477 Hörstel-Riesenbeck
Tel. 05454/93490
Fax 05454/934925

Fischer + Oelze Elektrotechn. 106
Anlagen GmbH
Eilper Straße 88
58091 Hagen
Tel. 02331/79433
Fax 02331/75949

Pilz GmbH Bad, 114
Sanitär, Heizung,
Elektro, Solartechnik
Im Kattenbusch 16
44649 Herne
Tel. 02325/92720
Fax 02325/927225

elan Beleuchtungs- und 139+143
Elektroanlagen GmbH
Schanzenstraße 36
51063 Köln
Tel. 0221/965660
Fax 0221/9656699

Elektrotechnik Voussem GmbH 197
Bendenweg 28a
53902 Bad Münstereifel
Tel. 02253/3513
Fax 02253/4027

Beschallung

Christoph Heinen GmbH 179
Audio und Licht Technik
Heinz-Nixdorf-Straße 18, Nordpark
41179 Mönchengladbach
Tel. 02161/307730
Fax 02161/3077329

Beschilderungen

SCHILDERTEAM 80
Ramona Jakobs und
Oliver Schütte GbR
Hochstraße 6a
59425 Unna
Tel. 02303/14604
Fax 02303/14624

Betonarbeiten

Volgmann & Sohn 128
GmbH & Co. KG
Maler- und Stukkateurbetrieb,
Vollwärmeschutz, Betonsanierung
Freigrafenweg 17
44357 Dortmund
Tel. 0231/93697330
Fax 0231/93697339

Diekert GmbH 132
Bauunternehmen
Orthöver Weg 51
46286 Dorsten-Wulfen
Tel. 02369/6038
Fax 02369/23119

Kissel-Rapid GmbH 145
Generalunternehmer, Rohbauleister,
Teil- und Schlüsselfertigbauten
Felder Straße 74
42651 Solingen
Tel. 0212/24010
Fax 0212/2401180

Soester Bau GmbH 172
Schillingsweg 49a
59581 Warstein
Tel. 02925 817592
Fax 02925 817949

B & H Bau GmbH 205
M. Buchgeister & A. Hilger,
Maurermeister
Rauks Feld 13
44869 Bochum
Tel. 02327/995605
Fax 02327/995606

Betoninstandsetzung

WISSBAU Beratende 45
Ingenieurgesellschaft mbH
Kruppstraße 82-100
45145 Essen
Tel. 0201/2486860
Fax 0201/2486862

Franz Ernst GmbH & Co 89
Bautenschutz KG
Feldstraße 83
45661 Recklinghausen
Tel. 02361/63183
Fax 02361/375457

Betonsägearbeiten

Mann Diamanttechnik 56
GmbH & Co. KG
Harpener Hellweg 41
44805 Bochum
Tel. 0234/9507700
Fax 0234/9507722

Betontechnik

Beton-, Bohr- und 45
Sägetechnik Yildirim
Feldstraße 23
44867 Bochum
Tel. 02327/323415
Fax 02327/323416

Beweissicherung

Ingenieurbüro Hagen 36
Beratende Ingenieure VBI
Loconer Weg 15
58708 Menden
Tel. 02373/16070
Fax 02373/160743

Blitzschutz

Fischer + Oelze Elektrotechn. 106
Anlagen GmbH
Eilper Straße 88
58091 Hagen
Tel. 02331/79433
Fax 02331/75949

Pilz GmbH Bad, Sanitär, Heizung, 114
Elektro, Solartechnik
Im Kattenbusch 16
44649 Herne
Tel. 02325/92720
Fax 02325/927225

Planungsbüro Bruno Wilmer 177
Kanalstraße 4
59192 Bergkamen
Tel. 02389/924162
Fax 02389/924164

Bodenbeläge

Schomakers GmbH Fliesen 149
Fachmarkt
Thüringer Straße 1
48529 Nordhorn
Tel. 05921/723373
Fax 05921/723376

Bodenbeschichtung

Franz Ernst GmbH & Co 89
Bautenschutz KG
Feldstraße 83
45661 Recklinghausen
Tel. 02361/63183
Fax 02361/375457

Bodengutachter

GeoTerra Geologische 195
Beratungsgesellschaft mbH
Krantzstraße 7
52070 Aachen
Tel. 0241/9609630
Fax 0241/9609628

Bohrtechnik

Beton-, Bohr- und Sägetechnik 45
Yildirim
Feldstraße 23
44867 Bochum
Tel. 02327/323415
Fax 02327/323416

Brandmeldeanlagen

HAGEMO Sprinkler GmbH 82
Lanfermannteich 28
59192 Bergkamen
Tel. 02307/288415
Fax 02307/288419

Die Bauspezialisten

Brandschutz

Engels Ingenieure GmbH 42
Seydlitzstraße 38
44263 Dortmund
Tel. 0231/9410130
Fax 0231/94101320

LÖBBERT Ingenieurbüro für 42
Brandschutz
und Brandursachen-Ermittlung
Ferdinand-Thun-Straße 52b
42289 Wuppertal
Tel. 0202/976370
Fax 0202/9763713

Brandschutz Dr. Heins 55
Sachverständigenbüro
Tiergartenstraße 29
47533 Kleve
Tel. 02821/713980
Fax 02821/7139829

IB Brandschutz GmbH 78
Ingenieurbüro bautechnischer
Brandschutz
Rudolf-Diesel-Straße 8a
59425 Unna
Tel. 02303/773496
Fax 02303/942355

Elektro Jansen GmbH & Co. KG 79
Norbertstraße 22
48151 Münster
Tel. 0251/399200
Fax 0251/3992020

G. Dreher GmbH 81
Isoliertechnik
Gildenstraße 2c
48157 Münster-Handorf
Tel. 0251/143588
Fax 0251/143580

HAGEMO Sprinkler GmbH 82
Lanfermannteich 28
59192 Bergkamen
Tel. 02307/288415
Fax 02307/288419

Franz Ernst GmbH & Co 89
Bautenschutz KG
Feldstraße 83
45661 Recklinghausen
Tel. 02361/63183
Fax 02361/375457

Essmann GmbH 96
Licht - Luft - Sicherheit
Im Weingarten 2
32107 Bad Salzuflen
Tel. 05222/7910
Fax 05222/791236

RüTü Rüschenschmidt & 97
Tüllmann GmbH & Co. KG
Borkstraße 9-11
48163 Münster
Tel. 0251/780050
Fax 0251/7800538

Fischer + Oelze Elektrotechn. 106
Anlagen GmbH
Eilper Straße 88
58091 Hagen
Tel. 02331/79433
Fax 02331/75949

Kopka Brandschutztechnik 109
Rauks Feld 23
44869 Bochum
Tel. 02327/972712
Fax 02327/972713

Pilz GmbH Bad, 114
Sanitär, Heizung,
Elektro, Solartechnik
Im Kattenbusch 16
44649 Herne
Tel. 02325/92720
Fax 02325/927225

ABM Akustik - 137
Brandschutz - Moers
Schwanenring 19
47441 Moers
Tel. 02841/8807882
Fax 02841/8807883

Kaldunski + Löhr 139
Tortechnik GmbH
Hafenstraße 13
45881 Gelsenkirchen
Tel. 0209/941220
Fax 0209/43084

Gödiker GmbH 142
Indoor-Constructions
Kreuzweg 4
49740 Haselünne
Tel. 05961/94310
Fax 05961/943131

Ingenieurbüro 146
Dr.-Ing. Niederstein Nachf.
Dipl.-Ing. Hahn,
Dipl.-Ing. Schiffmann
Hildegardstraße 21
45130 Essen
Tel. 0201/8789820
Fax 0201/774528

Ingenieursozietät Schürmann - 163
Kindmann und Partner GbR
Goebenstraße 9
44135 Dortmund
Tel. 0231/9520770
Fax 0231/554382

Buschenhofen + Partner GmbH 169
Brandschutzsysteme
Essener Straße 277A
44793 Bochum
Tel. 0234/14477
Fax 0234/14489

Metallbau Lamprecht GmbH 181
Rudolf-Diesel-Straße 4
45711 Datteln
Tel. 02363/38050
Fax 02363/380520

ÖKOTEC Sachverständige 185
Ingenieure E. Obst & Partner
Galgheide 12
41366 Schwalmtal
Tel. 02163/889270
Fax 02163/8892727

Brandschutzgutachter

Ingenieurbüro Hagen 36
Beratende Ingenieure VBI
Loconer Weg 15
58708 Menden
Tel. 02373/16070
Fax 02373/160743

Brandschutztechnik

Brandschutztechnik 84
Hessenkämper
Hammer Straße 159
59425 Unna
Tel. 02303/65888
Fax 02303/66189

Brückenbau

Hubert Riesenbeck 98
Bauunternehmung GmbH & Co.
Hohe Geest 232
48165 Münster
Tel. 0251/919930
Fax 0251/788123

Ingenieurpartnerschaft 153
Karvanek-Thierauf
Hollestraße 1
45127 Essen
Tel. 0201/827430
Fax 0201/8274340

Bühnentechnik

Christoph Heinen GmbH 179
Audio und Licht Technik
Heinz-Nixdorf-Straße 18, Nordpark
41179 Mönchengladbach
Tel. 02161/307730
Fax 02161/3077329

▶ C

Container

Prangenberg & Zaum GmbH 103
Abbruch und Rückbau
Vorster Straße 3-5
41748 Viersen
Tel. 02162/93220
Fax 02162/932250

Gebr. Möller 172
Containerdienst - Tiefbau -
Baustoffe - Transporte
Kreuzstraße 132
44532 Lünen
Tel. 02306/16000
Fax 02306/160016

Controlling

Ingenieurbüro Klaus Krefft GbR 61
Von-Galen-Straße 16
46244 Bottrop
Tel. 02045/3670
Fax 02045/7393

DU Diederichs 124
Projektmanagement AG & Co. KG
Laurentiusstraße 21
42103 Wuppertal
Tel. 0202/245710
Fax 0202/2457145

▶ D

Dachabdichtungen

Rainer Teigel 111
Metallbedachungen,
Bauklempnerei, Dachdeckerei
Auf der Heide 6
59368 Werne
Tel. 02599/92311
Fax 02599/92312

Dacharbeiten

Peter Straßburger GmbH 44
Dachdeckermeister
Eisfahrtstraße 1
45478 Mülheim
Tel. 0208/56368
Fax 0208/593024

Dieter Friedrichs 99
Dach + Wand GmbH
Flaßkamp 1
48565 Steinfurt
Tel. 02552/4427
Fax 02552/61759

Dachdeckermeister 172
Frank Müller
Bedachungen
Wagenfeldstraße 62
59394 Nordkirchen
Tel. 02596/938620
Fax 02596/938620

Runden GmbH 187
Bedachung und Metallfassaden
Haldenstraße 3
45966 Gladbeck
Tel. 02043/40123
Fax 02043/401259

Dachdecker

Peter Straßburger GmbH 44
Dachdeckermeister
Eisfahrtstraße 1
45478 Mülheim
Tel. 0208/56368
Fax 0208/593024

Die Bauspezialisten

Dieter Friedrichs	99
Dach + Wand GmbH
Flaßkamp 1
48565 Steinfurt
Tel. 02552/4427
Fax 02552/61759

Rainer Teigel	111
Metallbedachungen,
Bauklempnerei, Dachdeckerei
Auf der Heide 6
59368 Werne
Tel. 02599/92311
Fax 02599/92312

Niedieker Bedachungen	133
Kupferstraße 20
59067 Hamm
Tel. 02381/9878368
Fax 02381/9878369

Dachdeckermeister	172
Frank Müller
Bedachungen
Wagenfeldstraße 62
59394 Nordkirchen
Tel. 02596/938620
Fax 02596/938620

Runden GmbH	187
Bedachung und Metallfassaden
Haldenstraße 3
45966 Gladbeck
Tel. 02043/40123
Fax 02043/401259

STN Dach- und	205
Fassadenbau GmbH
Carolinenglückstraße 37
44793 Bochum
Tel. 0234/9270280
Fax 0234/9270278

Dachflächenfenster

Rainer Teigel	111
Metallbedachungen,
Bauklempnerei, Dachdeckerei
Auf der Heide 6
59368 Werne
Tel. 02599/92311
Fax 02599/92312

Dämmungen

IB Brandschutz GmbH	78
Ingenieurbüro bautechnischer
Brandschutz
Rudolf-Diesel-Straße 8a
59425 Unna
Tel. 02303/773496
Fax 02303/942355

Otte & Klein GmbH + Co. KG	84
Stuckgeschäft, Innen- und
Außenputzarbeiten
Brennerstraße 3-5
44652 Herne
Tel. 02325/41203
Fax 02325/48323

Ulrich Köster Malerbetrieb	89
Hülsenbuschstraße 21, Hagener
Straße 255
44229 Dortmund
Tel. 0231/736868
Fax 0231/7925558

Dieter Friedrichs	99
Dach + Wand GmbH
Flaßkamp 1
48565 Steinfurt
Tel. 02552/4427
Fax 02552/61759

Bönninger Maler	132
GmbH & Co. KG
Weiße-Ewald-Straße 40
44287 Dortmund
Tel. 0231/94538830
Fax 0231/945388399

Denkmalpflege

Gestaltung Schäfer	203
Fachwerkstätte, Malerbetrieb
Gartenstraße 17
58300 Wetter
Tel. 02335/5341
Fax 02335/17524

Denkmalschutz

Martin Reigers	109+132
Putz- und Stuckgeschäft
Bittermarkstraße 4
44229 Dortmund
Tel. 0231/7259184
Fax 0231/7259185

Kissel-Rapid GmbH	145
Generalunternehmer, Rohbauleister,
Teil- und Schlüsselfertigbauten
Felder Straße 74
42651 Solingen
Tel. 0212/24010
Fax 0212/2401180

Diamantwerkzeuge

Mann Diamanttechnik	56
GmbH & Co. KG
Harpener Hellweg 41
44805 Bochum
Tel. 0234/9507700
Fax 0234/9507722

Dienstleistungen

Hasper Glas- und	103
Gebäudereinigung GmbH & Co. KG
Hannig & Co.
Rohrstraße 2
58093 Hagen
Tel. 02331/55061
Fax 02331/50754

Digitaldruck

Reklame Conrad Wilden	56
Nachf. GmbH & Co. KG
Castroper Straße 200
44791 Bochum
Tel. 0234/959700
Fax 0234/596021

▶ **E**

EDV

INS	77+149
Ingenieurgesellschaft mbH
H. Nordhoff - E. Schäpermeier
An der Kleimannbrücke 98
48157 Münster
Tel. 0251/932060
Fax 0251/9320610

Elektro Hering GmbH	78
Gebäudesystemtechnik
Hauptstraße 77
58730 Fröndenberg
Tel. 02378/910035
Fax 02378/1340

Imtech Deutschland	94
GmbH & Co. KG
Region West, Technische
Gebäudeausrüstung
Am Luftschacht 20
45307 Essen
Tel. 0201/85920
Fax 0201/8592199

Fischer + Oelze Elektrotechn.	106
Anlagen GmbH
Eilper Straße 88
58091 Hagen
Tel. 02331/79433
Fax 02331/75949

Pilz GmbH Bad,	114
Sanitär, Heizung,
Elektro, Solartechnik
Im Kattenbusch 16
44649 Herne
Tel. 02325/92720
Fax 02325/927225

Elektrotechnik Voussem GmbH	197
Bendenweg 28a
53902 Bad Münstereifel
Tel. 02253/3513
Fax 02253/4027

Elektro

Siemens Building Technologies	35
GmbH & Co. oHG
Märkische Straße 8-10
44135 Dortmund
Tel. 0231/5760
Fax 0231/5761298

Ingenieurbüro	39+183
Landwehr GmbH
Beratende Ingenieure -
Technische Ausrüstung
Planetenfeldstraße 116 B
44379 Dortmund
Tel. 0231/9610100
Fax 0231/96101022

Elektro - Grawe	53
Planung, Ausführung
und Reparatur
Blumenstraße 40
44791 Bochum
Tel. 0234/580880
Fax 0234/5803306

Rauschenberg	55
Ingenieur GmbH West
Beratende Ingenieure VBI,
Technische Ausrüstung
Waldring 63
44789 Bochum
Tel. 0234/3617272
Fax 0234/3617274

Ingenieurbüro Klaus Krefft GbR	61
Von-Galen-Straße 16
46244 Bottrop
Tel. 02045/3670
Fax 02045/7393

INS	77+149
Ingenieurgesellschaft mbH
H. Nordhoff - E. Schäpermeier
An der Kleimannbrücke 98
48157 Münster
Tel. 0251/932060
Fax 0251/9320610

Elektro Hering GmbH	78
Gebäudesystemtechnik
Hauptstraße 77
58730 Fröndenberg
Tel. 02378/910035
Fax 02378/1340

Elektro Jansen GmbH & Co. KG	79
Norbertstraße 22
48151 Münster
Tel. 0251/399200
Fax 0251/3992020

Haus-Bau System GmbH	79
Hagener Straße 322
44229 Dortmund
Tel. 0231/732956
Fax 0231/7273396

Töller & Steprath	81
Elektrotechnik GmbH & Co. KG
Klörenstraße 5-7
46045 Oberhausen
Tel. 0208/820260
Fax 0208/8202660

Die Bauspezialisten

Imtech Deutschland 94
GmbH & Co. KG
Region West, Technische
Gebäudeausrüstung
Am Luftschacht 20
45307 Essen
Tel. 0201/85920
Fax 0201/8592199

RüTü Rüschenschmidt & 97
Tüllmann GmbH & Co. KG
Borkstraße 9-11
48163 Münster
Tel. 0251/780050
Fax 0251/7800538

Herber & Petzel GmbH & Co. KG 98
Kälte - Klima - Elektro - Licht - Luft
Gildenstraße 2A
48157 Münster
Tel. 0251/987200
Fax 0251/9872033

Kerkhoff GmbH 99
Technische Gebäudeausrüstung
Bevergerner Straße 10
48477 Hörstel-Riesenbeck
Tel. 05454/93490
Fax 05454/934925

Schlering GmbH 99
Heizung - Sanitär - Elektro
Albersloher Straße 10
48317 Drensteinfurt-Rinkerode
Tel. 02538/93110
Fax 02538/931177

Fischer + Oelze Elektrotechn. 106
Anlagen GmbH
Eilper Straße 88
58091 Hagen
Tel. 02331/79433
Fax 02331/75949

Eltroin Schaltanlagen GmbH 111
Fröhliche Morgensonne 15-19
44867 Bochum
Tel. 02327/3714
Fax 02327/33803

Pilz GmbH Bad, 114
Sanitär, Heizung,
Elektro, Solartechnik
Im Kattenbusch 16
44649 Herne
Tel. 02325/92720
Fax 02325/927225

Elektro Heine GmbH 128
Küchenstudio -Elektroinstallation
Kieferstraße 26
44225 Dortmund
Tel. 0231/7922050
Fax 0231/79220519

August Neugebauer GmbH 137
Elektro-Montagen
Am Zehnthof 171
45307 Essen
Tel. 0201/592160
Fax 0201/5921699

elan Beleuchtungs- 139+143
und Elektroanlagen GmbH
Schanzenstraße 36
51063 Köln
Tel. 0221/965660
Fax 0221/9656699

Fuhrmann + Keuthen 163
Ingenieurbüro - Technische
Gebäudeausrüstung
Gruftstraße 1
47533 Kleve
Tel. 02821/72900
Fax 02821/729099

Planungsbüro Bruno Wilmer 177
Kanalstraße 4
59192 Bergkamen
Tel. 02389/924162
Fax 02389/924164

IbB Ing.-Büro Bleiker 185
Dipl.-Ing. Werner Bleiker,
Dr.Ing. Guido Bleiker
Mühlenrottstraße 15
45711 Datteln
Tel. 02363/2190
Fax 02363/51280

Elektrotechnik Voussem GmbH 197
Bendenweg 28a
53902 Bad Münstereifel
Tel. 02253/3513
Fax 02253/4027

Elektrotechnik

F.EE GmbH Wasserkrafttechnik 65
Fernwirk-, Leit- und
Automatisierungstechnik
In der Seugn 10
92431 Neunburg v. W.
Tel. 09672/5060
Fax 09672/506139

Energie

RMD-Consult GmbH 65
Wasserbau und Energie
Blutenburgstraße 20
80636 München
Tel. 089/99222402
Fax 089/99222409

Energieberatung

Ingenieurbüro Hagen 36
Beratende Ingenieure VBI
Loconer Weg 15
58708 Menden
Tel. 02373/16070
Fax 02373/160743

Entkernungen

B. Mensing Abbruch 37
& Recycling GmbH
Bergstraße 13
48727 Billerbeck
Tel. 02543/932415
Fax 02543/932425

Mann Diamanttechnik 56
GmbH & Co. KG
Harpener Hellweg 41
44805 Bochum
Tel. 0234/9507700
Fax 0234/9507722

THK GmbH 98
Frei- und Verkehrsanlagen,
Rückbau
Wilkinghege 42
48159 Münster
Tel. 0251/263320
Fax 0251/2633222

Paul Kamrath GmbH 143
Abbruchtechnik und Entsorgung
Hamburger Straße 97
44135 Dortmund
Tel. 0231/579751
Fax 0231/579753

GFP Dr. Gärtner und Partner 185
Ingenieurbüro für Geotechnik
und Umweltplanung
Bürgerstraße 15
47057 Duisburg
Tel. 0203/350539
Fax 0203/350541

Entsorgungen

B. Mensing Abbruch & 37
Recycling GmbH
Bergstraße 13
48727 Billerbeck
Tel. 02543/932415
Fax 02543/932425

Dieter Friedrichs 99
Dach + Wand GmbH
Flaßkamp 1
48565 Steinfurt
Tel. 02552/4427
Fax 02552/61759

Prangenberg & Zaum GmbH 103
Abbruch und Rückbau
Vorster Straße 3-5
41748 Viersen
Tel. 02162/93220
Fax 02162/932250

GFP Dr. Gärtner und Partner 185
Ingenieurbüro für Geotechnik
und Umweltplanung
Bürgerstraße 15
47057 Duisburg
Tel. 0203/350539
Fax 0203/350541

Entwässerung

Ingenieurbüro Hagen 36
Beratende Ingenieure VBI
Loconer Weg 15
58708 Menden
Tel. 02373/16070
Fax 02373/160743

Entwicklung und Umsetzung von Abfallstoffen zu Baustoffen

Dipl.-Ing. J. U. Kügler 139
Ingenieurbüro für
Erd- und Grundbau
Im Teelbruch 61
45219 Essen
Tel. 02054/95400
Fax 02054/954090

Erd- und Grundbaubegründungen

Dipl.-Ing. J. U. Kügler 139
Ingenieurbüro für Erd-
und Grundbau
Im Teelbruch 61
45219 Essen
Tel. 02054/95400
Fax 02054/954090

Erdarbeiten

B. Mensing Abbruch & 37
Recycling GmbH
Bergstraße 13
48727 Billerbeck
Tel. 02543/932415
Fax 02543/932425

Bamberger Bau-GmbH 64
Neue Straße 19-21
58135 Hagen
Tel. 02331/94810
Fax 02331/948171

Hubert Riesenbeck 98
Bauunternehmung GmbH & Co.
Hohe Geest 232
48165 Münster
Tel. 0251/919930
Fax 0251/788123

THK GmbH 98
Frei- und Verkehrsanlagen,
Rückbau
Wilkinghege 42
48159 Münster
Tel. 0251/263320
Fax 0251/2633222

Kissel-Rapid GmbH 145
Generalunternehmer, Rohbauleister,
Teil- und Schlüsselfertigbauten
Felder Straße 74
42651 Solingen
Tel. 0212/24010
Fax 0212/2401180

Gebr. Möller 172
Containerdienst - Tiefbau -
Baustoffe - Transporte
Kreuzstraße 132
44532 Lünen
Tel. 02306/16000
Fax 02306/160016

Die Bauspezialisten

GFP Dr. Gärtner und Partner 185
Ingenieurbüro für Geotechnik
und Umweltplanung
Bürgerstraße 15
47057 Duisburg
Tel. 0203/350539
Fax 0203/350541

Humbert GmbH 204
Transporte
Wienbachstraße 14-23
46286 Dorsten-Wulfen
Tel. 02369/91840
Fax 02369/918499

▶ F

Fahrtreppen

Schindler Shared 153
Service GmbH
Marketing
Ringstraße 54
12105 Berlin
Tel. 030/70292591
Fax 030/70292406

Fassaden

Malerbetriebe Hermann Brück 37
Geister Landweg 8-13
48153 Münster
Tel. 0251/7889100
Fax 0251/7889170

Glas Strack GmbH 56
Westenfelder Straße 76
44867 Bochum
Tel. 02327/98230
Fax 02327/87500

Heinz Nienkemper 75
Metallbau GmbH & Co. KG
Industriestraße 8
59320 Ennigerloh
Tel. 02524/26501
Fax 02524/26534

Otte & Klein GmbH + Co. KG 84
Stuckgeschäft, Innen- und
Außenputzarbeiten
Brennerstraße 3-5
44652 Herne
Tel. 02325/41203
Fax 02325/48323

Innenwelt 88
Flächenbehandlung GmbH
Provinzialstraße 372
44388 Dortmund
Tel. 0231/693606
Fax 0231/693718

Carl Flora GmbH + Co. KG 97
Marmor + Natursteinindustrie
Coermühle 4a
48157 Münster
Tel. 0251/265023
Fax 0251/2650240

Heinrich Würfel 98
Metallbau
Am Brodberg 3
36205 Sontra
Tel. 05653/97870
Fax 05653/978797

Dieter Friedrichs 99
Dach + Wand GmbH
Flaßkamp 1
48565 Steinfurt
Tel. 02552/4427
Fax 02552/61759

Dobler Metallbau GmbH 106
Hansastraße 15
80686 München
Tel. 089/5709240
Fax 089/57092440

Martin Reigers 109+132
Putz- und Stuckgeschäft
Bittermarkstraße 4
44229 Dortmund
Tel. 0231/7259184
Fax 0231/7259185

Schaumann GmbH 128
Fenster, Türen, Fassaden,
Wintergärten
Im alten Dorf 9
59192 Bergkamen
Tel. 02307/964010
Fax 02307/9640122

Volgmann & Sohn 128
GmbH & Co. KG
Maler- und Stukkateurbetrieb,
Vollwärmeschutz, Betonsanierung
Freigrafenweg 17
44357 Dortmund
Tel. 0231/93697330
Fax 0231/93697339

Niedieker Bedachungen 133
Kupferstraße 20
59067 Hamm
Tel. 02381/9878368
Fax 02381/9878369

Ingenieurbüro Reinard 142
Statik Konstruktion Stahlbau
Stahlbetonbau
Stormstraße 1
47226 Duisburg-Rheinhausen
Tel. 02065/99270
Fax 02065/992727

Dipl.-Ing. Horst R. Grün 154
Bausachverständiger
Großenbaumer Straße 240
45479 Mülheim an der Ruhr
Tel. 0208/4665333
Fax 0208/4665334

Bauunternehmer 167
Salvatore Gandolfo
Tiergartenstraße 243
42117 Wuppertal
Tel. 0202/2571315
Fax 0202/2571314

M.M.H. Hochbau GmbH 172
Verklinkerungen - Bauunternehmung
Gahenstraße 5
33142 Büren-Hegensdorf
Tel. 02951/4516
Fax 02951/3896

Metallbau Lamprecht GmbH 181
Rudolf-Diesel-Straße 4
45711 Datteln
Tel. 02363/38050
Fax 02363/380520

Runden GmbH 187
Bedachung und Metallfassaden
Haldenstraße 3
45966 Gladbeck
Tel. 02043/40123
Fax 02043/401259

Udo Pauli GmbH 189
Malerbetrieb
Wupperstraße 3
58097 Hagen
Tel. 02331/81946
Fax 02331/880955

STN Dach- und 205
Fassadenbau GmbH
Carolinenglückstraße 37
44793 Bochum
Tel. 0234/9270280
Fax 0234/9270278

Fassadenberatung

Michael Gödde 195
Dipl.-Ing. Architekt
Hochstadenstraße 11
41469 Neuss
Tel. 02137/104403
Fax 02137/104449

Feinstaubanalyse

simuPLAN 124
Dipl.-Met. Georg Ludes
Ingenieurbüro für
Numerische Simulation
Heroldstraße 26
46284 Dorsten
Tel. 02362/50800
Fax 02362/50888

Fenster

Glas Strack GmbH 56
Westenfelder Straße 76
44867 Bochum
Tel. 02327/98230
Fax 02327/87500

Heinz Nienkemper 75
Metallbau GmbH & Co. KG
Industriestraße 8
59320 Ennigerloh
Tel. 02524/26501
Fax 02524/26534

Willy Wietis Metallbau GmbH 84
Oberster Kamp 19
59069 Hamm
Tel. 02385/68486
Fax 02385/68487

Dieter Friedrichs 99
Dach + Wand GmbH
Flaßkamp 1
48565 Steinfurt
Tel. 02552/4427
Fax 02552/61759

Dobler Metallbau GmbH 106
Hansastraße 15
80686 München
Tel. 089/5709240
Fax 089/57092440

Schaumann GmbH 128
Fenster, Türen, Fassaden,
Wintergärten
Im alten Dorf 9
59192 Bergkamen
Tel. 02307/964010
Fax 02307/9640122

Metallbau Lamprecht GmbH 181
Rudolf-Diesel-Straße 4
45711 Datteln
Tel. 02363/38050
Fax 02363/380520

Meyer Fenster + Rolladen 189
GmbH & Co. KG
Selbecker Straße 48
58091 Hagen
Tel. 02331/97820
Fax 02331/76975

HeWe GmbH & Co. KG 193
Fensterfabrik
Industriestraße 11
46354 Südlohn-Oeding
Tel. 02862/50110
Fax 02862/501111

Volmer GmbH 199
Bauen und Wohnen
Dechenstraße 3
44147 Dortmund
Tel. 0231/881011
Fax 0231/881111

Feuerlöscher

Buschenhofen + Partner GmbH 169
Brandschutzsysteme
Essener Straße 277A
44793 Bochum
Tel. 0234/14477
Fax 0234/14489

Feuerschutz

Buschenhofen + Partner GmbH 169
Brandschutzsysteme
Essener Straße 277A
44793 Bochum
Tel. 0234/14477
Fax 0234/14489

Die Bauspezialisten

Flachdächer

Peter Straßburger GmbH 44
Dachdeckermeister
Eisfahrtstraße 1
45478 Mülheim
Tel. 0208/56368
Fax 0208/593024

Essmann GmbH 96
Licht - Luft - Sicherheit
Im Weingarten 2
32107 Bad Salzuflen
Tel. 05222/7910
Fax 05222/791236

Dieter Friedrichs 99
Dach + Wand GmbH
Flaßkamp 1
48565 Steinfurt
Tel. 02552/4427
Fax 02552/61759

Niedieker Bedachungen 133
Kupferstraße 20
59067 Hamm
Tel. 02381/9878368
Fax 02381/9878369

Dachdeckermeister 172
Frank Müller
Bedachungen
Wagenfeldstraße 62
59394 Nordkirchen
Tel. 02596/938620
Fax 02596/938620

Runden GmbH 187
Bedachung und Metallfassaden
Haldenstraße 3
45966 Gladbeck
Tel. 02043/40123
Fax 02043/401259

STN Dach- und 205
Fassadenbau GmbH
Carolinenglückstraße 37
44793 Bochum
Tel. 0234/9270280
Fax 0234/9270278

Flächenbehandlung

Innenwelt 88
Flächenbehandlung GmbH
Provinzialstraße 372
44388 Dortmund
Tel. 0231/693606
Fax 0231/693718

Fliesen

Schneider 127
Fliesen-Fachgeschäft
Berghofer Straße 76
44269 Dortmund
Tel. 0231/482422
Fax 0231/482422

Schomakers GmbH Fliesen 149
Fachmarkt
Thüringer Straße 1
48529 Nordhorn
Tel. 05921/723373
Fax 05921/723376

Bauunternehmer 167
Salvatore Gandolfo
Tiergartenstraße 243
42117 Wuppertal
Tel. 0202/2571315
Fax 0202/2571314

B & H Bau GmbH 205
M. Buchgeister & A. Hilger,
Maurermeister
Rauks Feld 13
44869 Bochum
Tel. 02327/995605
Fax 02327/995606

Flucht- und Rettungspläne

Buschenhofen + Partner GmbH 169
Brandschutzsysteme
Essener Straße 277A
44793 Bochum
Tel. 0234/14477
Fax 0234/14489

Freiraumplanungen

Ingenieurbüro Hagen 36
Beratende Ingenieure VBI
Loconer Weg 15
58708 Menden
Tel. 02373/16070
Fax 02373/160743

▶ G

Gartenbau

Wilh. Theilmeier 97
Garten- und Landschaftsbau
GmbH & Co. KG
Kleikamp 14
48351 Everswinkel-Alverskirchen
Tel. 02582/66170
Fax 02582/661723

Münsterländer 99
Heinzelmännchen
Garten- und
Landschaftsbau GmbH
Hohenhorst 89
48341 Altenberge
Tel. 02505/2515
Fax 02505/3828

SGS Rhein-Ruhr-Gala 187
Bau GmbH
Am Vöingholz 48
46240 Bottrop
Tel. 02041/701822
Fax 02041/769599

Gartenbautechniker

Ralf Herdieckerhoff 214
Gartenbautechniker
Garten- und Landschaftsbau
Berliner Straße 17
59174 Kamen
Tel. 02307/7780
Fax 02307/970654

Gebäudeausrüstung

INS 77+149
Ingenieurgesellschaft mbH
H. Nordhoff - E. Schäpermeier
An der Kleimannbrücke 98
48157 Münster
Tel. 0251/932060
Fax 0251/9320610

Planungsbüro Bruno Wilmer 177
Kanalstraße 4
59192 Bergkamen
Tel. 02389/924162
Fax 02389/924164

Gebäudeleittechnik

Siemens Building Technologies 35
GmbH & Co. oHG
Märkische Straße 8-10
44135 Dortmund
Tel. 0231/5760
Fax 0231/5761298

Gebäudereinigungen

Hasper Glas- und 103
Gebäudereinigung
GmbH & Co. KG
Hannig & Co.
Rohrstraße 2
58093 Hagen
Tel. 02331/55061
Fax 02331/50754

Vogt GmbH & Co. KG 158
Gebäudereinigung -
Dienstleistungen
Stockumer Straße 167
44225 Dortmund
Tel. 0231/79320
Fax 0231/7932112

Gebäudeschadstoffkataster

GeoTerra Geologische 195
Beratungsgesellschaft mbH
Krantzstraße 7
52070 Aachen
Tel. 0241/9609630
Fax 0241/9609628

Geländer

STAHLTEC RHEIN LIPPE 153
GmbH & Co. KG
Vohwinkelstraße 107
47137 Duisburg
Tel. 0203/44999616
Fax 0203/44999618

Generalplanung

bkp Kolde Kollegen 103
Planung GmbH
InnenArchitektur/Generalplanung
Brachtstraße 11
45133 Essen
Tel. 0201/827670
Fax 0201/8276720

Generalunternehmen

Imtech Deutschland 94
GmbH & Co. KG
Region West, Technische
Gebäudeausrüstung
Am Luftschacht 20
45307 Essen
Tel. 0201/85920
Fax 0201/8592199

Heitkamp Ingenieur- und 115
Kraftwerksbau GmbH
Niederlassung Herne
Langekampstraße 36
44652 Herne
Tel. 02325/572876
Fax 02325/572874

August Heine 122
Baugesellschaft AG
Centroallee 277
46047 Oberhausen
Tel. 0208/8583163
Fax 0208/8583171

Kissel-Rapid GmbH 145
Generalunternehmer, Rohbauleister,
Teil- und Schlüsselfertigbauten
Felder Straße 74
42651 Solingen
Tel. 0212/24010
Fax 0212/2401180

Geothermie

gbk Geologisches Büro 143
Dr. Georg Kleinebrinker
Große Telegraphenstraße 9-11
50676 Köln
Tel. 0221/5800628
Fax 0221/4767909

Gerüstbau

Dieter Friedrichs 99
Dach + Wand GmbH
Flaßkamp 1
48565 Steinfurt
Tel. 02552/4427
Fax 02552/61759

Gipser

Otte & Klein GmbH + Co. KG 84
Stuckgeschäft, Innen- und
Außenputzarbeiten
Brennerstraße 3-5
44652 Herne
Tel. 02325/41203
Fax 02325/48323

Die Bauspezialisten

Martin Reigers 109+132
Putz- und Stuckgeschäft
Bittermarkstraße 4
44229 Dortmund
Tel. 0231/7259184
Fax 0231/7259185

Detlef Daszenies 133
(vormals W. Wittsieker)
Putz und Trockenbau
Hövelstraße 102
45326 Essen
Tel. 0201/321015
Fax 0201/321015

Glasbau

Glas Strack GmbH 56
Westenfelder Straße 76
44867 Bochum
Tel. 02327/98230
Fax 02327/87500

Metallbau Lamprecht GmbH 181
Rudolf-Diesel-Straße 4
45711 Datteln
Tel. 02363/38050
Fax 02363/380520

Glasdächer

Heinz Nienkemper 75
Metallbau GmbH & Co. KG
Industriestraße 8
59320 Ennigerloh
Tel. 02524/26501
Fax 02524/26534

Grauwasseraufbereitung

GeoTerra Geologische 195
Beratungsgesellschaft mbH
Krantzstraße 7
52070 Aachen
Tel. 0241/9609630
Fax 0241/9609628

Gutachter

Ingenieurbüro 39+183
Landwehr GmbH
Beratende Ingenieure -
Technische Ausrüstung
Planetenfeldstraße 116 B
44379 Dortmund
Tel. 0231/9610100
Fax 0231/96101022

Brandschutz Dr. Heins 55
Sachverständigenbüro
Tiergartenstraße 29
47533 Kleve
Tel. 02821/713980
Fax 02821/7139829

Hansen - Ingenieure 96
Bauphysik, Akustik, Schallschutz
Lise-Meitner-Straße 5-9
42119 Wuppertal
Tel. 0202/9468787
Fax 0202/9468790

DU Diederichs 124
Projektmanagement AG & Co. KG
Laurentiusstraße 21
42103 Wuppertal
Tel. 0202/245710
Fax 0202/2457145

simuPLAN 124
Dipl.-Met. Georg Ludes
Ingenieurbüro für
Numerische Simulation
Heroldstraße 26
46284 Dorsten
Tel. 02362/50800
Fax 02362/50888

Dipl.-Ing. Horst R. Grün 154
Bausachverständiger
Großenbaumer Straße 240
45479 Mülheim an der Ruhr
Tel. 0208/4665333
Fax 0208/4665334

Ingenieursozietät Schürmann - 163
Kindmann und Partner GbR
Goebenstraße 9
44135 Dortmund
Tel. 0231/9520770
Fax 0231/554382

ITAB GmbH 163
Ingenieurbüro für
Technische Akustik und Bauphysik
Schüruferstraße 309A
44287 Dortmund
Tel. 0231/9480170
Fax 0231/94801723

Architekturbüro 185
Hans Ulrich Wittpahl
Architekt VFA Bausachverständiger
Heinz-Bäcker-Straße 24
45356 Essen
Tel. 0201/866400
Fax 0201/8664016

GFP Dr. Gärtner und Partner 185
Ingenieurbüro für Geotechnik
und Umweltplanung
Bürgerstraße 15
47057 Duisburg
Tel. 0203/350539
Fax 0203/350541

M & P Mull und Partner 191
Ingenieurgesellschaft mbH
Haldener Straße 12
58095 Hagen
Tel. 02331/900005
Fax 02331/900007

► H

Hausmeisterservice

Hasper Glas- und 103
Gebäudereinigung
GmbH & Co. KG
Hannig & Co.
Rohrstraße 2
58093 Hagen
Tel. 02331/55061
Fax 02331/50754

Hausschwammbekämpfung

Schemm GmbH & Co. KG 83
Spezialbetrieb
Uelzener Weg 16
59425 Unna
Tel. 02303/253120
Fax 02303/2531220

Haustechnik

Siemens Building Technologies 35
GmbH & Co. oHG
Märkische Straße 8-10
44135 Dortmund
Tel. 0231/5760
Fax 0231/5761298

Klaus Drücke Ingenieur- 41
gesellschaft mbH & Co. KG
Gebäude- und Versorgungstechnik,
Facility-Management
Westfalendamm 231
44141 Dortmund
Tel. 0231/9410740
Fax 0231/94107410

Ralf Marx 41
Sanitär- und Heizungstechnik
Menglinghauser Straße 88
44227 Dortmund
Tel. 0231/4274621
Fax 0231/7548781

Rauschenberg Ingenieur 55
GmbH West
Beratende Ingenieure VBI,
Technische Ausrüstung
Waldring 63
44789 Bochum
Tel. 0234/3617272
Fax 0234/3617274

Georg Thiemann Dipl.-Ing. 61
Heizungs-, Lüftungs- und
Sanitär-Technik
Mirkstraße 16
46238 Bottrop
Tel. 02041/730147
Fax 02041/730148

Ingenieurbüro Klaus Krefft GbR 61
Von-Galen-Straße 16
46244 Bottrop
Tel. 02045/3670
Fax 02045/7393

Bosch 75
Sicherheitssysteme GmbH
Wasserstraße 221
44799 Bochum
Tel. 0234/953220
Fax 0234/9532135

INS 77+149
Ingenieurgesellschaft mbH
H. Nordhoff - E. Schäpermeier
An der Kleimannbrücke 98
48157 Münster
Tel. 0251/932060
Fax 0251/9320610

Elektro Hering GmbH 78
Gebäudesystemtechnik
Hauptstraße 77
58730 Fröndenberg
Tel. 02378/910035
Fax 02378/1340

Haus-Bau System GmbH 79
Hagener Straße 322
44229 Dortmund
Tel. 0231/732956
Fax 0231/7273396

Töller & Steprath 81
Elektrotechnik GmbH & Co. KG
Klörenstraße 5-7
46045 Oberhausen
Tel. 0208/820260
Fax 0208/8202660

Imtech Deutschland 94
GmbH & Co. KG
Region West, Technische
Gebäudeausrüstung
Am Luftschacht 20
45307 Essen
Tel. 0201/85920
Fax 0201/8592199

Föller GmbH 97
Heizung - Sanitär
Liebigstraße 10
48301 Nottuln
Tel. 02502/94090
Fax 02502/940939

RüTü Rüschenschmidt & 97
Tüllmann GmbH & Co. KG
Borkstraße 9-11
48163 Münster
Tel. 0251/780050
Fax 0251/7800538

Kerkhoff GmbH 99
Technische Gebäudeausrüstung
Bevergerner Straße 10
48477 Hörstel-Riesenbeck
Tel. 05454/93490
Fax 05454/934925

Schlering GmbH 99
Heizung - Sanitär - Elektro
Albersloher Straße 10
48317 Drensteinfurt-Rinkerode
Tel. 02538/93110
Fax 02538/931177

Die Bauspezialisten

Pilz GmbH Bad, 114
Sanitär, Heizung,
Elektro, Solartechnik
Im Kattenbusch 16
44649 Herne
Tel. 02325/92720
Fax 02325/927225

Thomas Hesse 128
Haustechnik GmbH
Unterer Heideweg 28
59069 Hamm
Tel. 02385/68516
Fax 02385/913349

August Neugebauer GmbH 137
Elektro-Montagen
Am Zehnthof 171
45307 Essen
Tel. 0201/592160
Fax 0201/5921699

SINA GmbH 139
Heizung - Lüftung - Sanitär
Frielingsdorfweg 12
45239 Essen-Werden
Tel. 0201/491617
Fax 0201/491016

IBB - Ingenieur Büro Brieden 141
Energie- & Haustechnik
Dellbrücker Straße 204
51469 Bergisch Gladbach
Tel. 02202/55516
Fax 02202/254599

Fuhrmann + Keuthen 163
Ingenieurbüro - Technische
Gebäudeausrüstung
Gruftstraße 1
47533 Kleve
Tel. 02821/72900
Fax 02821/729099

IbB Ing.-Büro Bleiker 185
Dipl.-Ing. Werner Bleiker,
Dr.Ing. Guido Bleiker
Mühlenrottstraße 15
45711 Datteln
Tel. 02363/2190
Fax 02363/51280

Anzeige

Wienströer Sanitär- und 191
Heizungstechnik GmbH
Hülskamp 23
59073 Hamm
Tel. 02381/673586
Fax 02381/673581

PGH Planungsgemeinschaft 201
Haustechnik
Klaus Stege
Asternweg 34
40468 Düsseldorf
Tel. 0211/472080
Fax 0211/4720844

Ingenieurbüro 203
Gerhard Riedel GbR
Kiefernweg 14
59439 Holzwickede
Tel. 02301/4322
Fax 02301/12290

Heizung

Ingenieurbüro 39+183
Landwehr GmbH
Beratende Ingenieure -
Technische Ausrüstung
Planetenfeldstraße 116 B
44379 Dortmund
Tel. 0231/9610100
Fax 0231/96101022

Ralf Marx 41
Sanitär- und Heizungstechnik
Menglinghauser Straße 88
44227 Dortmund
Tel. 0231/4274621
Fax 0231/7548781

Giesen - Gillhoff - Loomans GbR 45
Haustechnik
Bismarckstraße 51
47799 Krefeld
Tel. 02151/607490
Fax 02151/6074929

Klaus Deubner GmbH 56
Sanitär, Heizung, Klempnerei
Wohlfahrtstraße 117
44799 Bochum
Tel. 0234/770908
Fax 0234/771048

Georg Thiemann Dipl.-Ing. 61
Heizungs-, Lüftungs- und
Sanitär-Technik
Mirkstraße 16
46238 Bottrop
Tel. 02041/730147
Fax 02041/730148

Haus-Bau System GmbH 79
Hagener Straße 322
44229 Dortmund
Tel. 0231/732956
Fax 0231/7273396

Paukstat GmbH & Co. 80
Haustechnik KG
Hafenstraße 22
59067 Hamm
Tel. 02381/940640
Fax 02381/9406429

Föller GmbH 97
Heizung - Sanitär
Liebigstraße 10
48301 Nottuln
Tel. 02502/94090
Fax 02502/940939

Kerkhoff GmbH 99
Technische Gebäudeausrüstung
Bevergerner Straße 10
48477 Hörstel-Riesenbeck
Tel. 05454/93490
Fax 05454/934925

Schlering GmbH 99
Heizung - Sanitär - Elektro
Albersloher Straße 10
48317 Drensteinfurt-Rinkerode
Tel. 02538/93110
Fax 02538/931177

Calor Heizungstechnik GmbH 100
Schloßstraße 1
48336 Sassenberg
Tel. 02583/919494
Fax 02583/919495

Pilz GmbH Bad, 114
Sanitär, Heizung,
Elektro, Solartechnik
Im Kattenbusch 16
44649 Herne
Tel. 02325/92720
Fax 02325/927225

SINA GmbH 139
Heizung - Lüftung - Sanitär
Frielingsdorfweg 12
45239 Essen-Werden
Tel. 0201/491617
Fax 0201/491016

IBB - Ingenieur Büro Brieden 141
Energie- & Haustechnik
Dellbrücker Straße 204
51469 Bergisch Gladbach
Tel. 02202/55516
Fax 02202/254599

Fuhrmann + Keuthen 163
Ingenieurbüro - Technische
Gebäudeausrüstung
Gruftstraße 1
47533 Kleve
Tel. 02821/72900
Fax 02821/729099

Rehms GmbH 167
Sanitär - Heizung - Klima
Siemensstraße 16
46325 Borken
Tel. 02861/94200
Fax 02861/942025

IbB Ing.-Büro Bleiker 185
Dipl.-Ing. Werner Bleiker,
Dr.Ing. Guido Bleiker
Mühlenrottstraße 15
45711 Datteln
Tel. 02363/2190
Fax 02363/51280

Wienströer Sanitär- und 191
Heizungstechnik GmbH
Hülskamp 23
59073 Hamm
Tel. 02381/673586
Fax 02381/673581

Ingenieurbüro 203
Gerhard Riedel GbR
Kiefernweg 14
59439 Holzwickede
Tel. 02301/4322
Fax 02301/12290

Volker und Jörg Dehne GmbH 205
Das Bad. Die Heizung.
Sprockhöveler Str. 103
58455 Witten
Tel. 02302/55073
Fax 02302/27282

Paul Lindemann 224
Fachbetrieb Sanitär,
Bad, Heizung
Wanner Straße 34
45888 Gelsenkirchen
Tel. 0209/21121
Fax 0209/23020

Hochbau

Bamberger Bau-GmbH 64
Neue Straße 19-21
58135 Hagen
Tel. 02331/94810
Fax 02331/948171

Schäfer-Bauten GmbH 74
Wilhelmstraße 80
49477 Ibbenbüren
Tel. 05451/50050
Fax 05451/500550

Seit 70 Jahren am Ball!

Fachbetrieb
- Sanitär
- Bad
- Heizung

PAUL LINDEMANN
45888 Gelsenkirchen Wanner Str. 34 Tel 2 11 21

Die Bauspezialisten

Heitkamp Ingenieur- 115
und Kraftwerksbau GmbH
Niederlassung Herne
Langekampstraße 36
44652 Herne
Tel. 02325/572876
Fax 02325/572874

August Heine 122
Baugesellschaft AG
Centroallee 277
46047 Oberhausen
Tel. 0208/8583163
Fax 0208/8583171

Diekert GmbH 132
Bauunternehmen
Orthöver Weg 51
46286 Dorsten-Wulfen
Tel. 02369/6038
Fax 02369/23119

Dipl.-Ing. Bernd Jeschonneck 143
Friedenstraße 10
40667 Meerbusch
Tel. 02132/4777
Fax 02132/4681

Kissel-Rapid GmbH 145
Generalunternehmer, Rohbauleister,
Teil- und Schlüsselfertigbauten
Felder Straße 74
42651 Solingen
Tel. 0212/24010
Fax 0212/2401180

F.F. System-Bau GmbH 166
Kirchbachstraße 40
45476 Mühlheim/Ruhr
Tel. 0208/4442222
Fax 0208/4442214

Bauunternehmer 167
Salvatore Gandolfo
Tiergartenstraße 243
42117 Wuppertal
Tel. 0202/2571315
Fax 0202/2571314

Soester Bau GmbH 172
Schillingsweg 49a
59581 Warstein
Tel. 02925 817592
Fax 02925 817949

B & H Bau GmbH 205
M. Buchgeister & A. Hilger,
Maurermeister
Rauks Feld 13
44869 Bochum
Tel. 02327/995605
Fax 02327/995606

IGRT Gathmann, 205
Reyer + Teilhaber mbH
Ingenieurgesellschaft für Bautechnik
Universitätsstraße 74
44789 Bochum
Tel. 0234/930430
Fax 0234/9304343

Holzbau

Zimmerei MEIKO G.b.R. 132
Inhaber Paul Koch und
Michael Meißner
Scharnhorststraße 13b
44532 Lünen
Tel. 02306/9404664
Fax 02306/9404670

Ingenieurpartnerschaft 153
Karvanek-Thierauf
Hollestraße 1
45127 Essen
Tel. 0201/827430
Fax 0201/8274340

Holzschutz

Schemm GmbH & Co. KG 83
Spezialbetrieb
Uelzener Weg 16
59425 Unna
Tel. 02303/253120
Fax 02303/2531220

Hydrogeologie

GeoTerra Geologische 195
Beratungsgesellschaft mbH
Krantzstraße 7
52070 Aachen
Tel. 0241/9609630
Fax 0241/9609628

Immobilien

ThyssenKrupp Real 142
Estate GmbH
Altendorfer Straße 120
45143 Essen
Tel. 0201/1883187
Fax 0201/1883133

Industriebau

Essmann GmbH 96
Licht - Luft - Sicherheit
Im Weingarten 2
32107 Bad Salzuflen
Tel. 05222/7910
Fax 05222/791236

Heitkamp Ingenieur- und 115
Kraftwerksbau GmbH
Niederlassung Herne
Langekampstraße 36
44652 Herne
Tel. 02325/572876
Fax 02325/572874

August Heine 122
Baugesellschaft AG
Centroallee 277
46047 Oberhausen
Tel. 0208/8583163
Fax 0208/8583171

Ingenieurbüro Reinard 142
Statik Konstruktion Stahlbau
Stahlbetonbau
Stormstraße 1
47226 Duisburg-Rheinhausen
Tel. 02065/99270
Fax 02065/992727

Dipl.-Ing. Bernd Jeschonneck 143
Friedenstraße 10
40667 Meerbusch
Tel. 02132/4777
Fax 02132/4681

Kissel-Rapid GmbH 145
Generalunternehmer, Rohbauleister,
Teil- und Schlüsselfertigbauten
Felder Straße 74
42651 Solingen
Tel. 0212/24010
Fax 0212/2401180

Ingenieursozietät Schürmann - 163
Kindmann und Partner GbR
Goebenstraße 9
44135 Dortmund
Tel. 0231/9520770
Fax 0231/554382

Soester Bau GmbH 172
Schillingsweg 49a
59581 Warstein
Tel. 02925 817592
Fax 02925 817949

B & H Bau GmbH 205
M. Buchgeister & A. Hilger,
Maurermeister
Rauks Feld 13
44869 Bochum
Tel. 02327/995605
Fax 02327/995606

IGRT Gathmann, 205
Reyer + Teilhaber mbH
Ingenieurgesellschaft
für Bautechnik
Universitätsstraße 74
44789 Bochum
Tel. 0234/930430
Fax 0234/9304343

Industriebauten

Ingenieurbüro Hagen 36
Beratende Ingenieure VBI
Loconer Weg 15
58708 Menden
Tel. 02373/16070
Fax 02373/160743

Industrieböden

Malerbetriebe Hermann Brück 37
Geister Landweg 8-13
48153 Münster
Tel. 0251/7889100
Fax 0251/7889170

Schwegmann 83
Spezialböden GmbH
Am Goldhügel 31
48432 Rheine
Tel. 05971/97170
Fax 05971/971717

Infrastrukturplanung

Blanke - Ambrosius 124
Verkehr - Infrastruktur
Ingenieurbüro für Verkehrs-
und Infrastrukturplanung
Westring 25
44787 Bochum
Tel. 0234/91300
Fax 0234/9130200

Ingenieure s. auch Verzeichnisbeginn

Ingenieur- und Hydrogeologie

Dipl.-Geol. B. Blankmeister 133
Büro für Ingenieur- und
Hydrogeologie
Dickebankstraße 36
44866 Bochum (Wattenscheid)
Tel. 02327/88224
Fax 02327/15852

Innenarchitekt

bkp Kolde Kollegen 103
Planung GmbH
InnenArchitektur/Generalplanung
Brachtstraße 11
45133 Essen
Tel. 0201/827670
Fax 0201/8276720

Innenausbau

Glas Strack GmbH 56
Westenfelder Straße 76
44867 Bochum
Tel. 02327/98230
Fax 02327/87500

Malerwerkstätten 65
Heinrich Schmid GmbH & Co. KG
In der Provitze 51
44809 Bochum
Tel. 0234/904250
Fax 0234/9042555

G+H Innenausbau GmbH 80
Gruitener Straße 23
40699 Erkrath-Hochdahl
Tel. 02104/943960
Fax 02104/94396690

Die Bauspezialisten

Anzeige

Gardinen • Dekorationen • Sonnenschutz
Erlei RAUM UND DESIGN
Köln-Berliner Str. 24, 44287 Dortmund-Aplerbeck
Telefon 0231/443004, www.erlei.de

Johann Lepper GmbH 82
Bau- und Möbeltischlerei
Trockenbau
Ahlener Straße 170
59073 Hamm
Tel. 02381/32502
Fax 02381/673670

Tischlerei Karsten Lassek 89
Bau- und Möbeltischlerei
Rohwedderstraße 2a
44369 Dortmund
Tel. 0231/850005
Fax 0231/314752

Zimmerei MEIKO G.b.R. 132
Inhaber Paul Koch und
Michael Meißner
Scharnhorststraße 13b
44532 Lünen
Tel. 02306/9404664
Fax 02306/9404670

ABM Akustik - 137
Brandschutz - Moers
Schwanenring 19
47441 Moers
Tel. 02841/8807882
Fax 02841/8807883

Gödiker GmbH 142
Indoor-Constructions
Kreuzweg 4
49740 Haselünne
Tel. 05961/94310
Fax 05961/943131

Möbeltischlerei Bernd Gehlert 142
Am Handwerkerhof 6
45701 Herten
Tel. 02366/936617
Fax 02366/936618

H. Hölscher Akustik, 172
Innenausbau,
Trockenbau, Vollwärmeschutz,
Wärmedämmung
Bergstraße 4
59394 Nordkirchen
Tel. 02596/98642
Fax 02596/98643

Volmer GmbH 199
Bauen und Wohnen
Dechenstraße 3
44147 Dortmund
Tel. 0231/881011
Fax 0231/881111

Inneneinrichtungen

Tischlerei Karsten Lassek 89
Bau- und Möbeltischlerei
Rohwedderstraße 2a
44369 Dortmund
Tel. 0231/850005
Fax 0231/314752

Isoliertechnik

Tacke + Lindemann 110
Baubeschlag- und Metallhandel
GmbH + Co. KG
Beratgerstraße 31-33
44149 Dortmund
Tel. 0231/1777743
Fax 0231/1777775

Isolierung gegen Mauerfeuchtigkeit

Schemm GmbH & Co. KG 83
Spezialbetrieb
Uelzener Weg 16
59425 Unna
Tel. 02303/253120
Fax 02303/2531220

Isolierungen

IB Brandschutz GmbH 78
Ingenieurbüro bautechnischer
Brandschutz
Rudolf-Diesel-Straße 8a
59425 Unna
Tel. 02303/773496
Fax 02303/942355

G. Dreher GmbH 81
Isoliertechnik
Gildenstraße 2c
48157 Münster-Handorf
Tel. 0251/143588
Fax 0251/143580

Dieter Friedrichs 99
Dach + Wand GmbH
Flaßkamp 1
48565 Steinfurt
Tel. 02552/4427
Fax 02552/61759

▶ J

Jalousien

Specht Sonnenschutz GmbH 36
Waldbadstraße 18
33803 Steinhagen
Tel. 05204/91320
Fax 05204/913295

Erlei GmbH & Co. KG 226
Raum und Design
Köln-Berliner Straße 24
44287 Dortmund-Aplerbeck
Tel. 0231/443004
Fax 0231/441349

▶ K

Kachelöfen

Kaminstudio Oberhausen 193
Inhaber Peter Ultee
Mülheimer Straße 66
46045 Oberhausen
Tel. 0208/8832400
Fax 0208/8832260

Kälte

Luft - Klima Anlagenbau 36
GmbH & Co. KG
Fridtjof-Nansen-Weg 7
48155 Münster
Tel. 0251/399440
Fax 0251/3994410

Herber & Petzel 98
GmbH & Co. KG
Kälte - Klima - Elektro -
Licht - Luft
Gildenstraße 2A
48157 Münster
Tel. 0251/987200
Fax 0251/9872033

Wienker & Terdenge GbR 99
Kälte- und Klimatechnik
Haus Uhlenkotten 24 b
48159 Münster
Tel. 0251/2100380
Fax 0251/2100381

Kältetechnik

Kältetechnik Ulf Berens 81
Höhenweg 94
46147 Oberhausen
Tel. 0208/668131
Fax 0208/6217481

Kaminanlagen

Klaus Deubner GmbH 56
Sanitär, Heizung, Klempnerei
Wohlfahrtstraße 117
44799 Bochum
Tel. 0234/770908
Fax 0234/771048

Imtech Deutschland 94
GmbH & Co. KG
Region West, Technische
Gebäudeausrüstung
Am Luftschacht 20
45307 Essen
Tel. 0201/85920
Fax 0201/8592199

Pilz GmbH Bad, 114
Sanitär, Heizung,
Elektro, Solartechnik
Im Kattenbusch 16
44649 Herne
Tel. 02325/92720
Fax 02325/927225

Kaminstudio Oberhausen 193
Inhaber Peter Ultee
Mülheimer Straße 66
46045 Oberhausen
Tel. 0208/8832400
Fax 0208/8832260

Kanalbau

Hubert Riesenbeck 98
Bauunternehmung GmbH & Co.
Hohe Geest 232
48165 Münster
Tel. 0251/919930
Fax 0251/788123

Münsterländer 99
Heinzelmännchen
Garten- und
Landschaftsbau GmbH
Hohenhorst 89
48341 Altenberge
Tel. 02505/2515
Fax 02505/3828

Küster Straßen- und Tiefbau 141
GmbH & Co. KG
Wilhelm-Heinrich-Weg 1
40231 Düsseldorf
Tel. 0211/921950
Fax 0211/9219533

STRABAG AG Direktion 141
Straßenbau Düsseldorf
Bereich Düsseldorf
Schiessstraße 45
40549 Düsseldorf
Tel. 0211/5996403
Fax 0211/5996400

Die Bauspezialisten

Gebr. Möller 172
Containerdienst - Tiefbau -
Baustoffe - Transporte
Kreuzstraße 132
44532 Lünen
Tel. 02306/16000
Fax 02306/160016

GFP Dr. Gärtner und Partner 185
Ingenieurbüro für Geotechnik
und Umweltplanung
Bürgerstraße 15
47057 Duisburg
Tel. 0203/350539
Fax 0203/350541

Kernbohrungen

Mann Diamanttechnik 56
GmbH & Co. KG
Harpener Hellweg 41
44805 Bochum
Tel. 0234/9507700
Fax 0234/9507722

Klima

Luft - Klima Anlagenbau 36
GmbH & Co. KG
Fridtjof-Nansen-Weg 7
48155 Münster
Tel. 0251/399440
Fax 0251/3994410

Ingenieurbüro 39+183
Landwehr GmbH
Beratende Ingenieure -
Technische Ausrüstung
Planetenfeldstraße 116 B
44379 Dortmund
Tel. 0231/9610100
Fax 0231/96101022

Giesen - Gillhoff - Loomans GbR 45
Haustechnik
Bismarckstraße 51
47799 Krefeld
Tel. 02151/607490
Fax 02151/6074929

Klaus Deubner GmbH 56
Sanitär, Heizung, Klempnerei
Wohlfahrtstraße 117
44799 Bochum
Tel. 0234/770908
Fax 0234/771048

Elektro Hering GmbH 78
Gebäudesystemtechnik
Hauptstraße 77
58730 Fröndenberg
Tel. 02378/910035
Fax 02378/1340

Kältetechnik Ulf Berens 81
Höhenweg 94
46147 Oberhausen
Tel. 0208/668131
Fax 0208/6217481

Imtech Deutschland 94
GmbH & Co. KG
Region West, Technische
Gebäudeausrüstung
Am Luftschacht 20
45307 Essen
Tel. 0201/85920
Fax 0201/8592199

Föller GmbH 97
Heizung - Sanitär
Liebigstraße 10
48301 Nottuln
Tel. 02502/94090
Fax 02502/940939

Herber & Petzel 98
GmbH & Co. KG
Kälte - Klima - Elektro -
Licht - Luft
Gildenstraße 2A
48157 Münster
Tel. 0251/987200
Fax 0251/9872033

Kerkhoff GmbH 99
Technische Gebäudeausrüstung
Bevergerner Straße 10
48477 Hörstel-Riesenbeck
Tel. 05454/93490
Fax 05454/934925

Schlering GmbH 99
Heizung - Sanitär - Elektro
Albersloher Straße 10
48317 Drensteinfurt-Rinkerode
Tel. 02538/93110
Fax 02538/931177

Wienker & Terdenge GbR 99
Kälte- und Klimatechnik
Haus Uhlenkotten 24 b
48159 Münster
Tel. 0251/2100380
Fax 0251/2100381

Pilz GmbH Bad, 114
Sanitär, Heizung,
Elektro, Solartechnik
Im Kattenbusch 16
44649 Herne
Tel. 02325/92720
Fax 02325/927225

SINA GmbH 139
Heizung - Lüftung - Sanitär
Frielingsdorfweg 12
45239 Essen-Werden
Tel. 0201/491617
Fax 0201/491016

IBB - Ingenieur Büro Brieden 141
Energie- & Haustechnik
Dellbrücker Straße 204
51469 Bergisch Gladbach
Tel. 02202/55516
Fax 02202/254599

Rehms GmbH 167
Sanitär - Heizung - Klima
Siemensstraße 16
46325 Borken
Tel. 02861/94200
Fax 02861/942025

IbB Ing.-Büro Bleiker 185
Dipl.-Ing. Werner Bleiker,
Dr.Ing. Guido Bleiker
Mühlenrottstraße 15
45711 Datteln
Tel. 02363/2190
Fax 02363/51280

Wienströer Sanitär- und 191
Heizungstechnik GmbH
Hülskamp 23
59073 Hamm
Tel. 02381/673586
Fax 02381/673581

Volker und Jörg Dehne GmbH 205
Das Bad. Die Heizung.
Sprockhöveler Str. 103
58455 Witten
Tel. 02302/55073
Fax 02302/27282

Kommunikations-Einrichtungen

INS 77+149
Ingenieurgesellschaft mbH
H. Nordhoff - E. Schäpermeier
An der Kleimannbrücke 98
48157 Münster
Tel. 0251/932060
Fax 0251/9320610

Elektro Hering GmbH 78
Gebäudesystemtechnik
Hauptstraße 77
58730 Fröndenberg
Tel. 02378/910035
Fax 02378/1340

Pilz GmbH Bad, 114
Sanitär, Heizung,
Elektro, Solartechnik
Im Kattenbusch 16
44649 Herne
Tel. 02325/92720
Fax 02325/927225

August Neugebauer GmbH 137
Elektro-Montagen
Am Zehnthof 171
45307 Essen
Tel. 0201/592160
Fax 0201/5921699

▶ L

Lackierer

Ulrich Köster Malerbetrieb 89
Hülsenbuschstraße 21, Hagener
Straße 255
44229 Dortmund
Tel. 0231/736868
Fax 0231/7925558

Bönninger Maler 132
GmbH & Co. KG
Weiße-Ewald-Straße 40
44287 Dortmund
Tel. 0231/94538830
Fax 0231/945388399

Laukötter Malerfachbetrieb 149
GmbH & Co. KG
Münsterstraße 78
48431 Rheine
Tel. 05971/8036900
Fax 05971/162332

Landschaftsarchitektur

pslandschaft.de - 179
freiraumplanung
Dipl.-Ing. Joachim Schulze
Freier Landschaftsarchitekten BDLA
Wollenhausweg 5
40822 Mettmann
Tel. 02104/959720
Fax 02104/9597216

Landschaftsbau

Wilh. Theilmeier 97
Garten- und Landschaftsbau
GmbH & Co. KG
Kleikamp 14
48351 Everswinkel-Alverskirchen
Tel. 02582/66170
Fax 02582/661723

THK GmbH 98
Frei- und Verkehrsanlagen,
Rückbau
Wilkinghege 42
48159 Münster
Tel. 0251/263320
Fax 0251/2633222

Gebr. Möller 172
Containerdienst - Tiefbau -
Baustoffe - Transporte
Kreuzstraße 132
44532 Lünen
Tel. 02306/16000
Fax 02306/160016

pslandschaft.de - 179
freiraumplanung
Dipl.-Ing. Joachim Schulze
Freier Landschaftsarchitekten BDLA
Wollenhausweg 5
40822 Mettmann
Tel. 02104/959720
Fax 02104/9597216

SGS Rhein-Ruhr-Gala 187
Bau GmbH
Am Vöingholz 48
46240 Bottrop
Tel. 02041/701822
Fax 02041/769599

Die Bauspezialisten

Leichtbauwände

IB Brandschutz GmbH 78
Ingenieurbüro bautechnischer
Brandschutz
Rudolf-Diesel-Straße 8a
59425 Unna
Tel. 02303/773496
Fax 02303/942355

Otte & Klein GmbH + Co. KG 84
Stuckgeschäft, Innen- und
Außenputzarbeiten
Brennerstraße 3-5
44652 Herne
Tel. 02325/41203
Fax 02325/48323

Detlef Daszenies 133
(vormals W. Wittsieker)
Putz und Trockenbau
Hövelstraße 102
45326 Essen
Tel. 0201/321015
Fax 0201/321015

Leuchtreklame

Friedrich & Lick 41
Werbeschilder
Schäferstraße 33
44147 Dortmund
Tel. 0231/811879
Fax 0231/8632111

Reklame Conrad Wilden 56
Nachf. GmbH & Co. KG
Castroper Straße 200
44791 Bochum
Tel. 0234/959700
Fax 0234/596021

Licht

Ingenieurbüro 39+183
Landwehr GmbH
Beratende Ingenieure -
Technische Ausrüstung
Planetenfeldstraße 116 B
44379 Dortmund
Tel. 0231/9610100
Fax 0231/96101022

START.Media.Projekte GmbH 53
Ingenieurbüro für Lichtplanung
Girardetstraße 2-38
45131 Essen
Tel. 0201/8203600
Fax 0201/8203620

Reklame Conrad Wilden 56
Nachf. GmbH & Co. KG
Castroper Straße 200
44791 Bochum
Tel. 0234/959700
Fax 0234/596021

INS 77+149
Ingenieurgesellschaft mbH
H. Nordhoff - E. Schäpermeier
An der Kleimannbrücke 98
48157 Münster
Tel. 0251/932060
Fax 0251/9320610

Elektro Hering GmbH 78
Gebäudesystemtechnik
Hauptstraße 77
58730 Fröndenberg
Tel. 02378/910035
Fax 02378/1340

Töller & Steprath Elektrotechnik 81
GmbH & Co. KG
Klörenstraße 5-7
46045 Oberhausen
Tel. 0208/820260
Fax 0208/8202660

Kerkhoff GmbH 99
Technische Gebäudeausrüstung
Bevergerner Straße 10
48477 Hörstel-Riesenbeck
Tel. 05454/93490
Fax 05454/934925

Pilz GmbH Bad, 114
Sanitär, Heizung,
Elektro, Solartechnik
Im Kattenbusch 16
44649 Herne
Tel. 02325/92720
Fax 02325/927225

Elektro Heine GmbH 128
Küchenstudio -Elektroinstallation
Kieferstraße 26
44225 Dortmund
Tel. 0231/7922050
Fax 0231/79220519

Planungsbüro Bruno Wilmer 177
Kanalstraße 4
59192 Bergkamen
Tel. 02389/924162
Fax 02389/924164

IbB Ing.-Büro Bleiker 185
Dipl.-Ing. Werner Bleiker,
Dr.Ing. Guido Bleiker
Mühlenrottstraße 15
45711 Datteln
Tel. 02363/2190
Fax 02363/51280

Lichtplanung

START.Media.Projekte GmbH 53
Ingenieurbüro für Lichtplanung
Girardetstraße 2-38
45131 Essen
Tel. 0201/8203600
Fax 0201/8203620

Lichttechnik

Christoph Heinen GmbH 179
Audio und Licht Technik
Heinz-Nixdorf-Straße 18, Nordpark
41179 Mönchengladbach
Tel. 02161/307730
Fax 02161/3077329

Lüftung

Luft - Klima Anlagenbau 36
GmbH & Co. KG
Fridtjof-Nansen-Weg 7
48155 Münster
Tel. 0251/399440
Fax 0251/3994410

Ingenieurbüro 39+183
Landwehr GmbH
Beratende Ingenieure -
Technische Ausrüstung
Planetenfeldstraße 116 B
44379 Dortmund
Tel. 0231/9610100
Fax 0231/96101022

Giesen - Gillhoff - Loomans GbR 45
Haustechnik
Bismarckstraße 51
47799 Krefeld
Tel. 02151/607490
Fax 02151/6074929

Klaus Deubner GmbH 56
Sanitär, Heizung, Klempnerei
Wohlfahrtstraße 117
44799 Bochum
Tel. 0234/770908
Fax 0234/771048

Georg Thiemann Dipl.-Ing. 61
Heizungs-, Lüftungs- und
Sanitär-Technik
Mirkstraße 16
46238 Bottrop
Tel. 02041/730147
Fax 02041/730148

Haus-Bau System GmbH 79
Hagener Straße 322
44229 Dortmund
Tel. 0231/732956
Fax 0231/7273396

Kältetechnik Ulf Berens 81
Höhenweg 94
46147 Oberhausen
Tel. 0208/668131
Fax 0208/6217481

Imtech Deutschland 94
GmbH & Co. KG
Region West, Technische
Gebäudeausrüstung
Am Luftschacht 20
45307 Essen
Tel. 0201/85920
Fax 0201/8592199

Föller GmbH 97
Heizung - Sanitär
Liebigstraße 10
48301 Nottuln
Tel. 02502/94090
Fax 02502/940939

Herber & Petzel 98
GmbH & Co. KG
Kälte - Klima - Elektro -
Licht - Luft
Gildenstraße 2A
48157 Münster
Tel. 0251/987200
Fax 0251/9872033

Kerkhoff GmbH 99
Technische Gebäudeausrüstung
Bevergerner Straße 10
48477 Hörstel-Riesenbeck
Tel. 05454/93490
Fax 05454/934925

Wienker & Terdenge GbR 99
Kälte- und Klimatechnik
Haus Uhlenkotten 24 b
48159 Münster
Tel. 0251/2100380
Fax 0251/2100381

Calor Heizungstechnik GmbH 100
Schloßstraße 1
48336 Sassenberg
Tel. 02583/919494
Fax 02583/919495

Pilz GmbH Bad, 114
Sanitär, Heizung,
Elektro, Solartechnik
Im Kattenbusch 16
44649 Herne
Tel. 02325/92720
Fax 02325/927225

SINA GmbH 139
Heizung - Lüftung - Sanitär
Frielingsdorfweg 12
45239 Essen-Werden
Tel. 0201/491617
Fax 0201/491016

IBB - Ingenieur Büro Brieden 141
Energie- & Haustechnik
Dellbrücker Straße 204
51469 Bergisch Gladbach
Tel. 02202/55516
Fax 02202/254599

Power Systems GmbH 141
Technische Gebäudeausrüstung
Hüthumer Straße 230-234
46446 Emmerich am Rhein
Tel. 02822/2073
Fax 02822/2074

Fuhrmann + Keuthen 163
Ingenieurbüro - Technische
Gebäudeausrüstung
Gruftstraße 1
47533 Kleve
Tel. 02821/72900
Fax 02821/729099

Die Bauspezialisten

Rehms GmbH 167
Sanitär - Heizung - Klima
Siemensstraße 16
46325 Borken
Tel. 02861/94200
Fax 02861/942025

IbB Ing.-Büro Bleiker 185
Dipl.-Ing. Werner Bleiker,
Dr.Ing. Guido Bleiker
Mühlenrottstraße 15
45711 Datteln
Tel. 02363/2190
Fax 02363/51280

Wienströer Sanitär- und 191
Heizungstechnik GmbH
Hülskamp 23
59073 Hamm
Tel. 02381/673586
Fax 02381/673581

Ingenieurbüro 203
Gerhard Riedel GbR
Kiefernweg 14
59439 Holzwickede
Tel. 02301/4322
Fax 02301/12290

Volker und Jörg Dehne GmbH 205
Das Bad. Die Heizung.
Sprockhöveler Str. 103
58455 Witten
Tel. 02302/55073
Fax 02302/27282

▶ M

Maler

Malerbetriebe Hermann Brück 37
Geister Landweg 8-13
48153 Münster
Tel. 0251/7889100
Fax 0251/7889170

Malerwerkstätten 65
Heinrich Schmid GmbH & Co. KG
In der Provitze 51
44809 Bochum
Tel. 0234/904250
Fax 0234/9042555

Ulrich Köster Malerbetrieb 89
Hülsenbuschstraße 21,
Hagener Straße 255
44229 Dortmund
Tel. 0231/736868
Fax 0231/7925558

Volgmann & Sohn 128
GmbH & Co. KG
Maler- und Stukkateurbetrieb,
Vollwärmeschutz, Betonsanierung
Freigrafenweg 17
44357 Dortmund
Tel. 0231/93697330
Fax 0231/93697339

Bönninger Maler 132
GmbH & Co. KG
Weiße-Ewald-Straße 40
44287 Dortmund
Tel. 0231/94538830
Fax 0231/945388399

Laukötter Malerfachbetrieb 149
GmbH & Co. KG
Münsterstraße 78
48431 Rheine
Tel. 05971/8036900
Fax 05971/162332

Udo Pauli GmbH 189
Malerbetrieb
Wupperstraße 3
58097 Hagen
Tel. 02331/81946
Fax 02331/880955

Gestaltung Schäfer 203
Fachwerkstätte, Malerbetrieb
Gartenstraße 17
58300 Wetter
Tel. 02335/5341
Fax 02335/17524

Wilhelm Hengsbach GmbH 229
Malerbetrieb
Erlenfeldstraße 8
59075 Hamm
Tel. 02381/71279
Fax 02381/70309

Anzeige

WILHELM HENGSBACH GmbH
Malerarbeiten - Farbgestaltung
Oberflächendesign - Textile - Linoleum
und Kunststoffoberbodenbeläge
ESD-Oberböden - Betonsanierung
Schimmelschutzbestimmungen
Balkonbeschichtungen und Abdichtungen
Autorisierter Fachbetrieb der Pentagon
Plastic B.V.
59075 Hamm • Erlenfeldstraße 8
Tel. (0 23 81) 7 12 79 • Fax (0 23 81) 7 03 09
w.hengsbach-smuda@t-online.de

Markisen

Specht Sonnenschutz GmbH 36
Waldbadstraße 18
33803 Steinhagen
Tel. 05204/91320
Fax 05204/913295

Meyer Fenster + Rolladen 189
GmbH & Co. KG
Selbecker Straße 48
58091 Hagen
Tel. 02331/97820
Fax 02331/76975

Marmor

Natursteinwerk Otto GmbH 42
Südfeld 3
59174 Kamen-Heeren
Tel. 02307/941610
Fax 02307/9416122

Schneider 127
Fliesen-Fachgeschäft
Berghofer Straße 76
44269 Dortmund
Tel. 0231/482422
Fax 0231/482422

Bauunternehmer 167
Salvatore Gandolfo
Tiergartenstraße 243
42117 Wuppertal
Tel. 0202/2571315
Fax 0202/2571314

Massivbau

Ingenieurpartnerschaft 153
Karvanek-Thierauf
Hollestraße 1
45127 Essen
Tel. 0201/827430
Fax 0201/8274340

Ingenieursozietät Schürmann - 163
Kindmann und Partner GbR
Goebenstraße 9
44135 Dortmund
Tel. 0231/9520770
Fax 0231/554382

Maurer

Kissel-Rapid GmbH 145
Generalunternehmer, Rohbauleister,
Teil- und Schlüsselfertigbauten
Felder Straße 74
42651 Solingen
Tel. 0212/24010
Fax 0212/2401180

F.F. System-Bau GmbH 166
Kirchbachstraße 40
45476 Mühlheim/Ruhr
Tel. 0208/4442222
Fax 0208/4442214

Bauunternehmer 167
Salvatore Gandolfo
Tiergartenstraße 243
42117 Wuppertal
Tel. 0202/2571315
Fax 0202/2571314

M.M.H. Hochbau GmbH 172
Verklinkerungen -
Bauunternehmung
Gahenstraße 5
33142 Büren-Hegensdorf
Tel. 02951/4516
Fax 02951/3896

Soester Bau GmbH 172
Schillingsweg 49a
59581 Warstein
Tel. 02925 817592
Fax 02925 817949

B & H Bau GmbH 205
M. Buchgeister & A. Hilger,
Maurermeister
Rauks Feld 13
44869 Bochum
Tel. 02327/995605
Fax 02327/995606

Medientechnik

Christoph Heinen GmbH 179
Audio und Licht Technik
Heinz-Nixdorf-Straße 18, Nordpark
41179 Mönchengladbach
Tel. 02161/307730
Fax 02161/3077329

Messtechnik

ista Deutschland GmbH 73
Energiemanagement NL Münster
Rektoratsweg 36
48159 Münster
Tel. 0251/26200
Fax 0251/262099

Metallbau

Glas Strack GmbH 56
Westenfelder Straße 76
44867 Bochum
Tel. 02327/98230
Fax 02327/87500

Metallgestaltung STEINHAUS 84
Edelstahlarbeiten -Schmiedekunst -
Bauschlosserei
Hombrucher Straße 59
44225 Dortmund (Hombruch)
Tel. 0231/712032
Fax 0231/772723

Willy Wietis Metallbau GmbH 84
Oberster Kamp 19
59069 Hamm
Tel. 02385/68486
Fax 02385/68487

Die Bauspezialisten

Heinrich Würfel 98
Metallbau
Am Brodberg 3
36205 Sontra
Tel. 05653/97870
Fax 05653/978797

Dobler Metallbau GmbH 106
Hansastraße 15
80686 München
Tel. 089/5709240
Fax 089/57092440

STAHLTEC RHEIN LIPPE 153
GmbH & Co. KG
Vohwinkelstraße 107
47137 Duisburg
Tel. 0203/44999616
Fax 0203/44999618

Ingenieursozietät Schürmann - 163
Kindmann und Partner GbR
Goebenstraße 9
44135 Dortmund
Tel. 0231/9520770
Fax 0231/554382

Metallbau Lamprecht GmbH 181
Rudolf-Diesel-Straße 4
45711 Datteln
Tel. 02363/38050
Fax 02363/380520

STN Dach- und 205
Fassadenbau GmbH
Carolinenglückstraße 37
44793 Bochum
Tel. 0234/9270280
Fax 0234/9270278

Möbel

Glas Strack GmbH 56
Westenfelder Straße 76
44867 Bochum
Tel. 02327/98230
Fax 02327/87500

Möbeltischlerei Bernd Gehlert 142
Am Handwerkerhof 6
45701 Herten
Tel. 02366/936617
Fax 02366/936618

Anzeige

PARKETT STREHL ESSEN
FUSSBODENBAU
VERLEGUNG
INSTANDSETZUNG
AUSSTELLUNG

Parkett Strehl GmbH
Ruhrbruchshof 3
45276 Essen-Steele
Telefon (02 01) 5 02 25-0
Telefax (02 01) 50 14 49
Internet: www.parkett-strehl.de
E-Mail: info@parkett-strehl.de

MSR

Herber & Petzel GmbH & Co. KG 98
Kälte - Klima - Elektro - Licht - Luft
Gildenstraße 2A
48157 Münster
Tel. 0251/987200
Fax 0251/9872033

▶ N

Naturstein

Carl Flora GmbH + Co. KG 97
Marmor + Natursteinindustrie
Coermühle 4a
48157 Münster
Tel. 0251/265023
Fax 0251/2650240

Münsterländer Heinzelmännchen 99
Garten- und Landschaftsbau GmbH
Hohenhorst 89
48341 Altenberge
Tel. 02505/2515
Fax 02505/3828

Schneider Fliesen-Fachgeschäft 127
Berghofer Straße 76
44269 Dortmund
Tel. 0231/482422
Fax 0231/482422

Bauunternehmer 167
Salvatore Gandolfo
Tiergartenstraße 243
42117 Wuppertal
Tel. 0202/2571315
Fax 0202/2571314

▶ O

Objekteinrichtung - Küchen

Astroh Küchen GmbH & Co. KG 40
ASTROH objekt
Bauboulevard 2
30827 Garbsen
Tel. 05131/452255
Fax 05131/452263

Objekteinrichtungen

G+P Büroeinrichtungs GmbH 83
Hannöversche Straße 7-11
44143 Dortmund
Tel. 0231/5311430
Fax 0231/5311535

Objektmanagement

Siemens Building Technologies 35
GmbH & Co. oHG
Märkische Straße 8-10
44135 Dortmund
Tel. 0231/5760
Fax 0231/5761298

Pilz GmbH Bad, 114
Sanitär, Heizung,
Elektro, Solartechnik
Im Kattenbusch 16
44649 Herne
Tel. 02325/92720
Fax 02325/927225

GFP Dr. Gärtner und Partner 185
Ingenieurbüro für Geotechnik
und Umweltplanung
Bürgerstraße 15
47057 Duisburg
Tel. 0203/350539
Fax 0203/350541

Ofenbau

Kaminstudio Oberhausen 193
Inhaber Peter Ultee
Mülheimer Straße 66
46045 Oberhausen
Tel. 0208/8832400
Fax 0208/8832260

Ökologisches Bauen

Ingenieurbüro Hagen 36
Beratende Ingenieure VBI
Loconer Weg 15
58708 Menden
Tel. 02373/16070
Fax 02373/160743

▶ P

Parkett

Parkett Strehl GmbH 143+230
Ruhrbruchshof 3
45276 Essen-Steele
Tel. 0201/502250
Fax 0201/501449

Parkhaussanierung

Franz Ernst GmbH & Co 89
Bautenschutz KG
Feldstraße 83
45661 Recklinghausen
Tel. 02361/63183
Fax 02361/375457

Pflasterarbeiten

Wilh. Theilmeier 97
Garten- und Landschaftsbau
GmbH & Co. KG
Kleikamp 14
48351 Everswinkel-Alverskirchen
Tel. 02582/66170
Fax 02582/661723

THK GmbH 98
Frei- und Verkehrsanlagen,
Rückbau
Wilkinghege 42
48159 Münster
Tel. 0251/263320
Fax 0251/2633222

Photovoltaikanlagen

STAHLTEC RHEIN LIPPE 153
GmbH & Co. KG
Vohwinkelstraße 107
47137 Duisburg
Tel. 0203/44999616
Fax 0203/44999618

Planungsbüro für Brandschutz

Brandschutz- 76
Planungsbüro Moritz
Lanfermannteich 27
59192 Bergkamen
Tel. 02307/552158
Fax 02307/552159

Planungsbüro für technische Gebäudeausrüstung

Power Systems GmbH 141
Technische Gebäudeausrüstung
Hüthumer Straße 230-234
46446 Emmerich am Rhein
Tel. 02822/2073
Fax 02822/2074

Projektentwicklung

Wirtschaftsförderung Dortmund 31
dortmund-project
Töllnerstraße 9-11
44135 Dortmund
Tel. 0231/5024809
Fax 0231/5029218

Elektro Hering GmbH 78
Gebäudesystemtechnik
Hauptstraße 77
58730 Fröndenberg
Tel. 02378/910035
Fax 02378/1340

Imtech Deutschland 94
GmbH & Co. KG
Region West, Technische
Gebäudeausrüstung
Am Luftschacht 20
45307 Essen
Tel. 0201/85920
Fax 0201/8592199

Die Bauspezialisten

August Heine 122
Baugesellschaft AG
Centroallee 277
46047 Oberhausen
Tel. 0208/8583163
Fax 0208/8583171

DU Diederichs 124
Projektmanagement AG & Co. KG
Laurentiusstraße 21
42103 Wuppertal
Tel. 0202/245710
Fax 0202/2457145

Projektmanagement

Siemens Building Technologies 35
GmbH & Co. oHG
Märkische Straße 8-10
44135 Dortmund
Tel. 0231/5760
Fax 0231/5761298

Franke & Partner 82
Sozietät für
Organisationsarchitektur
Horstkottenknapp 13
58313 Herdecke
Tel. 02330/74074
Fax 02330/74076

Imtech Deutschland 94
GmbH & Co. KG
Region West, Technische
Gebäudeausrüstung
Am Luftschacht 20
45307 Essen
Tel. 0201/85920
Fax 0201/8592199

Hasper Glas- und Gebäude- 103
reinigung GmbH & Co. KG
Hannig & Co.
Rohrstraße 2
58093 Hagen
Tel. 02331/55061
Fax 02331/50754

DU Diederichs Projekt- 124
management AG & Co. KG
Laurentiusstraße 21
42103 Wuppertal
Tel. 0202/245710
Fax 0202/2457145

Planungsbüro Bruno Wilmer 177
Kanalstraße 4
59192 Bergkamen
Tel. 02389/924162
Fax 02389/924164

Projektsteuerung

Elektro Hering GmbH 78
Gebäudesystemtechnik
Hauptstraße 77
58730 Fröndenberg
Tel. 02378/910035
Fax 02378/1340

Haus-Bau System GmbH 79
Hagener Straße 322
44229 Dortmund
Tel. 0231/732956
Fax 0231/7273396

Töller & Steprath Elektro- 81
technik GmbH & Co. KG
Klörenstraße 5-7
46045 Oberhausen
Tel. 0208/820260
Fax 0208/8202660

Imtech Deutschland 94
GmbH & Co. KG
Region West, Technische
Gebäudeausrüstung
Am Luftschacht 20
45307 Essen
Tel. 0201/85920
Fax 0201/8592199

DU Diederichs Projekt- 124
management AG & Co. KG
Laurentiusstraße 21
42103 Wuppertal
Tel. 0202/245710
Fax 0202/2457145

M & P Mull und Partner 191
Ingenieurgesellschaft mbH
Haldener Straße 12
58095 Hagen
Tel. 02331/900005
Fax 02331/900007

Prüfung von Baustatik

IGRT Gathmann, 205
Reyer + Teilhaber mbH
Ingenieurgesellschaft
für Bautechnik
Universitätsstraße 74
44789 Bochum
Tel. 0234/930430
Fax 0234/9304343

Prüfungen

Engels Ingenieure GmbH 42
Seydlitzstraße 38
44263 Dortmund
Tel. 0231/9410130
Fax 0231/94101320

Putz

Otte & Klein GmbH + Co. KG 84
Stuckgeschäft, Innen- und
Außenputzarbeiten
Brennerstraße 3-5
44652 Herne
Tel. 02325/41203
Fax 02325/48323

Martin Reigers 109+132
Putz- und Stuckgeschäft
Bittermarkstraße 4
44229 Dortmund
Tel. 0231/7259184
Fax 0231/7259185

Bönninger Maler 132
GmbH & Co. KG
Weiße-Ewald-Straße 40
44287 Dortmund
Tel. 0231/94538830
Fax 0231/945388399

Detlef Daszenies 133
(vormals W. Wittsieker)
Putz und Trockenbau
Hövelstraße 102
45326 Essen
Tel. 0201/321015
Fax 0201/321015

▶ **R**

Radio-Fernsehen

Fernseh Neumann 83
Schäferstraße 34
59423 Unna
Tel. 02303/21166
Fax 02303/23626

Rauchabzugsanlagen

Power Systems GmbH 141
Technische Gebäudeausrüstung
Hüthumer Straße 230-234
46446 Emmerich am Rhein
Tel. 02822/2073
Fax 02822/2074

Recycling

THK GmbH 98
Frei- und Verkehrsanlagen,
Rückbau
Wilkinghege 42
48159 Münster
Tel. 0251/263320
Fax 0251/2633222

Prangenberg & Zaum GmbH 103
Abbruch und Rückbau
Vorster Straße 3-5
41748 Viersen
Tel. 02162/93220
Fax 02162/932250

GFP Dr. Gärtner und Partner 185
Ingenieurbüro für Geotechnik
und Umweltplanung
Bürgerstraße 15
47057 Duisburg
Tel. 0203/350539
Fax 0203/350541

Humbert GmbH 204
Transporte
Wienbachstraße 14-23
46286 Dorsten-Wulfen
Tel. 02369/91840
Fax 02369/918499

Regenwasser / Grundwasser

Dipl.-Geol. B. Blankmeister 133
Büro für Ingenieur- und
Hydrogeologie
Dickebankstraße 36
44866 Bochum (Wattenscheid)
Tel. 02327/88224
Fax 02327/15852

Restaurationen

Glas Strack GmbH 56
Westenfelder Straße 76
44867 Bochum
Tel. 02327/98230
Fax 02327/87500

Stuckateurbetrieb 84
Klaus Kukulies
An der Palmweide 60
44227 Dortmund
Tel. 0231/7519548
Fax 0231/752739

Gestaltung Schäfer 203
Fachwerkstätte, Malerbetrieb
Gartenstraße 17
58300 Wetter
Tel. 02335/5341
Fax 02335/17524

Rodungen

Wilh. Theilmeier 97
Garten- und Landschaftsbau
GmbH & Co. KG
Kleikamp 14
48351 Everswinkel-Alverskirchen
Tel. 02582/66170
Fax 02582/661723

Rohr- und Kanaltechnik

RR-N 89
Rohr- und Kanaltechnik Nitsche
Marker Dorfstraße 82
59071 Hamm
Tel. 02381/914833
Fax 02381/914834

Rohrleitungsbau

Große-Bley 183
Bauunternehmung GmbH
Hiltroper Straße 268
44805 Bochum
Tel. 0234/891710
Fax 0234/8917171

Rohrreinigung

RR-N 89
Rohr- und Kanaltechnik Nitsche
Marker Dorfstraße 82
59071 Hamm
Tel. 02381/914833
Fax 02381/914834

Die Bauspezialisten

Rollladen

Willy Wietis Metallbau GmbH 84
Oberster Kamp 19
59069 Hamm
Tel. 02385/68486
Fax 02385/68487

Dieter Friedrichs 99
Dach + Wand GmbH
Flaßkamp 1
48565 Steinfurt
Tel. 02552/4427
Fax 02552/61759

Meyer Fenster + Rolladen 189
GmbH & Co. KG
Selbecker Straße 48
58091 Hagen
Tel. 02331/97820
Fax 02331/76975

HeWe GmbH & Co. KG 193
Fensterfabrik
Industriestraße 11
46354 Südlohn-Oeding
Tel. 02862/50110
Fax 02862/501111

Rückbau

geotec ALBRECHT 77
Ingenieurgesellschaft GbR
Ingenieurgeologie, Hydrogeologie,
Umweltgeologie
Baukauer Straße 46a
44653 Herne
Tel. 02323/92740
Fax 02323/927430

Wilh. Theilmeier 97
Garten- und Landschaftsbau
GmbH & Co. KG
Kleikamp 14
48351 Everswinkel-Alverskirchen
Tel. 02582/66170
Fax 02582/661723

THK GmbH 98
Frei- und Verkehrsanlagen,
Rückbau
Wilkinghege 42
48159 Münster
Tel. 0251/263320
Fax 0251/2633222

GFP Dr. Gärtner und Partner 185
Ingenieurbüro für Geotechnik
und Umweltplanung
Bürgerstraße 15
47057 Duisburg
Tel. 0203/350539
Fax 0203/350541

S

Sägetechnik

Beton-, Bohr- und 45
Sägetechnik Yildirim
Feldstraße 23
44867 Bochum
Tel. 02327/323415
Fax 02327/323416

Sanierungen

B. Mensing Abbruch & 37
Recycling GmbH
Bergstraße 13
48727 Billerbeck
Tel. 02543/932415
Fax 02543/932425

Innenwelt 88
Flächenbehandlung GmbH
Provinzialstraße 372
44388 Dortmund
Tel. 0231/693606
Fax 0231/693718

Pilz GmbH Bad, 114
Sanitär, Heizung,
Elektro, Solartechnik
Im Kattenbusch 16
44649 Herne
Tel. 02325/92720
Fax 02325/927225

Schneider 127
Fliesen-Fachgeschäft
Berghofer Straße 76
44269 Dortmund
Tel. 0231/482422
Fax 0231/482422

Volgmann & Sohn 128
GmbH & Co. KG
Maler- und Stukkateurbetrieb,
Vollwärmeschutz, Betonsanierung
Freigrafenweg 17
44357 Dortmund
Tel. 0231/93697330
Fax 0231/93697339

GFP Dr. Gärtner und Partner 185
Ingenieurbüro für Geotechnik
und Umweltplanung
Bürgerstraße 15
47057 Duisburg
Tel. 0203/350539
Fax 0203/350541

Sanierungsplanung

gbk Geologisches Büro 143
Dr. Georg Kleinebrinker
Große Telegraphenstraße 9-11
50676 Köln
Tel. 0221/5800628
Fax 0221/4767909

Sanitär

Ingenieurbüro 39+183
Landwehr GmbH
Beratende Ingenieure -
Technische Ausrüstung
Planetenfeldstraße 116 B
44379 Dortmund
Tel. 0231/9610100
Fax 0231/96101022

Ralf Marx 41
Sanitär- und Heizungstechnik
Menglinghauser Straße 88
44227 Dortmund
Tel. 0231/4274621
Fax 0231/7548781

Giesen - Gillhoff - Loomans GbR 45
Haustechnik
Bismarckstraße 51
47799 Krefeld
Tel. 02151/607490
Fax 02151/6074929

Klaus Deubner GmbH 56
Sanitär, Heizung, Klempnerei
Wohlfahrtstraße 117
44799 Bochum
Tel. 0234/770908
Fax 0234/771048

Georg Thiemann Dipl.-Ing. 61
Heizungs-, Lüftungs- und
Sanitär-Technik
Mirkstraße 16
46238 Bottrop
Tel. 02041/730147
Fax 02041/730148

Haus-Bau System GmbH 79
Hagener Straße 322
44229 Dortmund
Tel. 0231/732956
Fax 0231/7273396

Paukstat GmbH & Co. 80
Haustechnik KG
Hafenstraße 22
59067 Hamm
Tel. 02381/940640
Fax 02381/9406429

Föller GmbH 97
Heizung - Sanitär
Liebigstraße 10
48301 Nottuln
Tel. 02502/94090
Fax 02502/940939

Kerkhoff GmbH 99
Technische Gebäudeausrüstung
Bevergerner Straße 10
48477 Hörstel-Riesenbeck
Tel. 05454/93490
Fax 05454/934925

Schlering GmbH 99
Heizung - Sanitär - Elektro
Albersloher Straße 10
48317 Drensteinfurt-Rinkerode
Tel. 02538/93110
Fax 02538/931177

Calor Heizungstechnik GmbH 100
Schloßstraße 1
48336 Sassenberg
Tel. 02583/919494
Fax 02583/919495

A. & R. Gimbel GbR 110
Sanitär, Heizung, Klempnerei
Röhrenspring 8
58093 Hagen
Tel. 02331/692051
Fax 02331/61461

Pilz GmbH Bad, 114
Sanitär, Heizung,
Elektro, Solartechnik
Im Kattenbusch 16
44649 Herne
Tel. 02325/92720
Fax 02325/927225

Thomas Hesse 128
Haustechnik GmbH
Unterer Heideweg 28
59069 Hamm
Tel. 02385/68516
Fax 02385/913349

SINA GmbH 139
Heizung - Lüftung - Sanitär
Frielingsdorfweg 12
45239 Essen-Werden
Tel. 0201/491617
Fax 0201/491016

IBB - Ingenieur Büro Brieden 141
Energie- & Haustechnik
Dellbrücker Straße 204
51469 Bergisch Gladbach
Tel. 02202/55516
Fax 02202/254599

Fuhrmann + Keuthen 163
Ingenieurbüro - Technische
Gebäudeausrüstung
Gruftstraße 1
47533 Kleve
Tel. 02821/72900
Fax 02821/729099

Rehms GmbH 167
Sanitär - Heizung - Klima
Siemensstraße 16
46325 Borken
Tel. 02861/94200
Fax 02861/942025

IbB Ing.-Büro Bleiker 185
Dipl.-Ing. Werner Bleiker,
Dr.Ing. Guido Bleiker
Mühlenrottstraße 15
45711 Datteln
Tel. 02363/2190
Fax 02363/51280

Wienströer Sanitär- und 191
Heizungstechnik GmbH
Hülskamp 23
59073 Hamm
Tel. 02381/673586
Fax 02381/673581

Die Bauspezialisten

Ingenieurbüro Gerhard Riedel GbR
Kiefernweg 14
59439 Holzwickede
Tel. 02301/4322
Fax 02301/12290
203

Volker und Jörg Dehne GmbH
Das Bad. Die Heizung.
Sprockhöveler Str. 103
58455 Witten
Tel. 02302/55073
Fax 02302/27282
205

Paul Lindemann
Fachbetrieb Sanitär,
Bad, Heizung
Wanner Straße 34
45888 Gelsenkirchen
Tel. 0209/21121
Fax 0209/23020
224

Schallschutz

Glas Strack GmbH
Westenfelder Straße 76
44867 Bochum
Tel. 02327/98230
Fax 02327/87500
56

G. Dreher GmbH
Isoliertechnik
Gildenstraße 2c
48157 Münster-Handorf
Tel. 0251/143588
Fax 0251/143580
81

PMI Dipl.-Ing. Peter Mutard
Ingenieurgesellschaft für
Technsiche Akustik, Schall-
und Wärmeschutz mbH
Ottostraße 94
85521 Ottobrunn
Tel. 089/6060690
Fax 089/602045
96

Gödiker GmbH
Indoor-Constructions
Kreuzweg 4
49740 Haselünne
Tel. 05961/94310
Fax 05961/943131
142

Anzeige

Bauschilder, Außenwerbung
Schilder aller Art
Wir beschriften
Fahrzeuge, Schaufenster

Schilder Röhe / ZIRNGIBL

Nagelschmiedegasse 8 • 44263 Dortmund
Tel. 0231 / 41 33 53 • Fax 0231 / 43 25 51
www.schilder-roehe.de
info@schilder-roehe.de

Dipl.-Ing. Horst R. Grün
Bausachverständiger
Großenbaumer Straße 240
45479 Mülheim an der Ruhr
Tel. 0208/4665333
Fax 0208/4665334
154

Ingenieursozietät Schürmann -
Kindmann und Partner GbR
Goebenstraße 9
44135 Dortmund
Tel. 0231/9520770
Fax 0231/554382
163

ITAB GmbH
Ingenieurbüro für Technische
Akustik und Bauphysik
Schüruferstraße 309A
44287 Dortmund
Tel. 0231/9480170
Fax 0231/94801723
163

Metallbau Lamprecht GmbH
Rudolf-Diesel-Straße 4
45711 Datteln
Tel. 02363/38050
Fax 02363/380520
181

HeWe GmbH & Co. KG
Fensterfabrik
Industriestraße 11
46354 Südlohn-Oeding
Tel. 02862/50110
Fax 02862/501111
193

Schallschutzgutachten

Ingenieurbüro Hagen
Beratende Ingenieure VBI
Loconer Weg 15
58708 Menden
Tel. 02373/16070
Fax 02373/160743
36

Schalltechnik-Raumakustik-Wärmeschutz

ISRW Institut für Schalltechnik,
Raumakustik, Wärmeschutz
Dr.-Ing. Klapdor GmbH
Kalkumer Straße 173
40468 Düsseldorf
Tel. 0211/4185560
Fax 0211/420511
88

Schaltanlagen

RüTü Rüschenschmidt &
Tüllmann GmbH & Co. KG
Borkstraße 9-11
48163 Münster
Tel. 0251/780050
Fax 0251/7800538
97

Eltroin Schaltanlagen GmbH
Fröhliche Morgensonne 15-19
44867 Bochum
Tel. 02327/3714
Fax 02327/33803
111

Pilz GmbH Bad,
Sanitär, Heizung,
Elektro, Solartechnik
Im Kattenbusch 16
44649 Herne
Tel. 02325/92720
Fax 02325/927225
114

Elektrotechnik Voussem GmbH
Bendenweg 28a
53902 Bad Münstereifel
Tel. 02253/3513
Fax 02253/4027
197

Schalungen

F.F. System-Bau GmbH
Kirchbachstraße 40
45476 Mühlheim/Ruhr
Tel. 0208/4442222
Fax 0208/4442214
166

B & H Bau GmbH
M. Buchgeister & A. Hilger,
Maurermeister
Rauks Feld 13
44869 Bochum
Tel. 02327/995605
Fax 02327/995606
205

Schilder

Friedrich & Lick
Werbeschilder
Schäferstraße 33
44147 Dortmund
Tel. 0231/811879
Fax 0231/8632111
41

Reklame Conrad Wilden
Nachf. GmbH & Co. KG
Castroper Straße 200
44791 Bochum
Tel. 0234/959700
Fax 0234/596021
56

Schilder Röhe
Nagelschmiedegasse 8
44263 Dortmund
Tel. 0231/413353
Fax 0231/432551
233

Schließanlagen

Bosch
Sicherheitssysteme GmbH
Wasserstraße 221
44799 Bochum
Tel. 0234/953220
Fax 0234/9532135
75

Willy Wietis Metallbau GmbH
Oberster Kamp 19
59069 Hamm
Tel. 02385/68486
Fax 02385/68487
84

RüTü Rüschenschmidt &
Tüllmann GmbH & Co. KG
Borkstraße 9-11
48163 Münster
Tel. 0251/780050
Fax 0251/7800538
97

Tacke + Lindemann
Baubeschlag- und Metallhandel
GmbH + Co. KG
Beratgerstraße 31-33
44149 Dortmund
Tel. 0231/1777743
Fax 0231/1777775
110

Schlosserei

Glas Strack GmbH
Westenfelder Straße 76
44867 Bochum
Tel. 02327/98230
Fax 02327/87500
56

Willy Wietis Metallbau GmbH
Oberster Kamp 19
59069 Hamm
Tel. 02385/68486
Fax 02385/68487
84

BEWE GmbH & Co. KG
Stahl- und Metallbau
Hollefeldstraße 21b
48282 Emsdetten
Tel. 02572/86136
Fax 02572/85068
150

STAHLTEC RHEIN LIPPE
GmbH & Co. KG
Vohwinkelstraße 107
47137 Duisburg
Tel. 0203/44999616
Fax 0203/44999618
153

Schlüsselfertigbau

Ingenieurbüro Klaus Krefft GbR
Von-Galen-Straße 16
46244 Bottrop
Tel. 02045/3670
Fax 02045/7393
61

Schäfer-Bauten GmbH
Wilhelmstraße 80
49477 Ibbenbüren
Tel. 05451/50050
Fax 05451/500550
74

Die Bauspezialisten

Arbeitsgemeinschaft 104
Sparkassenkarree Hagen
Adolf Lupp GmbH + Co. KG
Bauunternehmen, Gustav Epple
Bauunternehmung GmbH, ABB
Gebäudetechnik AG
Grashofstraße 2
58095 Hagen
Tel. 06043/807225
Fax 06043/807171

August Heine 122
Baugesellschaft AG
Centroallee 277
46047 Oberhausen
Tel. 0208/8583163
Fax 0208/8583171

Diekert GmbH 132
Bauunternehmen
Orthöver Weg 51
46286 Dorsten-Wulfen
Tel. 02369/6038
Fax 02369/23119

Kissel-Rapid GmbH 145
Generalunternehmer, Rohbauleister,
Teil- und Schlüsselfertigbauten
Felder Straße 74
42651 Solingen
Tel. 0212/24010
Fax 0212/2401180

Schornsteinbau

Kaminstudio Oberhausen 193
Inhaber Peter Ultee
Mülheimer Straße 66
46045 Oberhausen
Tel. 0208/8832400
Fax 0208/8832260

Schreinerei

Glas Strack GmbH 56
Westenfelder Straße 76
44867 Bochum
Tel. 02327/98230
Fax 02327/87500

Johann Lepper GmbH 82
Bau- und Möbeltischlerei
Trockenbau
Ahlener Straße 170
59073 Hamm
Tel. 02381/32502
Fax 02381/673670

Tischlerei Karsten Lassek 89
Bau- und Möbeltischlerei
Rohwedderstraße 2a
44369 Dortmund
Tel. 0231/850005
Fax 0231/314752

Möbeltischlerei Bernd Gehlert 142
Am Handwerkerhof 6
45701 Herten
Tel. 02366/936617
Fax 02366/936618

Volmer GmbH 199
Bauen und Wohnen
Dechenstraße 3
44147 Dortmund
Tel. 0231/881011
Fax 0231/881111

Schweissfachbetrieb

MOHS GmbH Stahlhandel, 80
Schweißfachbetrieb
Tore, Türen, Baugeräte, Zäune
Klutestraße 2
59063 Hamm
Tel. 02381/950560
Fax 02381/9505642

Sicherheits- und Gesundheitsschutzkoordination

Zeppenfeld 136
Ingenieurgesellschaft m.b.H.
für wirtschaftliche
Baukonstruktionen
Voßbergring 72
45259 Essen
Tel. 0201/468830
Fax 0201/4658333

Sicherheitstechnik

Rauschenberg Ingenieur 55
GmbH West
Beratende Ingenieure VBI,
Technische Ausrüstung
Waldring 63
44789 Bochum
Tel. 0234/3617272
Fax 0234/3617274

Bosch 75
Sicherheitssysteme GmbH
Wasserstraße 221
44799 Bochum
Tel. 0234/953220
Fax 0234/9532135

INS 77+149
Ingenieurgesellschaft mbH
H. Nordhoff - E. Schäpermeier
An der Kleimannbrücke 98
48157 Münster
Tel. 0251/932060
Fax 0251/9320610

Elektro Hering GmbH 78
Gebäudesystemtechnik
Hauptstraße 77
58730 Fröndenberg
Tel. 02378/910035
Fax 02378/1340

Haus-Bau System GmbH 79
Hagener Straße 322
44229 Dortmund
Tel. 0231/732956
Fax 0231/7273396

Töller & Steprath 81
Elektrotechnik GmbH & Co. KG
Klörenstraße 5-7
46045 Oberhausen
Tel. 0208/820260
Fax 0208/8202660

HAGEMO Sprinkler GmbH 82
Lanfermannteich 28
59192 Bergkamen
Tel. 02307/288415
Fax 02307/288419

Imtech Deutschland 94
GmbH & Co. KG
Region West, Technische
Gebäudeausrüstung
Am Luftschacht 20
45307 Essen
Tel. 0201/85920
Fax 0201/8592199

RüTü Rüschenschmidt & 97
Tüllmann GmbH & Co. KG
Borkstraße 9-11
48163 Münster
Tel. 0251/780050
Fax 0251/7800538

Fischer + Oelze Elektrotechn. 106
Anlagen GmbH
Eilper Straße 88
58091 Hagen
Tel. 02331/79433
Fax 02331/75949

Pilz GmbH Bad, 114
Sanitär, Heizung,
Elektro, Solartechnik
Im Kattenbusch 16
44649 Herne
Tel. 02325/92720
Fax 02325/927225

August Neugebauer GmbH 137
Elektro-Montagen
Am Zehnthof 171
45307 Essen
Tel. 0201/592160
Fax 0201/5921699

GFP Dr. Gärtner und Partner 185
Ingenieurbüro für Geotechnik
und Umweltplanung
Bürgerstraße 15
47057 Duisburg
Tel. 0203/350539
Fax 0203/350541

Solar

Ralf Marx 41
Sanitär- und Heizungstechnik
Menglinghauser Straße 88
44227 Dortmund
Tel. 0231/4274621
Fax 0231/7548781

Solartechnik

Klaus Deubner GmbH 56
Sanitär, Heizung, Klempnerei
Wohlfahrtstraße 117
44799 Bochum
Tel. 0234/770908
Fax 0234/771048

Elektro Hering GmbH 78
Gebäudesystemtechnik
Hauptstraße 77
58730 Fröndenberg
Tel. 02378/910035
Fax 02378/1340

Haus-Bau System GmbH 79
Hagener Straße 322
44229 Dortmund
Tel. 0231/732956
Fax 0231/7273396

Töller & Steprath Elektrotechnik 81
GmbH & Co. KG
Klörenstraße 5-7
46045 Oberhausen
Tel. 0208/820260
Fax 0208/8202660

Imtech Deutschland 94
GmbH & Co. KG
Region West, Technische
Gebäudeausrüstung
Am Luftschacht 20
45307 Essen
Tel. 0201/85920
Fax 0201/8592199

Föller GmbH 97
Heizung - Sanitär
Liebigstraße 10
48301 Nottuln
Tel. 02502/94090
Fax 02502/940939

Dieter Friedrichs 99
Dach + Wand GmbH
Flaßkamp 1
48565 Steinfurt
Tel. 02552/4427
Fax 02552/61759

Kerkhoff GmbH 99
Technische Gebäudeausrüstung
Bevergerner Straße 10
48477 Hörstel-Riesenbeck
Tel. 05454/93490
Fax 05454/934925

Calor Heizungstechnik GmbH 100
Schloßstraße 1
48336 Sassenberg
Tel. 02583/919494
Fax 02583/919495

Pilz GmbH Bad, 114
Sanitär, Heizung,
Elektro, Solartechnik
Im Kattenbusch 16
44649 Herne
Tel. 02325/92720
Fax 02325/927225

Die Bauspezialisten

Niedieker Bedachungen 133
Kupferstraße 20
59067 Hamm
Tel. 02381/9878368
Fax 02381/9878369

SINA GmbH 139
Heizung - Lüftung - Sanitär
Frielingsdorfweg 12
45239 Essen-Werden
Tel. 0201/491617
Fax 0201/491016

IBB - Ingenieur Büro Brieden 141
Energie- & Haustechnik
Dellbrücker Straße 204
51469 Bergisch Gladbach
Tel. 02202/55516
Fax 02202/254599

STAHLTEC RHEIN LIPPE 153
GmbH & Co. KG
Vohwinkelstraße 107
47137 Duisburg
Tel. 0203/44999616
Fax 0203/44999618

Metallbau Lamprecht GmbH 181
Rudolf-Diesel-Straße 4
45711 Datteln
Tel. 02363/38050
Fax 02363/380520

Volker und Jörg Dehne GmbH 205
Das Bad. Die Heizung.
Sprockhöveler Str. 103
58455 Witten
Tel. 02302/55073
Fax 02302/27282

Solarwärme

Ralf Marx 41
Sanitär- und Heizungstechnik
Menglinghauser Straße 88
44227 Dortmund
Tel. 0231/4274621
Fax 0231/7548781

Sonnenschutz

Specht Sonnenschutz GmbH 36
Waldbadstraße 18
33803 Steinhagen
Tel. 05204/91320
Fax 05204/913295

Spengler

Klaus Deubner GmbH 56
Sanitär, Heizung, Klempnerei
Wohlfahrtstraße 117
44799 Bochum
Tel. 0234/770908
Fax 0234/771048

Rainer Teigel 111
Metallbedachungen,
Bauklempnerei, Dachdeckerei
Auf der Heide 6
59368 Werne
Tel. 02599/92311
Fax 02599/92312

Sprinkleranlagen

HAGEMO Sprinkler GmbH 82
Lanfermannteich 28
59192 Bergkamen
Tel. 02307/288415
Fax 02307/288419

Stadtplanung

Ingenieurbüro Hagen 36
Beratende Ingenieure VBI
Loconer Weg 15
58708 Menden
Tel. 02373/16070
Fax 02373/160743

Norbert Post, Hartmut Welters 177
Architekten &
Stadtplaner BDA/SRL
Arndtstraße 37
44135 Dortmund
Tel. 0231/47734860
Fax 0231/554444

Stahlbau

Glas Strack GmbH 56
Westenfelder Straße 76
44867 Bochum
Tel. 02327/98230
Fax 02327/87500

Heinz Nienkemper 75
Metallbau GmbH & Co. KG
Industriestraße 8
59320 Ennigerloh
Tel. 02524/26501
Fax 02524/26534

MOHS GmbH Stahlhandel, 80
Schweißfachbetrieb
Tore, Türen, Baugeräte, Zäune
Klutestraße 2
59063 Hamm
Tel. 02381/950560
Fax 02381/9505642

Ingenieurbüro Reinard 142
Statik Konstruktion Stahlbau
Stahlbetonbau
Stormstraße 1
47226 Duisburg-Rheinhausen
Tel. 02065/99270
Fax 02065/992727

BEWE GmbH & Co. KG 150
Stahl- und Metallbau
Hollefeldstraße 21b
48282 Emsdetten
Tel. 02572/86136
Fax 02572/85068

STAHLTEC RHEIN LIPPE 153
GmbH & Co. KG
Vohwinkelstraße 107
47137 Duisburg
Tel. 0203/44999616
Fax 0203/44999618

Ingenieursozietät Schürmann - 163
Kindmann und Partner GbR
Goebenstraße 9
44135 Dortmund
Tel. 0231/9520770
Fax 0231/554382

Ingenieurpartnerschaft 153
Karvanek-Thierauf
Hollestraße 1
45127 Essen
Tel. 0201/827430
Fax 0201/8274340

Stahlhandel

MOHS GmbH Stahlhandel, 80
Schweißfachbetrieb
Tore, Türen, Baugeräte, Zäune
Klutestraße 2
59063 Hamm
Tel. 02381/950560
Fax 02381/9505642

Standsicherheitsprüfung

IGRT Gathmann, 205
Reyer + Teilhaber mbH
Ingenieurgesellschaft
für Bautechnik
Universitätsstraße 74
44789 Bochum
Tel. 0234/930430
Fax 0234/9304343

Statik

Ingenieurbüro Reinard 142
Statik Konstruktion Stahlbau
Stahlbetonbau
Stormstraße 1
47226 Duisburg-Rheinhausen
Tel. 02065/99270
Fax 02065/992727

Ingenieurpartnerschaft 153
Karvanek-Thierauf
Hollestraße 1
45127 Essen
Tel. 0201/827430
Fax 0201/8274340

Steinmetz

Natursteinwerk Otto GmbH 42
Südfeld 3
59174 Kamen-Heeren
Tel. 02307/941610
Fax 02307/9416122

Carl Flora GmbH + Co. KG 97
Marmor + Natursteinindustrie
Coermühle 4a
48157 Münster
Tel. 0251/265023
Fax 0251/2650240

Straßenbau

Wilh. Theilmeier 97
Garten- und Landschaftsbau
GmbH & Co. KG
Kleikamp 14
48351 Everswinkel-Alverskirchen
Tel. 02582/66170
Fax 02582/661723

Hubert Riesenbeck 98
Bauunternehmung GmbH & Co.
Hohe Geest 232
48165 Münster
Tel. 0251/919930
Fax 0251/788123

THK GmbH 98
Frei- und Verkehrsanlagen,
Rückbau
Wilkinghege 42
48159 Münster
Tel. 0251/263320
Fax 0251/2633222

Münsterländer 99
Heinzelmännchen
Garten- und
Landschaftsbau GmbH
Hohenhorst 89
48341 Altenberge
Tel. 02505/2515
Fax 02505/3828

Küster Straßen- und 141
Tiefbau GmbH & Co. KG
Wilhelm-Heinrich-Weg 1
40231 Düsseldorf
Tel. 0211/921950
Fax 0211/9219533

STRABAG AG Direktion 141
Straßenbau Düsseldorf
Bereich Düsseldorf
Schiessstraße 45
40549 Düsseldorf
Tel. 0211/5996403
Fax 0211/5996400

Gebr. Möller 172
Containerdienst - Tiefbau -
Baustoffe - Transporte
Kreuzstraße 132
44532 Lünen
Tel. 02306/16000
Fax 02306/160016

Große-Bley 183
Bauunternehmung GmbH
Hiltroper Straße 268
44805 Bochum
Tel. 0234/891710
Fax 0234/8917171

Die Bauspezialisten

GFP Dr. Gärtner und Partner 185
Ingenieurbüro für Geotechnik
und Umweltplanung
Bürgerstraße 15
47057 Duisburg
Tel. 0203/350539
Fax 0203/350541

Straßenplanung

Ingenieurbüro Hagen 36
Beratende Ingenieure VBI
Loconer Weg 15
58708 Menden
Tel. 02373/16070
Fax 02373/160743

Stuck

Otte & Klein GmbH + Co. KG 84
Stuckgeschäft, Innen- und
Außenputzarbeiten
Brennerstraße 3-5
44652 Herne
Tel. 02325/41203
Fax 02325/48323

Stuckateurbetrieb 84
Klaus Kukulies
An der Palmweide 60
44227 Dortmund
Tel. 0231/7519548
Fax 0231/752739

Ulrich Köster Malerbetrieb 89
Hülsenbuschstraße 21, Hagener
Straße 255
44229 Dortmund
Tel. 0231/736868
Fax 0231/7925558

Martin Reigers 109+132
Putz- und Stuckgeschäft
Bittermarkstraße 4
44229 Dortmund
Tel. 0231/7259184
Fax 0231/7259185

W. Exner Stuck- und 116
Akustikbau GmbH & Co. KG
Tiroler Straße 48
45659 Recklinghausen
Tel. 02361/37710
Fax 02361/36528

▶ **T**

Tageslichttechnik

Power Systems GmbH 141
Technische Gebäudeausrüstung
Hüthumer Straße 230-234
46446 Emmerich am Rhein
Tel. 02822/2073
Fax 02822/2074

Tapezierer

Malerwerkstätten 65
Heinrich Schmid GmbH & Co. KG
In der Provitze 51
44809 Bochum
Tel. 0234/904250
Fax 0234/9042555

Ulrich Köster Malerbetrieb 89
Hülsenbuschstraße 21, Hagener
Straße 255
44229 Dortmund
Tel. 0231/736868
Fax 0231/7925558

Bönninger Maler 132
GmbH & Co. KG
Weiße-Ewald-Straße 40
44287 Dortmund
Tel. 0231/94538830
Fax 0231/945388399

Udo Pauli GmbH 189
Malerbetrieb
Wupperstraße 3
58097 Hagen
Tel. 02331/81946
Fax 02331/880955

Telekommunikation

Siemens Building Technologies 35
GmbH & Co. oHG
Märkische Straße 8-10
44135 Dortmund
Tel. 0231/5760
Fax 0231/5761298

Rauschenberg 55
Ingenieur GmbH West
Beratende Ingenieure VBI,
Technische Ausrüstung
Waldring 63
44789 Bochum
Tel. 0234/3617272
Fax 0234/3617274

Elektro Hering GmbH 78
Gebäudesystemtechnik
Hauptstraße 77
58730 Fröndenberg
Tel. 02378/910035
Fax 02378/1340

Elektro Jansen GmbH & Co. KG 79
Norbertstraße 22
48151 Münster
Tel. 0251/399200
Fax 0251/3992020

DOKOM21 88
Gesellschaft für
Telekommunikation mbH
Stockholmer Allee 24
44269 Dortmund
Tel. 0231/9301050
Fax 0231/9301054

Fischer + Oelze Elektrotechn. 106
Anlagen GmbH
Eilper Straße 88
58091 Hagen
Tel. 02331/79433
Fax 02331/75949

Pilz GmbH Bad, 114
Sanitär, Heizung,
Elektro, Solartechnik
Im Kattenbusch 16
44649 Herne
Tel. 02325/92720
Fax 02325/927225

Tiefbau

Bamberger Bau-GmbH 64
Neue Straße 19-21
58135 Hagen
Tel. 02331/94810
Fax 02331/948171

Wilh. Theilmeier 97
Garten- und Landschaftsbau
GmbH & Co. KG
Kleikamp 14
48351 Everswinkel-Alverskirchen
Tel. 02582/66170
Fax 02582/661723

Hubert Riesenbeck 98
Bauunternehmung GmbH & Co.
Hohe Geest 232
48165 Münster
Tel. 0251/919930
Fax 0251/788123

THK GmbH 98
Frei- und Verkehrsanlagen,
Rückbau
Wilkinghege 42
48159 Münster
Tel. 0251/263320
Fax 0251/2633222

August Neugebauer GmbH 137
Elektro-Montagen
Am Zehnthof 171
45307 Essen
Tel. 0201/592160
Fax 0201/5921699

Küster Straßen- und 141
Tiefbau GmbH & Co. KG
Wilhelm-Heinrich-Weg 1
40231 Düsseldorf
Tel. 0211/921950
Fax 0211/9219533

STRABAG AG Direktion 141
Straßenbau Düsseldorf
Bereich Düsseldorf
Schiessstraße 45
40549 Düsseldorf
Tel. 0211/5996403
Fax 0211/5996400

Ingenieurpartnerschaft 153
Karvanek-Thierauf
Hollestraße 1
45127 Essen
Tel. 0201/827430
Fax 0201/8274340

Ingenieursozietät Schürmann - 163
Kindmann und Partner GbR
Goebenstraße 9
44135 Dortmund
Tel. 0231/9520770
Fax 0231/554382

Gebr. Möller 172
Containerdienst - Tiefbau -
Baustoffe - Transporte
Kreuzstraße 132
44532 Lünen
Tel. 02306/16000
Fax 02306/160016

Große-Bley 183
Bauunternehmung GmbH
Hiltroper Straße 268
44805 Bochum
Tel. 0234/891710
Fax 0234/8917171

GFP Dr. Gärtner und Partner 185
Ingenieurbüro für Geotechnik
und Umweltplanung
Bürgerstraße 15
47057 Duisburg
Tel. 0203/350539
Fax 0203/350541

Tischlerei

Glas Strack GmbH 56
Westenfelder Straße 76
44867 Bochum
Tel. 02327/98230
Fax 02327/87500

Johann Lepper GmbH 82
Bau- und Möbeltischlerei
Trockenbau
Ahlener Straße 170
59073 Hamm
Tel. 02381/32502
Fax 02381/673670

Tischlerei Karsten Lassek 89
Bau- und Möbeltischlerei
Rohwedderstraße 2a
44369 Dortmund
Tel. 0231/850005
Fax 0231/314752

Möbeltischlerei Bernd Gehlert 142
Am Handwerkerhof 6
45701 Herten
Tel. 02366/936617
Fax 02366/936618

Volmer GmbH 199
Bauen und Wohnen
Dechenstraße 3
44147 Dortmund
Tel. 0231/881011
Fax 0231/881111

Die Bauspezialisten

Tore

Heinz Nienkemper 75
Metallbau GmbH & Co. KG
Industriestraße 8
59320 Ennigerloh
Tel. 02524/26501
Fax 02524/26534

MOHS GmbH Stahlhandel, 80
Schweißfachbetrieb
Tore, Türen, Baugeräte, Zäune
Klutestraße 2
59063 Hamm
Tel. 02381/950560
Fax 02381/9505642

Hermann Jackson GmbH 83
Tore, Türen, Antriebe
Am Bauhof 41
48431 Rheine
Tel. 05971/16040
Fax 05971/160444

Willy Wietis Metallbau GmbH 84
Oberster Kamp 19
59069 Hamm
Tel. 02385/68486
Fax 02385/68487

Kaldunski + Löhr 139
Tortechnik GmbH
Hafenstraße 13
45881 Gelsenkirchen
Tel. 0209/941220
Fax 0209/43084

Tragwerksplanung

Ingenieurbüro Hagen 36
Beratende Ingenieure VBI
Loconer Weg 15
58708 Menden
Tel. 02373/16070
Fax 02373/160743

Engels Ingenieure GmbH 42
Seydlitzstraße 38
44263 Dortmund
Tel. 0231/9410130
Fax 0231/94101320

Dipl.-Ing. Heinrich Surmann 154
Ingenieurbüro für Bauplanung,
Tragwerksplanung
Im Eichholz 22
45768 Marl
Tel. 02365/71123
Fax 02365/2955001

LWS Ingenieurgesellschaft für 201
Tragwerksplanung
Lewenton - Werner - Schwarz
Sonnenwall 64
47051 Duisburg
Tel. 0203/21146
Fax 0203/23012

IGRT Gathmann, 205
Reyer + Teilhaber mbH
Ingenieurgesellschaft
für Bautechnik
Universitätsstraße 74
44789 Bochum
Tel. 0234/930430
Fax 0234/9304343

Transporte

Humbert GmbH 204
Transporte
Wienbachstraße 14-23
46286 Dorsten-Wulfen
Tel. 02369/91840
Fax 02369/918499

Treppen

Schneider 127
Fliesen-Fachgeschäft
Berghofer Straße 76
44269 Dortmund
Tel. 0231/482422
Fax 0231/482422

Möbeltischlerei Bernd Gehlert 142
Am Handwerkerhof 6
45701 Herten
Tel. 02366/936617
Fax 02366/936618

Trockenbau

Malerbetriebe Hermann Brück 37
Geister Landweg 8-13
48153 Münster
Tel. 0251/7889100
Fax 0251/7889170

Malerwerkstätten 65
Heinrich Schmid GmbH & Co. KG
In der Provitze 51
44809 Bochum
Tel. 0234/904250
Fax 0234/9042555

IB Brandschutz GmbH 78
Ingenieurbüro bautechnischer
Brandschutz
Rudolf-Diesel-Straße 8a
59425 Unna
Tel. 02303/773496
Fax 02303/942355

G+H Innenausbau GmbH 80
Gruitener Straße 23
40699 Erkrath-Hochdahl
Tel. 02104/943960
Fax 02104/94396690

Johann Lepper GmbH 82
Bau- und Möbeltischlerei
Trockenbau
Ahlener Straße 170
59073 Hamm
Tel. 02381/32502
Fax 02381/673670

Otte & Klein GmbH + Co. KG 84
Stuckgeschäft, Innen-
und Außenputzarbeiten
Brennerstraße 3-5
44652 Herne
Tel. 02325/41203
Fax 02325/48323

WB Trockenbau GmbH 109
Hüllerstraße 87 A
44866 Bochum-Wattenscheid
Tel. 02327/680880
Fax 02327/680881

Martin Reigers 109+132
Putz- und Stuckgeschäft
Bittermarkstraße 4
44229 Dortmund
Tel. 0231/7259184
Fax 0231/7259185

W. Exner Stuck- und 116
Akustikbau GmbH & Co. KG
Tiroler Straße 48
45659 Recklinghausen
Tel. 02361/37710
Fax 02361/36528

Zimmerei MEIKO G.b.R. 132
Inhaber Paul Koch und
Michael Meißner
Scharnhorststraße 13b
44532 Lünen
Tel. 02306/9404664
Fax 02306/9404670

Detlef Daszenies 133
(vormals W. Wittsieker)
Putz und Trockenbau
Hövelstraße 102
45326 Essen
Tel. 0201/321015
Fax 0201/321015

Gödiker GmbH 142
Indoor-Constructions
Kreuzweg 4
49740 Haselünne
Tel. 05961/94310
Fax 05961/943131

Dobermann GmbH & Co. 150
Akustik - Wärme - Feuerschutz
Haus Uhlenkotten 8
48159 Münster
Tel. 0251/202060
Fax 0251/2020666

H. Hölscher Akustik, 172
Innenausbau,
Trockenbau, Vollwärmeschutz,
Wärmedämmung
Bergstraße 4
59394 Nordkirchen
Tel. 02596/98642
Fax 02596/98643

Türelemente

Tacke + Lindemann 110
Baubeschlag- und Metallhandel
GmbH + Co. KG
Beratgerstraße 31-33
44149 Dortmund
Tel. 0231/1777743
Fax 0231/1777775

Türen

Glas Strack GmbH 56
Westenfelder Straße 76
44867 Bochum
Tel. 02327/98230
Fax 02327/87500

Heinz Nienkemper 75
Metallbau GmbH & Co. KG
Industriestraße 8
59320 Ennigerloh
Tel. 02524/26501
Fax 02524/26534

MOHS GmbH Stahlhandel, 80
Schweißfachbetrieb
Tore, Türen, Baugeräte, Zäune
Klutestraße 2
59063 Hamm
Tel. 02381/950560
Fax 02381/9505642

Hermann Jackson GmbH 83
Tore, Türen, Antriebe
Am Bauhof 41
48431 Rheine
Tel. 05971/16040
Fax 05971/160444

Willy Wietis Metallbau GmbH 84
Oberster Kamp 19
59069 Hamm
Tel. 02385/68486
Fax 02385/68487

RüTü Rüschenschmidt & 97
Tüllmann GmbH & Co. KG
Borkstraße 9-11
48163 Münster
Tel. 0251/780050
Fax 0251/7800538

Schaumann GmbH 128
Fenster, Türen, Fassaden,
Wintergärten
Im alten Dorf 9
59192 Bergkamen
Tel. 02307/964010
Fax 02307/9640122

Kaldunski + Löhr 139
Tortechnik GmbH
Hafenstraße 13
45881 Gelsenkirchen
Tel. 0209/941220
Fax 0209/43084

Möbeltischlerei Bernd Gehlert 142
Am Handwerkerhof 6
45701 Herten
Tel. 02366/936617
Fax 02366/936618

Die Bauspezialisten

Metallbau Lamprecht GmbH 181
Rudolf-Diesel-Straße 4
45711 Datteln
Tel. 02363/38050
Fax 02363/380520

HeWe GmbH & Co. KG 193
Fensterfabrik
Industriestraße 11
46354 Südlohn-Oeding
Tel. 02862/50110
Fax 02862/501111

Volmer GmbH 199
Bauen und Wohnen
Dechenstraße 3
44147 Dortmund
Tel. 0231/881011
Fax 0231/881111

▶ U

Umbauten

Klaus Deubner GmbH 56
Sanitär, Heizung, Klempnerei
Wohlfahrtstraße 117
44799 Bochum
Tel. 0234/770908
Fax 0234/771048

Haus-Bau System GmbH 79
Hagener Straße 322
44229 Dortmund
Tel. 0231/732956
Fax 0231/7273396

Pilz GmbH Bad, 114
Sanitär, Heizung,
Elektro, Solartechnik
Im Kattenbusch 16
44649 Herne
Tel. 02325/92720
Fax 02325/927225

IBB - Ingenieur Büro Brieden 141
Energie- & Haustechnik
Dellbrücker Straße 204
51469 Bergisch Gladbach
Tel. 02202/55516
Fax 02202/254599

Kissel-Rapid GmbH 145
Generalunternehmer, Rohbauleister,
Teil- und Schlüsselfertigbauten
Felder Straße 74
42651 Solingen
Tel. 0212/24010
Fax 0212/2401180

Ingenieursozietät Schürmann - 163
Kindmann und Partner GbR
Goebenstraße 9
44135 Dortmund
Tel. 0231/9520770
Fax 0231/554382

Umweltgutachten

Diplom-Geologe 155
Stephan Brauckmann
Von-Nell-Breuning-Straße 32
58730 Fröndenberg
Tel. 02373/1780300
Fax 02373/1780320

Umweltschutz

Wilh. Theilmeier 97
Garten- und Landschaftsbau
GmbH & Co. KG
Kleikamp 14
48351 Everswinkel-Alverskirchen
Tel. 02582/66170
Fax 02582/661723

simuPLAN 124
Dipl.-Met. Georg Ludes
Ingenieurbüro für
Numerische Simulation
Heroldstraße 26
46284 Dorsten
Tel. 02362/50800
Fax 02362/50888

GFP Dr. Gärtner und Partner 185
Ingenieurbüro für Geotechnik
und Umweltplanung
Bürgerstraße 15
47057 Duisburg
Tel. 0203/350539
Fax 0203/350541

M & P Mull und Partner 191
Ingenieurgesellschaft mbH
Haldener Straße 12
58095 Hagen
Tel. 02331/900005
Fax 02331/900007

Umweltschutz-Sanierung

Hubert Riesenbeck 98
Bauunternehmung GmbH & Co.
Hohe Geest 232
48165 Münster
Tel. 0251/919930
Fax 0251/788123

Umwelttechnik

B. Mensing Abbruch & 37
Recycling GmbH
Bergstraße 13
48727 Billerbeck
Tel. 02543/932415
Fax 02543/932425

GeoTerra Geologische 195
Beratungsgesellschaft mbH
Krantzstraße 7
52070 Aachen
Tel. 0241/9609630
Fax 0241/9609628

UVP

Ingenieurbüro Hagen 36
Beratende Ingenieure VBI
Loconer Weg 15
58708 Menden
Tel. 02373/16070
Fax 02373/160743

▶ V

Verglasungen

Glas Strack GmbH 56
Westenfelder Straße 76
44867 Bochum
Tel. 02327/98230
Fax 02327/87500

Heinz Nienkemper 75
Metallbau GmbH & Co. KG
Industriestraße 8
59320 Ennigerloh
Tel. 02524/26501
Fax 02524/26534

Metallbau Lamprecht GmbH 181
Rudolf-Diesel-Straße 4
45711 Datteln
Tel. 02363/38050
Fax 02363/380520

HeWe GmbH & Co. KG 193
Fensterfabrik
Industriestraße 11
46354 Südlohn-Oeding
Tel. 02862/50110
Fax 02862/501111

Verkehrsplanung

Blanke - Ambrosius 124
Verkehr - Infrastruktur
Ingenieurbüro für Verkehrs-
und Infrastrukturplanung
Westring 25
44787 Bochum
Tel. 0234/91300
Fax 0234/9130200

Verklinkerungen

M.M.H. Hochbau GmbH 172
Verklinkerungen -
Bauunternehmung
Gahenstraße 5
33142 Büren-Hegensdorf
Tel. 02951/4516
Fax 02951/3896

Verschlusstechnik

Tacke + Lindemann 110
Baubeschlag- und Metallhandel
GmbH + Co. KG
Beratgerstraße 31-33
44149 Dortmund
Tel. 0231/1777743
Fax 0231/1777775

Verschrottung

Prangenberg & Zaum GmbH 103
Abbruch und Rückbau
Vorster Straße 3-5
41748 Viersen
Tel. 02162/93220
Fax 02162/932250

Versickerung

Diplom-Geologe 155
Stephan Brauckmann
Von-Nell-Breuning-Straße 32
58730 Fröndenberg
Tel. 02373/1780300
Fax 02373/1780320

Videotechnik

Christoph Heinen GmbH 179
Audio und Licht Technik
Heinz-Nixdorf-Straße 18, Nordpark
41179 Mönchengladbach
Tel. 02161/307730
Fax 02161/3077329

Videoüberwachungen

Fernseh Neumann 83
Schäferstraße 34
59423 Unna
Tel. 02303/21166
Fax 02303/23626

Vollwärmeschutz

Malerwerkstätten 65
Heinrich Schmid
GmbH & Co. KG
In der Provitze 51
44809 Bochum
Tel. 0234/904250
Fax 0234/9042555

Otte & Klein GmbH + Co. KG 84
Stuckgeschäft, Innen- und
Außenputzarbeiten
Brennerstraße 3-5
44652 Herne
Tel. 02325/41203
Fax 02325/48323

Hansen - Ingenieure 96
Bauphysik, Akustik, Schallschutz
Lise-Meitner-Straße 5-9
42119 Wuppertal
Tel. 0202/9468787
Fax 0202/9468790

Martin Reigers 109+132
Putz- und Stuckgeschäft
Bittermarkstraße 4
44229 Dortmund
Tel. 0231/7259184
Fax 0231/7259185

Die Bauspezialisten

Bönninger Maler 132
GmbH & Co. KG
Weiße-Ewald-Straße 40
44287 Dortmund
Tel. 0231/94538830
Fax 0231/945388399

Detlef Daszenies 133
(vormals W. Wittsieker)
Putz und Trockenbau
Hövelstraße 102
45326 Essen
Tel. 0201/321015
Fax 0201/321015

H. Hölscher 172
Akustik, Innenausbau,
Trockenbau, Vollwärmeschutz,
Wärmedämmung
Bergstraße 4
59394 Nordkirchen
Tel. 02596/98642
Fax 02596/98643

Udo Pauli GmbH 189
Malerbetrieb
Wupperstraße 3
58097 Hagen
Tel. 02331/81946
Fax 02331/880955

Gestaltung Schäfer 203
Fachwerkstätte, Malerbetrieb
Gartenstraße 17
58300 Wetter
Tel. 02335/5341
Fax 02335/17524

Vorhänge

Erlei GmbH & Co. KG 226
Raum und Design
Köln-Berliner Straße 24
44287 Dortmund-Aplerbeck
Tel. 0231/443004
Fax 0231/441349

▶ **W**

Walzdrahthandel

WWH Westfälischer 110
Walzdrahthandel GmbH
Kipperstraße 2-6
44147 Dortmund
Tel. 0231/98205032
Fax 0231/98205025

Wärmedämmung

Malerbetriebe Hermann Brück 37
Geister Landweg 8-13
48153 Münster
Tel. 0251/7889100
Fax 0251/7889170

G. Dreher GmbH 81
Isoliertechnik
Gildenstraße 2c
48157 Münster-Handorf
Tel. 0251/143588
Fax 0251/143580

Calor Heizungstechnik GmbH 100
Schloßstraße 1
48336 Sassenberg
Tel. 02583/919494
Fax 02583/919495

Martin Reigers 109+132
Putz- und Stuckgeschäft
Bittermarkstraße 4
44229 Dortmund
Tel. 0231/7259184
Fax 0231/7259185

Volgmann & Sohn 128
GmbH & Co. KG
Maler- und Stukkateurbetrieb,
Vollwärmeschutz, Betonsanierung
Freigrafenweg 17
44357 Dortmund
Tel. 0231/93697330
Fax 0231/93697339

Bönninger Maler 132
GmbH & Co. KG
Weiße-Ewald-Straße 40
44287 Dortmund
Tel. 0231/94538830
Fax 0231/945388399

Niedieker Bedachungen 133
Kupferstraße 20
59067 Hamm
Tel. 02381/9878368
Fax 02381/9878369

Gödiker GmbH 142
Indoor-Constructions
Kreuzweg 4
49740 Haselünne
Tel. 05961/94310
Fax 05961/943131

H. Hölscher 172
Akustik, Innenausbau,
Trockenbau, Vollwärmeschutz,
Wärmedämmung
Bergstraße 4
59394 Nordkirchen
Tel. 02596/98642
Fax 02596/98643

Udo Pauli GmbH 189
Malerbetrieb
Wupperstraße 3
58097 Hagen
Tel. 02331/81946
Fax 02331/880955

Wärmepumpen

Thomas Hesse 128
Haustechnik GmbH
Unterer Heideweg 28
59069 Hamm
Tel. 02385/68516
Fax 02385/913349

Wärmeschutz

PMI Dipl.-Ing. Peter Mutard 96
Ingenieurgesellschaft für
Technsiche Akustik, Schall-
und Wärmeschutz mbH
Ottostraße 94
85521 Ottobrunn
Tel. 089/6060690
Fax 089/602045

Ingenieursozietät Schürmann - 163
Kindmann und Partner GbR
Goebenstraße 9
44135 Dortmund
Tel. 0231/9520770
Fax 0231/554382

Wärmeschutzgutachten

Ingenieurbüro Hagen 36
Beratende Ingenieure VBI
Loconer Weg 15
58708 Menden
Tel. 02373/16070
Fax 02373/160743

Wasserbau

RMD-Consult GmbH 65
Wasserbau und Energie
Blutenburgstraße 20
80636 München
Tel. 089/99222402
Fax 089/99222409

Wassertechnik

Klaus Deubner GmbH 56
Sanitär, Heizung, Klempnerei
Wohlfahrtstraße 117
44799 Bochum
Tel. 0234/770908
Fax 0234/771048

Wilh. Theilmeier 97
Garten- und Landschaftsbau
GmbH & Co. KG
Kleikamp 14
48351 Everswinkel-Alverskirchen
Tel. 02582/66170
Fax 02582/661723

Kerkhoff GmbH 99
Technische Gebäudeausrüstung
Bevergerner Straße 10
48477 Hörstel-Riesenbeck
Tel. 05454/93490
Fax 05454/934925

Pilz GmbH Bad, 114
Sanitär, Heizung,
Elektro, Solartechnik
Im Kattenbusch 16
44649 Herne
Tel. 02325/92720
Fax 02325/927225

SINA GmbH 139
Heizung - Lüftung - Sanitär
Frielingsdorfweg 12
45239 Essen-Werden
Tel. 0201/491617
Fax 0201/491016

GFP Dr. Gärtner und Partner 185
Ingenieurbüro für Geotechnik
und Umweltplanung
Bürgerstraße 15
47057 Duisburg
Tel. 0203/350539
Fax 0203/350541

WC-Trennwände

Rinkens GmbH 169
Sanitär Trennwände
Von-Liebig-Straße 13
33428 Marienfeld
Tel. 05247/98640
Fax 05247/986444

Wegebau

Wilh. Theilmeier 97
Garten- und Landschaftsbau
GmbH & Co. KG
Kleikamp 14
48351 Everswinkel-Alverskirchen
Tel. 02582/66170
Fax 02582/661723

THK GmbH 98
Frei- und Verkehrsanlagen,
Rückbau
Wilkinghege 42
48159 Münster
Tel. 0251/263320
Fax 0251/2633222

Münsterländer 99
Heinzelmännchen
Garten- und
Landschaftsbau GmbH
Hohenhorst 89
48341 Altenberge
Tel. 02505/2515
Fax 02505/3828

Werbetechnik

SCHILDERTEAM 80
Ramona Jakobs und
Oliver Schütte GbR
Hochstraße 6a
59425 Unna
Tel. 02303/14604
Fax 02303/14624

Die Bauspezialisten

Werbung

Friedrich & Lick 41
Werbeschilder
Schäferstraße 33
44147 Dortmund
Tel. 0231/811879
Fax 0231/8632111

Wintergärten

Glas Strack GmbH 56
Westenfelder Straße 76
44867 Bochum
Tel. 02327/98230
Fax 02327/87500

Heinz Nienkemper 75
Metallbau GmbH & Co. KG
Industriestraße 8
59320 Ennigerloh
Tel. 02524/26501
Fax 02524/26534

Schaumann GmbH 128
Fenster, Türen, Fassaden,
Wintergärten
Im alten Dorf 9
59192 Bergkamen
Tel. 02307/964010
Fax 02307/9640122

Metallbau Lamprecht GmbH 181
Rudolf-Diesel-Straße 4
45711 Datteln
Tel. 02363/38050
Fax 02363/380520

Z

Zaunanlagen

Gerbinski & Söhne 36
Draht + Zaun GmbH
Kreisstraße 25a
45525 Hattingen
Tel. 02324/56530
Fax 02324/21181

Zäune

MOHS GmbH Stahlhandel, 80
Schweißfachbetrieb
Tore, Türen, Baugeräte, Zäune
Klutestraße 2
59063 Hamm
Tel. 02381/950560
Fax 02381/9505642

Zimmerei

Peter Straßburger GmbH 44
Dachdeckermeister
Eisfahrtstraße 1
45478 Mülheim
Tel. 0208/56368
Fax 0208/593024

Glas Strack GmbH 56
Westenfelder Straße 76
44867 Bochum
Tel. 02327/98230
Fax 02327/87500

Dieter Friedrichs 99
Dach + Wand GmbH
Flaßkamp 1
48565 Steinfurt
Tel. 02552/4427
Fax 02552/61759

Zimmerei MEIKO G.b.R. 132
Inhaber Paul Koch und Michael
Meißner
Scharnhorststraße 13b
44532 Lünen
Tel. 02306/9404664
Fax 02306/9404670

Die Eintragungen erfolgen auf Wunsch des Kunden/Beitragstellers und sind somit kostenloser Service in der Publikation. Der Verlag übernimmt keine Gewähr für die Vollständigkeit und Richtigkeit der Eintragungen.

Impressum

Herausgeber:
Wirtschafts- und Verlagsgesellschaft mbH

Küferstraße 9–11
D-67551 Worms
Telefon 06247/90890-0
Telefax 06247/90890-10
E-Mail info@wv-verlag.de

www.wv-verlag.de
www.bauenundwirtschaft.com

Geschäftsführer:
Uwe Becker

Organisation / Verkauf:
WV Wirtschafts- und
Verlagsgesellschaft mbH

Chefredakteur:
Christian Heinz (v.i.S.d.P.)

Vertriebsmanagement:
A.W. Marketingberatungs GmbH,
Worms

Herstellungsleiter:
Andreas Lochinger

Gastautoren:
Dr. Gerhard Langemeyer –
  Oberbürgermeister der Stadt Dortmund
Dr. Wolfgang Reininger –
  Oberbürgermeister der Stadt Essen
Adolf Sauerland –
  Oberbürgermeister der Stadt Duisburg
Frank Baranowski –
  Oberbürgermeister der Stadt Gelsenkirchen
Prof. Eckhard Gerber –
  Gerber Architekten
Dipl.-Ing. Robert Dorff –
  Landesvorsitzender NRW,
  Bund Deutscher Baumeister, Architekten und
  Ingenieure (BDB) e.V.
Dipl.-Ing. Bernhard Spittöver –
  Verband Beratender Ingenieure (VBI),
  Landesvorsitzender Niedersachsen
Hans-Jürgen Best –
  Geschäftsbereichvorstand Planen
  der Stadt Essen
Paul J. Franke –
  Beratersozietät Franke & Partner
Bernd Ebers –
  Rechtsanwalt und Notar
Dipl.-Ing. Albrecht Göhring –
  Geschäftsführer der EnergieEffizienzAgentur
  Rhein-Neckar gGmbH
(Anschriften: siehe Seite 208)

Redaktion:
Brigitte Dahl, Hans Wolfrum, Carmen Molitor, Sabine
Renz, Birgit Hampel-Chikalov

Herstellung:
Michaela Schaalo, Ilka Becker

Kundenbetreuung/Anzeigenverwaltung:
Ute Zbawiony, Petra Butty, Irina Peters, Wolfgang Frenzel

Druck:
Lahrer Anzeiger GmbH, Senefelderstraße 3,
D-77933 Lahr, Deutschland, Tel. 07821/9499-0,
Fax 07821/42478

Titelfotos (von links oben nach rechts unten):
„Hauptverwaltung ADAC Westfalen" (stegepartner;
Foto: Florian Monheim); „Bezirksregierung Münster"
(Kresing Architekten); „Marina Essen" (WFD DERWALD
GmbH); „Infinion Development Center Duisburg" (Erste
PRIMUS Projekt GmbH)

Fotonachweis:
Architekten, Beitragsteller u.a. (siehe Urheberrechtshinweise)
Autorenbeiträge geben nicht in jedem Fall die Meinung der Redaktion wieder.

13. Jahrgang S 172   ISBN 3-933927-92-7
Verkaufs-/Einzelpreis bei Nachbestellungen
19,90 Euro zzgl. Verpackung/Versand
Alle Rechte vorbehalten:
© 2006 WV Wirtschafts- und Verlagsgesellschaft mbH, D-67551 Worms

Diese Publikation ist in ihrer Gesamtheit urheberrechtlich geschützt. Jede Verwendung, die die Grenzen des Urheberrechts überschreitet, ist ohne schriftliche Genehmigung des Verlages unzulässig und strafbar. Dies gilt insbesondere für Vervielfältigungen, Übersetzungen, Mikroverfilmung und die Einspeicherung und Verbreitung in elektronischen Medien. Die in dieser Publikation zusammengestellten Fakten erheben keinen Anspruch auf Vollständigkeit, wurden jedoch mit größtmöglicher Sorgfalt recherchiert. Aus diesem Grund können weder an die Autoren noch an den Verlag rechtliche Ansprüche gestellt werden.